Nahal Tajadod

DIE TRÄGER DES LICHTS

Magier, Ketzer und Christen im alten Persien

Vorwort von Jean-Claude Carrière

Walter-Verlag
Solothurn und Düsseldorf

Titel der französischen Originalausgabe:
Les Porteurs de lumière. Vol. I: Péripéties de l'Eglise chrétienne de Perse IIIe–VII^esiècle
© Plon, Paris 1993

Übersetzung von Dr. Marta Jacober

Die Deutsche Bibliothek – CIP-Einheitsaufnahme
Tajadod, Nahal:
Die Träger des Lichts : Magier, Ketzer und Christen im alten Persien / Nahal Tajadod.
Vorw. von Jean-Claude Carrière. [Übers. von Marta Jacober]. –
Solothurn ; Düsseldorf : Walter, 1995
Einheitssacht.: Les porteurs de lumière <dt.>
Teilausg.
ISBN 3-530-87018-8

Alle Rechte der deutschen Ausgabe vorbehalten
© Walter-Verlag AG, 1995
Satz: Jung Satzcentrum GmbH, Lahnau
Druck und Einband: Ebner Ulm
Printed in Germany
ISBN 3-530-87018-8

Inhalt

7 Vorwort – Eine doppelte Lektüre
  Von Jean-Claude Carrière

15 Mani lebt

62 Die Kirche von Ktesiphon

85 Vierzig Schreckensjahre

114 Persien zwischen Christentum und Mazdaismus

140 Der Bruch mit dem Okzident

158 Der Iran wird nestorianisch

183 Das Reich wankt

230 Schirin, die christliche Kaiserin

269 Ende einer Ära, Ende eines Reichs

Anhang
304 Anmerkungen
308 Synchronische Tabelle
311 Bibliographie

Vorwort – Eine doppelte Lektüre

Seit langem fanden die Bauern dieser Gegend, wenn sie ihre Felder pflügten, alte Papyrusfetzen, die von vielen Schriftzeichen bedeckt waren. Meist warfen sie sie weg, denn sie konnten nicht lesen. Manchmal brachten sie sie auch einem Mann, der als klug galt, und dieser gab vor zu wissen, was die anderen nicht wußten, aber auch ihm gelang es nicht, diese alten, zerrissenen und beschmutzten Schriften zu entziffern. Manche fragten sich, ob nicht die Erde selbst sie auf irgendeine Weise geschrieben und eine Botschaft an die dort lebenden Chinesen gerichtet habe.

Rundherum in den Bergen sah man viele heilige Stätten, die in den Fels gehauen waren. Manche davon waren berühmt, wie die Grotte der tausend Buddhas. Pilger kamen aus ganz China und manchmal von ferneren Ländern hierher, um sich zu sammeln. Kaufleute kamen mit ihnen, denn Pilgerfahrten boten stets gute Gelegenheiten zum Handel.

Als man ihnen die verwitterten Papyrusstücke zeigte, kam es vor, daß Pilger sie mit allen Zeichen der Verehrung zu ihren Lippen führten. Man erzählte auch, daß in vielen Höhlen der Felswand Tausende beschriebener Seiten ruhten; sie seien seit sehr langer Zeit eingemauert.

Eines Tages kamen Menschen von der anderen Seite der Welt. Dies geschah zu Anfang des Jahrhunderts, das man – die Bauern wußten nicht recht, wieso – das zwanzigste nannten. Die meisten der Fremden waren größer als die Bewohner der Gegend; sie hatten geradestehende, manchmal helle Augen; sie trugen andersartige Kleidung und sprachen untereinander in einer unverständlichen Sprache. Diese Menschen schienen seltsamerweise im Stande zu lesen, was auf den kleinen Papierfetzen stand. Sie fragten jeden, dem sie begegneten, nach diesen Fetzen (manche konnten chinesisch), sie reinigten sie, sie ordneten sie und sprachen abends in ihren geheizten Zelten lange darüber.

Schließlich ließen die deutschen und die französischen Archäologen die zugemauerten Höhlen von Tun-huang öffnen. Sie fanden alte Skulpturen und Fresken aus dem ersten Jahrtausend. 1908 machte der Franzose Paul Pelliot die bewegendste Erfahrung seines Lebens. Der junge Gelehrte stieß in einer Bibliotheksgrotte, die seit dem 11. Jahrhundert verschlossen gewesen war, auf fünfzehn- bis zwanzigtausend Manuskripte, die in etwa zehn verschiedenen orientalischen Sprachen geschrieben waren. Mit ganz wenigen Ausnahmen betrafen sie das religiöse Leben von einst, das man bis dahin verkannt, verachtet oder entstellt hatte.

Im Licht einer Kerze erstellte der überwältigte Pelliot während dreier Wochen ein rasches Inventar. Aus den Schriften wählte er ungefähr siebentausend Stück, kaufte sie den chinesischen Behörden ab und brachte sie nach Frankreich.

Nach mehr als achtzig Jahren Arbeit gibt es immer noch unübersetzte Manuskripte. Mit Ausnahme einiger Fachbücher und -artikel ist bisher nicht versucht worden, ein breites Publikum von dieser Entdeckung zu unterrichten, die in vielen Punkten die Religionsgeschichte der ersten Jahrhunderte unserer Zeitrechnung, von Kleinasien bis China, in Frage stellt.

Diese Geschichte ist, wie man weiß, gründlich gefälscht worden: Wie immer bei der Geschichte wurde sie vom Sieger geschrieben. Dieser verbrannte als erstes die Bücher der Besiegten (wie wir später sehen werden) und bedeckte sie hierauf mit Schmähungen und Lügen. So wurde etwa das Bild der Manichäer jahrhundertelang verunstaltet und auf den Kopf gestellt. Aber die Manuskripte von Tun-huang, die alle älter sind als das 12. Jahrhundert, liefern uns authentische Texte, von Gläubigen für Gläubige geschrieben; sie stammten oft aus dem Okzident und waren wunderbarerweise erhalten geblieben.

Es ist nicht überraschend, daß hier eine verblüffende Geschichte vorliegt, in der erstaunliche Persönlichkeiten auftauchen und Episoden, die von einem wunderbaren Licht erhellt sind. Die Autorin, Nahal Tajadod, ist Iranerin und Sinologin. Sie studierte die in Tun-huang entdeckten Manuskripte ebenso wie alle überlieferten östlichen und westlichen Quellen, um die Beziehungen zwischen Persien und China in diesen Jahrhunderten im Hinblick auf die Wanderungen der Religionen zu verstehen.

Im vorliegenden Band, der die Zeit vom 3. bis zum 7. Jahrhundert unserer Zeitrechnung behandelt, anders gesagt vom Beginn des Niedergangs Roms bis zum flammenden Sieg des Islam, führt sie uns zuerst ins Abenteuer, in die wechselhafte Geschichte der christlichen Kirche im Iran.

Die Fortsetzung wird uns erzählen, wie das iranische Christentum bis nach China vordrang, dank einiger Männer und Frauen, die sich «Träger des Lichts» nannten.

Dieses Wagnis ist, gelinde gesagt, kaum bekannt. Seien wir offen: Wir wissen überhaupt nichts darüber. Selbst im Westen hat man die Jahrhunderte, die Roms Ende von der glänzenden Epoche des Mittelalters trennen, so gut wie vergessen: Man liebte sie nicht, man hielt sie für uninteressant und düster.

Und in noch stärkerem Maß gilt dies für den Osten. Der funkelnde Glanz des persischen Großreichs der Sassaniden (3. bis 5. Jahrhundert), die wiederholten Kriege gegen Byzanz, die verschlungenen Wege des Glaubens, die Errichtung einer autonomen christlichen Kirche von nestorianischer Prägung im Iran: Von all dem wissen wir nichts. Nun begegnet uns hier auf jeder Seite eine Entdeckung und eine Überraschung. Mehr noch: Wir sind Zeugen, wie in fernen Ländern und wenig erforschten Zeiten mehrere neue, einzigartige, furchterregende und lebendige Vorgänge entstehen: das Missionswesen, zum Beispiel; die Verfolgung wegen des Glaubens, das Märtyrertum (entsetzlich und doch faszinierend), die dogmatischen Risse, die Menschen, welche man als «Ketzer» ansieht, auf den Scheiterhaufen führt, und die intime Verbindung eines Staats mit der Kirche (hier der zoroastrischen), die Verschmelzung und Verwirrung der Mächte, die zur Wiege des Fanatismus wurde.

Trotz der Fortschritte der historischen Forschung können wir zweifellos niemals eine genaue und wahrscheinliche Darstellung der alten Welt erreichen. Diese vergangene Welt haben wir lange nur mit der Maske und den Farben der gegenwärtigen Welt betrachtet. Im Okzident trugen die drei Weisen aus dem Morgenland Rüstungen des 13. Jahrhunderts. Die Zeit hatte sich noch nicht ausgedehnt, und die Formen wandelten sich nicht. Erst ab dem 16. Jahrhundert entwickelte sich nach und nach eine Tendenz zur «historischen» Darstellung, aber auch sie blieb der Mode unterworfen, dem zeitgenössischen Blickwinkel. Das westliche 19. Jahrhundert sah die alte Welt nur durch eine «akademisch» genannte Malerei – eine Mischung von Theatralik (alle Körper sind gut bemuskelt und schön), banalem künstlerischen Ausdruck und vor allem einer farbigen, konventionellen Dekoration.

Im 20. Jahrhundert übertrug sich dieses Bild auf die Kinofilme, und sie zeigten die alte Welt ausschließlich in monumentaler, feierlicher, melodramatischer Gestalt. Wahrscheinlich sind wir noch immer davon geprägt. Wir sehen die Vergangenheit mit den Augen der italienischen oder amerikanischen Filme. Das ist nicht immer falsch: In gewissen Fällen (Howard Hawks, Stanley Kubrick) bereichern und präzisieren sie die Arbeit des Historikers oder stellen sie in Frage. Aber es ist immer noch unsere Sicht, und ohne es zu merken, beeinflußt sie unsere Lektüre; wir wollen es nicht, aber sie schleicht sich zwischen die Zeilen.

Wie sieht der Okzident das einstige Persien? Er kann es nur über die Ruinen aus der Zeit der Achämeniden kennen, zum Beispiel Persepolis, grandios, aber zerfallend. Einst waren sie farbig, glänzend, sicher fröhlich, aber heute sieht man nur die Skelette nackter, verwitterter, verlassener Steine.

Die uns viel näher liegenden (sogenannten persischen) Miniaturen zeigen die Epoche der Sassaniden nur aus mongolischer Sicht und sind vollkommen konventionell, wenn auch noch so fein gearbeitet.

Wie muß man sich also Persien im 3. und im 4. Jahrhundert vorstellen? Die Eigenschaften, die in den Chroniken immer wieder genannt werden, sind *prachtvoll, glanzvoll, pompös, herrlich*. Und zweifellos beruhte die iranische Freude am Luxus, die andere Völker oft erstaunte, auf einer Tradition, einer tief verankerten Neigung – die man bis ins 20. Jahrhundert hinein vorfindet. Aber es bleibt schwierig, sich ein direktes Bild zu machen unter Vermeidung der überladenen Hollywood-Produktionen, in denen die großen Palastsäle elektrisch beleuchtet sind. Andererseits kann jeder seine eigene Idee über Luxus und Reichtum haben, um so mehr, als diese Leidenschaft für Gepränge, wie häufig von den Sufi-Dichtern beschrieben, von einem immerwährenden Aufruf zur Kargheit, zur Wüste, zu einem Leben äußerster Einfachheit begleitet wird.

Jeder Versuch einer Darstellung – mit Worten, Pinsel oder Kamera – ist notwendigerweise gefährlich. Sie hängt von unseren heutigen Augen ab. Zwischen dem *Turm von Babel* der Maler des 16. Jahrhunderts, dem *Tod Sardanapals* von Delacroix und den *Odalisken* von Matisse können wir nach Lust und Laune wählen, sind uns aber bewußt, daß die Wirklichkeit uns ganz anders erschienen wäre, auch ohne die Geräusche, die heiße oder kalte Luft, die Langsamkeit des Reisens zu erwähnen – die alle Dimensionen des Raums riesengroß machte – oder die Gerüche des Alltags, die uns zweifellos unerträglich vorgekommen wären.

Seit bereits dreißig Jahren ist man sich einig, daß die geheimste und interessanteste Geschichte die Geschichte der geistigen Einstellungen ist; dies zu erforschen ist unumgänglich, aber auch ebenso gefährlich wie die Darstellung, denn es gibt dabei stets eine Einstellung, die eine andere beschreibt und beurteilt.

Hierzu kommt die historische Egozentrik, die seit zwei Jahrhunderten besonders in Europa ausgeprägt ist, gestützt auf die neuen «Erfolge» dessen, was man das Abendland nennt. Im allgemeinen sehen wir die Vergangenheit nur von unserer Gegenwart aus, als wären die Jahrhunderte nur deshalb aufeinandergefolgt, um in unsere Überlegenheit zu münden; wir vergessen dabei, daß unsere Epoche wahrscheinlich ebenso verschwinden wird wie die andern.

Eines der großen Verdienste dieses Buches besteht darin, daß unser Ausgangspunkt verschoben wird. Europa ist nicht mehr in der Mitte der Karte. Wir sind ein paar tausend Kilometer nach Osten geglitten, und die Mitte der Welt ist der Nahe Osten. Die zwei gewaltigen Mächte, die um die Vorherrschaft kämpfen, heißen Rom, das zu Byzanz wird, und Persien, der Iran. Alles dreht sich um diese lange Auseinandersetzung. Plötzlich ist Europa nur noch ein dunkles, kaum begehrtes und auf alle Fälle barbarisches Gebiet. Von Gallien spricht man kaum. Es liegt in der linken oberen Ecke der Karte bei den bretonischen Inseln. Da spielt sich die Geschichte nicht ab.

Es ist wahr, daß die Ereignisse und Empfindungen von einst, auch wenn die Gegenwart die Vergangenheit ihrem eigenen Geschmack, ihren eigenen Kriterien anpaßt, niemals ganz erlöschen, daß sie mehr oder weniger deutlich in einem Teil von uns weiterleben, mit anderen Worten: Die Gegenwart ist von der Vergangenheit durchdrungen.

Deswegen ist das Licht, das dieses Buch vermutlich auf unser Jahrtausend-Ende wirft, nur allzu klar. Dieselben Geistesverwirrungen führen, damals und heute bei uns, zu denselben Tyranneien, Ausschlüssen, Blutbädern.

Hier dürfen wir uns, dank des von der Geschichte gewährten Ausblicks, wieder einmal fragen, was das soll, daß der Glaube zu Kämpfen führt; wie in jenen vergessenen Jahrhunderten Ideen entstanden sind, die uns noch immer so gewaltig erschüttern; warum sich die Religionen mit Thronen verbunden haben wie Efeu, der sich einen hoffentlich soliden Baum sucht, währenddem andere Religionen sich universal und zeitlos nennen und dann doch die ersteren bekriegen.

Tausend Fragen erheben sich: Wie erfindet man einen Glauben, und wie wird er verbreitet? Wo findet man sichere Zeichen des wahren Gottes oder wenigstens des wahren Lebens? Warum stehen sich die metaphysischen Gläubigen mit der Waffe in der Hand gegenüber? Können Menschen, die verschiedenen Religionen anhängen, miteinander in Frieden leben? Woher kommt die wahre Macht? Was ist für einen Staat das schädlichste Gift?

Man kann dieses Buch auf zwei Arten lesen. Die erste macht uns mit oft überraschenden, oft pittoresken Ereignissen bekannt, von denen wir nichts wußten. Aber man sollte sich an ihnen nicht berauschen, sich von ihnen nicht blenden lassen, denn das Buch gewährt uns einen zweiten, langsameren, geheimeren Zugang, den es uns auf zwei Arten zu benutzen auffordert: zuerst, indem es von den ersten Seiten an zwischen Gegenwart und Vergangenheit hin- und herwechselt und unsere Aufmerksamkeit wach erhält. Und dann, indem es gewisse Szenen aufbaut, zum Beispiel eine Begegnung im Palast des Königs der Könige oder in der Bibliothek einer Kirche oder im kühlen Haus eines Christen von Antiochia. Die Autorin hat ihrem Wissen Leben verliehen, hat es unter der Handlung verborgen und führt uns mühelos durch unbekanntes Land, «als wenn wir selbst dabeigewesen wären».

Und dies ist der Grund, warum dieses Buch uns offenbar diskret einen alten Spiegel vorhält. An manchen Stellen ist er matt oder zerkratzt, aber wir können darin stets unser Gesicht sehen.

Dieser Bericht besteht aus unwahrscheinlichen Qualen, aus idiotischen Schlachten, aus unendlich subtilen Auseinandersetzungen, in denen die Erde über den Himmel urteilt, aus offenem oder geheimem Verrat, aus Schrecknissen, aus Wundern, die wie durch Lichtbrechung Augenblicke der Harmonie, der Bravour, des wahren Gebetes enthalten und sogar aus einigen heißen Liebesnächten. Ein alter Weg führt uns hindurch, und wir gehen ihn unentwegt. Die Wünsche von einst – und bei einigen von uns die gleichen Träume – lenken uns noch, sie führen zur gleichen Wohltätigkeit oder zur gleichen Wildheit. Mit dem Unterschied – dem einzigen –, daß wir wissen, daß es kein Paradies gibt, wenigstens nicht auf unserem Planeten, und daß der universale Gott, zu dem manche von uns noch immer beten, von anderen Gebete erhält, er möge uns vernichten.

Jean-Claude Carrière

Mani lebt

Ein langer Zug von Besiegten

Mit sonnenverbrannten Gesichtern, mit rissigen Füßen, ausgeplündert, elend, marschieren sie langsam. Meist sind es Männer, aber es sind auch einige junge Frauen dabei, und Kinder. Man hat die Alten, die unnützen Münder, zurückgelassen. Sie sind siebzigtausend an der Zahl, Kriegsbeute, erobertes Fleisch, vor allem Syrier und Griechen, die einst von Rom unterworfen und regiert worden sind. Hinter ihnen, gegen Sonnenuntergang, ermordete Familienmitglieder, Häuser, in die bereits andere einziehen, Schlachtfelder, verlorene Düfte.

Sie waren die Einwohner der Stadt Antiochia, in Syrien. Jetzt sind sie Gefangene der Perser und marschieren ostwärts zum iranischen Reich.[1] Eine Zwangsdeportation. Die Niederlage fiel ihnen zu; das Exil führt sie durch einen schmalen Pfad in ein Land der Unsicherheit.

Von Persien wußten sie sehr wenig: daß sich dort die Jahreszeiten in einem anderen Rhythmus folgten; daß der Regen sich wie ein geiziges Mädchen selten zeigte; daß der Himmel dort von einem anderen, nie gesehenen Blau war. Sie müssen wieder ganz von vorn anfangen. Sie haben ihr Land, ihre Heimat und jeden Anschein von Freiheit verloren: So will es das Gesetz des Krieges. Die Frauen, selbst diejenigen in Begleitung ihres Mannes, können einem unbekannten Mann zugesprochen werden. Sie wissen es. Von heute auf morgen hat eine unglückliche Schlacht einen Zug von Sklaven hervorgebracht.

Tausende gefallener Männer, unzählige Verstümmelte, im Wind zerstreute Schätze, Hunderte von aufgeschlitzten Pferden: Der Krieg schien nur dafür dazusein, staubbedeckten Soldaten zu erlauben, Stadttore zu stürmen, zu trinken, sich brüllend durch die Straßen zu wälzen, mit Peitschenhieben Kolonnen von Deportierten zusammenzutreiben, und auch, im verstecken, um das trostlose Leben einiger Herrscher aufzuhellen, die sich zwischen Jagd und Frauengemach, zwischen einer von Pfeilen durchbohrten Gazelle und einer immer willigen Frau, langweilten.

Meist beschränkten sich diese stets erneuerten Kriege auf Reibereien und Scharmützel längs der Grenzen. Von Zeit zu Zeit versammelten sich die Heere und standen einander in einer großen Schlacht gegenüber. Später, in der Erinnerung und den Geschichtsbüchern, wußte man nur noch von dieser großen Schlacht als einem dauerhaften Symbol des Sieges oder von einem zersprungenen Spiegel der Niederlage.

Die Iraner und die Römer, die seit Jahrhunderten dem Beispiel ihrer Vorgänger, der Perser und der Griechen, nachlebten, haben sich soeben eine dieser großen Schlachten, die Schlacht von Syrien, geliefert. In der Erinnerung der siegreichen Iraner bleibt sie der einzige Krieg, der jemals gegen Rom geführt wurde. Sie bringen von ihm Gefangene heim, schlagender Siegesbeweis. Die Römer andererseits werden diese Episode in ihren Annalen ganz einfach vergessen; die Siegesgöttin war ihnen kurze Zeit untreu geworden.

Persien und der Okzident

Der Okzident wußte von den Persern über die Griechen, die Tragödien von Aischylos und die Geschichtsbücher. Es gab uralte Erinnerungen an medisch genannte Kämpfe und Kriege: Man rief sich zurück, daß Xerxes Ketten ins Meer hatte werfen lassen, um es zu zähmen, und daß der Vorstoß der Perser einmal durch die griechische Flotte bei Salamis zerschmettert worden war.

Erinnerungen an Ausbreitung, an Größe: Im 3. Jahrhundert unserer Zeitrechnung gab es im Westen nur wenige, die aus dem Legendenschatz ein paar historische Tatsachen heraussuchen konnten. Zu dieser Zeit trauerte der Iran bereits um mehrere Dynastien, vor allem um die der Achämeniden.

Im 6. Jahrhundert v. Chr. hatte Kyros der Große, der Eroberer von Babylonien und Lydien, bereits einige Toleranz bewiesen: Den unterworfenen Völkern überließ er ihre Götterstatuen, und den Juden gab er ihre Kultgefäße zurück. Sein Nachfolger Kambyses eroberte Ägypten, dann überschritt Dareios den Bosporus und besiegte Thrakien. Das iranische Reich erstreckte sich damals von Ägypten, und im Westen von der Donau, bis zum Industal. Die Griechen brüsteten sich lange, wie sie diesem «barbarischen» Vorstoß Einhalt geboten hatten; nach dem Seesieg bei

Salamis wurde im 5. Jahrhundert v. Chr. ein Friede geschlossen, der gleichzeitig Athen in den ersten Rang der griechischen Städte erhob. Später gelang es den Persern, die Herrschaft über die griechischen Städte und über Zypern zu gewinnen.

Noch später, im 4. Jahrhundert von unserer Zeitrechnung, trug Alexander der Mazedonier die Rache der Griechen und sein eigenes Bedürfnis nach Ruhm bis ins Herz des persischen Reiches. Eine großartige Leistung, die jahrhundertelang nachwirkte. Das achämenidische Reich brach 332 zusammen, und Alexander übergab Persepolis, den Stolz des Königs der Könige, den Flammen.

Er drang weiter nach Osten vor. Der Widerstand der baktrischen Aristokratie in Zentralasien ließ ihn die Bräuche des iranischen Hofs – den er ja eben zerstört hatte – annehmen, und er heiratete eine baktrische Prinzessin, Roxane. Läßt man den Okzident, der damals keinerlei Bedeutung hatte, beiseite, so war ein fast weltumspannendes Reich geschaffen: Roxane schenkt dem Eroberer einen Erben, und die Baktrier unterstützten die Idee einer Vereinigung der Hellenen und der Asiaten.

Da starb der junge Held, beweint von so vielen Dichtern in so vielen Sprachen. Seine Nachfolger teilten sich das Reich. Asien wurde dem Griechen Seleukos Nicator zugeteilt. 312 gründete er in Persien eine neue Dynastie, die der Seleukiden. Von seiner Hauptstadt Seleukeia[2] aus unterhielt er freundschaftliche Beziehungen mit indischen Königen (von der Maurya-Dynastie) und mit den Fürsten von Lahore.

Aber bald zerfranste sein eigenes Territorium: Der Vertreter der Seleukiden in Baktrien erklärte seine Unabhängigkeit und begründete ein neues, das hellenobaktrische Reich, das sich von Samarkand bis Merw erstreckte.

Zur selben Zeit kam vom iranischen Osten eine lokale Dynastie, diejenige der arsakidischen Parther. Sie stammten von den Steppen der Skythen[3]; sie überzogen allmählich das riesige Territorium der Seleukiden und begründeten das Reich der Parther.

Die Parther schmiedeten sich eine imaginäre Verwandtschaft mit den alten Achämeniden und versuchten mit dieser Legitimation das alte, zerstückelte Reich wiederherzustellen. Aber der Iran war zu tief verletzt, um diesen Wiederaufschwung anzunehmen. Es war zu früh, um Alexander zu vergessen, zu früh für das neue Erscheinen des Glanzes der persischen Vergangenheit.

Immerhin überdauerte das Reich der Parther mehr als vier Jahrhunderte. Der große Mithridates, der lange, nämlich dreiunddreißig Jahre, regierte (171–138 v. Chr.), unterwarf andere kleine Staaten, die sich der Herrschaft der Seleukiden entzogen hatten, und schuf am Tigris-Ufer, gegenüber von Seleukeia, ein Militärlager, aus dem später Ktesiphon wurde. Der parthische Monarch, dessen Herrschaft sich von Kleinasien bis zum Indus erstreckte, erscheint wenigstens territorial als Erbe der Achämeniden. Aber in Wirklichkeit hellenisiert sich Persien über die Parther. Architektur, Kunst, Philosophie: Alles verrät, daß der Iran von Persepolis tot ist. Die ästhetischen Formen von Athen und sogar die Götter des Olymp dringen bis nach Afghanistan vor. Kultur und Sitten der Griechen erweisen sich als schöne Sieger über die Söhne der Könige der Könige.

Aber im Westen entsteht eine neue Macht: Rom, damals noch jung. Nach und nach verbreitet sie sich um das ganze westliche Mittelmeerbecken; sie knüpft an die griechischen Traditionen an und wendet sich unvermeidlicherweise nach Osten. Auch diesmal, so denken viele, erhebt sich der Traum von einem Weltreich.

Rom und das parthische Persien stehen einander lange gegenüber – wir würden sie heute Supermächte nennen. Persien verrammelt alle Zugänge nach Asien. Rom erobert und organisiert den Okzident und bald auch Ägypten. Den beiden Reichen stehen Jahrhunderte der Konfrontation bevor.

Im Jahr 53 v. Chr., als Julius Caesar Gallien erobert, greift der römische General Crassus, Prokonsul von Syrien, die parthischen Armeen über die mesopotamischen Ebenen an. Die schwere römische Kavallerie, durch die berühmten Partherschüsse in Bedrängnis gebracht, gibt auf. Crassus fällt; sein Kopf wird nach Artaxata[4] gebracht und mitten in einer Aufführung der *Bacchantinnnen* von Euripides vor den parthischen König geworfen.

Eine Art von Frieden ergibt sich zwischen den beiden Reichen. Augustus schenkt dem König Phraates sogar eine italienische Sklavin namens Musa, die zur Verbreitung römischer Sitten in Mesopotamien beiträgt.

Aber trotz dieser gelegentlichen Annäherungen bleiben Persien und Rom Gegner. Auf beiden Seiten des Euphrats, einer zittrigen, unsicheren Grenze, gibt es bald Vorstöße und bald Rückzüge.

Im Jahre 198 gelingt es den Römern, Ktesiphon zu erobern, bereits eine der größten Städte Asiens, dann den Staat Osrhroëne im nördlichen Mesopotamien, den sie zu einer Provinz machen. Edessa, die Hauptstadt – die eine wichtige Rolle in den Religionsstreiten spielte –, bewohnt von Griechen, Arabern, Syrern, Armeniern, wird römische Kolonie. Die Bedrohung des Irans verstärkt sich.

Der Zerfall Roms

Im Westen erheben sich neue Gefahren für Rom. Die Schwächezeichen vermehren sich.

Mitte des 3. Jahrhunderts unserer Zeitrechnung gehen die Grenzen des römischen Reiches von Tigris bis zu den Ufern des Rheins und der Donau. Die Römer besitzen und verwalten riesige Territorien in Europa, Asien, Afrika. Ein gewaltiger, vielfältiger Körper mit schwer zu erreichenden Volksteilen. Rom gleicht einem Mann, der während einer langen Adoleszenz alle Freuden eines Heranwachsenden gekostet hat, aber dessen weiteres Wachstum, das lange aufsehenerregend gewesen war, nun in Frage gestellt wird. Das Reich ergibt sich allmählich der sogenannten Dekadenz: einer Mischung von Betäubung, Vergeßlichkeit, Routine und auch von Zufällen. Die großen Siege von einst kennt ein Römer nur aus den Geschichtsbüchern, die sie mit prächtiger Rhetorik, aber verschlafen erzählen. Alles wurde schon einmal erlebt. Was blieb zu erleben übrig?

Unter Kaiser Decius, im Jahr 250, drangen in die römischen Provinzen die Goten ein, die aus Skandinavien stammten. In einer Schlacht, die der Kaiser gegen diese schlecht bewaffneten Volksstämme anzettelte, wurden seine Soldaten überwältigt, und er selbst mußte fliehen.

Auch eine andere Kampagne, die in sumpfigem Gebiet in der Nähe der Donau geführt wurde, ging zuungunsten der Römer aus. Entsetzt über den Anblick des Blutes, des Schlamms und der Männer, die in ihren Rüstungen im Sumpf versanken – so tief, daß sie ihre Speere nicht werfen konnten –, flüchteten sie endgültig aus diesem Land. Sie verließen sogar ihren Kaiser, den der Sumpf verschlang.

Die Regierung des Reiches wurde hierauf einem gewissen Gallus übertragen, der, um die von den Goten eroberten Provinzen so rasch als möglich zu befreien, ihnen eine immense Beute und eine erkleckliche Zahl berühmter Leute als Gefangene überließ. Der Gipfel des Ehrverlustes war, daß er den Barbaren den Frieden durch einen jährlichen Tribut abkaufte. Die Römer, die sich bis anhin als Herren der Welt betrachtet hatten, dachten nicht daran, eine solche Erniedrigung zu akzeptieren, und erklärten Gallus des Throns unwürdig. Seine Ermordung vollzog sich nach einem Plan, den gewisse seiner Feinde aufgestellt hatten, die von einem Aemilianus angeführt wurden. Mit Billigung des Senats wurde dieser offizielle Mörder der dritte Kaiser eines in Auflösung begriffenen Reichs.

Aemilianus blieb einige Monate lang an der Spitze Roms und seiner immensen Provinzen; er hatte knapp Zeit, Medaillen gravieren zu lassen, die seinen Namen und die Wahrzeichen von Herkules und Merkur trugen.

Ein gewisser Valerian, Freund des umgebrachten Kaisers, der den Mord seines Wohltäters nicht hinnehmen wollte, rächte Gallus und rief sich seinerseits zum Kaiser aus. Vier Kaiser in drei Jahren: Dieses Zeichen mangelnder Stabilität entging weder den Anführern der gefährlichen persischen Kavallerie noch den Chefs der leichten germanischen Infanterie, deren Soldaten trainiert waren, neben den Pferden zu laufen, und mit ihrer Schnelligkeit der allzu schwerfälligen Armee des Kaiserreichs Furcht einflößten.

Die Labilität des Throns von Rom weckte sogar die Begierden der jungen Frankenvereinigung, zu der sich die Bewohner des Niederrheins 240 zusammengefunden hatten und die sich «freie Männer» nannte.

«Vier Kaiser in drei Jahren»: Diese wenigen Worte reisten entlang den Grenzen, von Persien bis zum Land der Franken. Die Könige der alten Reiche und die Führer der jungen Nationen wiederholten sie einander in vielen Sprachen, währenddem Kaiser Valerian über den alten Werken von Vergil, Horaz und Cicero brütete und der römische Adel sowie die noch reichen Bürger sich in dieser zerbrochenen Welt nur noch für Gladiatorenkämpfe interessierten.

Unfähig, dieses sich an allen Ecken und Enden auflösende Reich zu führen, hob Valerian, damals etwa sechzig Jahre alt, seinen Sohn Gallienus zu sich auf den Thron, einen jungen, verweichlichten Prinzen, der, kaum war er Mitregent in Rom, ein Bild der Schwäche und der Frivolität bot.

Das war die oft geschilderte Dekadenz des größten je bekannten Reichs. Vater und Sohn erlitten einen Angriff der nordischen Barbaren, nämlich der Franken, die Gallien überfluteten und bis nach Afrika vordrangen. Andere Krieger, Germanen, nahmen den Rest Galliens und Italiens ein. Als sie nach Rom kamen, waren weder Valerian noch sein Sohn anwesend, und der Senat mußte das Reich verteidigen. Die *in extremis* ergriffene Initiative der Senatoren, die vom Volk unterstützt wurden, rettete Rom vor dem Fall. Die Angreifer kehrten um und brachten ihre Beute nach Germanien.

Nun hielten die Goten den Zeitpunkt für günstig und fuhren mit Schiffen bis zur Küste des Schwarzen Meers, nach Trapezunt, eine Stadt, die ihren Glanz dem Kaiser Hadrian verdankte. Währenddem ihre Verteidiger sich von einem der zahlreichen Feste ausruhten, kletterten die Goten in der Stille der Nacht über die Mauern und stürzten mit dem Schwert in der Hand durch die Straßen. Die Bewohner Trapezunts glitten von einem Traum in den anderen, denn die Stadt versank in einem Alptraum, aus dem es kein Erwachen gab.

Dreihundert Jahre Frieden, die *pax romana,* hatte aus den Köpfen der Bevölkerung die Idee, kämpfen zu müssen, vertrieben. Die Einkünfte der Städte dienten zum Bau von Tempeln und Arenen. Die Wehrmauern verfielen oft. Diese Befestigungen, die einfache Spuren eines Verteidigungswalls darstellten, und ein weibischer Kaiser, dessen größtes Anliegen ein graziöser Gang war, ermutigten die Goten, den Bosporus zu überschreiten, Griechenland zu verwüsten und Italien zu bedrohen.

Die Händler, die alle diese Länder auf ihrem Weg gegen Osten, wo sie Seide und Gewürze holen wollten, durchquerten, informierten überall ihre Kollegen über die beängstigende Labilität des römischen Reiches. Sie beklagten sich vor allem über den schlechten Zustand der Straßen und die Zerstörung der Häfen; Dinge, die für Händler sehr wichtig sind. Im Osten, im Norden, im Süden sprach man nur vom Niedergang Roms.

Die persische Herausforderung

Und da wurden die Perser wieder zu Persern. Anfang des 3. Jahrhunderts, als Rom noch kaum ahnte, welche Gifte sich in seinem Geist und seinem Fleisch ausbreiteten und es schließlich auslöschen würden, stand ein iranischer General namens Ardaschir auf; er sagte, er stamme von den Achämeniden ab (war aber vielleicht der Sohn eines Gerbers). Er stürzte die parthische Monarchie, errichtete eine neue und kraftvolle, die der Sassaniden.

Seine ersten Beschlüsse – das war neu – galten dem religiösen Leben. Während seines raschen Aufstiegs vergaß er nie sein wahres Ziel: den Iran aus einem langen griechischen Schlaf zu wecken, ihm zu sagen, wer er war, die Erinnerungen an die Säle von Persepolis wachzurufen, ehe Alexander sie verbrannt hatte.

Der junge König beschloß auch, ganz besonders die Religion Zarathustras zu ehren. Die aus tiefster indo-iranischer Überlieferung und dem prophetischen Begründer hervorgegangene Lehre entsprach ausgezeichnet dem Denken des alten Irans der fernen Zeit, als noch kein Kontakt mit den Griechen bestanden hatte, der die persischen Ideen verfälschte. Er verwarf energisch alles, was nicht iranisch war, und schwor sich, seinem Land eines Tages die weiten Territorien der Achämeniden zurückzugeben.

Man wollte die Parther vergessen. Die Spuren von fünf Jahrhunderten griechischer Kultur wurden zerstört, die Tempel und die Statuen der Monarchen zertrümmert. Weggewischt wurde die parthische Umklammerung: Der Iran bemühte sich, jede Erinnerung an die lange Zeit der Beherrschung durch Fremde zu tilgen, als ob der Auftrag des Himmels friedlich und ohne Unterbruch von einem achämenidischen König an einen sassanidischen Herrscher übergegangen wäre.

Als Ardaschir 224 die Macht an sich riß, war sein Wunsch, Iran seine alten Grenzen wiederzugeben, so mächtig, daß alle seine Handlungen Racheakte zu sein schienen. Zu dieser Zeit war Alexander Severus Kaiser von Rom. In seinem Rachedurst kam es vor, daß Ardaschir diesen Alexander mit dem anderen, mit Alexander dem Mazedonier, verwechselte, der Persiens Größe zerstört hatte. Er glaubte sich dann vom Geist aller achämenidischen Kämpfer beseelt, die im Krieg gegen die Griechen gefallen waren, und gelangte zur Überzeugung, seine Mission auf Erden sei es, Alexander Severus zu töten. Er erklärte ihm 230 den Krieg, aber auf seine Weise.

Vierhundert Perser von seltener Schönheit wurden von Ardaschir selbst ausgewählt, und die besten Schneider des sassanidischen Hofs nähten für sie die eindrücklichsten Botschafter-Bekleidungen.

Wir kennen diese Kleider: Eine gewobene Tunika mit vielen eingefügten Gold- und Silberfäden bedeckt den Leib bis zum Knie. Zwei Reihen

Stickereien verzieren sie. Die Ärmel sind plissiert. Die Hose ist sehr weit und mit runden Eisenornamenten geschmückt. Die gleichen Motive finden sich auf den Fußbekleidungen, den Stiefeletten. Ein Cape, über der rechten Schulter verknüpft, bedeckt das Ganze. Dazu kommen ein Halsband, ein mit Eisen- oder Goldknäufen besetzter Gürtel und die Riemen, an denen das Schwert befestigt ist.

Bart und Schnurrbart erheben sich, zu Spitzen geformt; sie sind sehr sorgfältig geschnitten und gekämmt. Die Haare sind mit der Brennschere gelockt und von einem Seidenband zusammengehalten, das man hinter dem Kopf verknüpft.

Die Botschafter tragen auf der Brust eine Metallplatte, die Bauch- und Brustumfang deutlich macht. Eisenringe umgeben die Arme, und kleine Eisenplatten schützen die Schenkel; eine konische Kopfbedeckung, oft mit einem Band geschmückt, deckt Ohren und Nacken.

Die Pferde sind von Kopf bis Knie gepanzert. Sogar ihr Kopf ist von Metall bedeckt, mit zwei Öffnungen für die Augen. Die Pferdeknechte kämmen ihre Mähnen schön, sie parfümieren sie und gehen so weit, ihre Augen mit schwarzer Schminke zu umrändern.

Die Waffenschmiede ihrerseits arbeiten Tag und Nacht, um die Rüstungen zu polieren, die Pfeile zu schärfen, die Schwerter zu ziselieren.

Dieser großartig elegante Zug verließ den Iran und durchquerte die immensen Territorien, die die beiden Höfe trennten. In Rom angekommen, überbrachte der Leiter der Gruppe Alexander Severus die Botschaft, die die Forderung des Königs der Könige enthielt. Unter dem Vorschlag einer gerechten Teilung der Welt – Asien den Persern und Europa den Römern – verbarg sich eine Kriegserklärung. Die nachfolgende Schlacht in Mesopotamien kannte weder Sieger noch Besiegte. Aber die Römer spürten, daß von nun an ihr Reich auch von dieser Seite her gefährdet war.

Ardaschir folgte 241 sein Sohn Schapur nach, der ihm versprach, dem Iran seine verlorene Würde und Größe wiederzugeben. Der alte Traum, die Eroberung der Gebiete im Westen, schien jetzt greifbar. Der neue Monarch begann mit einem Angriff auf Armenien, ein römisches Protektorat. Dieser mühelose Feldzug öffnete ihm die Pforten der römischen Ostprovinzen. Valerian, der von allen Seiten angegriffen wurde, mußte den Euphrat überschreiten, um die Grenzen seines Reichs zu verteidigen. Die Schlacht begann beim Schutzwall von Edessa, und zum erstenmal in der Geschichte Roms fiel ein Kaiser in die Hände des Feindes.

Dieser entscheidende Kampf, die Schlacht um Syrien, der «Sieg über Valerian», fand im siebten Jahr der Herrschaft dieses Kaisers statt, 260 Jahre nach dem mutmaßlichen Datum der Geburt Christi. Schapur, mit Valerian als Gefangenem, verwüstete Syrien, Kilikien, Kappadokien, Tarsus und Städte wie Caesarea, das vierhunderttausend Einwohner hatte. Die römischen Provinzen des Mittleren Ostens fielen eine nach der anderen und schenkten dem Feind widerstandslos unbegrenzte Reichtümer und lange Züge von Gefangenen. Schapurs Armee drang in die schöne Stadt Antiochia ein, als die Einwohner eben Zirkusspielen zusahen. Bald mußten die Völker dieses Teils von Kleinasien – wenigstens diejenigen, die der Sieger auswählte – den Persern auf dem glorreichen Rückweg nach dem Iran folgen. Diese Verschleppten, die verschiedenen Ursprungs waren, sollten die großen iranischen Ebenen bevölkern, Städte bauen, ihr Wissen mit den neuen Herrschern teilen. Es schien, der Iran werde zum lebendigen Spiegel der Vergangenheit. Bei dieser Zwangswanderung knüpfte er sogar an einen uralten Brauch an. Sieben Jahrhunderte früher hatte Alexander in den Gefängnissen von Persepolis alte, kranke, mit Brandeisen gezeichnete Griechen gefunden, die die Perser während der medischen Kriege gefangen hatten.

Eine Neuheit: die Verfolgung

Antiochia, die römische Stadt Syriens, ihre bewässerten Gärten, ihre kühlen Quellen, ihre milde Luft, ihre hundertjährigen, gesetzlich geschützten Zypressen, waren nur noch tote Erinnerung. Das Gebälk der raffinierten Gebäude mit den Säulenvorhallen ging in Flammen auf. Schluß war es mit den grandiosen Festen. Selbst die Feier der Olympischen Spiele stand in Frage.

Wird man in dem riesigen Theater, das in die Felsen des Silpius gehauen war, noch *Die Acharner* von Aristophanes spielen? Und wird die Pantomime, die von den Christen wenig geschätzt wurde, weiterhin melancholische Kranke heilen? Und der Mime selbst, welche Art Schweigen wird ihn erfüllen?

Die Bevölkerung von Antiochia besteht aus Griechen, Syrern und griechisch sprechenden Juden, die stark von der hellenischen Kultur geprägt sind. Aber unter den Gefangenen der Perser, besonders den aus Antiochia stammenden, findet man schon Christen.

Christus ist vor weniger als drei Jahrhunderten gestorben. Die junge Religion, die bei Gebildeten wie bei den Händlern Anklang fand, hat sich um das ganze östliche Mittelmeer schnell und kraftvoll ausgebreitet. Vor mehr als hundert Jahren haben die Kirchenväter den vier kanonischen Evangelien und der Apostelgeschichte den letzten Schliff gegeben. Alle übrigen Originalschriften wurden zu Apokryphen, ungültig und unheilig, erklärt. So hoffte man den Nebel und die Widersprüche des Anfangs zu zerstreuen. Die angestrengte Arbeit des heiligen Paulus und einiger anderer hatte fast überall ein paar glühend-gläubige Gemeinschaften geschaffen, vor allem in den Städten.

Die neue Religion, die sich allen anderen entgegensetzt, verkündet eine neue Botschaft, die der Erlösung und des Heils, und sie feiert das Erscheinen Gottes auf der Erde, und zwar in einem Menschenleib. Diese Botschaft verwandelt offenbar das menschliche Leben, gibt ihm einen unerhörten, vielfachen Sinn. Sie behauptet auch, die endgültige Wahrheit zu bringen und die Wahrheit für alle Menschen. Von einer solchen Plattform aus sind Beziehungen mit der weltlichen Macht oft schwirig. Die Kaiser ignorieren sie bald, bald verfolgen sie sie.

In der Geschichte der Religionen sind solche Verfolgungen, die wir ideologische nennen, neu, wenigstens in diesem Maßstab. Neu auch die Erfahrung, daß Gewalt gegen die Christen ihren Glauben nur stärkt. Der Märtyrer wird zu einer großen Persönlichkeit, einer für die Zeit typischen Gestalt. Überall hört man entsetzliche Geschichten über Männer, die mit Harz bestrichen und verbrannt wurden, Menschen, die man unter den Freudenschreien der Menge den Raubtieren vorwarf, Jungfrauen, deren Brüste von Henkern, die an ihren Fingern eiserne Haken trugen, zerfetzt wurden.

Diese Gewalttätigkeit – auf lange Sicht blieb sie eine Episode – schadete dem Aufschwung des Christentums nicht im geringsten. Im Gegenteil. Der neue Glaube hatte schon seine Helden, Männer und Frauen, die ihr Leben dafür hingegeben hatten, was bis dahin noch nie vorgekommen war. Trotz der Verfolgungen und trotz aller internen, oft theoretischen Streitigkeiten, die etwas schufen, was es auch noch nie gegeben hatte: «die Ketzerei» – trotz alledem wurden die Christen stärker. Manche hatten in der unmittelbaren Umgebung des Kaisers Verwaltungsposten inne. Durch die ganze römische Welt hindurch bildeten und entwickelten sich Gemeinden. Es gab Gegenden, wo der Zerfall des Reichs, der das Regieren schwierig machte, sie nicht nur duldete, sondern sogar förderte. Die Gläubigen von Antiochia, welche die Hälfte der Einwohner ausmachen, gehen sogar so weit zu behaupten, das Wort «christlich» sei in ihrer Stadt entstanden.

Der missionarische Geist

Der römische Kaiser Valerian befindet sich jetzt in den Händen persischer Soldaten. Der ganze römische Hof, die Senatoren, die großen Verwaltungsbeamten, die ihn ins Feld begleitet haben, müssen ihm ins Exil folgen. Beschämt und verwaist packt Rom seine Koffer.

Bei dieser Zwangsdeportation in noch unbewohnte Landstriche des gewaltigen persischen Reiches waren die einzigen, die sich freuten, die Christen. Es gab sogar solche, die sich dem Zug unterwegs anschlossen. In der Zerstückelung Roms sahen sie deutlich Gottes Zorn. Valerian verdiente eine richtige Strafe. Er hatte sie verfolgt, ihre Kirchen zerstört, sie gefoltert, sie getötet. Gott hatte ihn gerichtet und erniedrigt. Seine Armee und seine bisher unbesiegten Krieger trugen jetzt Ketten und mußten zusammen mit den Gefangenen von Antiochia die Bergmassive Syriens und die vom Euphrat bewässerten Ebenen durchqueren. Auch der Kaiser ging barfuß.

In Wahrheit hatten die Christen bei der Plünderung Antiochias nicht gezögert, die römischen Bürger bei den siegreichen Persern zu denunzieren. Ein merkwürdiges Bündnis. Um der Verschleppung zu entgehen, verbargen sich die Römer in ungewohnten, ziemlich elenden Verstecken, ein Gouverneur in einer Metzgerei im Gewerbeviertel, ein Senator in einem Ziehbrunnen, ein Aristokrat, als Dienerin verkleidet, in der Küche einer Herberge. Wenn die Christen sie erkannten, denunzierten sie sie bei den sassanidischen Wachen und feierten ihre erste Freiheit durch Rache.

Mit ihrer Hilfe organisierten die Perser Razzien bei den römischen Familien und nahmen die hohen Beamten, die reichen Händler, alle, die nicht Christen waren, gefangen. Mitten in den Feuersbrünsten, den Plünderungen und den Schmerzensschreien feierten sie mit Getöse den Fall Roms.

Am Vorabend des großen Marsches gen Osten rief der Kommandant der persischen Armee, die in Antiochia stationiert war, den christlichen Bischof der Stadt, Demetrianus, zu sich, dankte ihm für die Hilfe und schlug ihm vor, in der Stadt zu bleiben und über seine Gemeinde zu wachen. Demetrianus zog sich in die Kirche zurück und dachte vor den Fresken, die Christi Leben zeigten, lange nach. Dann zog er in heiterer Ruhe seine Bischofskleidung aus, eine rote Tunika aus Leinen und Wolle, ein mit Blumen und Vögeln besticktes Band aus weißer Seide, und ein elfenbeinernes Anhängsel, das Christi Antlitz zeigte. Er zog einfache Kleidung an, schloß sich in seiner Zelle ein, verbrannte dort einige Dokumente. Dann schrieb er ein paar Briefe, zog mehrere heilige Bücher aus ihrer edelsteinbesetzten Silberhülle und kam in der Morgendämmerung heraus: Er sei jetzt, sagte er, bereit, mit den Gefangenen zu gehen.

Die Christen der Stadt stellten sich ihm, überrascht und etwas zögernd, in den Weg. Sie sahen nicht ein, warum ihr eigener Bischof ihnen ins Exil voranging, als wollte er der Eitelkeit des Königs der Könige schmeicheln. Die Sonne stieg herauf, die sassanidische Armee zählte ihre Gefangenen, die Christen bedrängten Demetrianus mit Fragen. Er antwortete mit einem einzigen Satz: Wir müssen aufbrechen, wir müssen aufbrechen.

Und alle machten sich auf den Weg nach Persien.

Welche Kräfte treiben einen Prediger auf unbekannte Straßen? Die Griechen und die Römer kannten die missionarische Tätigkeit nicht oder kaum. Offenbar erschien dieser Geist zuerst im Osten bei den Buddhisten und gleichzeitig bei den Juden, die ihren einen Gott rund ums Mittelmeer verkündigten. Dieser Wunsch, die Menschen aufzuklären, zu überzeugen, wuchs und wuchs und verschärfte sich im Lauf der Jahrhunderte mit den Christen und dann mit den islamischen Armeen.

Aus welchen Gründen? Zweifellos ist der Prediger, der sich oft «Träger des Lichts» nennt, sicher, endlich die Wahrheit zu kennen. Diese Wahrheit muß er mit anderen teilen, und sei es um den Preis seines Lebens. Man könnte glauben, das sei unausweichlich so. Anfangs also spricht und zeugt er aus diesem Grund. Weggewischt werden die heimischen Götter und die des Hauses. Der neue Gott braucht Platz, viel Platz. Man muß ihn bis an die Grenzen der Erde bekannt machen.

Dazu kommt offensichtlich der stolze Wunsch nach Neuem, verbunden mit dem Bewußtsein der Vergänglichkeit, der zugrunde gehenden Macht. Der neue Prediger spricht unablässig von den alten Göttern und dem alten Glauben. Er prangert die antiken Götterbilder an, sie seien aus Aberglauben erwachsen. Diese ganz neue Wahrheit erklärt der Prediger unverschämt als weltumspannend und ewig, sie würde niemals veralten und sich nie verändern. Er leugnet also die Konstanz der Veränderung, die er selber betont hat. Er kommt zwar aus der Zeit, aber er blockiert die Zeit, zwingt sie, leugnet sie.

Hinter jedem Missionar muß man von Anfang an auch den Händler sehen und spüren, diesen unzertrennlichen Gefährten der Straße. Man muß sich auch des politischen Vorstoßes dieser oder jener Partei, des Ehrgeizes dieses oder jenes Fürsten, der Fäden der Marionetten bewußt sein, und des Wunsches, bekannt zu werden, sein Wissen und sein Talent zu zeigen, jemand Besonderer, Unentbehrlicher und Anziehender zu werden; und schließlich eines gewissen Masochismus, eines dunkles Triebes zu einem gewaltsamen und aufsehenerregenden Tod, der einem sicher himmlischen Ruhm einträgt.

In den meisten Fällen, das weiß der Geschichtsschreiber, deutet die Vielfalt der Ursachen auf eine bestimmte unerklärliche Erscheinung hin. Zu viele Gründe sind kein Grund. Es ist ein immer wieder beobachtetes menschliches Phänomen: Jedesmal, wenn eine neue Persönlichkeit von Begeisterung ergriffen wird und das Licht in seine Hände nimmt. Das Mysterium wird noch komplexer, aufreizender und lächerlicher, wenn sich zwei Apostel mit voneinander abweichenden Wahrheiten gegenüberstehen und jeder mit allen Mitteln versucht, den anderen zu überzeugen, ja ihn wenn nötig totzuschlagen.

Dieses Phänomen ist für jenen geschichtlichen Augenblick gültig, setzt sich während Jahrhunderten fort und dauert noch an.

Persien erwartet Jesus

Als Demetrianus beschloß, mit den Seinen aus Antiochia wegzuziehen, war er nicht mehr jung, aber sein Alter half ihm vielleicht, klarer zu sehen als seine Begleiter, ein Zeichen von Gott zu entdecken, wo andere nur menschliche Erniedrigung sahen.

Auf dieser Reise nach dem Osten, einer für die Römer regelrechten Verschleppungsaktion, war er der einzige, der ein neues Schicksal vorausfühlte. Er nahm diese unerwarteten Möglichkeiten demütig, aber auch weitsichtig an. Die Niederlage und das Exil würden dem Unmöglichen Vorschub leisten, auch wenn man es sich noch nicht vorstellen konnte: der Verkündigung des Evangeliums im persischen Reich.

Gott führte zuerst diejenigen, die er mit der Verkündigung seines Wortes betraute, in die Sklaverei. In jenem Augenblick, am Tag nach dem «Sieg über Valerian», entstand in den christlichen Herzen das Gefühl, man könnte nach Osten vorstoßen, dem Aufgang der Sonne entgegen, nach Persien und noch weiter. Geistiges Abenteuer – aber gleichzeitig auch kommerzielles und militärisches.

Der Bischof ging nirgendwohin ohne seinen Neffen, einen Waisenknaben, der in ihm seinen Vater sah. Demetrianus beschäftigte sich aktiv mit der religiösen Erziehung seines Schützlings. Dieser wollte wissen, warum sich die Erwachsenen schlugen und was der Grund des Krieges war, der sie zwang, ihre Stadt und ihre Gewohnheiten zu verlassen. Sein Onkel versuchte ihm zu antworten.

«Die Griechen und die Perser waren sehr alte Feinde. Ich kann dir nicht erzählen, warum, es ist zu lange her, es verliert sich in der Nacht. Als Rom Griechenland ablöste, bekam es als Erbe auch das griechische Gift, die Ausdehnung in den Osten. Daraus entstanden die tausend Kämpfe der beiden Reiche, wegen eines Stückleins Land oder einer unvollständig bezahlten Steuer. In einem Krieg, weißt du, leiden nicht die Könige.»

«Leiden die Soldaten?»

«Ja, oft, aber das ist ihr Beruf. Und manchmal, wenn sie gesiegt haben, kommen sie mit Beute beladen und reich zurück. Wer wirklich leidet, sind die Bauern, die kleinen Leute. Wer in den Grenzgebieten lebte, kam von einer Hand in die andere und verlor jedesmal seine ganze Habe. Sie hatten nie Ruhe. Nun, es war in einer dieser Gegenden, die der heilige Thomas oder, seien wir ehrlich, sein Schüler Addai bekehrt hatte und die bald von den Römern, bald von den Persern regiert wurde, daß unsere Kirche entstand. Aus der Unordnung und aus dem Leiden.»

Der Junge war eingeschlafen, erschöpft durch den Zwangsmarsch. In welcher Sprache drückten sich seine Träume aus? Kriegsberichte sind stets monoton. Man verwechselt die Schlachten. Unmöglich kann er in seinem Alter die Vergangenheit kennen, die Zukunft sehen, verstehen, warum diese Kirche, die Demetrianus «unsere Kirche» nennt, besser sein soll als die anderen.

Auf dem ganzen Weg, auf dem sie Weizenfelder, Olivenbaumplantagen und Weinberge durchqueren und im Schatten der Eichen, der Fichten, der Zedern und hundertjähriger Wacholderbäume ausruhen (die vier Baumarten, die seit dem Kaiser Hadrian den kaiserlichen Wald bildeten und deshalb unberührt blieben), erklärt Demetrianus den Christen die wahren Gründe für ihr freiwilliges Exil. Sie sind alle Missionare, denn Persien wartet auf das Wort Christi. Es wartet seit seinem Entstehen darauf. Zweieinhalb Jahrhunderte nach Christus setzt ein Bischof aus Antiochia den Fuß in das ehemalige Reich der Heiligen Drei Könige.

Der Prophet des Lichts

Die Sassaniden, die über den Iran herrschten, hatten ihre Macht erlangt, indem sie das nationale Selbstbewußtsein wiedererweckten, den Hellenismus der parthischen Dynastie austilgten und die alte Demütigung, die Alexanders Sieg hinterlassen hatte, wettmachten. Schapur, der neue König der Könige, wollte der Nachfolger der großen Achämeniden sein, derjenigen, die Persepolis gebaut und die Ägypten, Syrien, Kleinasien, die griechischen Inseln und einen Teil Indiens unterworfen hatten. Auch er wollte ein Beherrscher der Welt werden.

Er kannte die Christen vom Hörensagen. Er wußte auch, daß im Osten seines Reichs gewisse Völker seit langem einem ehemaligen Prinzen folgten, den man «Buddha» nannte. An seinem eigenen Hof erlebte er eine schnelle Auferstehung des Zoroastrismus. Die Vereinigung zwischen den beiden mächtigen Gruppen des zoroastrichen Klerus und der rasante Aufstieg des Magiers Kirder, des wahren Gründers der sassanidischen Staatskirche, forderten vom König, daß er eine eigene religiöse Politik festlegte und durchsetzte. Eine entscheidende, aber schwierige Wahl. Seine Armeen mochten wohl die benachbarten Länder erobern, aber wenn er seine Überlegenheit bewahren wollte, brauchte er eine flexible Ideologie, die von allen oder fast allen angenommen werden konnte, eine Religion, die Griechen, Iranern und Hindus gefallen würde.

Und da gab es nun einen Mann, der sich «Prophet des Lichts» nannte und östliches und westliches Gedankengut, Buddhas und Christi Ideen, in einer einzigen Botschaft vereinigte. Er hieß Mani, und seine Botschaft richtete sich an alle.

Er war 216 n. Chr. geboren worden, zwölf Jahre nach der Krönung Ardaschirs. Als Schapur seinem Vater nachfolgte, erklärte sich Mani, damals vierundzwanzig Jahre alt, zum Propheten.

Wie alle Propheten kündigte er als erstes das Ende einer Zeit an, auf die bald eine andere folgen würde. Demnächst, unmittelbar, und diese neue Welt würde weder Grenzen noch Armeen kennen. Buddhisten, Zoroastrier und Christen würden nicht mehr kämpfen müssen, um ihre Regeln durchzusetzen. Der Mensch, ein vergänglicher Erdbewohner, würde endlich verstehen, wer er war; er würde über den Ursprung seiner Ängste nachdenken und in einem Spiegel, den Mani ihm vorhielt, das Bild seines Leidens und seinen wahrhaften Zustand sehen.

Man hing damals gerne alten Erinnerungen nach. Die herrschende Dynastie wurde nicht müde, vom goldenen Zeitalter zu erzählen, dem der Achämeniden, wo man ohne jede Schwierigkeit eroberte, verwaltete und baute.

Weit entfernt von diesen materiellen Idealen, weckte Manis Lehre im Gegenteil den Menschen, ließ ihn zu sich selbst kommen und zeigte ihm seinen göttlichen Ursprung und seinen gegenwärtigen Zustand. Es sei nutzlos, die Menschheit in einer einzigen Farbe, hell oder dunkel, zu sehen; der Mensch sei komplex, er sei Gott und der Teufel in einem, sein Körper sei ein Schlachtfeld des Guten und des Bösen, und das Gefängnis des Lichts. Er bleibe sich auch immer fremd. Manis Rede, die man später (ganz falsch) Manichäismus nannte, erzählte den unterschiedlichen Ursprung der Welt des Lichts und der Welt der Finsternis, wie sich die beiden Prinzipien vermengt hätten, und wie sie endgültig getrennt wurden. Nach Mani ist alles Vermischung, jedes Element trägt diese Doppelnatur, diese grundsätzliche «Befleckung» in sich. Wie kann man das Heil erlangen?

Wo immer er ging, sammelten sich die Leute um ihn, um ihm zuzuhören. Er sprach mit Leidenschaft und Präzision, er gefiel der Menge und weckte in ihr eingeschlafene Schmerzen. Man kannte ihn an seinem weißen Gewand und seinem Band. Man zeigte auch auf das einzige Juwel, das er trug, einen Ring aus Gold und Silber, auf dem Sonne und Mond eingraviert waren.

Mani sprach von der Vermischung, von der komplexen Natur und von der Zweideutigkeit der Dinge. Er empfahl den Leuten, über die Meeresoberfläche zu meditieren, die friedlichen Boote zu betrachten und sich gleichzeitig an Stürme, an das Ertrinken und an Überschwemmungen zu erinnern. Er sprach vom Feuer, das vor der Kälte schützt und das Kochen köstlicher Gerichte erlaubt, aber auch vom verheerenden Feuer, von den niedergebrannten Städten, den zerstörenden, gefürchteten Flammen. Nach dem Wind befragt, antwortete er, das sei das geheimnisvollste der Elemente. Man sieht, wie sich das Blatt bewegt, aber man sieht nicht den Wind, der das verursacht. Er beschrieb, wie angenehm es war, wenn man an einem sehr heißen Tag unter einem Baum lag und auf der Haut seinen Atem und sein Streicheln spüre. Aber er erinnerte auch an die Zerstörungskraft desselben Windes, wenn er wütete, wirbelte, eine Brücke zerbrach, eine Ernte oder ein Leben. Und wenn seine Zuhörer, erschreckt durch die Doppelnatur aller Dinge, sich wenigstens mit dem Bild der Erde zu beruhigen suchten, die fruchtbar ist und uns nährt, so sagte er ihnen, auch die Erde könne töten. Die Erde verschlingt, öffnet Abgründe, wenn sie bebt und sich spaltet. Und er sagte, immer noch zur Menge gewandt, daß die Erde Leben spendet, aber auch Komplizin des Todes ist. Und sie bedeckt die Leichen, wie wenn der Anblick sie beschämte.

Dieser Wortgewaltige war jung, charmant und hinkte seit seiner Geburt. Seine ganze Kindheit hindurch marschierte, rannte und sprang er hinkend. Seine Kameraden verspotteten ihn, was seine Mutter schmerzte; aber Mani selber maß seinem Gang keine Wichtigkeit zu. Er liebte es zu malen. Er entzog sich seinen spöttelnden Kameraden, fand einen ruhigen Platz und zeichnete. Und er machte die anderen glauben, er habe einen himmlischen Zwilling, der ihn überallhin begleitete und beschützte.

Sein Vater, der Hermes anbetete, verließ Frau und Kind, um in einer Gemeinschaft zu leben, die man Täufer nannte. Eine seltsame Gruppe wie alle, die auftauchten: Sie hielten das Feuer für das Element des Teufels und machten aus dem Wasser ein Instrument der Reinigung. Man verabreichte einem Menschen, der von irgendwelchen Dämonen verfolgt war, vierzig kalte Bäder binnen sieben Tagen. Ein System, wonach man Lebensmittel ins Wasser tauchte, erlaubte das Verzehren der Nahrung aus dem Garten der Gemeinschaft; man nannte sie «männlich».

Alle von außen kommenden Nahrungsmittel hießen «weiblich» und waren verboten. Die Täufer teilten sogar das Brot nach gesellschaftlichen Kriterien: Das Brot der Armen, das innerhalb der Gemeinschaft gebacken wurde, war eine gesegnete Nahrung; dasselbe Brot, von fremden Händen hergestellt, hatte etwas Teuflisches und hieß das Brot der Reichen.

Der himmlische Zwilling im Garten

Mit vier Jahren kam Mani zu seinem Vater in diese Sekte, die auch «Weiße Gewänder» genannt wurde, weil sie sich weiß kleideten, um ihre Reinheit zu betonen. Mani wuchs unter ihnen auf, aber weder der Respekt, den sein Vater dieser bizarren Lehre erwies, noch die Ruhe, die in den Gärten der Täufer herrschte, befriedigten seinen Wahrheitsdurst. Man kann sich gegen das Böse nicht durch Rituale und Formeln schützen. Das Leiden war gleich hinter der Mauer, die Schwärze griff immer wieder den weißen Schutz ihrer Kleider an. Je älter er wurde, desto lächerlicher schienen ihm die Praktiken der Täufer. Die Wahrheit mußte anderswo sein, vielleicht tief in einem selbst.

Er sagte, ein himmlischer Zwilling habe ihn besucht. Sogar sein Vater, der ehrenwerte Pattek, der zur alten königlichen Familie gehörte, sagte, sein Sohn spreche häufig mit einer Stimme aus dem Unsichtbaren. Aber hatte Pattek diesen Zwilling gesehen, mit eigenen Augen gesehen? Ja, er sah ihn am Tag, an dem Mani seinen vierundzwanzigsten Geburtstag beging.

Das Reich feierte damals die Thronbesteigung Schapurs; die Gouverneure aus dem ganzen Iran «und von weiter weg» kamen, um dem König der Könige ihre Unterwerfung zu bezeugen. Die Stadt zelebrierte feierlich die Krönung des Sohnes Ardaschirs und den gefestigten Ruhm der Sassaniden, Musiker eilten unentwegt durch die Hauptstadt und sangen Hymnen auf seine Majestät den König.

Pattek war im Garten friedlich mit Obstpflücken beschäftigt, als er sah, daß Mani aus seiner Zelle kam, um einen im Hof vergessenen Pinsel zu holen. Und diesmal hinkte Mani nicht. Sein Vater war wie gelähmt und wußte nicht, wie er sich verhalten sollte. Sein Sohn zeigte keinerlei Freude über diese Heilung. Pattek schaute Mani nach, der wie jedermann einherging; er dankte dem Himmel und dachte an ein Wunder, an eine Belohnung aus dem Jenseits. Woran alle Ärzte von Ktesiphon gescheitert waren, das hatten Jahre der Einsamkeit und Keuschheit geheilt.

Später, während der Zeremonie des Eintauchens der Nahrung, kam Mani, der bei diesem Ritual mitwirken sollte, und zu Patteks Überraschung hinkte er. Er stellte sich vor die Versammlung, zeigte auf das geweihte Wasser und erklärte ziemlich brutal, es enthalte Teilchen der Finsternis. Dann ging er, immer noch hinkend, weg. Die Täufer, für die Manis Geste und Worte ein entsetzliches Sakrileg darstellten, schauten auf Pattek. Dieser, so schien es, hatte von dieser Szene der Unverschämtheit und der Auflehnung nur das Bild seines Sohnes behalten, der von neuem sein verdrehtes Bein schleppte.

Dadurch, daß er seine Verachtung für das geweihte Wasser zeigte, hatte Mani offiziell mit den «weißen Gewändern» gebrochen. Zwar kleidete er sich sein ganzes Leben in Weiß, aber von nun an versuchte er, die Ideen der Sekte loszuwerden. Heftig schlugen die Tore des Gartens hinter ihm zu.

Mani wollte das Siegel der Propheten sein, der Paraklet, Maitreya, derjenige, der dem Menschen sagt, er sei gleichzeitig Licht und Finsternis, das Gute und das Böse, er sei zweigestaltig und müsse das akzeptieren.

Später, als Pattek ihm zu seinem neuen und gefährlichen Abenteuer folgte, wußte er, daß er mit eigenen Augen einen Augenblick lang im Garten den himmlischen Zwilling seines Sohnes gesehen hatte, den «sehr schönen und erhabenen Spiegel» Manis, den Engel at-Taum, der nicht hinken kann. Und niemals mehr zweifelte er die Worte seines auserwählten Sohnes an.

Der große Bericht über die kosmische Reise

Mani, der Prophet, der Maler, gehörte auch zum königlichen Gefolge. Welchen geheimen Weg hatte er gefunden, um in die Nähe dessen zu kommen, dessen Gesicht einfache Sterbliche nicht einmal sehen durften? Welche Wunder halfen ihm? Wie vielen Blinden hatte er das Augenlicht wiedergegeben, er, der immer noch hinkte?

Nichts von alledem. Nur ein Bild, das er gemalt hatte und jedermann zeigte, als er nach einem Jahr der Einsamkeit aus einer Höhle kam und sein Werk enthüllte. Der Bericht über seinen Rückzug in den Berg, sein geheimnisvolles Verschwinden und sein Wiedererscheinen am vorgesehenen Tag und zur vorgesehenen Stunde sprachen die Phantasie der Erzähler an, die von einem Dorf zum anderen von einem sehr geschickten und sehr schönen Maler erzählten – «Prophet» wollten sie nicht sagen, das hätte sie gefährdet –, oder ein wenig hinkte und ungemein anziehend war, der aus einer königlichen Familie stammte, seine Familie, seine Freunde und seine Umgebung aufgegeben hatte, um am Fuß eines felsenreichen Berges eine enge und dunkle Höhle zu wählen. Dort hatte er denen, die ihm gefolgt waren, erklärt, daß er zum Himmel steigen, dort ein Jahr bleiben und ihnen dann bei seiner Rückkehr von seiner Reise erzählen würde. Unter denen, die zur vorausgesagten Stunde anwesend waren, befanden sich genau diese Erzähler. Hoch erregt in der Erwartung des berühmten Berichts, setzten sie sich auf den feuchten Boden des Berges in frischem Grün und versenkten sich in die Schöpfung. Die Vögel, die Sterne und die kühlen Quellen hörten dem zu, der aus einer anderen Welt zurückkam. Manis Stimme strich über die Zweige, ritt den Wind und bezauberte Männer und Frauen. «Ich betrat das Land des Lichts. Hier ist alles Sanftheit, Harmonie und Schönheit. Die Gärten, die Türme, die Türen und die Güter verstrahlen leuchtenden Glanz. Alles ist Spiegel, alles ist Lichtreflex. Ich nehme meinen Pinsel und ich male: Das Licht ist weiß, das Feuer rot, der Wind blau, das Wasser grün und die Brise golden. Ich sehe den Vater des Lichts.»

Die Erzähler berichten einhellig, daß Mani eisernes Schweigen beobachtete über die Begegnung mit dem Vater, obwohl eifrige Fragen ihn bedrängten. Er beschrieb keine Einzelheiten des höchsten Wesens. Er fuhr in ähnlicher Weise fort: «Ich steige hinunter zum Land der Finsternis, eine riesige, tiefe Masse, wo viele von der Pest befallene Arten wohnen. Der Rauch, das zerstörerische Feuer, der vernichtende Wind, das trübe Wasser und die Finsternis bilden fünf übereinanderliegende Welten, denen fünf Könige in Gestalt eines Dämons, eines Löwen, eines Adlers, eines Fisches und eines Drachen vorstehen. Es gibt weder Himmel noch Erde. Es gibt nur zwei Prinzipien: das Licht und die Finsternis.»

Manis Zuhörer an diesem Tag berichteten, er nenne diese erste Etappe «die Vorzeit».

Die Reise ins große Anderswo geht wie folgt weiter: «Ich sehe vor meinen Augen, wie die Welt entsteht. Als er unterwegs ist, sieht der König der Finsternis die Schönheit des Lands des Lichts, entbrennt in Liebe dazu und entschließt sich zum Angriff. Der Vater des Lichts bereitet den Gegenschlag vor und schafft eine erste Serie von Geschöpfen. Er ruft den Urmenschen, dieser ruft seine fünf Söhne, und zusammen bieten sie sich der Finsternis an. Das damit aufgenommene Licht wird zwar von der Finsternis vergiftet, ist aber seinerseits Gift für sie. Diese Niederlage, das Prinzip der Vermischung, liegt am Grund des Heils.»

Noch nie hat jemand so gesprochen. Gewiß, nicht alle verstehen, aber jeder kann sich vorstellen, wie ein «Land der Finsternis» aussieht: ein Land der Grausamkeit, der Schlachtfelder, der Epidemien. Wie kann man es ändern? Wie kann man das verlorene Licht wieder einfangen?

Mani fährt fort, die Girlande seiner Vision zu entrollen. Neue Gestalten bevölkern die kosmische Szene. Die Handlung verwickelt sich und wird schneller: «Der Urmensch, der das Bewußtsein wiedererlangt hat, betet zum Vater des Lichts, der den lebendigen Geist ruft. Da stößt der lebendige Geist einen Schrei wie ein Schwert aus, der dem Urmenschen wieder seine göttliche Gestalt gibt. Der Urmensch reagiert, er faßt die rechte Hand des lebendigen Geistes und kommt aus dem Land der Finsternis heraus. Ich sehe es und bemerke, daß er seine fünf Söhne zurückgelassen hat: Ihre Rettung führt zur Erschaffung der Welt. Hierauf verwendet der lebendige Geist die Hüllen der dämonischen Archonten und macht daraus elf Himmel und acht Erden. Ich sehe, wie er vom nicht verunreinigten Licht nimmt, um daraus die Sonne und den Mond zu machen. Deswegen bitte ich euch, tagsüber in Richtung der Sonne zu beten und nachts zum Mond hin. Ich zeichne noch immer, ich sehe drei riesenhafte Räder, die vom lebendigen Geist entworfen wurden und das in der Finsternis gefangene Licht herausfiltern sollen. Ich höre einen dritten Ruf. Daraufhin kommt der Bote, um die Archonten zu vertreiben. Beim Anblick des sehr schönen Boten lassen die männlichen Archonten mit ihrer Begierde das Licht fahren, das sie gefangenhielten. Sie bewirken, daß ihr Sperma gleichzeitig mit dem Licht in den Boten eindringt, aber dieser versteckt sich, um die beiden Prinzipien zu trennen.»

Fünf Söhne, drei Räder, ein unwiderstehlicher Bote, von den Archonten ausgestoßenes Sperma: eine ganze, fantastische Bilderwelt breitet der Himmelsreisende aus. Und wenn er die Wahrheit sagte? Selbst verschleiert, selbst durch die Sprache verwischt – wenn sich nun eine Wurzel der Wahrheit in dieser Vision versteckte?

«Das Sperma, das so vom Licht getrennt wurde, fällt auf die Erde und gebiert die Welt der Tiere und der Pflanzen. Die Archontinnen, die sich von der Schönheit des Boten hatten verführen lassen, haben Fehlgeburten. Ihre Föten fallen auf die Erde. Die Dämonen versuchen eine Gegenschöpfung, um durch die menschliche Rasse das Exil des Lichts unwiderruflich zu machen. Ich sehe die Geburt Adams und Evas, unserer ersten Eltern, der ersten Gefängnisse des Lichts. Das Los Adams, der die stärkste Lichtkonzentration aufweist, macht mich traurig, und ich weine. Er wird zum Spielball der Feindseligkeiten. In einem Todesschlaf befangen, weiß Adam nicht, wer er ist. Ich will ihn wecken, ihm sagen, daß sein Platz nicht auf dieser Erde aus Achontenabfall ist, aber im Moment, wo ich auf ihn zugehe, weckt Jesus der Strahlende ihn aus dem Vergessensschlaf. Adam steht auf und weint, stößt dann einen herzzerreißenden Schrei aus: ‹Wehe! Wehe dem Schöpfer meines Leibes!› Der Krieg, der bei den Göttern begonnen hat, verbreitet sich nun unter den Menschen.»

In dieser Nacht kehrten die von Manis Erzählung verzauberten Frauen nicht nach Hause zurück. Entsetzt über den Ursprung der Erschaffung des Menschen, sahen die Männer sich nur als angefüllt mit Finsternis. Die Kinder hörten Mani erklären, diese obskure und tragische Phase seiner Vision stelle die «Gegenwart» dar.

Dann kommen die genaueren Prophezeiungen: «Der dritte Krieg fängt an. Ich sehe die vielfachen Verfolgungen meiner Gläubigen, den Triumph meiner Kirche, die Vernichtung der Welt, die große Feuersbrunst, die 1468 Jahre dauern wird. Ich sehe schließlich die endgültige Trennung der beiden Wesen: Die Lichtteilchen steigen, in einer Statue vereint, zum Himmel, und die Materie, in einer Kugel eingeschlossen, wird begraben.»

Die paar Dutzend Leute, die das Privileg hatten, dem Bericht über diese initiatische Reise zu lauschen, wußten, daß dieser letzte Krieg «Endzeit» hieß.

Diese Zuhörer folgten ihm überallhin, und selbst wenn ihnen seine Rede manchmal ausgefallen und kompliziert schien, so ließen sie sich diese von Pattek wiederholen und auslegen, oder von einem der ersten Jünger Manis, einem gewissen Adda.

«Jesus hat nie geschrieben», sagte Mani, «darum sind seine Worte entstellt worden. Sogar von Buddha gibt es keinen Text! Keine sichere Botschaft, von seiner Hand bezeugt!»

Er erhob die Stimme und sagte zur Menge:

«Reist in den Osten, geht nach Indien, schaut euch die Misere ihrer

Religion an. Der Mann, der sorgsam jeden seiner Schritte überwachte, um keine Ameise zu töten, dieser Asket, dieser Entsagende, besitzt heute eine Kirche, und diese Kirche tötet in seinem Namen! Seine Jünger beleidigen und töten sich gegenseitig. Zarathustra? Man weiß nicht einmal, ob er wirklich gelebt hat!»

Und schließlich:

«Darum schreibe ich. Damit die Wahrheit festgehalten ist. Damit bei euch keine Zwietracht entsteht.»

Stets unterwegs, stets redend und erzählend, auf den Straßen und vor allem in den Städten, begegnete er Männern und Frauen und erklärte ihnen ihre Nöte.

Mani sprach so zu seinen Schülern, die alles aufschrieben und die Worte ihres Meisters für andere in viele Sprachen übersetzten.

Extreme Strenge des Künstlerpropheten und Sehers: Wer aus Versehen einen Pinsel oder eine Schreibtafel beschädigte, beging eine wirkliche Sünde. Er mußte sie beichten und Buße tun.

Mani reiste auch in den Nordwesten von Ktesiphon, zu den Grenzregionen des römischen Reiches, wo er versuchte, in die christlichen Gemeinden einzudringen. Er betete in ihren Kirchen, er studierte in ihren Bibliotheken, und vor allem organisierte er Versammlungen an Orten, zu denen Christen kamen. Seine Getreuen hatten die Aufgabe, die Begegnungsorte der Christen auszumachen. Im günstigen Augenblick erschienen Mani und sein Gefolge, alle ganz in Weiß gekleidet; sie unterbrachen die Gebete und rissen das Wort an sich. Frauen, fast immer mit einer langen, plissierten Robe bekleidet, die ein schmaler, unter den Brüsten verknüpfter Gürtel zusammenhielt, begleiteten stets den Prediger des Lichts. Ihr Haar war hinter dem Kopf hochgesteckt und rollte sich in einem Turban, den eine Eisenkette abschloß. Sie redeten und verbreiteten die Ideen des Meisters. Angezogen von diesem neuen Spektakel, umringten die Neugierigen Mani und seine Jünger. Die Christen, die der Konfrontation auf keine Weise entgehen konnten, waren ihr liebstes Ziel. Die Hoffnung, die Jesus verkündet hatte, war in Mani, dem Parakleten, Wirklichkeit geworden; das Versprechen war endlich eingelöst worden.

Da er in seiner Jugend die meisten der christlichen Texte gelesen hatte, erhob er Jesus zu einem wahren Vorbild und fand seine Inspiration in den ersten christlichen Büchern, die er aber geschickt anpaßte.

Seine eigenen Bücher zirkulierten dank der manichäischen Missionare vom Industal bis nach Nordafrika. Sie wurden ins Griechische, Parthische und Sogdische übersetzt, waren schön illuminiert und endeten nach der Verurteilung des Propheten auf den Scheiterhaufen seiner Verfolger. Die einzige Spur, die von ihnen bleibt, sind spöttische Zitate der Gegner und der Häresiologen. Eines der Werke Manis, das *Lebendige Evangelium,* war syrisch geschrieben und in zweiundzwanzig Kapitel aufgeteilt nach den zweiundzwanzig Zeichen des aramäischen Alphabets; es entsprang dem Johannesevangelium und den Briefen des Paulus. In einem anderen, dem König Schapur gewidmeten Buch, in Pahlawi, der offiziellen Sprache der Sassaniden, zitierte er gewisse Auszüge aus dem Matthäusevangelium. Aber Thomas war sein Lieblingsapostel, vielleicht weil sein Name «Zwilling» bedeutet und er als Zwillingsbruder des Jesus galt.

Manis eigener Zwilling, der Engel at-Taum, erregte noch immer die Neugier der Leute; sie hörten nicht auf, die Jünger darüber zu befragen. Als Antwort erzählte ihnen Adda, einer der ersten manichäischen Missionare, nicht ohne Begeisterung die schon zur Legende gewordene Geschichte, wie sich der Engel zum erstenmal gezeigt hatte. Man hörte ihm in einem Garten zu, die laue Luft ließ die Zypressen und Granatapfelbäume kaum sich zeigen. Der Frühling sandte seine ersten Düfte aus. Addas weißes Gewand gab den Kirschblüten eine leuchtende Antwort. In der Stimme des Jüngers spürte man Schwäche und Kraft, eine dunkle Beredsamkeit: «Mani spielte in einem Saal des Täuferklosters, als er plötzlich sein Bild sah, das ihn anredete. Er wußte, daß es in diesem Raum keinen Spiegel gab. Da fürchtete er sich, aber die Angst verging sehr schnell, denn das Bild, sein Bild, brachte ihm unendlichen Frieden. Er beobachtete es und sah, daß dieses Bild er selber war, und wenn er sich selbst ansah, sah er, daß er dieses Bild war.»

Die Christen, die eben erst Ostern gefeiert hatten und schon zwei Jahrhunderte Tradition hinter sich wußten, zweifelten durchweg an der Erscheinung des himmlischen Zwillings. Sie schienen Jesu Wunder schon vergessen zu haben und rational geworden zu sein. Eine solche Erscheinung, fanden sie, sei unmöglich: «Er ist doch Maler! Er glaubt an die Wirklichkeit seiner eigenen Phantasien. Ich habe eins seiner Bilder in Ktesiphon bei einem reichen Händler gesehen. Ein Männergesicht. Als ich in den Saal trat, sagte ich ihm guten Tag. Oh ja, ich glaubte, es sei lebendig und sehe mich an! Mit dem Engel ist es dasselbe: einfach ein Selbstbildnis, ausgezeichnet gemalt, an der Wand.»

Adda war diese Art von Einwänden gewohnt und antwortete ruhig, ein Gemälde könne weder sprechen noch gehen noch ein neues Zeitalter ankündigen; es habe sich nicht um ein Bild an der Wand gehandelt, sondern um den wahren himmlischen Zwilling des Propheten, um seinen Spiegel von oben, der sich ein zweites Mal gezeigt habe, als Mani seinen vierundzwanzigsten Geburtstag feierte und am selben Tag der Iran die Krönung Schapurs zelebrierte.

«Was hat denn der Zwilling da oben während zwölf Jahren gemacht? Der hat sich bestimmt schrecklich gelangweilt, nicht? Adda, sag uns, was er gemacht hat.»

«Er wachte über Mani.»

«Tag und Nacht?»

«Tag und Nacht. Jeden Augenblick. Mani schlief manchmal, aber der Zwilling schlief nicht.»

Mani gegen Zarathustra

In der Persis, dem Zentrum des Zoroastrismus, sprach Mani nicht mehr über Jesus. Er trat als der echte Nachfolger Zarathustras auf, des großen iranischen Propheten. Und seine Kritik schlug ebenso lebhaft ein: Was war geblieben von Zarathustras Ablehnung fleischlicher Nahrung, seinem alten Verbot, Tiere zu opfern? Die Magier, angeführt von Kirder, teilten Tiere in gute und schlechte auf, schützten die ersteren und vernichteten die anderen. Man erzählte, Kirder habe in einer einzigen Nacht mit eigenen Händen mehrere Dutzend Katzen, die als schlecht galten, erwürgt. Seine Wächter waren beauftragt, Insekten und Fliegen mit Honig oder duftendem Pulver anzulocken und die Erde von ihnen zu befreien.

Wieso vergaß der Iran, erbärmlich herzlos, daß Zarathustra seinerzeit die Seelen der Menschen und die der Tiere einander gleichgestellt hatte? Warum zogen die Tieropfer die Massen an, die immer noch glaubten, sie folgten der Lehre des großen Propheten? In welchem Chaos tanzte die Welt?

«Diejenigen, die sich Zarathustras Söhne nennen, ermorden täglich die Erinnerung an ihn», sagte Mani.

Eines nach dem anderen besuchte er die großen Zentren des Zoroastrismus. Neben den Tempeln reckten sich die Gebäude, in denen man Recht sprach. Aber auch hier hatten seit der Zeit der ersten Sassaniden die Magier das Amt der Richter an sich gerissen und waren die einzigen Träger der Rechtswissenschaft. Wenn Zweifel bestand über die Schuld oder Unschuld des Angeklagten, nahmen die zoroastrischen Priester häufig zum Gottesurteil Zuflucht.

Die Zeremonie wurde meist auf einer Ebene nahe der Stadt abgehalten. Die Bauern verließen ihr Land und schlossen sich den Karawanen der Schaulustigen an, um zu fragen, wann und wo das Urteil stattfinden würde. Ein Eingriff des Göttlichen: Wie konnte man ihn verpassen?

Am Tag des Urteils versammelten sich Handwerker und Bauern auf dem Platz, wo das Feuer entfacht werden sollte. Zwei Holzberge, so nahe beisammen, daß ein Krieger in Rüstung kaum hindurchkommen konnte, warteten auf die Flamme. Die Magier und ihre Vertreter standen vor den Haufen. Der Angeklagte, weiß gekleidet und auf einem Pferd sitzend, betrachtete intensiv die Gasse, an deren Ende, wenn er nicht starb, er freigelassen und völlig rehabilitiert wurde.

Der Obermagier befahl, einen starken Guß Naphta über das Holz zu leeren. Dutzende von Männern traten vor, um das Feuer zu entfachen, aber zuerst brachten sie nur einen dicken, schwarzen Rauch zustande. Die Nacht schien sich mitten am Tag herabzusenken. Bald durchdrangen die Flammen den Rauch, und die Erde wurde heller als die Sonne. Der oberste Wächter, der das Pferd des Opfers hielt, zog es zum Scheiterhaufen. Bei der Flamme angekommen, warf er einen letzten Blick auf den Reiter und stieß das Tier ins Feuer. Das Pferd wieherte, der Mann betete, und der Tod erwartete sie beide am Ende der Gasse.

Selten verließ jemand das Feuer lebendig. Er wurde zu einer legendären Person, die die Hoffnung bestärkte, man könne das große Feuer überleben. Aber in der Regel gelang es weder dem Opfer noch seinem Reittier, sich aus dem Kreis des Todes zu befreien. Sie nahmen als letztes Bild einen gierigen Abgrund aus Feuer mit sich. Die Kinder berechneten die Zeit, die ein Reiter normalerweise brauchte, um zwischen den Scheiterhaufen durchzukommen. Sie zählten wieder und wieder in der Hoffnung, den Reiter und das Pferd herauskommen zu sehen. Die Hoffnung wurde immer enttäuscht. Die Magier, selbstsicher und ruhig, gingen in ihre Tempel zurück.

Verzaubert und berauscht von diesem Ritual, umgeben von Rauchfetzen und dem Geruch des Feuers, gingen die Zuschauer langsam auseinander, als plötzlich aus der Menge ein Jünger Manis hervortrat. Er sprang auf eine Estrade – brach in den Ritus ein wie seinerzeit bei den christlichen Versammlungen –, sprach laut im Bemühen, den Glauben seines Meisters darzulegen.

Er wußte, daß er die Magier nicht direkt angreifen durfte – die letzten Flammen züngelten noch in seiner Nähe; ihn hineinzustürzen wäre so einfach gewesen –, aber er versuchte, die Masse aus der Stumpfheit aufzurütteln, in der sie befangen war. Er sprach von Aufwachen, von Alarm. Er warf ihnen Fragen hin: Warum genossen sie es so sehr, den gräßlichen Tod eines der Ihren mitanzuschauen? Würden die Pferde so etwas tun?

Diese Fragen weckten Zweifel. Als er errät, daß im Herzen eines jeden wie Lichtteilchen schlafende Gewissensbisse aufwachen, erzählt er ihnen vom Zwilling. Dieses Thema ist oft erfolgreich. Ein himmlischer Zwilling, still, beschützend. Die Leute befragen ihn über diesen Spiegel-Engel:

«Ist er immer bei Mani? Bei welchen Gelegenheiten wird er sichtbar?» fragt ein Mann, den der Rauch der Zeremonie husten macht.

In seinen weißen Kleidern, von Ruß geschwärzt, seinen weiten, plissierten Hosen, der offenen Tunika, die zum Reiten zwei lange seitliche Schlitze hat, mit seinem runden Filzhut antwortet der Jünger:

«Wenn Mani an der Menschheit leidet, kommt der Zwilling und tröstet ihn. Er erinnert ihn daran, daß die Vermischung von Gut und Böse zum Heil führt und daß der fleischliche Körper, ein Gefängnis, in dem die Dämonen das Licht einsperren, auch für die Finsternis ein Gefängnis ist. Das Weltall ist die Apotheke, die Gift und Heilmittel enthält.»

«Du, hast du ihn mit eigenen Augen gesehen?»

«Ich habe ihn gesehen.»

«Wie sieht er aus?»

«Wie Mani, schön und erhaben, und er strömt ein schwer zu beschreibendes Licht aus. Wenn er kommt, duftet die Brise nach Frühlingsblumen, und die Zweifel verflüchtigen sich. Mani sieht ihn geheimnisvoll an. Es ist, als ob die beiden sich gegenseitig durchdringen möchten. Sie sprechen leise miteinander. Pattek und ich bitten die Zuhörer hinauszugehen, um ihr Alleinsein zu respektieren.»

Ein schlanker Mann mit gepflegtem Bart und langem Haar, der sein Gesicht mit einem purpurroten Hut mit wehenden Bändern schützt, spricht den Jünger an, der bei den ersten Worten den Zoroastrier erkennt:

«Du sagst, daß er Manis Alter hat, du nennst ihn seinen himmlischen Spiegel, aber dein Prophet hat nichts erfunden, er hat all dies in unseren Büchern gelesen. Dein himmlischer Spiegel ist nichts anderes als unsere *daena*. Die schönsten zoroastrischen Texte erzählen ausführlich die Begegnung einer Seele mit einem schönen Mädchen! Hör zu: ‹Die Seele fragt sie, wer bist du?›, und sie antwortet: ‹Ich bin du selbst, diejenige, die deine Gedanken, deine Worte, deine Taten gemacht hat. Ich war geliebt, du gabst mir noch mehr Liebe, ich war schön, du hast mich noch schöner gemacht.› Erzähl uns also bloß nicht, daß dein Prophet den Besuch eines Engels erhält. Die Seele aller Zoroastrier begegnet am dritten Tag seines Todes – wenn du es genau wissen willst, bei der Brücke Chinvat – ihrer *daena*.»

Ein Händler nähert sich und sagt:

«Ich war mehrere Male in Indien, in den heißen Gebieten im Osten, jenseits von unseren Provinzen. Alle kostbaren Stoffe für den Hof importiere ich. Mir scheint, dein himmlischer Spiegel (zum Jünger Manis gewendet) und deine *daena* (zum Zoroastrier) entsprechen dem, was die Leute dort, wenn ich mich nicht irre (er fischt aus seiner Tasche ein Stück Papier, auf dem ein paar Linien in Pahlawi stehen), *linga-sharira* nennen.»

«Was heißt das denn?»

«Ganz genau weiß ich es nicht. Aber sie sagen, daß die Guten, wenn sie von dieser Welt in eine andere gelangen, ihre guten Werke personifiziert sehen, und die empfangen sie.»

«Personifizierte Werke?»

«So sagen sie es.»

Ein Bauer, der ein wenig abseits steht, sagt dazwischen mit seinem südlichen, mesopotamischen Akzent:

«Wir Bauern, wir begegnen der *daena* nie. Ich habe gehört, wie Mani einmal sagte, daß ein wahrer Religiöser, ich weiß nicht, wie ihr ihn nennt...»

«Ein Auserwählter», antwortet der Jünger, der auf dem Gesicht des Bauern das ganze Elend seines Standes sieht.

Beeindruckt durch die Versammlung läßt der Bauer seine Augen hin- und herschweifen und fährt in seinem bäurischen Dialekt fort:

«Ja, er sagte, daß nur ein Auserwählter von der Qual nach dem Tod erlöst werden könne, und warum? Ich sage es euch; ich habe Mani genau zugehört und alles zu behalten versucht. Er hat eben noch nie einen Baum gepflanzt und nie einen gefällt. Mir ist das Jenseits egal, aber wenn ich auf dieser Erde keine Felder bebaue und wenn ich nicht das Unkraut ausjäte, wie kann ich dann meine Kinder ernähren? Jagend vielleicht, mit dem Fleisch von Tieren? Aber dein Meister hat auch dies untersagt. Antworte mir, du: Wie ernähre ich sechs Münder, die vor Hunger schreien?»

«Mach weniger Kinder und, wenn du es kannst, mach gar keine.»

Manis Jünger geht weg, die Flammen erlöschen, das verkohlte Skelett des Pferdes wird den Hunden vorgeworfen, die Asche des Opfers zerstreut sich im Wind. Man wischt den Platz rein, die Schaulustigen entfernen sich, die Sonne wird bald untergehen.

Mani beim König der Könige

Manis Religion, universalistisch und städtisch, kam bei den Bauern nicht an, und auch nicht bei den großen Gutsbesitzern, die von der Erde, von der Landwirtschaft abhingen.

Aber seine Reden waren enorm erfolgreich bei den Händlern. In einer Stadt geboren, kannte Mani die Sprache dieser Kaufleute, die zwischen Indien und Mesopotamien hin- und herreisten und ihre Waren verkauften, viel besser. «Ware» war im persischen Adel ein verpöntes Wort, denn die Kaufleute wurden verachtet, aber im manichäischen Umfeld gewann es positiven Wert. Sogar Mani beanspruchte es. Seine Religion sollte wie eine «Ware» zirkulieren, «eine Ware des Friedens und der Ruhe».

Schapur, der Sieger über die Römer, fühlte deutlich, daß eine nationale Kultur, die von der zoroastrischen Kirche unterstützt und eingegrenzt wurde, sich niemals so schnell verbreiten konnte wie seine siegreichen Reiter. Er kannte die Geschichte des Irans und wußte, daß selbst Zarathustra die lokalen Götter und die überlieferten Bräuche nicht hatte verdrängen können.

Das Erscheinen Zarathustras, tausend Jahre vor Christus, in einer arischen Gesellschaft, die der vedischen entsprach, hatte damals einen echten Umsturz bewirkt. In der alten achämenidischen Kultur – mit ihren drei Klassen: Priester, Krieger und Schafzüchter –, die blutige Riten kannte, löste Zarathustra mit seinem Verbot der Opfer eine Revolution aus. Er verbot auch den Mithra-Kult, das Trinken von *Haoma,* das Essen von Rindfleisch. Aber was war von diesen Verboten geblieben? Schapur sah, wie seine Magier regelmäßig Zeremonien mit *Haoma* feierten, dem traditionellen Getränk, das dem indischen *Soma* entsprach. Die Opfer und das Fleischessen unterschieden einen guten Zoroastrier von einem schlechten: «Von zwei Männern empfängt der, der sich den Bauch mit Fleisch füllt, die guten Gedanken besser», sagt Kirder. Und so weiter.

Mithra, der Gott, gegen den Zarathustra hartnäckig gekämpft hatte, erschien in den zoroastrischen Schriften als Garant der irdischen Ordnung und als Gott der Verträge. Gegensätze auf sämtlichen Ebenen.

Schapur erinnerte sich sogar der Namen gewisser Magier aus der parthischen Zeit, die die Silben «Mithra» enthielten: Mithrasarah, Mithradate. Vor allem rief er sich eine Episode der parthischen Geschichte zurück: Ein armenischer König betete Mithra an und hatte Magier als Lehrer. Magier im Dienst Mithras! «Was ist denn von der Lehre des Propheten übriggeblieben?» fragte sich Schapur.

Der König der Könige wußte oder ahnte, daß der Zoroastrismus seiner Zeit, von nationalistischem Wesen und vom gutsbesitzenden Adel gestützt, die neue Welt, die er regieren wollte, nicht aufnehmen konnte. Er mußte einen anderen Glauben finden.

Mirschah und Peroz, die beiden Brüder Schapurs, hatten an Manis Ideen Gefallen gefunden und empfahlen ihn ihrem königlichen Bruder, der in ihm den wahren Boten seiner Politik sah. Von den Persern beherrscht, würden die Völker, die sich zum Christentum bekannten, und jene, die Buddha verehrten, Manis Lehre, die dem Christentum, dem Zoroastrismus und dem Buddhismus entnommen waren, leicht annehmen können, sie konnte sich wie ein Tuch mit vielen Farben, aber mit demselben Einschuß, über den Boden zwischen Ägypten und Indien, über das ganze sassanidische Reich Schapurs ausbreiten.

Und so öffnete Schapur, dem die Gedanken des Propheten und Malers gefielen, ihm seinen innersten Bereich, schenkte ihm sein Vertrauen und erwies ihm die besondere Gunst, ihn in sein Gefolge aufzunehmen.

Mani seinerseits war sich bewußt, daß die königliche Gunst seiner Lehre zum Durchbruch verhelfen konnte.

Kirder, der Magier der Magier

Inzwischen ist der lange Zug der Gefangenen aus Antiochia im Iran angekommen. Viele starben auf dem Weg, auf der trockenen Erde. Die Römer, inmitten eines unbekannten Volkes, waren in größter Verwirrung. Gestern waren sie Herrscher gewesen, heute waren sie Sklaven. Die Sonne hatte ihre Haut verbrannt, ihre nackten Füße waren mit Wunden bedeckt. Unter den Deportierten blieb keinem die Demütigung erspart. Selbst die Christen, die freiwillig mitgekommen waren, gingen an Ketten. Kirder, der Chef der zoroastrischen Magier, der mächtige Hüter des heiligen Feuers, der zum Gefolge des Königs gehört, hat beschlossen, sie auszurotten, alle fremden Religionen zu verfolgen, alles, was nicht echt iranisch ist – und vor allem diese Christen, die vom Westen kommen und einen neuen Gott verkünden, einen einzigen Gott für alle. So läßt er unverzüglich Demetrianus zu sich kommen, um ihn zum Abfall vom Christentum zu bewegen. Zur gleichen Zeit, als im Abendland und im Iran die Evangelisation voranschreitet, werden auch die Verfolgungen heftiger. Die zwei Phänomene treten immer paarweise auf: Du predigst, ich töte dich.

Der christliche Bischof, geschwächt durch die langen Märsche, trennt sich von seinem Neffen und bittet einen anderen Christen, ihn zu begleiten. Dieser Mann hat schon mehrere Reisen mit den Händlern hinter sich. Er kennt die persischen Sitten und ein wenig auch die Sprache des Magiers. Rasch und leise instruiert er Demetrianus:

«Nichts wird bei den Persern als legitim akzeptiert, wenn kein Magier dahintersteht. Kirder ist ein ehrgeiziger Mann. Er hat seine Laufbahn als Priester des Feuers in Istachr, im Südwesten des Irans, begonnen. Er wußte sich geschickt der Unterstützung der persischen Aristokratie zu versichern und stieg sehr rasch. Er ist jetzt der höchste aller Magier des Reiches. Was er will, ist Zarathustras Religion zur offiziellen Doktrin der Sassaniden zu machen. Offiziell und exklusiv. Wenn er schon, leider, die Gunst Schapurs errungen hat, so ist doch der Adel seine wichtigste Stütze. Hier, im Iran, steht der Klerus zuoberst in der Hierarchie. Es ist eine privilegierte und schwerreiche Kaste. Dann kommt die Aristokratie der Krieger. Bauern und Handwerker gehören zum vierten Rang. Die Bürokratie, eine neue Klasse, zum dritten. Der Klerus und die Adligen besitzen den Großteil des fruchtbaren Landes, und der König kann keinesfalls auf ihre Unterstützung verzichten. Der geheime Traum Kirders ist es, zu erreichen, daß die Religion den Staat bis in seine innersten Zellen durchdringt, so daß der Thron und der Altar eins werden. Ein intelligenter und gefährlicher Mann. Sieh dich vor.»

«*Magupatân magupat*», sagt ein Soldat.

«Der Magier der Magier», übersetzt der Dolmetscher.

Kirder tritt aus dem Tempel, in dem dauernd das Feuer der Krieger brennt. Er kommt von einer Zeremonie, an der Haoma getrunken wurde, das heilige Kraut, das, in einem Sieb zerdrückt, die mazdaistische Kommunion darstellt.

Indem er den Tempel verläßt, sagt er wie jeden Tag zum Hüter der Flamme:

«Paß auf, damit kein Sonnenstrahl auf das heilige Feuer fällt.»

Er kleidet sich wie die Magier und verrät seine ungeheure, sehr persische Neigung zum Luxus. Über den roten, mit Blumen bestickten Hosen trägt er eine himmelblaue Tunika, ausgezeichnet geschnitten und plissiert. Um den Hals eine Perlenschnur wie sonst nur der König. Auf dem Kopf eine hohe Kopfbedeckung, die zuoberst abgerundet ist, aus vergoldetem Filz und mit Bändern geschmückt. Er sorgt dafür, daß man die gestickte Schere sieht, Symbol der Macht zu schneiden, die Kirder als oberster Richter innehat.

Sein bartloses Gesicht ist verkniffen, sein Blick schweift von rechts nach links. Als ihn ein Insekt sticht, stößt er einen Wutschrei aus:

«Wie oft habe ich euch gesagt, ihr sollt aufpassen, daß keine Insekten zum Tempel kommen! Von jetzt an hat jeder Soldat, der einen Maikäfer, eine Maus, eine Schlange, eine Katze, eine Schildkröte oder einen Frosch sieht, den Befehl, sie zu töten. Ohne Zögern, augenblicklich!»

Er intoniert ein Gebet, währenddem die Soldaten nach allen Richtungen eilen und Fliegen zu fangen versuchen. Kirder hat die Ausrottung der Fliegen beschlossen. Und die Soldaten gehorchen ihm.

«Am Hof gibt er sich natürlich viel ruhiger», fährt der Dolmetscher fort. «Und würdig, und feierlich. In seinen Tempel, einen der wichtigsten des Landes, wagt sich kein Insekt.»

«Aber hier, auf einem Schlachtfeld, gibt es doch eine Menge Tiere aller Arten. Wie kann er das aushalten? Hat er Männer, die ihm helfen?»

«Und wie! Eine ganze Garnison. Er hat sogar Assistenten, die nur den Rost überwachen.»

«Den Rost?»

«Ja. Metalle dürfen nicht rosten. In ihrer Religion sind sie heilig. Ich weiß nicht, warum.»

Kirder beendet sein Gebet. Die beiden christlichen Gefangenen dürfen sich dem Magier endlich nähern. Kirder schaut den Bischof verächtlich an und sagt:

«Bist du nicht verheiratet?»

Der Dolmetscher übersetzt auf Griechisch; die Sprache des Feindes.

«Nein», antwortet der Bischof. «Ich war verheiratet und hatte einen Sohn, aber meine Frau ist gestorben.»

«Und du hast nicht wieder geheiratet?»

«Nein.»

«Warum? Verbietet es dir deine Religion?»

Darauf zieht Demetrianus es vor, nicht zu antworten.

«Hast du in dieser Menge nicht irgendeine hübsche Cousine? Oder eine Schwester? Du könntest sie heiraten. Aber vielleicht magst du junge Frauen nicht? Warum heiratest du dann nicht deine Mutter?»

Der Bischof schaut den Magier an und antwortet nicht.

«Da unten ist ein sehr hübsches Mädchen. Du siehst sie, in ihrem roten Kleid? Sie sitzt und entfernt Dornen aus ihren Füßen. Man sieht sogar ihre Beine. Alle Soldaten schauen hin.»

Demetrianus wendet sich nicht um.

«Heirate dieses Mädchen», sagt ihm Kirder, «und dein Leben ist sicher. Ich selbst werde eure Ehe mit dem heiligen Feuer segnen. Gönne mir diese Ehre.»

Demetrianus schüttelt langsam den Kopf.

«Schau das tausendjährige Feuer an», fährt Kirder fort, «es ist lebendig und wird lebendig bleiben. Es ist rein, und es reinigt. Dein Gott ist doch am Kreuz gestorben, nicht? Wozu Tote verehren? Wecke das Feuer, das in dir ist, und vergiß deinen toten Gott.»

Demetrianus sagt immer noch nichts. Wozu mit einem Mann diskutieren, der beschlossen hat, seine Wahrheit mit allen Mitteln, auch Raub, Feuer und Mord, durchzusetzen? Eine seiner Erklärungen wurde in Stein geritzt und ist allen bekannt: «Von der Stadt Antiochia und dem Land Syrien, und über Syrien hinaus von der Stadt Tarsus und dem Land Kilikien, und noch weiter von der Stadt Caesarea und dem Land Kappadokien, zu den Ländern von Galatia, Armenien, Georgien, Albanien und dem Balasagan habe ich die Magier und die Tempel des Feuers organisiert und diejenigen, die einen anderen Glauben vertraten, bestraft und getadelt, aber es gelang mir auch, ihnen viele Verwandtenehen aufzuzwingen.»[5]

Einen Augenblick lang schweigt er, als wäre er von seinem eigenen Auftritt beeindruckt, oder vielleicht vom Gedanken, daß eines Tages, wenn alles vergessen sein wird, nur ein paar gerettete Flachreliefs von ihm zeugen werden. Aber rasch wird er wieder von den Umtrieben der fliegenjagenden Soldaten gestört. Dann spricht er wieder zu Demetrianus:

«Heirate dieses Mädchen, sie ist allein wie du. Wirf das Kreuz ins Feuer, du wirst sehen, meine Religion wird die deine aufzehren.»

Angesichts des hartnäckigen Schweigens des Bischofs ruft Kirder seine Wachen: «Führt ihn zum Opferplatz. Seine Gemeinde braucht ein Exempel, und das Schicksal hat ihn erwählt. Er soll morgen zur Mittagsstunde gehängt werden.»

Demetrianus zuckt nicht mit der Wimper. Entsetzt fleht ihn der Dolmetscher an, er solle um Gnade bitten. Aber der Bischof, als beschäftigten ihn andere Fragen, will wissen:

«Warum will er um jeden Preis, daß ich wieder heirate?»

«Wir haben keine Zeit, über Heirat zu sprechen. Demetrianus, dein Leben ist in den Händen Kirders, sprich mit ihm. Er ist ein Mann von Kompromissen, er läßt sich vielleicht umstimmen.»

«Aber warum beharrt er so sehr auf meiner Verheiratung?»

«Aus Reaktion gegen die vorausgegangene Dynastie.»

«Das verstehe ich nicht.»

«Die Parther standen den Griechen sehr nahe. Persiens Adel ließ sich einfangen von der Homosexualität, dem Zölibat, der Nicht-Vermehrung. Um das Überleben der Familie und die Interessen der Kasten zu sichern, fördern die Magier jetzt die Ehe und sogar den Inzest. Deine Weigerung bedeutet eine Ablehnung seiner Religion. Noch schlimmer, du weckst Erinnerungen an eine Epcohe, die sie auf immer begraben wollen.»

«Aber ich bin nicht Perser.»

«Aber ihr Gefangener, jetzt.»

Mani folgte seinem königlichen Schutzherrn auf jede seiner Reisen. Er, der stets Gewaltlosigkeit gepredigt hatte, war sogar einverstanden, das persische Heer zur großen Schlacht gegen die Römer zu begleiten.

Und er bleibt im Gefolge König Schapurs, als sie vom «Sieg über Valerian» zurück sind, bei dem der Iran einen Großteil seiner Gebiete in Mesopotamien zurückeroberte und den Sassaniden einen ewigen Feind schuf, den Kaiser von Rom persönlich.

Was tut Mani im Krieg, er, zu dessen Grundsätzen der Respekt vor dem Leben gehört? Er pflegt die Verwundeten, er heilt sie, wenn es möglich ist, er gibt ihnen Hoffnung und spricht zu ihrer Seele. Nachts wacht er über die Kranken und sieht in ihnen das lebendige Schauspiel der Grausamkeit der Menschen. Ein banales und allgegenwärtiges Schauspiel.

Warum genießt es der Mensch im geheimen, wenn er ein Lebewesen tötet, ein Herz verletzt? Welche Freude wohnt im Bösen?

Tagsüber, wenn das persische Heer bei seinen Stellungen bleibt, durchstreift er das Land auf der Suche nach Heilpflanzen und auch nach einer stillen Zuflucht. Dort breitet er sein Malwerkzeug aus und hält die Szenen der Schlacht fest, blutüberströmte Gesichter und verwesende Leichen. Je mehr er, die Pinsel in der Hand, über den Ursprung des Bösen nachdenkt, desto klarer wird ihm, daß der Mensch keinerlei Chance hat auf wirkliche Rettung, auf Befreiuung von der Finsternis, darauf, gereinigt dem Abgrund zu entsteigen.

Mani geht von einem Lazarett zum andern. Das größte ist den Aristokraten vorbehalten; ein anderes nimmt die verletzten, manchmal sterbenden «Unsterblichen»[6] auf. Anderswo pflegt man die Männer, «die den Tod suchen»[7]. In einer elenden Ecke ist die Infanterie untergebracht, die Masse der verletzten Bauern. Aristokraten können sorglos sterben: Die sassanidische Gesellschaft respektiert die Hierarchie der Klassen bis zum Tod und darüber hinaus.

Mani geht von einem zum andern, vom reichen Reiter zum schwer verletzten Bauern. Sein Ruf als Wundertäter wächst und wächst. Eines Tages wird er gerufen. Der erste General der persischen Armee, derjenige, der die siegreiche Schlacht gegen Valerian angeführt hat, ist verletzt und operiert worden. Sein Zustand hat sich verschlimmert. Er ist ein Schützling des Königs der Könige. Ein Kavallerist sagt zu Mani: «Du mußt ihn retten.»

Mani untersucht den General, horcht seinen Körper ab, öffnet seine Wunden, findet die Ursache der Infektion, bereitet eine Kräutermischung zu, gibt sie ihm zu trinken und streicht Balsam auf die Wunde. Dann – er hat die Technik der Beschwörung in Indien gelernt – setzt er sich ans Kopfende des Kranken, wiederholt unermüdlich ein *Mantra,* und erreicht, daß der Verletzte «über sich selbst wacht». So, sagt er, wird sich jede Zelle des Körpers seines Zustands bewußt. Die alarmierte Zelle beginnt im Innern des Körpers einen unerbittlichen Krieg gegen das Böse. Beim Morgengrauen ist der General geheilt, und Mani verläßt das Lazarett. Auf dem Weg zum Zelt seiner Jünger sieht er Soldaten ein Gerüst aufstellen.

«Für wen ist dieser Galgen?» fragt er.

«Der oberste Magier, Kirder, hat gestern den Christen Demetrianus gerichtet und zum Tod verurteilt. Er wird gehängt, sobald die Sonne den Zenit erreicht hat.»

Mani beschleunigt seine Schritte, tritt in sein Zelt, wühlt und findet ein Bild, das er entrollt. Das Bild zeigt den König der Könige, einen Dolch in der Hand, inmitten des Heeres auf einem Thron sitzend, der mit langen, schmalen Standarten geschmückt ist. Er trägt eine helle Tunika, die in der Taille eng anliegt und abwärts sorgfältig plissiert ist. Lange Bänder flattern von seinem Rücken. Eine Goldkugel liegt auf seinem Helm. Der Thron ist umringt von einem ersten Kreis treuer Soldaten und einem weiteren Kreis von Fußvolk und Bogenschützen. Mani verläßt eilig sein Camp und strebt zum königlichen Zelt. Als Vertrauter des Königs kann er an allen Wachen vorbeigehen, bis er zum Kämmerer kommt. Er zeigt ihm das Bild und bittet um eine Audienz.

Nach einer Stunde wird er vom König der Könige empfangen. Wie immer trennt ein Vorhang den obersten Herrscher von seiner Umgebung. Die höchsten Würdenträger des Hofs, die königlichen Prinzen und Kirder, der Magier der Magier, sind anwesend. Schapur schaut seinen Lieblingspropheten dankbar an und sagt: «Du hast den General aller persischen Armeen gerettet. Frag mich um eine Gunst, ich werde dich erhören.»

Mani gibt sich Mühe, das Gesicht des Königs nicht anzuschauen, und antwortet: «Ich verlange nichts für mich, aber laß den Christen Demetrianus leben. Sein Volk ist friedlich und von keiner politischen Macht unterstützt. In Antiochia und anderswo litten sie unter der Intoleranz der Römer. Erstrecke dein Wohlwollen auf sie. Sie werden unsere Territorien bevölkern, mit unseren Kaufleuten Handel treiben, sich kleiden wie wir, und sie werden Iraner werden. Lasse sie in Frieden leben.»

Diese Bitte hat nichts Unwahrscheinliches an sich. Der sassanidische

König, der keinen Haß gegen Christen hegt, nimmt sie recht gut auf. Eine gute Gelegenheit, um zu zeigen, daß er der wahre Nachfolger des Kyros ist, des großen achämenidischen Königs, der seinerzeit den Juden die Freiheit zugestand, ihre Religion auszuüben. Er begnadigt Demetrianus und verspricht Mani, sich um das Wohlergehen dieser Gemeinde zu kümmern.

Da strauchelt Kirder. Die *Gathas* von Zarathustra, die er in den Händen hielt, fallen zu Boden. Alle Augen wenden sich ihm zu. Er neigt sich, nimmt das heilige Buch auf und wirft Mani einen Blick des Hasses zu, einen Blick, der das ganze Gewicht der Rache ankündigt, in einigen Jahren, wenn der weltoffene Geist Schapurs schließlich doch den nationalistischen Gefühlen nachgibt, die jeden König in Versuchung bringen.

Die Einsamkeit des Propheten

Im 3. Jahrhundert wich die Gestalt Christi, auch wenn sie im Mittelpunkt blieb, doch allmählich in die Vergangenheit zurück. Von Anfang an rätselhaft, wurde sie entstellt und umgeformt. Jede Schule von Denkern wollte sie zu sich hin ziehen. Daher müssen seine Nachfolger den Umriß dieser Gestalt immer wieder neu ziehen, ihn definieren, ihn vertiefen.

Es geht mit ihm wie mit Buddha, fünfhundert Jahre früher. Da sind zuerst die Menschen, die Jesus gekannt haben, ein paar tausend Leute, und unter ihnen gewisse Apostel und Jünger, und seine Brüder, von denen man nichts Sicheres weiß. Dann kommen die Freunde und deren Freunde: Leute, die jemanden kannten, der Jesus kannte. Das Bild verwischt sich bereits, es gibt Widersprüche, es gibt überbordende Legenden (die immerhin sein müssen, denn warum sollte man über die Taten und Worte eines gewöhnlichen Mannes berichten?).

Von der dritten Generation an muß man beginnen zu schreiben. Sonst zerfranst sich das Ganze und löst sich in Absurditäten und Unerträglichkeiten auf. Mani weiß das wohl; er wirft Christus vor, nichts Schriftliches hinterlassen zu haben.

Nun kommen die Redaktoren, die Evangelisten auf den Plan, diejenigen, die die Berichte sortieren, die eine Wahl für immer treffen und die auf der Vielzahl von Wundern bestehen, denn man muß den Glauben stützen.

Diese – oft begabten – Redaktoren genügen nicht. In der vierten oder fünften Generation werden sie abgelöst von den Doktoren, den gelehrten, jedem Detail nachgehenden Kommentatoren, die alle Stockwerke der Doktrin festigen und die neue Religion in die Praxis umsetzen. Diese nennt man mit Recht «Kirchenväter». Ohne Evangelisten, kein sicheres Wort. Ohne Doktoren, kein religiöses Leben.

Die einen und die anderen bilden den ersten großen Zug der Heiligen, von denen es zu Anfang immer viele gibt; und der Zug wird verstärkt durch die Märtyrer, die emeritierten Prediger und alle Wundermacher.

Mani, dem inspirierten Propheten, dem Künstler und Seher, wird ein solcher Niedergang auch nicht erspart. Die von seiner Hand geschriebenen Bücher, auf die er so großen Wert legte, sind nicht mehr zu finden, aber Evangelisten sammeln und veröffentlichen seine Aussprüche, Doktoren geben ihre Kommentare, und Prediger tragen sie bis ans Ende der Welt. Warum durchquerte seine Lehre nicht siegreich zwei Jahrtausende wie die Lehre Christi und die Lehre von zwei, drei anderen? Zuviel Pessimismus, zuviel schwer erträgliche Verbote? Weil es keine kräftigen und organisierten Fortsetzer gab wie Paulus, Hieronymus, Agustinus? Wegen der systematischen und wiederholten Angriffe, die schließlich die Gedanken des Propheten entstellten und ihm Worte zuschrieben, die das genaue Gegenteil seiner Worte waren?

Alle diese Gründe und noch weitere haben Mani der pyramidal sich erweiternden Nachfolgerschaft beraubt, die lange Traditionen wahrt. Heute erscheint uns der hinkende Maler allein, vom Glück verlassen, von allen verurteilt. Seltsame Kluft zwischen Christus und ihm, die man natürlich durch die Göttlichkeit Christi erklären kann, die aber, schiebt man diese Hypothese beiseite, die kompakte und undurchdringliche Materie der Geschichte in Frage stellt.

Eine fruchtbare Prüfung?

Erschöpft von der Reise, den Unbilden der Witterung, dem kalten, trockkenen Nachtwind und der Sonne, kommen die römischen Legionäre, die christlichen Gefangenen, die griechischen und syrischen Handwerker endlich am Ziel an: Die Gegend, in der sie siedeln sollen, befindet sich in Elam, rund um das Becken des Flusses Karun, im Nordwesten des Persischen Golfes. Die Bewohner dieses Landstrichs sind berühmt wegen ihrer Häßlichkeit. Ein schöner Mann, sagt man, ist dort nicht zu finden. Vipern, Heuschrecken und Skorpione machen das Land für Fremde tödlich.

Im Gegensatz zu den Assyrern und den Babyloniern, die die neuen Städte auf den Grundrissen der alten bauten, zogen es die Sassaniden vor, bei alten Orten eine wirklich neue Stadt zu errichten. So installiert Schapur, der die Ruinen von Bet Lapat wiederaufbauen will, seine griechischen Gefangenen in diesem Teil seines Reichs und befiehlt ihnen, eine neue Stadt zu schaffen, nach den Plänen von Antiochia. Er wird diese Stadt Gondischapur nennen, «besser ist Schapurs Antiochia».

Die Gefangenen lassen sich auf dem Brachland nieder und passen sich ihrem neuen Leben so gut als möglich an. Handwerker, Maurer und griechische Architekten setzen sich zusammen, um den Plan der Stadt zu entwerfen. Nach vielen Diskussionen einigen sie sich auf einen geometrischen Plan, mit acht Hauptstraßen, die sich innerhalb eines Rechtecks rechtwinklig schneiden. Man reserviert einen Platz für die christliche Kirche. Demetrianus überwacht persönlich den Fortgang der Arbeit.

Die persischen Soldaten kontrollieren die Gefangenen, aber im Maß, in dem die Gebäude emporsteigen, weichen die Lanzen, die Schilder, die Köcher, die Bögen und die Harnische dem Winkeldreieck, dem Hammer, der Schaufel, dem Spaten.

Alles Mißtrauen schwindet dahin. Griechen und Perser arbeiten zusammen. Sie sympathisieren sogar. Sie pflanzen Palmen, bebauen die Felder, regeln das Bewässerungssystem, legen einen Graben an, um das Wasser des Karun aufzufangen, und ersetzen allmählich den Sumpfdunst durch den Duft von Frühlingsblumen. Das «bessere Antiochia Schapurs» braucht seine syrische Schwester, das römische «Antiochia die Schöne», um nichts mehr zu beneiden. Die Brunnen, die Kirchen, die Häuser, welche die Namen der Besitzer tragen, die Werkstätten, die Läden, alles erinnert im kleinsten Detail an Antiochia, bis zu den Motiven der Mosaiken. Die Weber stellen Brokat und andere kostbare Stoffe her. Die Schneider fertigen Kleider aus mit Baumwolle gemischter Flockseide. Als die letzten Gerüste, Querbalken und Pflöcke verschwinden, ist Gondischapur geboren.

Von seiner Gefangenschaft an bis zu seinem Tod verfolgt Demetrianus, der dank Mani begnadigt worden ist, seine Mission, für die er hierhergekommen ist. Er korrespondiert, so gut es geht, mit seinen Vorgesetzten in Edessa und berichtet ihnen, was die Christen täglich beschäftigt. Er weiß, daß diese erste Gemeinde des Ostens auf schwachen Füßen steht und Gefahr läuft, später verfolgt zu werden. Aber er weiß auch, daß sie in ihrer Heimat Fremde geblieben wären. Wie Mani und Kirder denkt er, daß die Bekehrung des Monarchen der allgemeinen Verbreitung Tür und Tor öffnen würde. Die Christen haben als einziges Gepäck ihren Glauben mitgenommen. Aber dieser Glaube kann ihnen eines Tages die Tore zur Welt öffnen.

Gott liebt schwierige Handlungen, behaupten gewisse Texte. Er marschiert still an der Seite der unglücklichen Glaubenshelden. Dieser Vorstoß in den Osten, diese neue Stadt – ist es nicht, als ob eine große, unsichtbare Kraft sie zum Ort hintriebe, an dem das Gebet entsteht, an dem sich täglich die Sonne erhebt, zum Paradies des Lichts?

In einem Hafen: alle Gerüchte

Am Persischen Golf der Tumult eines iranischen Hafens: Schweißtriefende Männerketten laden Seidenballen aus dem Orient aus. Auf dem Kai stellt man die Karawanen zusammen, die für Gondischapur bestimmt sind (zwei bis drei Wochen Fußmarsch). Die Kapitäne regen sich auf, die Kaufleute streiten sich, die Boote stoßen aneinander, die Vögel schreien. Die Koffer sind voll von allen Farben und allen Gewürzen Indiens. Die Stoffe wurden dort unten gewebt von Frauen mit mondlichthellen Gesichtern und glatten, langen, blauschwarzen Haaren.

Man stellt sich den warmen Wind vor, alle Düfte des Kampfers und des Zimts, die kleinen Bronzegegenstände, die in Taschen versteckten Edelsteine, die man auf der Haut trägt. Das Ganze überdeckt von Teegeruch, von Pflanzendüften, vom Aroma des Schaffetts.

Die Männer kommen von einer langen Reise zurück. Manche sind bis nach Luoyang, der Hauptstadt von China, vorgestoßen. China ist, nach sechzig Jahren der Spaltung, endlich wiedervereint, und eine neue Dynastie, die der Chin, hat die Macht übernommen. Alle Händler wünschen ihr Beständigkeit und Wohlstand, auch wenn dafür manchmal harte Schläge fallen. Unordnung hat im Handel keinen Platz, das weiß jeder.

Die Rückkehrer erfahren, als sie ihr Boot verlassen, daß Schapur gestorben ist und daß es dann viel Unglück gegeben hat. Schapur wenigstens liebte die Kaufleute, er ließ sie nach Belieben kommen und gehen. Ein guter König versteht den Handel. Oft fördert er ihn, denn das kann ihm nur nützen.

Sein Sohn, Hormisd, ist wenige Monate nach seiner Thronbesteigung gestorben. Ermordet? Vergiftet? Wir, sagen die Händler, wissen nichts. Sein Bruder Bahram erlangte die Macht mit der Unterstützung des Magiers Kirder, ja, immer noch er, immer mächtiger. Er ist sogar der «Religionslehrer des Königs der Könige» geworden, ein trügerischer, gefährlicher Titel. Er ist gleichzeitig der höchste Priester und der höchste Richter des sassanidischen Staats. Alles geht jetzt über ihn. Absolut alles.

Wochenlang auf dem Meer, wochenlang in der Wüste, in den Bergen. Während dieser Zeit dreht sich die Welt, und man weiß nichts davon. Am Kai werden tausend Nachrichten übermittelt, wie es gerade kommt und sehr schnell, zwischen Seeleuten und Karawanenreisenden. Wer? Was? Alle sind begierig auf Neuigkeiten. Quelle der Information ist der Mund der Reisenden. Wenn man zuzuhören versteht, hört man in einem Hafen die Welt murmeln.

Wer aus China zurück ist, berichtet, daß Buddhas Religion dort rasche Fortschritte macht. Es gibt viele bekehrte Fürsten. Angehörige hochstehender Familien finden schnell Gefallen an der Lehre des Erleuchteten, und Tausende von Bauern sind Buddhisten geworden, denn es ist leichter für sie, in einem Tempel zu leben, als im Dienst der Administration wie Sklaven zu arbeiten. Seit zwei Jahrhunderten stoßen buddhistische Missionare auf demselben Weg nach Osten vor, den die Händler benützen. Wer den Landweg bevorzugt, hält in Hotan an. Andere reisen auf dem Seeweg nach Südchina.

Seltsame Prediger, oft fast ohne Gepäck. Sie kommen wie ein Luftzug an Bord. Die Händler verstehen weder ihre Armut noch den eigentlichen Sinn ihrer Reise. Aber einige sagen, die Wahrheit komme allein nicht weiter; es sei stets jemand nötig, der sie trage.

Und was sonst? Im Osten sind alle Münzen des Reiches Kushan zugunsten der Sassaniden eingezogen worden. Kushan ist sehr geschwächt. Sie herrschen nur noch über Baktrien und Gandhara. Ach, all diese Geldsorten! Man kennt sich gar nicht mehr aus. Wieviel ist die Ware wert?

Und dann gewinnt in allen großen Städten Baktriens Buddhas Religion an Boden. Es gibt Zentren, Schulen, sogar malende und bildhauernde Künstler. Man bewahrt dort seltene Manuskripte auf; Mönche mit kahlgeschorenen Schädeln, in weinroten Roben, lehren lesen, die indischen Sprachen, die Dialekte. Ach, alles ändert sich so rasch! Und die Händler interessieren sich lebhaft für die Buddhas aus Bronze und aus Stein. Schließlich ist auch Gott eine Ware. Sie lernen rasch die für den Erleuchteten typischen Merkmale erkennen, den merkwürdigen Buckel auf dem Schädel, die sehr langen Ohren, die gewölbte Brust. Manchmal findet man sogar Schriftzeichen auf der Fußsohle, oder ein Glorienschein, der wie ein Flammenkranz aussieht, umgibt seinen Körper. Aber ja, wie auf den iranischen Bildern von Ahura Mazda.

Seit Beginn ihrer Herrschaft haben die Könige Kushans sämtliche Religionen zugelassen. Sie förderten die verschiedensten künstlerischen Richtungen, empfingen Händler aller Gattungen und gaben allen Ideen, die durch die Welt geisterten, Raum. Ihr Land wurde ein Paradies des Austausches, durchquert von der großen Handelsstraße, die das ferne China über das sassanidische Persien mit dem römischen Mittelmeer verband. Dazu gab es noch eine regelmäßige Seeverbindung zwischen Ägypten und Kushan. Unvorstellbar, daß irgendein Erzeugnis aus der Welt dort nicht zu finden wäre.

Zu den Produkten gesellen sich die Kulte. Manche Gruppen haben Buddhas Religion übernommen, andere folgen Zarathustra oder Mani. In manchen Häusern thront der indische Weise, in anderen wirft man sich vor dem Feueraltar nieder. Ein Jünger Manis namens Mar Ammo erzählt sogar, an der Grenze des Reichs sei ihm die Heilige Jungfrau erschienen, der «Geist der Grenze», der ihm das Tor erst nach sehr langen Verhandlungen öffnete. Christen? Oh nein, noch nicht.

Alle diese Nachrichten werden am Kai und auf den Schiffen erzählt und reisen mit den Karawanen. Natürlich verändern sie sich dabei. Und die Zeichen des Himmels vermehren sich. Auf der Rückseite der kushanischen Münzen findet man die Bilder von wenigstens dreißig Göttern und Göttinnen, die aus allen Winkeln der Welt kommen. Die Gottheiten reisen mit den Gewürzen. Im kushanischen Reich sind sie alle willkommen. Eine Toleranz, die in krassem Gegensatz zum Nationalismus Kirders in Persien steht. Wird er so weit gehen, die persischen Grenzen für Nichtiraner zu schließen? Mischehen zu verbieten? Aus seinem Land die Menschen zu vertreiben, die man gezwungen hat, sich dort als Arbeiter und Siedler in verwünschten Gegenden niederzulassen?

Fragen, die die Händler ratlos lassen. Man fürchtet sogar, es werde auf ausländische Erzeugnisse eine Steuer erhoben. Die Zukunft sieht düster aus. Im Iran wird die Unterdrückung härter. Verfolgungen gibt es ziemlich überall. Alle diese Frauen, alle diese Männer, die lieber sterben als ihren Glauben wechseln, wie erstaunlich!

Manche Händler, die vor jeder Reise nach Istachr beim ehemaligen Persepolis pilgern, um göttlichen Schutz zu erbitten, kennen die Inschrift, die Kirder am Fuß des Tempels der Anahita, der Wassergöttin, in drei Sprachen (pahlawi-sassanidisch, pahlawi-arsakidisch und griechisch) eingravieren ließ, um seine großen Verdienste als Verfolger zu verewigen. Ein Denkmal der Intoleranz. Dank Kirder, verkündet der Stein, sind die buddhistischen, brahmanischen, nazarenischen, manichäischen Priester besiegt worden. Die Bilder ihrer Götter wurden zerstört und ihre Tempel vernichtet. Sogar den Juden, die in Babylonien eine mächtige Gemeinschaft, die größte Minorität des westlichen Irans, bildeten, durften ihre Religion nicht mehr ausüben. Es war übrigens unter ihnen, daß die Christen ihre ersten Gläubigen rekrutierten.

Wer kommt morgen dran? Welcher Gott wird verbannt? Auf Kamelen und auf Schiffen dieselbe Besorgnis. Wer in Frieden betet, treibt in Frieden Handel. Wenn man einen Glauben verstößt, verstößt man gleichzeitig die Seidenstoffe, die ihn begleiten. Die Händler nehmen trotzdem Abschied und wünschen einander gute Reise. Ein letztes Winken. Vielleicht sehen sie sich wieder, aber in was für einer Welt?

Mani ist nicht tot

Winter 277. Die Tore von Gondischapur sind geschlossen, es ist noch dunkel, und die Händler erwarten wie jeden Tag die Öffnung des Haupttores, ungeduldig, weil sie in ihr Haus, zu ihrer Frau und zu ihren Gewohnheiten zurückkehren möchten.

Als sie sich dem Tor nähern, bemerken sie eine Leiche. Sie ist entzweigeschnitten, und jede Hälfte ist an einen Flügel des Stadttores genagelt.

Es ist weder Nacht noch Tag. Die Perser nennen diesen Moment des Tages «das Zeitlose». Die Sonne versucht zu steigen. Die Nacht widersteht und rafft ihre letzten dunklen Teilchen zusammen. Eine stets dichtere Menge versammelt sich beim Tor: Händler, Bauern, aber auch Männer und Frauen, die anders aussehen als die Stadtbewohner und keinen Wunsch zeigen einzutreten.

Die Sonne erleuchtet allmählich die Festungsmauern und -türme, die aus einer langen Winternacht erwachen. Schließlich fällt sie auf den verstümmelten Körper des Toten. Und jetzt erkennen ihn manche:

«Mani!»

Eine verschleierte Frau kniet nieder. Ein paar Männer, weiter weg, beten in Richtung der aufgehenden Sonne. Sie tragen alle bunte Kleider, aber ein schmaler weißer Streifen, der hin und wieder vorsteht, kennzeichnet sie als Gläubige, die Mani von einer Ortschaft zur anderen folgten und weiß gekleidet waren.

Die Händler kommen näher. Manche waren lange abwesend und haben keine Ahnung, wer dieser entzweigehauene Mann ist. Sie lassen es sich sagen.

Ein Mann antwortet ihnen. Er ist besser gekleidet als die Bauern und sieht ausgeruhter aus als die Händler, die von weit her kommen; er ist zweifellos ein Tempeldiener. Man sieht das an seiner purpurnen Robe von der vornehmen Farbe der Sassaniden und an der Silberbrosche an seinem Hals, auf die ein Feueraltar eingraviert ist:

«Ja, das ist wirklich Mani, der Ketzer, der Sünder, der Zauberer. Er verzauberte die Leute und leerte ihre Seele. Dank der Wachsamkeit des obersten Magiers, Kirder, wurde er denunziert, gefangengenommen, vom König der Könige persönlich verurteilt.»

Der Mann weiß weitere Einzelheiten: Mani war auf einer Reise nach Kushan, wo ihn sein Jünger Mar Ammo erwartete. Auf Befehl Kirders hielt ihn die kaiserliche Polizei an und zwang ihn, nach Ktesiphon zurückzukehren. Auf dem Rückweg ging er nach Kholassar und besuchte einen seiner neuesten Anhänger, den König dieser Stadt, namens Bat. Noch immer von der Polizei begleitet, kam er endlich nach Gondischapur, der Sommerresidenz des Königs. Der König der Könige kam von einem Jagdausflug und war bei Tisch, als der Großmagier Kirder ihn von Manis Anwesenheit unterrichtete. Als er seine Mahlzeit beendet hatte, ging er in Begleitung der Königin und Kirders zu Mani und sagte ihm:

«Du bist weder Krieger noch Jäger. Brauchen wir vielleicht deine medizinischen Kenntnisse? Du kannst ja nicht einmal heilen! Seit drei Jahren ist Bat auf deiner Seite. Und was hat ihm das genützt? Was für einen

Glauben hast du ihm beigebracht, damit er sich von den Feuerpriestern lossagte und dem deinen folgte?»

Mani verteidigte sich: Er hatte Sterbende gesund gemacht, Höflinge von den Dämonen, von Verhexungen, von Fieber befreit; er hatte die Händler ermutigt, ihre Abenteuer so weit als möglich auszudehnen; er hatte König Schapur von den Ideen unterrichtet, die wie Flüsse die Meere, die Ozeane, die ganze Erde erreichten. Er war kühn genug, einen Brief von Schapur vorzulesen, um Bahram zu beweisen, daß sein verstorbener Vater Mani für einen Vertrauensmann hielt.

Der neue König ertrug diese Unverschämtheit schlecht. Er wußte, daß Mani überall verkündete, das menschliche Leben sei nur eine Verkettung teuflischer Machenschaften, und er schlug ihm als letzte Gunst vor, zwischen Leben und Tod zu wählen. Mani wählte, ohne zu zögern, den Tod. Er sagte, das Licht sei wie ein Vogel im Käfig. Als man ihm Freiheit anbot, zögerte der Vogel nicht; er flog fort.

Mit Ketten beladen – eine am Hals, drei an den Füßen, drei weitere um die Hände – wurde Mani beim Morgengrauen hingerichtet, nach fünfundzwanzig Tagen im Gefängnis. Von seinen Getreuen flohen einige, andere bereuten, einige schmachteten noch im Gefängnis.

Das erzählt der Tempelhüter. Glühender Anhänger des Zoroastrismus, der wie die andern auf das Öffnen des Haupttores wartet, spricht er mit Stolz und Selbstvertrauen weiter: «Die Ketzer, die aus Gondischapur flohen, irren um die Stadt herum wie Aasgeier. Nachts kommen sie an dieses Tor und wachen über Manis Leichnam. Man läßt sie machen; es sind übrigens von Tag zu Tag weniger. Sie haben sehr rasch ihre Kleidung gewechselt, sie werden auch bald den Glauben wechseln. Sie haben keine Häuser mehr und keine Möbel. Die zoroastrische Kirche hat alles, was sie an Wertvollem hatten, beschlagnahmt.»

Die Händler denken an mögliche Geschäfte. Sie erwägen schon, den staatlichen Möbelspeicher aufzusuchen, um gegebenenfalls ein paar manichäische Manuskripte zu erwerben, für die sich die größten Bibliotheken interessieren wegen der Schönheit der darin enthaltenen Illuminationen aus reinem Gold. Der Zoroastrier unterbricht ihre Träume:

«Eines Tages brachte man Mani, mit Ketten beladen, auf den Hauptplatz, wo ein großes Feuer brannte. Man verbrannte dort, eins nach dem andern, seine Bilder und seine Manuskripte. Alles, was er gemalt hatte, wurde ein Raub der Flammen.»

«Was machte er da? Was sagte er?»

«Er weinte, er sagte etwas wie: ‹Ich beweine meine Bilder und werde ihre Schönheit in Erinnerung behalten.› Ihr hättet sehen müssen, wieviel Gold vom Scheiterhaufen herunterfloß, als man die Manuskripte ins Feuer warf. Ein Strom von Gold. Zum Glück stand die Menge ziemlich weit weg. Sonst hätten sie einander totgeschlagen, um an den Schatz zu kommen, den das Feuer zurückgab.»

Vielleicht, sagen sich einige Händler, sollte man jetzt Gold kaufen, es horten und erst später verkaufen.

Die Sonne ist nun ganz aufgegangen, die Stadt öffnet sich, Manis Leiche, entzweigeschnitten und auf die beiden Torflügel genagelt, empfängt makaber die Besucher Gondischapurs. Manche heben die Augen, andere gehen blicklos vorbei. Die Händler wagen die Stadt nicht zu betreten. Sie werfen einen letzten Blick auf den Propheten des Lichts. Der Anblick seines Leichnams – dessen eine Hälfte im Schatten ist und die andere göttlich erleuchtet von der Sonne – erinnert an den Kern seiner Lehre, den alten, beständigen Kampf zwischen Licht und Finsternis. Einige seiner Getreuen, die verstreut vor dem Tor herumstehen, ziehen es vor, Gondischapur den Rücken zuzuwenden.

Ein Händler nähert sich einer Frau, die einen alten Schal in ihren Sack stopft und sich zum Weggehen anschickt: «Verläßt du die Leiche?»

«Mani ist nicht tot», antwortet die Frau ruhig.

«Aber das ist doch seine Leiche?»

«Das ist Fleisch, Materie. Sein leuchtendes Wesen, der himmlische Zwilling, ist bei uns. Eine der Auserwählten hat ihn gesehen. Wir haben unseren Führer nicht verloren. Mani lebt.»

Die Kirche von Ktesiphon

Joseph der Archivar erzählt

Joseph ist sechsunddreißig Jahre alt. Er ist ein Vermittler, eine Art Verbindungsagent zwischen der iranischen und der römischen Kirche. Er überbringt Botschaften in beiden Richtungen. Manchmal reist er von Stadt zu Stadt. Seit seiner Jugend hat ihn die Freude am Reisen und am Studieren zum Christentum getrieben, denn das war für Ärmere die einzige Möglichkeit, Persien zu verlassen, etwas zu lernen, Literatur und Geschichte kennenzulernen. Er ist Iraner und nahm den Namen Joseph bei der christlichen Taufe an. Jetzt kennt er nur noch seinen Taufnamen Joseph.

Sein Haar, sein Bart sind schwarz. Seine Wangen sind hohl, er hat eine Hakennase und, wie viele Perser, große, dunkle Mandelaugen.

Er hat die Lehre in der christlichen Schule von Edessa studiert: die heiligen Schriften, aber auch Sprachen. Er spricht syrisch, griechisch und pahlawi, die Sprache der Sassaniden. Er hat sich stets von der Vergangenheit angezogen gefühlt, von der Geschichte und den Bräuchen der Völker. Er wohnt in Ktesiphon, der königlichen Hauptstadt des Irans, und ist Archivar der Kirche der Königsstädte.

Nicht selten kommen junge Leute ihn befragen. Vergangene Ereignisse werden meist durch Erinnerungen verbal weitergegeben. Das Gestern wird erzählt, als wäre es noch ganz nahe.

«Was geschah dann nach Manis Tod?»

An einem Nachmittag marschiert Joseph im Schatten eines Palmenhains, mit ihm ein Junge, der ihn befragt. Dieser kommt von einer religiösen Schule und ist sehr einfach gekleidet: weite Hosen, Tunika, Sandalen. Er heißt Babak. Der Haß, der in der Vergangenheit regierte, bedrückt ihn, denn er hat Mühe, ihn zu verstehen, nachzufühlen. Wird man eines Tages mit dem Denunzieren, dem Töten aufhören?

Joseph erzählt ihm, was sich vor einem halben Jahrhundert begeben hat: «Nach der Hinrichtung Manis hatte Kirder alles in den Händen. Absolut alles. Er erfand ein einzigartiges Amt für sich, «Hüter des königlichen Gewissens». Über dieses gelang es ihm, aus dem zoroastrischen Klerus einen genauen Kontrollapparat zu machen. Mit seiner Unterstützung griffen die Magier in gerichtliche Vorgänge ein, sie kontrollierten die Armee, sie hatten das Monopol des Unterrichts inne (sie lehrten nur von ihnen ausgewählte Leute und dies nur in ihrem Sinn). Sie gingen so weit, die Satrapen bei der Regierung der Provinzen zu beraten. Kurz, sie standen über dem Gesetz und beobachteten genauestens, bis in die kleinsten Details, das Alltagsleben. Alle Handlungen eines Persers, von seiner Geburt bis zum Tod, hingen strikt von ihnen ab. Der Iran wurde ein riesiges religiöses Gefängnis, dessen Wärter sie waren.»

Der junge Babak möchte noch mehr wissen und erfährt, daß Kirder, Meister des Königreichs und Leiter der Könige, die Verfolgung, die er den Manichäern hatte angedeihen lassen, noch verschärfte. Unter Bahram II., der von 276 bis 293 regierte, schenkte er sich sogar den Kopf von Sisinnios, den die Manichäer als ihr Haupt betrachteten. Er schlug so stark zu, daß sich sogar am Königshof ein Widerstand bildete. Und die Grenzen platzten wieder einmal.

«Nochmals ein Krieg zwischen Persien und Rom?»

«Nochmals ein Krieg, du sagst es.»

Joseph meint damit die Expedition, die ein ziemlich obskurer römischer Kaiser, Carus, unternommen hatte. Er war 283 nahe daran gewesen, Ktesiphon einzunehmen. Er wußte, daß die sassanidische Armee in Kriege an der Grenze zu Indien verwickelt war, und griff mit Wucht an. Sein erster Vorstoß war beträchtlich. Aufgeschreckt, sandte König Bahram ihm Botschafter entgegen, die um jeden Preis den Frieden aushandeln sollten.

«Du kennst die Perser», sagt Joseph. «Sie betraten in großem Pomp das römische Lager. Dort wurden sie von einem Soldaten empfangen, der im Gras saß, einen roten Mantel trug und ein Stück Speck mit ein paar Erbsen aß. Es war der Kaiser von Rom, Carus, in Person.»

Die Goldwimpel der Perser, ihre goldbestickten Gewänder, ihre Begleitmannschaften aus Sklaven, ihre Edelsteine, ihre Parfüms, all das reizte die Soldaten Roms, die sich unter harten Bedingungen schlugen, nicht sehr gut gekleidet waren und sich von Oliven und Brot nährten. Die Verhandlungen wurden von einer berühmten, noch jahrhundertelang erzählten Geste des Carus beendet. Er hob plötzlich die Mütze, die er auf seinem kahlen Kopf trug, und versicherte, daß Persien, wenn es sich nicht Rom unterstelle, die Bäume so radikal ausfallen würden wie ihm selbst die Haare.

Deutlicher ging es nicht. Auf die Weigerung der Perser hin, sich zu ergeben, griff Carus brutal Mesopotamien an und eroberte ohne Schwierigkeiten Seleukeia-Ktesiphon. Diesmal schien der alte Traum Roms Wirklichkeit zu werden: Persien in römischen Händen.

«Du irrst dich bestimmt», sagt Babak.

«Und warum?»

«Rom hat Persien nie erobert!»

«Weißt du auch, warum?»

«Sag es mir.»

Joseph erzählt ihm hierauf vom mysteriösen Tod des Carus, in seinem Zelt, am Vorabend des unvermeidlichen Sieges. Manche Geschichtsschreiber sagen, er sei vom Blitz getroffen worden, andere, er sei an einer Krankheit gestorben. Auf jeden Fall war es ein plötzlicher Tod. Die Perser, und vor allem der zoroastrische Klerus, sahen darin Gottes Finger. Den Christen war dieser Konflikt zwar weitgehend gleichgültig, aber sie bedauerten das Verschwinden von Carus.

«Warum? Hatte Rom angefangen, die Christen zu beschützen?» fragt Babak.

«Nein, so einfach ist es nicht. Im Orient genossen die Christen in Ländern, die den Römern unterstanden, oft richtige Freiheit. Hast du von Paulos von Samosata gehört, dem Bischof von Antiochia?»

«Nein.»

«Aber sicher, der Nachfolger des Demetrianus. Du weißt doch wenigstens, wer Demetrianus war?»

Babak kennt die Geschichte der nach Gondischapur verschleppten Christen, der Niederlage Valerians, der Eroberung Antiochias durch die Perser, recht gut. Echos von diesen Ereignissen sind in jeder Taverne zu hören und begleiten jede Karawane.

«Man vergißt leicht», fährt Joseph fort, «daß alle Eroberungen des Königs Schapur sich wie Parfüm verflüchtigten. Und das, weil ein kleiner Fürst von Palmyra, er hieß Odaenathus, es wagte, den König der Könige anzugreifen, und siegreich aus der Schlacht hervorging. Bald darauf starb er, natürlich. Ziemlich plötzlich, wie sie häufig sterben.

Nach dem Tod des Odaenathus setzte sich seine Witwe Zenobia majestätisch auf den Thron von Palmyra, diesem kleinen, aber wohlhabenden Reich, wo hochtalentierte Architekten nach griechischem Muster Tempel und Paläste gebaut hatten, die bereits legendär waren. Die Schönheit dieser Königinwitwe beschäftigte, sagt man, die Phantasie aller Männer. Sie zeigte sich sogar Rom gegenüber als bemerkenswerte, unerwartete Gegnerin.

Nun stand aber die Stadt Antiochia auf ihrem Territorium. Da amtete Paulos von Samosata, ein berühmter christlicher Bischof, bekannt wegen seines Reichtums und seiner Liebe für alle Freuden der Tafel und des Betts. In seinem Bischofspalast lebte er in der galanten Gesellschaft der beiden schönsten Frauen im Reich.»

«Die Königin ausgenommen?» fragt Babak.

«Das weiß ich nicht. Aber es gab andere Christen, die weniger ehrgeizig und weniger genußfreudig waren. Sie sorgten sich um das Schicksal der Kirche, versammelten sich in Antiochia und degradierten Paulos. Er verlor seinen Bischofstitel. Zenobia nahm ihn in ihrem Palast für einige Zeit auf, bis der Kaiser Aurelian aufs neue angriff und diesen Teil des Orients eroberte. Er organisierte einen Prozeß, dem die Bischöfe von Italien vorstanden. Und Paulos wurde von diesen Christen verurteilt.»

Wenn Joseph von Paulos von Samosata und der neutralen Haltung des Aurelian gegenüber den Christen spricht – man darf nicht vergessen, daß der Kaiser Heide und Soldat war –, so will er vermutlich Babak zeigen, wie frei und selbstbestimmend sich die Christen unter diesem Kaiser fühlten. Sie hatten lange Zeiten der Verfolgung hinter sich, und es würde vielleicht wieder welche geben, aber die Erinnerung an diese wenigen Jahre der Toleranz wärmte sogar im Iran das Herz aller Konvertiten. Deshalb betrauerten sie den vorzeitigen Tod des Carus, der ihnen alle Hoffnung auf angemessene Gerechtigkeit, selbst kurzlebige, raubte und sie wieder in den bekannten Terror der Sassaniden stürzte.

Seinerseits überzeugte der kalte Kirder den König Bahram davon, daß der Tod des Carus ein neues Zeichen dafür wäre, daß Gott sie schützte, und legte noch engere Bande um den Staat.

«Hat niemand gegen die absolute Macht des Magiers protestiert?» fragt Babak.

«Doch, es gab ein paar Versuche.»

Joseph beschreibt den wichtigsten, denjenigen, der die blutige Laufbahn Kirders beendete: die Machtergreifung durch Narseh. Dieser König der Könige, der von 293 bis 302 Persien regierte, versuchte die zoroastrische Vormundschaft abzuschütteln und erlaubte den religiösen Minoritäten, sich neu zu organisieren. Die Manichäer, zum Beispiel, kehrten in ihre Städte zurück und fanden ihre verlassenen Häuser wieder. Narseh ging so weit, daß er ihr neues Oberhaupt, Innaios, empfing, um dem zoroastrischen Klerus zu zeigen, daß die iranische Politik nicht mehr in den Tempeln gemacht wurde und der König sich nicht mehr manipulieren ließ.

«Auch unsere Gemeinde», sagt Joseph, «profitierte von Narsehs Maßnahmen. Unsere Frauen brauchten keine Beleidigungen mehr zu fürchten, konnten frei in der Stadt ausgehen. Unsere Kinder, die vorher Angst hatten, von irgendeinem kleinen zoroastrischen Lausbub angegriffen zu werden, konnten wieder auf ihre Spielplätze gehen. Unsere Händler öffneten ihre Läden wieder, und unsere Kirchen verbreiteten ohne Furcht in den Gassen Ktesiphons die Gebete ihrer Gläubigen.

Aber der alte Wunsch der Römer und der Perser, einander zu besiegen, machte dieser friedlichen Zwischenzeit ein Ende. Wenn die iranischen Könige ihre Anstrengungen der Ostgrenze zugewandt hätten, sagte man, hätte sie Indien und sogar China erobern können. Aber der Blick war stets nach Westen gerichtet ...

Der Westen, das ist unser Fehler», sagt Joseph. «Unsere Sitten sind weit entfernt von Rom und auch von den Griechen, den Lieblingsfeinden der Achämeniden. Aber die Vorstellung, der Sonne zu ihrem Untergang zu folgen, hat die Iraner seit jeher gelockt. Wir sind Indien so viel näher: Warum schauen wir niemals nach Osten?»

Christliche Gemeinden in Persien

Joseph und Babak haben den Palmenhain verlassen. Sie gehen jetzt durch die Straßen Seleukeia-Ktesiphons, dieser Städtevereinigung, in der die ganze Geschichte Persiens seit seiner Eroberung durch Alexander bis zum Aufstieg der Sassaniden zusammengefaßt ist. Die meisten Häuser bestehen aus Backsteinen und sind oft mit Gips verputzt. Hin und wieder, vor allem in den Fassaden reicher Häuser, öffnen sich mit Statuen geschmückte Nischen: zwei einander gegenübersitzende Löwen oder eine Büste des Königs der Könige. Durch offenstehende Türen erblickt man Innengärten, umgeben von Säulen, bepflanzt mit Zypressen und Pfirsichbäumen. Viele Gerüste und Bauplätze wie immer; Sägen kreischen, Hämmer, Maurer rufen einander zu, Straßenhändler schreien, Frauen unterhalten sich von einem Balkon zum andern.

Gegründet von Seleukos Nicator im 3. Jahrhundert v. Chr., am Westufer des Tigris gelegen, großes Zentrum der hellenistischen Kultur, wetteiferte Seleukeia damals mit Babylon, Antiochia und Alexandria. Sechshunderttausend Einwohner bevölkerten diese großartige Stadt, und ein Senat von dreihundert Adligen regierte sie, ehe die parthische Dynastie die Macht an sich riß und auf dem gegenüberliegenden Tigrisufer ihre eigene Hauptstadt, Ktesiphon, erbaute.

So trennt nun das Wasser des Tigris die griechischen Bürger von Seleukeia von den parthischen Truppen in Ktesiphon. Im 3. Jahrhundert n. Chr., als neue Hände den persischen Thron streichelten, kam der erste König der sassanidischen Dynastie, Ardaschir, in den Westen und wählte den Platz des alten Seleukeia, um eine neue Stadt zu errichten.

Während sechs Jahrhunderten verbanden die Tigrisbrücken die beiden Ufer, und über sie wälzte sich ständig Verkehr, Baumaterialien für die königlichen Residenzen, kostbare Stoffe für die Garderobe der Prinzessinnen; Pfeile, Bogen und Schilder des siegreichen Heeres, kompromittierende Archive der Besiegten und der ganze Ehrgeiz der neuen Herrscher wurden transportiert.

Kosmopolitische Hauptstadt, Doppelstadt: Seleukeia-Ktesiphon beherbergt jetzt, in der sassanidischen Epoche, fremde Gemeinden verschiedenen Ursprungs. An der Handelsroute zwischen Ostindien und China einerseits und dem Westen andererseits gelegen, schätzen die Händler sie sehr.

Da es keine Verfolgungen gibt, haben die verschiedenen Religionen Mesopotamiens hier ihren Hauptsitz. Alle Götter, die man in diesem Teil der Welt kennt, werden angerufen. Die Sonne von Ktesiphon bestrahlt die königliche Krone: eine mit Perlen geschmückte Kugel, auf der eine Mondsichel thront, das Ganze dekoriert mit Schleifen. Sie erleuchtet auch die Landesfahne, ein berühmtes Symbol, mit Edelsteinen übersät und nach einem legendären Gegenstand gefertigt: der Schürze des Schmiedes Kaweh, der in mythischen Zeiten den Aufstand des Volkes gegen den semitischen Tyrannen Zahhak anführte. Dieselbe Sonne streichelt den großen Markt, wo die Weine von Gaza neben Papyri von Ägypten angeboten werden und sich die Pelze aus dem Norden mit den Düften des Orients tränken. Sie fällt auf den Eingang einer christlichen Kirche ebenso wie auf das Haus eines jüdischen Kaufmanns, sie wärmt die Terrassen, die Zisternen oder ein blaues Mosaik, auf das frisches Wasser aus einem runden Brunnen rieselt und das im Garten eines Manichäers liegt.

Die christliche Missionierung dieses ganzen Teils von Mesopotamien ging von der Stadt Edessa aus, die seit dem Anfang des 3. Jahrhunderts dank der Bekehrung ihres Königs ein Propagandazentrum der christlichen Religion ist. Nicht ohne Hilfe der Legende: Die Christen dieser Gegend waren der Ansicht, ihre Kirche gehe auf die drei Weisen zurück, die nach ihrer Rückkehr von der Krippe von Bethlehem den Messias im persischen Reich verkündigt hätten. Sicher ist, daß die christlichen Gemeinden sich in Persien entwickeln und konsolidieren. Oft isoliert, weit entfernt, bleiben sie dem Westen gehorsam, jenen, die man «Väter des Okzidents» nennt, jenen, die das Dogma aufstellen und den Ritus vorschreiben. Man widerspricht ihnen nicht. Noch nicht.

Den Bischofssitz von Ktesiphon hat im 4. Jahrhundert ein Aramäer inne, Papa Bar Aggai. Außerhalb der Städte scheinen die christlichen Gemeinden der persischen Aufteilung in Provinzen zu folgen. So wird Gondischapur, Hauptstadt des Elam, das christliche Zentrum dieser Provinz. Es gibt da Kirchen, Schulen, religiöse Bibliotheken, wo die Bischöfe das Christentum lehren, aber auch weltliche Wissenschaften.

In Persis, der Wiege der iranischen Zivilisation, ist das Verwaltungszentrum – Istachr, das eigentliche Herz der zoroastrischen Religion. Hier verehrt man die Göttin Anahita[8]. Die Christen lassen sich deshalb lieber in Rew Ardaschir nieder, das vom traditionellen Glauben viel weniger geprägt ist.

Es gibt keine Organisation zu jener Zeit, die die christlichen Kirchen miteinander verbindet: nur die überall spürbare Demütigung und die allgemeine Unsicherheit, die wie ein unsichtbarer Faden unaufhörlich dieselbe beunruhigende Botschaft von Christ zu Christ und von einer Stadt zur andern trägt.

Das Geheimnis der Schrift

Babak ist erst vor kurzem bekehrt worden. Seine zoroastrischen Eltern sind bescheidener Herkunft. Sie gehören nicht zu den zwei bevorzugten Klassen der sassanidischen Gesellschaft, der Geistlichkeit und dem Militär, und haben deshalb keinen Zugang zur Bildung. Sie haben nicht einmal das Recht, lesen zu lernen. Und in dieser Hierarchie, wo alles am Adel des Blutes gemessen wird, würde sich gewiß niemand dafür interessieren, das Volk zu unterrichten.

Als Babak noch bei seinen Eltern lebte, die auf dem Land Gärtner waren, und mit ihnen die Erde umgrub, kreuzte er manchmal die Kinder von Gutsbesitzern, die lernten: zu reiten, mit dem Bogen zu schießen und die Angst zu besiegen, aber vor allem lesen durften, ein Buch lesen.

Babak erspähte jede ihrer Gesten, er stellte sich vor, er steige auch auf ein Pferd, er ahmte alle Bewegungen des Prinzensohnes nach, fiel mit ihm, rückte den Sattel zurecht, stieg wieder auf und galoppierte übers Feld ohne Begrenzung seiner Illusionen.

Aber seine Einbildungskraft hielt jäh an vor der Kunst des Lesens. Das war ein Geheimnis. Wenn der Eunuch-Professor ankam mit seinem in Leder gebundenen Buch, konnte der kleine Babak auf keine Weise das Rätsel lösen, wie diese unbeweglichen, auf dem Blatt schlafenden Zeichen in Rede umgesetzt werden konnten.

Durch welches Wunder des Himmels, fragte er sich, kann man ein Papyrusblatt in die Hand nehmen, die Augen auf die kleinen, miteinander verketteten Gebilde richten, den Mund öffnen und in verständliche, dem Geist zugängliche Worte umwandeln, was geschrieben und ein paar Gelehrten vorbehalten ist?

Babak fragte seine Eltern, seine Freunde, die Freunde seiner Eltern, aber niemand kannte das Geheimnis dieses Wunders. Da nahm er die Blätter der Bäume, schaute sie aufmerksam an, erfand Töne für jede Blattader, für jeden Blattnerv. Aber weder die Zweige noch die Bäume halfen ihm, wie auf seinem imaginären Pferd in das Gebiet der Schrift zu galoppieren.

Seine Herkunft, die Wachen, die Diener und alle Barrieren der Welt verboten ihm, zu einem der jungen Adligen zu gehen und ganz einfach zu fragen: «Aber wie machst du das, Lesen?»

Er wuchs auf dem Land auf, er lernte, Gemüse und Blumen zu züchten, es gelang ihm sogar, mit den Händlern zu feilschen. Er zählte an den Fingern oder mit Kieselsteinen und kam oft auf den großen Markt der Hauptstadt, um Datteln, Feigen und Spinat zu verkaufen. Eines Tages hörte er durch ein halboffenes Fenster den wiederholten Klang eines Vokals: «A», «A». Er hielt an und lauschte. Dutzende weiterer «A» antworteten dem ersten. Mit klopfendem Herzen näherte er sich dem Eingang des Hauses: Die Türe, niedriger als Mannshöhe, öffnete sich zu einem großen Zimmer, in dem eine ziemlich strenge Persönlichkeit saß, die von Leuten allen Alters umgeben war. Sie hielten ein Papyrusblatt in der Hand und versuchten, indem sie von einem Vokal zum andern gingen, allmählich die Maske einer unbekannten Literatur zu lüften. Über ihrem Kopf war ein großes Holzstück an der Wand befestigt. Das Holz hatte die Form eines Kreuzes.

Babak schlich sich verstohlen in das Zimmer, aus dem niemand ihn verjagen wollte, setzte sich neben sie und verließ sie nicht mehr, außer daß er seiner Familie einen kurzen Besuch abstattete und ihr sagte, er habe die Religion gewechselt und sein Gott heiße nicht mehr Ahura Mazda, sondern Jesus Christus. Seine Eltern waren zornig. Sie kannten diesen fremden Gott nicht, er erschien ihnen als Eindringling und machte ihnen ein wenig Angst.

Eines Abends beschlossen sie, die schlechten Ansichten ihres Sohns zu bekämpfen durch eine sehr alte Beschwörung, die schon Zarathustra praktiziert hatte, um zu pflegen, zu reinigen und alle unsichtbaren Feinde zu verjagen. Aus einer kleinen, an der Wand befestigten Tasche nahmen sie eine Prise aromatischer Substanzen, *espand* genannt (eine Mischung von getrockneten Blättern und Körnern), und rösteten sie nachts im Garten auf einem Kohlenbecken. Die Mutter ließ mit der Hand den Rauch um ihren unbeweglichen Sohn wirbeln und sprach dazu rasch die rituellen Worte.

Aber es nützte nichts. Babak widerstand den alten Zauberformeln. Er würde nicht zurückkommen. Dank des Unterrichts seines neuen Lehrers konnte er jetzt lesen. Lange, in der Nacht, erklärte er seinen Eltern, daß er nicht mehr bei ihnen bleiben könne, daß ein anderes Leben ihn rief, und er würde ihnen schreiben. Briefe, die sie nicht lesen konnten.

Nochmals Krieg gegen Rom

Babak möchte dem Archivar Tausende von Fragen stellen. Die Geschichte seines eigenen Landes fasziniert ihn, aber mehr als blutige Kriege interessiert ihn das Warum der Ereignisse. Die Welt, die sich ihm eröffnet hat – wie ein Fenster, das den Tanz der Blumen zeigt, die verliebt vom Wind geschüttelt werden –, verbirgt vielleicht unsichtbare Schätze mit Mitteln gegen das Leiden.

Er liest jetzt viel, vor allem Übersetzungen griechischer und syrischer Werke, und er befragt ohne Unterlaß diejenigen seiner Freunde, die mehr davon wissen und den Eindruck erwecken, sie hätten eine Antwort gefunden.

«Du sprachst von der Anziehungskraft des Okzidents», sagt Babak zu Joseph, «du hast unseren Landsleuten vorgeworfen, sich ausschließlich für die Ereignisse jenseits der Westgrenze zu interessieren. Aber die Religion, der du dienst und die du verteidigst, kommt sie nicht aus dem Westen?»

Joseph könnte antworten, daß ein wahres Friedenswort vom Himmel kommt, nicht aus irgendeiner Ecke der Erde. Er könnte auch sagen, die iranischen Könige hätten die Territorien der römischen Kaiser erobern wollen. Aber bei diesen brutalen Abenteuern litten die Perser selbst ebensosehr wie die Römer. Was brachte ihnen ein Sieg? Verstümmelte Glieder, tote Söhne, vernichtete Ernten?

«Du hast wie ich einen Weg gewählt, der keine Grenzen kennt. Jesu Lehre hat mich gewiß aus einem andern Land erreicht und in einer anderen Sprache. Aber für mich ist sie, genau wie für einen Sogdier oder einen Chinesen, wie Brot für einen Hungernden, Wasser für einen Durstenden, die Mutterbrust für einen Säugling, ein neuer Ziegelstein für eine bröckelnde Mauer.»

Babak befragt den Archivar über den obskuren Krieg, der Narsehs Herrschaft beendete.

«Ein Krieg wie jeder andere», antwortet Joseph. «Die gleichen Kämpfer wie immer. Auf einer Seite Narseh der Sassanide, auf der anderen Diokletian der Römer. Der eine wollte Armenien zurückerobern, der andere Mesopotamien. Die alte Wichtigtuerei der Schlachten. Und aller Lärm, alle Schreie des Kriegs.»

«Wie nennt man diese Schlacht?»

«Die von Armenien.»

«Warum spricht man nie davon? Weil wir sie verloren haben? Was du alles weißt, woher hast du es?»

«Ich lese andere Dokumente, zum Beispiel Berichte der Römer, und vergleiche sie mit dem, was man hier sagt. Das ist mein Beruf, und ich übe ihn so gut als möglich aus.»

Nach der offiziellen Geschichte der Römer griffen sie mitten in der Nacht an. Die herrlichen persischen Rosse flüchteten, so daß die Reiter ihre Pferde anbinden und ihre Füße fesseln mußten. Der König Narseh floh verletzt in die Wüsten Mediens und mußte seine Frauen, seine Kinder und seine gesamte Habe auf dem Schlachtfeld zurücklassen. Die Sieger, die so etwas noch nie gesehen hatten, stürzten sich auf die königliche Beute. Die Geschichtsschreiber berichten, daß ein Römer eine Börse voll Perlen fand. Etwas so Nutzloses, dachte er, sei auch nichts wert, und er warf sie weg und behielt die Börse. Aber Kaiser Diokletian behielt die persischen Prinzessinnen, weswegen Narseh in Friedensverhandlungen eintreten mußte. Der Botschafter, der hierfür ernannt wurde, benutzte ein sehr orientalisches Gleichnis, um seinem König zu nützen. Er sagte Diokletian, die persische und die römische Monarchie seien die zwei Augen des Universums; dieses werde verstümmelt, einäugig werden, wenn man eines davon ausrisse.

Das Universum wurde weder einäugig noch blind, aber der Iran verlor Mesopotamien und Armenien. Dafür aber steckte der Umgang mit den Persern Diokletian an, der an seinem Hof gewisse persische Sitten einführte. Seit den Zeiten des Augustus trug der Kaiser, wenn er ungezwungen mit seinen Mitbürgern sprach, einen einfachen roten Mantel. Geblendet vom iranischen Gepränge, machte sich Diokletian das Perlendiadem zu eigen, trug Roben aus goldener Seide und edelsteinbedeckte Schuhe. Er versuchte sogar, sich wie die persischen Herrscher unnahbar und unerreichbar zu geben.

Zu Anfang seiner Regierungszeit[9] schützte Diokletian die Kirche und die Christen in seinem Reich. Seine wichtigsten Eunuchen und seine beiden Kaiserinnen hatten sich sogar zum Christentum bekehrt. Aber als Galerius, der Besieger der Perser, vom Feld zurückkehrte und den Winter mit dem Kaiser im Palast von Nikomedia verbrachte, gelang es ihm, Diokletian dazu zu bringen, daß er die Kirche der königlichen Residenz in Brand stecken ließ und den Christen das Leben vergällte. Er schützte vor, sie verzichteten auf Roms Institutionen und Gesetze, ja sie besäßen eine unsichtbare Republik mit eigenen Beamten, Regeln und eigener Schatzkammer.

Als Folge dieser Maßnahmen – die Diokletian den Ruf eines schrecklichen Verfolgers eintrugen – verließen noch mehr Christen das römische Reich, um im Iran Zuflucht zu suchen.

Das Licht nach Osten tragen

Babak und Joseph kommen ins Quartier der Tuchhändler. Vor jeder Verkaufsbude sitzt der Händler auf einer Steinbank, unweit seiner verschlafenen Stoffe; vielleicht träumt er, daß sie erwachen.

Joseph streichelt einen dieser Stoffe – er stellt sich ein Kleid für das iranische Neujahr vor, das so seltsam mit dem christlichen Osterfest zusammenfällt – und nimmt seinen Bericht wieder auf:

«Sie flohen vor Diokletian nach Persien, aber hier waren sie auch nicht in Sicherheit. Und sie sind es immer noch nicht.»

Plötzlich entrollt der Händler unter ihren Augen ein Stück Brokat. Die Sonne erhellt die ungewohnte Purpurfarbe fast leidenschaftlich. Die beiden Christen hören den Rufen des Verkäufers zu:

«Chinesischer Brokat, der beste, den es gibt, die weichste, reinste, feinste Seide!»

Joseph läßt seinen Blick über die Blumen schweifen, die die chinesische Seide schmücken. Er streckt die Hand aus, streichelt einen Augenblick diese seltene Ware, die man hier nicht herstellen kann. Dann, nach einem Moment der Abwesenheit, in dem die Gedanken kurz verreist sind, sagt er plötzlich zu Babak:

«Wir müssen ein anderes Land finden, weiter nach Osten gehen, das Licht über den Indus und bis an die Pforten Chinas tragen.»

«Warum so weit? Warum immer nach Osten?»

«Babak, wir beten gegen Osten. Die Botschaft, die uns anvertraut wurde, muß eines Tages das äußerste Ende des Orients erreichen. Wir sind die Träger des Lichts. Vergiß das nie!»

Ein längeres Schweigen breitet sich zwischen den Freunden aus. Der eine denkt an seine Rolle als Missionar, an den übermächtigen Wunsch, seine Wahrheit anderen mitzuteilen, an die Gefahr, die der nationalistische Iran für die Christen darstellt, an einen weiteren Vorstoß nach Osten. Man sagt, dort seien die Berge höher, die Himmel weiter, der Geist der Menschen offener für neue Erkenntnisse. Eines Tages vielleicht...

Der jüngere Babak, in Begeisterung, wird von Phantasiebildern der Verfolgung bestürmt. Er stellt sich ein Gericht vereinigter Magier vor, die ihn verurteilen. Trotz ihrer entsetzlichen Drohungen weigert er sich feierlich und eigensinnig, von seinem Glauben abzulassen und das Feuer anzubeten. Er stellt sich seine alte Mutter vor, wie sie ihn zum letztenmal anfleht, diesen fremden Gott zu leugnen, dessen genauen Namen sie nicht einmal kennt. «Jesus, er heißt Jesus», antwortet der mit Ketten gefesselte Babak. Die Insekten nähren sich von seinen Wunden; die Geier beginnen ihr düsteres Kreisen über dem Galgen. Babak kostet bereits die geheimen Wonnen des Martyriums.

Symbolik einer jungen Kirche

Sie treten durch eine kleine Pforte in den Hof der Kirche. Die Schwelle ist überhöht und der Türbalken liegt niedrig, damit Ungläubige hier mit ihren Pferden nicht durchkommen.

Drei Seiten des Hofs sind gegen Osten von Arkaden begrenzt. In derjenigen der Mitte beherbergt eine Nische ein Kreuz. Gläubige beten vor ihm. Babak und Joseph waschen sich die Hände am Brunnen in der Mitte des Hofs. Im Okzident haben die Kirchen Türme, von denen Glocken aus Bronze schallen. Hier hat man ein Semantron, bestehend aus mehreren Metallplatten, die an Seilen aufgehängt sind. Mit einem Holzhammer geschlagen, unterbrechen sie die Alltagsgespräche und laden die Christen, wie eben jetzt, zur Messe ein. Männer und Frauen trennen sich. Jede Gruppe tritt durch ein großes, von Skulpturen geschmücktes Portal ein. Die Männer gehen gegen Osten, die Frauen gegen Westen. Sie nehmen zuhinterst Platz, in der Frauenabteilung.

Die Kirche ist rechteckig. Zwei Reihen Säulen ziehen sich der Wand entlang, und leichte Bogen verbinden die Pilaster. Die Türen öffnen sich an den langen Seiten des Rechtecks nach Art der babylonischen Tempel. Der Eingang römischer Basiliken befindet sich an der kürzesten Seite des Rechtecks, gegenüber der Apsis, die so die Fassade der Kirche bildet.

Der Archidiakon, von Priestern umgeben, erscheint in der Mitte des Schiffs und besteigt eine Estrade. Dieser erste Teil der Liturgie wird gewöhnlich vom Bischof übernommen. Seine Abwesenheit beunruhigt die Gläubigen. Joseph bemerkt das verkniffene Gesicht des Archidiakons. Um Babaks Neugier abzulenken, gibt er ihm weitere allegorische Erklärungen. Er zeigt ihm die Estrade, das *Bema,* auf dem der Archidiakon steht, und sagt: «Das *Bema* symbolisiert die Stadt Jerusalem. Schau auch den kleinen, gemauerten Altar an, auf dem sich das Kreuz und das Evangelium befinden.»

Babak erhebt sich auf die Zehenspitzen. Dieser Altar ist das Symbol Golgathas, des Hügels, auf dem Christus starb, nicht weit von dem Ort, wo die Führer auch das Grab Adams, des Vaters der Menschen, zeigen. Er ist mit Leinen- und Wollstoffen überzogen, auf die das Gesicht des Heilands gestickt ist, mit schwarzem Haar, umgeben von Blumen.

«Siehst du den Raum, der über das Schiff erhöht ist?»

Babak dreht den Kopf in Richtung des Altarraums, gegen Osten.

«Dieser erhöhte Raum symbolisiert das Paradies, das sich bis zum Himmel erhebt, aber noch zur Erde gehört.

Zwischen dem *Bema* und dem Altarraum, der gegen Osten gerichtet und ein Symbol des Himmels ist, befindet sich der Weg der Wahrheit, der Eingang zum himmlischen Königreich. Da hindurch gehen die Prozessionen und die Priester. Diesen Gang nennt man *kanke,* ein griechisches Wort, das ‹Allerheiligstes› bedeutet.»

Joseph macht Babak auf eine im Gewölbe aufgehängte Lampe aufmerksam. Alles hat hier einen verborgenen Sinn. Das Licht, das die Apsis erleuchtet, ohne je zu erlöschen, markiert die Grenze, die Subdiakone nicht überschreiten dürfen. Die Diakone selbst dürfen bis zum Altar gehen.

Babaks Blick kehrt zum gemauerten Altar zurück, der sich zuhinterst an die Wand anlehnt und Kreuz und Evangelium trägt.

«Unser Kreuz», sagt ihm Joseph, «ist das der Parusie, der triumphalen Wiederkehr des glorreichen Christus, über den Wolken. Deshalb schmücken wir es mit Perlen und Edelsteinen. Die Christen des Okzidents, ihrerseits, zeigen Christus ans Kreuz genagelt.»

«Warum denn?»

«Um stets bewußtzumachen, daß er der Spiegel des menschlichen Leidens ist. Eine alte Frau, die im Elend lebt und tausend Krankheiten hat, erkennt sich mühelos im leidverzerrten Gesicht Jesu. Das ist leicht. Aber unsere Kirche geht über diese Identifikation hinaus und verspricht den Sieg am Ende. Für uns ist die Kreuzigung ein historisches, bereits vergangenes Geschehnis. Wir anerkennen nur den auferstandenen Christus, den Träger des Lebens, der Hoffnung. Unser Kreuz ist das des Sieges, nicht des Leids.»

Babak betrachtet ein anderes Christusbild, das als Ikone über dem Altar angebracht ist. War er wirklich so? Der Heiland trägt das plissierte Gewand der griechischen Philosophen. Und plötzlich hat Babak das Gefühl, er werde seinerseits beobachtet. Christus scheint seinen dunklen und allmächtigen Blick bis ins verborgene Wesen, ins Intimste, ins Wahrste dieses neuen Adepten zu versenken. Joseph drückt die Hand seines Begleiters. In diesem Augenblick übermittelt das Christusbild Babak einen Teil der Wahrheit. Da, wo der Bericht über Kriege und heilige Schriften nicht wirklich durchgedrungen ist, öffnet die Ikone, die bildliche Darstellung, diese Verbindung mit dem Unsichtbaren, mit einem einzigen festen Blick ein Fenster auf das Absolute, das sich nicht beschreiben läßt. Die Kraft eines Bildes. Andere Statuen Christi, mit reichem Faltenwurf bekleidet, schmücken das Kirchenschiff, aber Babak schaut sie nicht mehr an.

Die Unterschiede in der Darstellung, die Unterschiede zwischen Kreuz und Ikone, bestehen noch im 20. Jahrhundert und bilden eine erste Bresche in der notwendigen Einheit der Kirche. Wie ließe sich diese Einheit wiederherstellen? Durch welche Elemente des Dogmas? Durch welche visuellen, architektonischen Symbole? Durch welche Hymnen, gesungen in welcher Sprache?

Wie kann man gegen die Versuchungen der Trennung kämpfen, die bald in lokalen Traditionen, bald in der Rivalität von Personen begründet ist? Wie kann man im Universellen Platz für das Besondere schaffen?

Das sind grundlegende Fragen, die bei jedem weitreichenden Denken auftauchen und die an den verschiedenen Orten nicht immer gleich beantwortet werden.

Erinnerung an Brot und Öl

Der Priester, der die Eucharistie feiert, tritt durch eine kleine, offene Tür im Norden des Kirchenschiffs ein. Er teilt das Brot in eine bestimmte Anzahl Stücke und legt diese in die Hände der Gläubigen. Die Kommunikanten nehmen das Brot in die rechte Hand und legen diese kreuzweise über die linke Hand. Ohne die Hände voneinander zu nehmen, führen sie die rechte Hand zum Mund und wischen sie dann an der Stirn ab.

Das Mehl, aus dem das Brot gebacken wird, stammt, nach der Legende, die alles vergoldet, vom Brot ab, das Jesus kurz vor seinem Tod am Abendmahl weihte. Der Priester selbst macht dieses Brot; er trägt dazu Schuhe und ein gegürtetes Gewand; sein Gesicht ist verschleiert, er ist gegen Osten gewandt und rezitiert Psalmen. Jedesmal, wenn er ein wenig von diesem Mehl nimmt, schüttet er dieselbe Menge frisches dazu, so daß stets ein Bröcklein des ursprünglichen Brotes bleibt, das seine Heiligkeit auf den gewöhnlichen Weizen überträgt.

Das Brot wird aus Mehl, Olivenöl und Salz gemacht. Das Öl ist dasselbe, mit dem Maria Magdalena die Füße des Herrn salbte.

«Im Lauf der Zeiten», sagt Joseph, «hat man jedesmal, wenn man von Maria Magdalenas Öl brauchte, gleichviel wieder hinzugefügt. So gibt es in ihm noch heute Teilchen, die Jesu Füße berührt haben. Und so wird es bleiben, von Mal zu Mal. Niemals wird das ursprüngliche Öl ganz verschwinden.»

«Wo macht man es, dieses Brot?»

«Siehst du die kleine Türe im Altarraum? Da, in der Sakristei, knetet und bäckt der Priester selbst das Brot.»

Die heilige Feier endet. Die Menge der Gläubigen verläßt die Kirche und versammelt sich im Hof. Es geht ein Gerücht um, Bischof Papa sei seines Amtes enthoben worden und werde von einem Moment auf den andern verhaftet und ins Gefängnis geworfen. Manche sagen, die Bischöfe der Provinz hätten bereits seinen Nachfolger gewählt. Ein Diakon kommt aus der Kirche. Er bemüht sich, die Leute zu beruhigen, und bittet die Gläubigen, die Umgebung des heiligen Orts zu verlassen:

«Eine Synode wurde auf Bitte der Bischöfe von Gondischapur und Susa einberufen, um interne Probleme der Kirche zu regeln. Geht in eure Häuser, beunruhigt euch nicht. Wir halten euch über den kleinsten Beschluß auf dem laufenden.»

«Wo ist Papa Bar Aggai, unser Bischof?» fragt jemand.

«Bei den Provinzbischöfen, die für die Synode gekommen sind. Zerstreut euch jetzt, der Versammlungsort ist reserviert für die Bischöfe und ihre Assistenten. Bleibt ruhig zu Hause.»

Der Diakon winkt Joseph heran und flüstert ihm ins Ohr:

«Du, bleib hier. Warte auf mich.»

Die Menge zieht sich allmählich zurück. Babak verläßt seinen Freund mit Bedauern; offenbar hat er das Privileg, bei der geheimnisvollen Synode dabeizusein. Die zwei trennen sich, winken sich noch zu.

Papa vom Allerhöchsten geschlagen

Zu Anfang des 4. Jahrhunderts fällte Papa Bar Aggai, als er sah, daß die verschiedenen iranischen Kirchen durch keine festen Bande verknüpft waren, die logische Entscheidung, sie unter der Vorherrschaft von Seleukeia-Ktesiphon zu vereinen. Durch diese Zentralisierung wäre er automatisch der Patriarch des ganzen Irans und der offizielle Vertreter der obersten Kirchenbehörde geworden, der «Kirchenväter des Westens». Sein Entscheid traf bei gewissen Bischöfen auf lebhaften Widerstand; sie fanden ihn einer so hohen Stellung nicht würdig, und sie erklärten, er respektiere das kirchliche Recht nicht und handle aus Hochmut und persönlichem Ehrgeiz. Auf ihr Verlangen wurde deshalb eine Synode einberufen. Die wichtigsten Leiter der in den Provinzen verstreuten Kirchen fanden sich in der Hauptstadt zusammen, um das heikle Problem der Führung der iranischen Kirche zu diskutieren. Den Himmel beschreiben und anrufen genügt nicht. Man muß auch die Erde organisieren.

Vom Diakon begleitet, geht Joseph in die Bibliothek, die für den Empfang der Synode hergerichtet ist. Auf einer Seite sitzen die Anhänger des Bischofs Papa Bar Aggai und auf der anderen seine Gegner, angeführt vom Bischof von Susa namens Miles.

Joseph nimmt mehrere große Papyrusblätter und bereitet sich vor, das Protokoll der Versammlung zu führen. Der Diakon setzt sich ihm zur Seite, zeigt auf Miles und gibt mit leiser Stimme ein paar sehr persönliche Informationen:

«Er ist in Raj[10] geboren, einer größeren Stadt in Medien. Ursprünglich war er Zoroastrier, aber er bekehrte sich in Gondischapur zum Christentum. Er zog dann nach Susa in der Provinz des Elam und wurde dort schließlich Bischof.»

Papa Bar Aggai ist noch nicht da. Assistenten durchqueren den Saal und bringen Dokumente. Joseph beobachtet den Bischof von Susa, der mit zwein seiner Priester plaudert.

Susa ist die heiligste Stadt des Reichs. Auf Anraten seines indischen Arztes hat König Schapur sie vor einem halben Jahrhundert zur Hauptresidenz gewählt. Er blieb dort bis zu seinem Tod. Susas Ruf beruht auch auf einer Verschmelzung griechischen Wissens mit der indischen Medizin. Die Griechen waren mit dem ersten Schub römischer Deportierter dorthin gekommen. Und die Inder waren ihrem berühmten Arzt zum Hof der Sassaniden gefolgt, wo sie bessere Forschungsmöglichkeiten hatten.

Der Diakon zeigt diskret auf einen Mann in den Reihen der Opposition und sagt:

«Der, der dort liest, ist Habib, der Bischof von Gondischapur. Er kann den Vorrang Ktesiphons über Gondischapur nicht ertragen. Er ist der Ansicht, seine eigene Stadt, die Sommerresidenz der Könige, verdiene den Rang eines Zentrum des persischen Christentums.»

Und schließlich deutet er auf den Archidiakon:

«Sogar er ist auf ihrer Seite. Es muß sehr hart für Papa sein, seinen eigenen Verweser in den Reihen der Gegner zu sehen.»

Der alte Papa Bar Aggai tritt nun ein, ein Versuch zur Feierlichkeit. Er errät gewiß, daß für ihn alles verloren ist. Miles hat bereits die Assistenten überzeugt, daß sein Angriff begründet ist. Papa kann nicht mehr mit göttlichem Schutz rechnen. Trotz seiner Befürchtungen versucht er, sich würdig und ernst zu geben. Innerlich wiederholen sich aber die Fragen: Warum werde ich von den Meinen gerichtet? Warum sind wir geteilt? Was ist hier Gottes Botschaft?

Anfang des 4. Jahrhunderts wird die Kirche selbst von den Sassaniden nicht direkt verfolgt, aber es gibt Anzeichen dafür, daß sich die Flammen der Scheiterhaufen und die Stränge der Galgen auf neue Beute vorbereiten. Der christliche Klerus von Ktesiphon befürchtet stets ein Komplott der zoroastrischen Magier mit dem Ziel, alle Christen zu verhaften, aber niemand kann sich bis jetzt einen Prozeß von Christen gegen Christen vorstellen.

Nach dem traditionellen Moment der Sammlung erheben sich auf beiden Seiten Stimmen.

Miles reißt das Wort energisch an sich und beschuldigt Papa schändlicher Sitten und unangebrachter Großzügigkeit. Papa senkt den Kopf und antwortet nicht. Assistenten beschwören ihn zu reden. Er erhebt sich, sein Rücken ist gebeugt, sein Gesicht faltig, seine Beine eingeknickt. Mit seiner zittrigen Stimme sagt er:

«Ich brauche mich nicht zu verteidigen. Mein hohes Alter spricht für mich.»

Habib, der Bischof von Gondischapur, klagt ihn an:

«Du bist hochmütig. Du gibst vor, die iranische Kirche einigen zu wollen, aber in Wirklichkeit willst du wie ein König alle Provinzen regieren. Du verbreitest unter den Christen die Furcht vor künftigen Verfolgungen, damit sie zu dir kommen wie die Schafe zum Hirten, wenn sie Wölfe heulen hören. Die Gläubigen von Ktesiphon leben in Angst und Schrecken und wagen es nicht mehr, Kinder zu bekommen, aus Furcht, sie würden bald von der sassanidischen Macht ermordet werden!»

Papa versucht, bei seiner Antwort Ruhe zu bewahren:

«Verfolgungen bedrohen uns hier in Ktesiphon wie überall sonst. Das ist nicht ein Gerücht, das ich ausstreue, es ist die Wahrheit, und ihr wißt es. Unser Glaube ist jung. Man lebt ihn in Hoffnung und Gefahr. Ich wollte unsere Kirche organisieren und aus der Anarchie herausholen, die uns eines Tages ins Verderben stürzen wird. Es ist noch nicht zu spät; schaut euch das Muster im Westen an. Die Organisation hat es unseren Brüdern ermöglicht, den Wogen des römischen Terrors zu widerstehen. Hier haben unsere Diözesen keine genauen Grenzen, die Bischofswahlen werden ohne jede Kontrolle vorgenommen. Man sollte im Gegenteil...»

Miles fällt ihm ins Wort:

«Schön, reden wir von Bischofswahlen! Du, Papa, profitierst von dem Chaos! Hast du nicht zwei Bischöfe für ein einziges Amt ernannt?»

Ohne Miles zu antworten, kritzelt Papa ein paar Notizen in ein Buch.

«Papa, du antwortest mir nicht, du schaust mich nicht einmal an. Du verachtest die Bischöfe, die hier sind, um dich zu richten, zutiefst.»

Ohne den Kopf zu heben, und als ob er immer noch schreiben würde, antwortet Papa in gleichgültigem Ton:

«Euer Prozeß ist manipuliert. Ihr kommt alle aus fernen Städten und wollt die Strukturen und Gewohnheiten der Christen von Ktesiphon beurteilen. Aber fragt sie doch, sie sind alle auf meiner Seite! Diesen Morgen, als sie mich nicht bei der Messe sahen, haben sie sich im Hof versammelt, um zu fragen, wo ich bin und wie es mir geht!»

Miles deutet auf Simon, der bei den Gegnern sitzt, und ruft aus:

«Papa, dein eigener Archidiakon ist auf unserer Seite.»

Joseph schreibt in Kurzschrift alles nieder, was gesagt wird, und wirft einen Blick auf den Diakon an seiner Seite. Er glaubt, auf dessen Gesicht ein Zittern der Unruhe zu lesen.

Miles erhebt die Stimme:

«Steht nicht geschrieben, euer Anführer soll euer Sklave sein? Deine Projekte der Vereinheitlichung verraten nur deinen persönlichen Ehrgeiz. Immer mehr Macht! Die absolute Herrschaft über deine Diözese genügt dir nicht! Du versuchst, alle Christen des Irans in den Griff zu bekommen.»

«Wenn ich früher auch Ehrgeiz hatte, so wurde er vom Alter aufgelöst. Ich arbeite für das Wohl aller. Ich möchte aus unserer Kirche einen geeinten Block gegen den zoroastrischen Klerus machen. Unsere Gemeinschaft braucht ein Oberhaupt.»

«Und dieses Oberhaupt wärest du?» fragt einer der Gegner.

«Ich oder ein anderer, das ist nicht wichtig. Ich bin alt. Wenn Gott mir diese Führung anvertraute, so wäre das nur für sehr kurze Zeit.»

«Du benützest dauernd dein Alter wie einen Schützengraben, um dich zu verteidigen», wirft ihm Miles vor.

Plötzlich, ohne Vorwarnung, läßt der alte Papa seinem Zorn freien Lauf. Er kann sich nicht mehr beherrschen und schreit:

«Wer bist du überhaupt, daß du mich richtest? Du, wer bist du?»

Miles erhebt sich jäh, zieht das Evangelium aus seinem Sack und legt es auf einem Kissen vor Papa. Eine theatralische Geste, die der Bischof von Susa mit ebenso verächtlichen wie klugen Worten begleitet:

«Wenn du die Ansicht eines Mannes, wie ich es bin, nicht annehmen willst, vertraue dich dem Gericht des Evangeliums an. Ich habe es vor deine äußeren Augen gelegt, da dein inneres Auge es nicht sehen will.»

Der alte Papa, außer sich, hebt die Hand und schlägt auf das Evangelium mit der ganzen Kraft eines Besiegten; er ruft aus:

«Sprich, Evangelium, sprich!»

Diese Wut erschüttert die Assistenten. Einige, von Angst ergriffen, erwarten ein Zeichen des Zorns vom Allerhöchsten. Noch nie wurde das

Evangelium so beleidigt, so geschlagen. Selbst Miles, betroffen von der Gewalttätigkeit seines Gegners, nimmt das heilige Buch, führt es zu seinen Lippen und Augen und sagt:

«Der Engel des Herrn wird dich auf deine Seite schlagen und sie vertrocknen lassen. Du wirst nicht sofort sterben, aber als Zeichen und Wunder weiterleben.»

Kaum hat Miles seine Verwünschung beendet, fällt Papa auf die Seite und stößt einen Schrei aus. Die Versammlung sitzt wie versteinert. Sogar Miles ist erschüttert. Papa ist von einer partiellen Lähmung betroffen und seufzt schwach. Joseph, der Protokollführer, notiert alles sehr schnell. Der Diakon tritt vor und richtet den verdrehten Körper des alten Papa auf; er versucht, ihn schlecht und recht aus der Bibliothek zu ziehen. Die Subdiakone wagen nicht, den zu berühren, der so präzis von der Rache Gottes getroffen wurde. Die Lähmung könnte ja ansteckend sein. Papa wird ins Freie geführt. Joseph schreibt absolut alles auf, selbst den erbarmenswürdigen Abgang des Bischofs der Königsstädte. Vielleicht hat er nun doch einmal einem Wunder beigewohnt. Nichts davon soll verlorengehen.

Habib von Gondischapur schlägt jetzt vor, so schnell wie möglich Papas Nachfolger zu wählen. Die Sitzungsteilnehmer ernennen einstimmig Simon bar Sabbae, den Archidiakon von Ktesiphon, dessen Schönheit berühmt ist. Simon nimmt das neue Amt an, ohne nachzudenken. Alle zeigen große Hast, diese seltsame Synode zu beschließen. Hatte man sich schon im voraus auf den Nachfolger geeinigt? Durchaus möglich. Auf alle Fälle hat Gott dargetan, wen er nicht wollte.

Babak erwartet Joseph am Ausgang der Bibliothek. Schon wird in der Stadt geraunt, der Engel des Herrn habe sich gezeigt, um Papa zu strafen und zu lähmen.

Sie gehen durch kleine Sträßchen der Stadt und vermeiden die volkreichen Quartiere. Eine Abkürzung führt sie durch den Park des Gerichtsgebäudes; so spät am Tag ist niemand dort. Die letzten Sonnenstrahlen verblassen; der Park wird kurz in den Augenblick des Zögerns zwischen Tag und Nacht getaucht. Selten sieht man eine dämmerige Silhouette zwischen den prächtigen Reihen von samtschwarzen Zypressen huschen. Die Bäume erwarten die abendlichen Liebespaare.

Joseph beruhigt die Hochstimmung seines Freundes. Er erklärt ihm, der Bischof habe seit je unter Rheumatismus gelitten. Er, Joseph, war dabei, er hat alles gesehen. Es gab keine Gestalten des Himmels. Keinesfalls kam ein Engel mit einem Feuerschwert vom Himmel. Als Papa auf das Evangelium schlug, weil ihm klar war, daß er verloren hatte, verließ ihn die Beherrschung seines Körpers; die alten Muskeln ließen los. Erschöpft fiel er schließlich zu Boden. Das war die ganze Geschichte.

Joseph muß seinen Freund verlassen. Der alte, abgesetzte Bischof vertraut ihm noch. Er hat ihn beauftragt, den Kirchenbehörden von Edessa, die für das persische Christentum verantwortlich sind, einen geheimen Brief zu überbringen. Vielleicht ist nicht alles verloren, denkt er. Joseph kennt Edessa, er hat dort studiert. Die Sitten der kirchlichen Würdenträger haben kaum noch Geheimnisse für ihn.

Ein Patriarch für das persische Reich

Als Joseph in Edessa ankam und dem Patriarchen der Stadt, Sa'da, den Bericht über den Streit von Ktesiphon vorlegte, regierte Konstantin über das römische Reich, und wunderbarerweise genossen die Christen seinen Schutz. Die Erinnerung an die Verfolgungen unter Diokletian, die brennenden Kirchen, die Asche der verbrannten heiligen Schriften, all das war verblaßt dank der Toleranz des Kaisers Konstantin I. Und bald ganz vergessen, als sein Sohn und Nachfolger sich zum Christentum bekehrte: Dieser Konstantin war der erste offiziell christliche Kaiser. Vorbei der Terror, die Angst, die Heimlichkeit. Von nun an regierte die Kirche das mächtigste Reich der Erde, und das Christentum begleitete in Freiheit die römischen Legionen, die noch gestern bedrohlich wirkten.

Seit dem Debakel des sassanidischen Königs Narseh, seit dem Verlust Armeniens und Mesopotamiens hatten sich die Perser, die sich noch für zu schwach hielten, um die Römer anzugreifen, in der Niederlage ergeben. Die Waage der Macht, die gegenwärtig das römische Reich (und die Christen) bevorzugte und die persischen Könige benachteiligte, ermutigte den Bischof Sa'da von Edessa, Konstantin einen Brief zu schreiben und ihn zu bitten, für Papa am sassanidischen Hof vorstellig zu werden: «Wie der Okzident mehrere Patriarchen besitzt, darunter diejenigen von Antiochia, Rom, Alexandria und Konstantinopel, so hat unsere Kirche im persischen Reich wenigstens einen Patriarchen nötig.»

Das geheime Eingreifen Konstantins und die Unterstützung der westlichen Kirche halfen bei Papas Rehabilitierung. Trotz seiner Lähmung nahm er bis an sein Lebensende seine bischöflichen Pflichten wahr. Die ganze Prozedur, die ihn so gequält hatte, wurde annulliert. Seine Gegner wurden exkommuniziert und verloren ihre Ämter. Lediglich Simon, Papas designierter Nachfolger, wurde vom sassanidischen Hof unterstützt. Er «gestand», daß man ihn an jenem Tag gezwungen hatte, in aller Eile die Bischofswürde anzunehmen. Er konnte sein Amt als Archidiakon behalten.

Vierzig Schreckensjahre

Krönung eines verborgenen Königs

Im Jahr 310 war die Königin des Irans schwanger, als man ihr mitteilte, ihr Gatte, Hormizd II., sei tot. Große Beunruhigung am Hof: Die Sassaniden haben keinen männlichen Erben, und das jetzt, da Konstantin, der erste christliche Kaiser, seine Macht festigt und ausweitet. Ein Staubschleier scheint sich auf die Krone zu legen.

Da es keinen königlichen Erben gab, versuchten alle sassanidischen Prinzen, an die Macht zu gelangen. Ein Bürgerkrieg bedrohte die Einheit des Landes. In allen Winkeln des Reichs erhob sich ein Thronprätendent und verlangte, Nachfolger zu werden. Und dabei wuchs der zukünftige König und wurde im Schoß der Königin lebendig. Sie fühlte sich allein, verlassen und sogar gefährdet – würde sie vergiftet, so wäre damit für gewisse ehrgeizige Prinzen das letzte Hindernis beseitigt –, und sie bat die Magier um Schutz.

Die Magier waren seit Narsehs Herrschaft vom Thron ferngehalten worden und träumten von einer prunkvollen Rückkehr an den Hof der Sassaniden. Sie beschlossen, dem Iran eine äußerst seltsame Krönung vorzuführen: die eines noch ungeborenen Königs.

Nach einer heimlichen Feier, die aus Gebeten und Beschwörungen bestand, versicherten sie sich über das Geschlecht des Kindes, indem sie das Feuer und die Sterne befragten. In dieser unsicheren Zeit hätte sich der Iran keineswegs den gefährlichen Luxus erlauben können, von einer Frau regiert zu werden. Und danach luden sie alle Satrapen des Reichs zur Krönung des zukünftigen Königs ein.

Die fruchtbaren Äcker des iranischen Plateaus sahen Reiter vorbeipreschen, die die gute Nachricht bis zu den fernen Grenzen trugen. Läufer kletterten mit ihren Vorladungen durch bergige Gegenden. Andere Boten brachten die Mitteilung des Hofes auf Kamelrücken in die Wüstengebiete. Das kleine Wesen, das im Leib seiner Mutter strampelte, setzte den ganzen Iran in Bewegung. Die Königin fühlte sich endlich beschützt durch die Magier und den Geist ihres Gatten, der die königliche Nachfolge garantierte, indem er ihm (im Traum) den himmlischen Glorienschein des Ruhms und des Schicksals verlieh, den *xvarnah*. Die Seelen der toten Könige, der Himmel, die Sterne und die Feuer aller Tempel wachten magisch über den noch unsichtbaren König.

Schließlich wurde die Königin für die große Zeremonie vorbereitet, zu der die Satrapen aus den Provinzen, aber auch die Könige benachbarter Länder und Prinzen von den Enden der Welt erwartet wurden. Der ganze persische Adel, die höchsten Offiziere und die herrschende Klasse der Magier hatten schon im Festsaal Platz genommen, als sie endlich erschien, auf einem prächtigen Bett liegend.

Die Korridore des Palasts dufteten nach den feinsten Parfüms, Rose und Jasmin, und das Gesicht der Königin – so pflegte man zu sagen – war weißer als der Mond. Die Form ihrer Brauen erinnerte die Krieger an die perfektesten Bogen. Ihr rosiger Mund «beschämte die Nachtigallen».

Der höchste Magier brachte das königliche Diadem, das mit drei Reihen Perlen geschmückt war. Er schritt einher, indem er heilige Hymnen zum Ruhm des Embryos psalmodierte, der künftig Himmel und Erde verbinden würde. Die Königin schloß die Augen, denn das persische Protokoll verbot ihr, den Herrscher direkt anzuschauen, selbst wenn er noch in ihrem Körper war. Die Festteilnehmer schauten zu Boden, und das tausendjährige Feuer blieb der einzige Zeuge der Krönung eines verborgenen Königs. Der Magier legte schließlich das Diadem auf den schwellenden Bauch der Königin, und die ganze Versammlung warf sich vor ihrem Herrscher-Fötus nieder. Langes Schweigen im Thronsaal. Mit geschlossenen Augen legte der Magier demütig sein Haupt dahin, wo der König der Könige versteckt sein sollte. Er hörte das Herz des künftigen Erben der sassanidischen Dynastie schlagen. Ein unsichtbarer Pakt schloß sich zwischen Magiern und dem neuen König. Schapur II. war nun offiziell gekrönt worden.

Konstantinopel sehen

Die zivilisierte Welt war um eine architektonische Perle reicher: die Stadt Konstantins, Konstantinopel. Geweiht 324, eröffnet 330 (obschon noch nicht fertig), diente das «Neue Rom» an der Grenze zwischen Europa und Asien nicht nur dazu, den Unterlauf der Donau zu überwachen, sondern auch als Barriere gegen den persischen Feind. Die Gebäude, die Tempel, die Lage der Paläste und sogar die Hügel – davon gab es sieben – imitierten bis ins kleinste Detail das Originalmodell des antiken Rom, das zur selben Zeit in dauernder Angst vor Aufruhr und Hungersnot lebte. Rom war arbeitslos. Der größte Teil seiner Bevölkerung, die nichts zu tun hatte, schlug die Tage in den Arenen und die Nächte in den Tavernen tot. Durchquert von Gruppen von Armen, die auf jede Gratisverteilung von Brot lauerten, schien die Ewige Stadt einem Kranken zu gleichen, dessen Adern bald platzen würden. Riesig und neu wurde Konstantinopel mit seinen fünfhundert Kirchen die Stadt des Kaisers, des Senats, der sogenannten Ritter und die Lieblingsresidenz des Adels. Die Mauern der «Geliebten Roms» wurden immer höher, währenddem die Gärten der alten, mehr und mehr verlassenen Stadt verwilderten.

Ein einziger Wunsch befeuerte in Persien die königlichen Familien: Konstantinopel zu besuchen. Das war der «dernier cri». Die Händler, die Wissenschaftler, die Christen und alle, die diese Kind-Stadt durchquert oder sich dort aufgehalten hatten, wurden an den Hof geladen, um ihre Pracht zu beschreiben. Wenn ein Gast das Pech hatte, nicht zu wissen, daß sich im Innern der Stadt eine gedeckte Pferderennbahn befand, riskierte er, niemals mehr einen Fuß in den Palast zu setzen. Die Satrapen der weit entfernten Städte organisierten sogar Spielabende mit Rätseln und Scharaden, die sich um die Thermen und die Standorte der Kirchen von Konstantinopel drehten. Man sagte auch, der Kaiser habe neben sich einen zweiten Thron stehen für den Fall, daß Jesus wieder auf die Erde komme.

Konstantin, der Gründer, vermittelte das Bild eines echten Konvertiten, ohne daß man genau wußte, wie die Bekehrung vor sich gegangen war. Auch heute weiß man das nicht. Manche schreiben sie dem berühmten Kreuz zu, das er am Himmel gesehen habe («Unter diesem Zeichen wirst du siegen»), andere glauben, das Kreuz sei nur der Buchstabe X gewesen, der auf den Schilden seiner Soldaten figurierte. Die Kirche ihrerseits spricht lieber von einer späten Bekehrung, als er krank war, kurz vor seinem Tod 337. Wie auch immer, bis zu seinem Tod begnügte er sich nicht damit, die Christen zu beschützen, sondern half, das Christentum in seinem ganzen Reich zu verbreiten.

Der Mensch Konstantin war so hart und so furchtsam wie viele andere

Kaiser. Er ließ seinen ältesten Sohn Crispus und seine zweite Frau Fausta umbringen. Aber offenbar bereute er es; er veränderte sich; zweifellos sah er langsam ein, daß der Monotheismus der durch tausend Schläge erschütterten Monarchie zum Heil gereichen konnte. Keine andere Religion konnte ein solches Band enger festigen als das Christentum.

Die Bürokratie und die Armee wurden so zu den wichtigsten Instrumenten zur Verbreitung des Christentums, und die Heiden sahen ihre Macht täglich schwinden. Der Zyklus ist interessant: Die Verfolger von gestern wurden zu Verfolgten, währenddem die Christen das Martyrium zugunsten des Prunks der Macht aufgaben.

Man konnte voraussehen, daß die christliche Religion dauerhaft sein würde. Die Furcht vor dem unmittelbar bevorstehenden Ende der Welt wurde schwächer und erlosch schließlich. Als erstes mußte der Glaube nun solide organisiert werden; vor allem das Dogma war genau festzulegen.

Das Konzil von Nicäa, auf Konstantins Wunsch einberufen, versammelte 325 die Vertreter aller christlichen Gemeinden, vor allem auch diejenigen Persiens, und legte unter anderen Einzelheiten des Dogmas auch die Wesensidentität zwischen Vater und Sohn als Glaubensartikel fest. Dieses Konzil, das sich ökumenisch nannte, verurteilte leidenschaftlich die Ketzer, vor allem die Arianer. Konstantin verlangte von den Christen vorbehaltlose Annahme der Konzilsbeschlüsse, denn er beschützte nachdrücklich die römische Orthodoxie (er gewährte sogar den Klerikern, den Jungfrauen und den Witwen jährliche Zuschüsse). Offen erklärte er denjenigen, die diese dogmatischen Institutionen nicht achteten, den Krieg. Wer aus der Reihe tanzte, wurde mit Verfolgung, Gefängnis und vor allem Verbannung bestraft. Nur wer an die Wesensidentität glaubte, durfte sich «katholisch» nennen. Die Gegner der Beschlüsse von Nicäa schufen achtzehn verschiedene Religionssysteme, die alle verfolgt wurden.

Der Thron wurde von Gott verliehen. Dieser Gott mußte untadelig definiert sein.

Ketzerei muß sein

Ein lateinisches Sprichwort wurde durch das ganze Mittelalter zitiert: *oportet haereses esse,* Ketzer sind notwendig. Sie stellen das Dogma erneut in Frage, sie bedrängen es, zwingen es zum Aufwachen und zum Alarm, und genau dadurch stärken sie es.

Die Ketzerei ist eine Angelegenheit der Wahl, die sehr rasch zur Abweichung wird. Wohlverstanden, diese Abweichung erklärt sich sofort zur einzig richtigen Orthodoxie, woraus sich die erste Schwierigkeit ergibt: Wie kann man das Dogma erkennen? In diesem Nebel verschiedenster, oft recht ausgefallener Überzeugungen, wo jeder sein Stückchen Wahrheit bringen und es bis zum Tod (dem eigenen oder dem anderer) verteidigen will, ist das Dogma stets die Lehre, die es fertigbringt, die anderen zu unterjochen, sei es, weil ihr – wenigstens auf begrenztem Territorium – die Mehrheit anhängt, sei es, daß sie politische Macht – wie es Konstantin in Konstantinopel und Chlodwig in Gallien taten – diese Lehre annahm und sie für gerecht und wahrhaftig erklärte. Und wehe denen, die das bestritten.

Wenn zwei politische Mächte, die verschiedenen oder entgegengesetzten Religionen angehören, lange Zeit miteinander konfrontiert sind, wie das für Persien und Rom der Fall war, sind die entsprechenden Dogmen in den Kampf verwickelt; und selbst wenn das nestorianische Christentum nie als offizielle Religion der Sassaniden anerkannt wurde – das hing, wie wir später sehen werden, an einem Haar – und selbst wenn es verschiedentlich heftig vom König der Könige verfolgt wurde, verstand es in friedlicheren Zeiten seine eigenen Ideen, sein eigenes Dogma zu entwickeln. Kann man das noch Ketzerei nennen?

In Wirklichkeit ist das wahre Dogma dasjenige, das obenausschwingt. Es kommt sogar vor, daß man es beim Argumentieren zweischneidig verwendet: Gott hat uns die Macht gegeben, weil wir die wahre Religion haben. Aber dieses Argument paßt sich an und kann sogar umgedreht werden: Gott will, daß wir leiden, um uns zu seinem Licht zu führen.

Was ist wohl richtig? Jeder junge Glaube neigt dazu, zerstreut, zerrissen zu werden. Jeder zerrt ihn zu sich heran. Der Ketzer ist derjenige, der zuerst die Autorität ablehnt und dann bald seine eigene errichtet. *Persécuté, persécuteur:* der berühmte Wahlspruch von Aragon hallt durch alle Jahrhunderte. Der Übergang vom einen zum andern ist sehr kurz.

Im Augenblick, da er sich vom Dogma trennt, ist der Ketzer ungehemmt, exaltiert, lebendig und manchmal poetisch. Kaum hat er sein eigenes Dogma gebaut, wird er formell, verschlossen, schwerfällig und bürokratisch. Wie ein altes indisches Sprichwort sagt: «Gott ist immer im Beginn.» Wenn sich die Religion installiert und organisiert, sucht er anderswo einen anderen Beginn, eine andere lebendige Flamme.

Daher die scheinbar extreme Wirrnis in den ersten Jahrhunderten des Christentums, dieses Aufwallen, dieses Zerreißen, dieses Zerbröckeln der Überzeugungen. Auf allen Seiten überborden Begeisterung, Opfer, Wunder. Unmöglich zu entwirren, welche Gefühle die Gruppen beleben, denn sie reichen vom simplen Opportunismus bis zur wirklichen Halluzination, mit allen Zwischenstufen wie Unsicherheit, zurückhaltendem Einverständnis, Überzeugung, Fanatismus. In diesem – wenigstens geistig – sehr bewegten Klima muß man die einzigartige Geschichte der christlichen Kirche im Iran lesen. Man findet darin dasselbe wie in der Geschichte anderer Kirchen, aber in der persischen Farbe, die keiner anderen gleicht.

«Wir Götter»

Unter der Führung eines jungen, ehrgeizigen Königs, Schapur II., schöpfte der Iran wieder Atem. Siebenundzwanzig Jahre waren schon seit der Krönung des Embryos vergangen, als eben dieser König, mit der ganzen Energie der Jugend, beschloß, das römische Territorium anzugreifen und sich für die Demütigung, die 296 der Verlust Armeniens und eines Teils Mesopotamiens mit sich gebracht hatte, zu rächen. Seit jener Zeit hatte sich sein Reich nicht wieder aufgerichtet. Dieser neue Krieg war unvermeidlich. Man sagt das von allen Kriegen.

Die Beziehungen zwischen Schapur II. und den in seinem Staat lebenden Christen schienen durchaus befriedigend. Simon bar Sabbae, Papas Nachfolger, trug den Titel *Katholikos* des sassanidischen Reichs. Aber außerhalb der iranischen Grenzen predigte der Erzfeind jetzt das Christentum. Konstantin bereitete sich auf den Krieg vor, als Kaiser, aber auch als Christ. In einem Geheimbrief, den er an Schapur richtete, hatte er sich zum Schutzherrn aller Christen ernannt, also auch der im Iran lebenden, und beanspruchte so ein Recht zur Intervention. Er befahl Priestern, ihn an die Front zu begleiten, und ließ eine großartige Zeltkirche anfertigen, damit er inmitten der Schlachten die benötigten Augenblicke der Sammlung haben konnte.

Je stärker sich Konstantin für das Christentum engagierte, desto mehr mißtraute Schapur II. den Christen in seinem Land, die in seinen Augen den Glauben des größten Feindes hatten. Die Geschichte gibt solchen Minderheiten einen oft gefährlichen, ja tödlichen Namen: die inneren Feinde. Der Krieg verwandelt dieses Mißtrauen in Feindseligkeit, und die Menschen müssen von neuem in diesem komplizierten Spiel des Ehrgeizes, der Konkurrenz, der Begierden und der Angst leben.

Der Tod des römischen Kaisers 337 beendete die ersten Schlachten und stürzte Rom in seine endlosen Nachfolgeprobleme. Von diesem herrscherlosen Zustand profitierte der Sassanide und griff einen der wichtigsten Orte Mesopotamiens an: Nisibis. Er belagerte die Stadt. Bald aber erfuhr er die bedrohliche Nachricht, Konstantin II., der Nachfolger des verstorbenen Kaisers, werde kommen. Er zog es vor, sich hinter die Grenzen zurückzuziehen. Die Christen von Nisibis schrieben diese wunderbare Befreiung den Gebeten Jakobs, des Bischofs der Stadt, zu.

Schapur II. zog es in Wirklichkeit vor, seine Truppen nach Armenien zu schicken, das vor kurzem seinen christlichen König Tiridates verloren hatte und durch eine Periode der Zerrissenheit ging, gekennzeichnet vor allem durch Kämpfe zwischen Christen und Adligen. Die letzteren weigerten sich, auf die Vielzahl der Götter zu verzichten und ebenso auf die Vielweiberei. Schapur II. riß Armenien an sich, und der Sohn des Tiridates, der dank der Unterstützung durch die Römer den Thron innehatte, mußte dem persischen Heer die reiche Provinz Aserbeidschan[11] zurückgeben.

Schapur, der sich auf einen lange dauernden Krieg gegen die Römer vorbereitet hatte, mobilisierte hierauf alle Kräfte seines Reichs. Um die Kampagnen zu finanzieren, erhob er zusätzliche Steuern und beschloß schließlich, von den Christen, die in seinem Land wohnten, das Doppelte zu verlangen. Zu diesem Zweck schickte er eine Botschaft an den Gouverneur von Seleukeia-Ktesiphon: «Sobald ihr diesen Befehl von uns Göttern bekommen habt, werft ihr Simon, das Oberhaupt der Christen, ins Gefängnis. Laßt ihn nicht wieder frei, solange er dieses

Dokument nicht unterzeichnet und nicht akzeptiert, eine doppelte Kopfsteuer und doppelte Abgaben für alle Christen zu bezahlen, die sich im Land unserer Göttlichkeit befinden. Denn wir Götter haben bloß den Krieg und sie haben die Ruhe. Sie wohnen in Persien und sympathisieren mit Caesar, unserem Feind.»

Simons Weigerung

Das Schiff der Kirche in Ktesiphon ist leer. Die Tür zum Altarraum knirscht und zerbricht eine vollkommene Stille. Ein Mann tritt ein. Er trägt eine mit Gold- und Silberfäden bestickte Mitra. Auf seinem Meßgewand erkennt man das Bild Christi und auch dasjenige des Königs der Könige. Er kniet vor dem Altar nieder und betet. Alles atmet Ruhe und Harmonie. Dennoch muß dieser Mann, allein und auf den Knien, und seiner Rolle wahrscheinlich bewußt, sich schwere Fragen stellen und leiden. Wegen eines Ja oder eines Nein kann sich alles verändern. Die Christen, die bis zu diesem Tag von den Sassaniden geduldet wurden, können plötzlich besteuert, gejagt und verfolgt werden. Wie kann er, Simon, das Haupt dieser Kirche, von seinen Glaubensbrüdern verlangen, daß sie doppelte Steuern zahlen, damit ein Krieg gegen ein christliches Reich geführt werden kann? Das Zusammengehörigkeitsgefühl der Christen macht nicht an den Grenzen halt. Aber wenn er nein sagt, bietet er seine Gemeinde wie eine Herde Schafe der Freßlust des Wolfes dar. Manche, die sich in den Iran geflüchtet haben, als Rom noch seine heidnischen Götter verehrte, können vielleicht heimlich in ihre Ursprungsländer zurückkehren. Aber wohin mit der großen Masse der zoroastrischen Konvertiten? Und welch neues Exil erwartet die zu Christen gewordenen Juden?

Simon kennt schon die Antwort der «westlichen Kirchenväter», die nicht nur den römischen Kaiser bei seinen Kriegszügen begleiten, sondern sich vollkommen mit der Macht identifiziert haben, indem sie den alten Kodex des Kaiserreichs nach den Grundsätzen des Evangeliums reformiert haben. Für sie zählen nur die Kirche und ihre Macht auf Erden. Dieser Macht soll sich jeder Christ vorbehaltlos unterwerfen.

Simon betet lange. Er schaut fest das Kreuz an, dieses Symbol des Leidens, das zum Symbol des Sieges geworden ist. Er hofft auf ein Wort Gottes, doch es kommt keines. Er erhebt sich schließlich, von neuer Energie beflügelt, und geht hinaus. Das Gebet hat ihm geholfen. Er fühlt sich imstande, das neue Unglück seiner Gemeinde in die Hand zu nehmen.

Joseph, der Archivar der Kirche von Ktesiphon, ist jetzt ein grauhaariger Mann von ungefähr sechzig Jahren. Sein alter Freund Babak beschäftigt sich damit, das Christentum den zoroastrischen Kreisen nahezubringen. Simon gesellt sich in der Bibliothek zu den beiden. Seine Schönheit und sein Wuchs sind legendär. Sie haben den Jahren widerstanden. Manche seiner Gegner fragen sich sogar, ob dieser körperliche Glanz nicht heimlich den Aufstieg seiner Seele behindere (zu schön, um sich in Gott zu vergessen?).

Joseph und Babak erheben sich vor ihrem Bischof, der etwas mühsam lächelt. Joseph hält ihm die königliche Botschaft hin sowie Schreibzeug. Simon ergreift das Schilfrohr. Unter den Brief des Königs setzt er mit zittriger Schrift die üblichen Höflichkeitsformeln und fügt hinzu, daß seine arm gewordene Gemeinde nicht doppelte Steuern zahlen könne. Er markiert das Ende des Satzes, der eine Weigerung darstellt, mit seinem Siegel, dann rollt er das Dokument ein, versiegelt es schweigend und gibt es Joseph.

Draußen warten die Männer des Gouverneurs auf die Antwort. Joseph geht in den Hof hinaus, langsam, wie um den Beginn einer allgemeinen Verfolgung einen Augenblick herauszuzögern. Der Bischof hat soeben den Punkt, von dem es kein Zurück gibt, überschritten. Dahinter wartet eine Welt des Terrors und der Erniedrigung. Gefahr lauert wieder auf die Christen. Ein ruhiges Kapitel ist abgeschlossen.

Simon, im Wissen, daß er jeden Augenblick verhaftet werden kann, ruft die Mitglieder seines Klerus zusammen und übergibt ihnen seine letzten Instruktionen. Die ganze Korrespondenz mit den «westlichen Kirchenvätern» und vor allem mit dem Patriarchat von Antiochia, von dem auch Edessa abhängt, ist diskret zu vernichten. Einer der Diakone schlägt vor, die Dokumente im Ofen der Sakristei zu verbrennen. Simon nickt und bittet dann Babak mit versagender Stimme, für seine bekehrten Iraner zu sorgen. Dann schweigt er.

Man hört die Pferde der sassanidischen Wache kommen. Einen Augenblick lang schlagen die Herzen der Christen im selben Rhythmus wie ihr Galopp, als ob sie im geheimen die dunkle Wonne des Leidens erwarteten und sie sogar herbeisehnten.

Die bewaffneten Soldaten steigen von ihren Pferden und dringen in die Kirche ein. Ihr Anführer liest den Beschluß des Königs vor. Der Bischof und zwei seiner Diakone werden ergriffen.

«Wo führt ihr sie hin?» fragt Joseph.

«Nach Karka.»

«Von welchem Karka spricht er denn?» fragt Joseph einen der Diakone.

«Von Karka in der Provinz Elam. Schapur ist momentan dort.»

Simon und die zwei Diakone trennen sich von ihren Freunden. Die Soldaten wollen ihnen Ketten anlegen. Joseph reicht ihnen eine mit Silbertalern gefüllte Börse. Die Soldaten tauschen schweigend einen Blick. Rasch verstecken sie die Börse und die Ketten, heißen ihre Gefangenen aufsteigen und reiten in Richtung der Stadttore.

Marthas nasses Haar

Seit Schapurs II. Sieg über die Römer ist in der Provinz von Elam ein neues Juwel entstanden, die Stadt Karka, in der Nähe von Susa und Gondischapur.

Der Sieger über die Römer war darauf bedacht, die Tradition seines berühmten Vaters, der denselben Namen trug wie er selbst, zu wahren; er beschloß also, seine Gefangenen für den Bau einer neuen königlichen Residenz einzusetzen.

Eine der Konstanten in der Politik der Sassaniden war es, obwohl sie entsetzliche Nationalisten waren, die weiten, unbewohnten Regionen mit Kriegsgefangenen zu besiedeln. Ganze Völker wurden so bei jedem Sieg deportiert und als Sklaven für die Errichtung neuer Städte verwendet. Sie brachten ihre Technik mit und auch ihren Glauben. Sobald also eine Stadt fertig war, konnte man sicher sein, dort mindestens eine Kirche, eine christliche Schule und ein ganzes Quartier von Handwerkern zu finden.

Karka entging diesem Schema nicht. Die rechteckige Stadt erinnert merkwürdig an ein römisches Heerlager. Als der Gefangenenzug näher kommt, bemerken Simon und seine zwei Gefährten, deren Arme gefesselt sind, eine ungeheure Festungsmauer aus rohen Backsteinen. Die Reiter verfallen in Galopp und passieren die Tore.

Karka ist neu. Die Wachen kennen es schlecht. Sie verirren sich in die Quartiere der Weber und Sticker, ehe sie den Weg zur königlichen Residenz finden. Sie begegnen Gruppen von christlichen Handwerkern, die vor ihren Werkstätten stehen, ganz nahe beim prunkvollen Sommerpalast.

Das Gefängnis von Karka kann diese hochstehenden Gefangenen nicht aufnehmen. Andere iranische Christen, die aus allen Winkeln des Reichs hierhergeschleppt wurden, besetzen schon die Kerker. Der Vorsteher der königlichen Handwerker, ein christlicher Deportierter namens Possi, ist persönlich bei der römischen Konkubine Schapurs vorstellig geworden, um Simon und seine Begleiter in seinem Haus beherbergen zu dürfen. Bewacht, natürlich. Die Römerin konnte ihren Gemahl überzeugen. Der Herrscher kann zwar gegenüber seinen eigenen Untertanen erbarmungslos sein, aber er schont die Deportierten römischer Herkunft, selbst wenn es Christen sind wie Possi, denn sie bringen den Persern ihre Rechtskenntnisse und ihre technischen Fertigkeiten mit. Der sassanidischen Polizei wird oft bedeutet, die Augen vor ihrer Religion zu schließen.

Simon und seine zwei Diakone sind von der Reise erschöpft. Die Aufnahme durch diese Christen kommt ihnen wie eine schöne Fata Morgana in der Wüste vor. Sie waren auf das triste Gefängnis des Palasts gefaßt, und nun sind sie unter dem Dach eines der Ihren, verwöhnt und geachtet.

Ehe er in das Backsteinhaus eintritt, wirft Simon einen Blick auf die zwei Boutiquen auf beiden Seiten der Türe. Farbe stürmt auf ihn ein: Das Rot eines Tuchs erinnert ihn an den Wein von Gaza, den er bei einer ganz bestimmten Gelegenheit getrunken hatte. Eine warme Erinnerung, die sein Gesicht einen Augenblick lang belebt. Die Goldfadenstickerei ruft ihm seine Jugend zurück, die Zeit, als er die Pforten des Palastes in voller Freiheit passierte und mit etwas Glück sogar ein paar Worte mit den Prinzen von Geblüt wechseln konnte, die aus solchen Goldfäden gewebte Hosen trugen.

Hierauf durchquert er einen halb gedeckten Hof und erblickt die Läden des Besitzers. Die typisch römische Architektur ist ihm nicht so vertraut. Hier ist alles neu. Als alter Bewohner einer alten Hauptstadt entdeckt er eine neue Stadt, die eben vor der endgültigen Verfestigung steht.

Der Hof wimmelt von Soldaten. Possi ruht sich einen Augenblick mit ihnen aus, dann lädt er die Gefangenen in die Privaträume seines Hauses ein; er hebt einen Vorhang und zieht sie in eine hölzerne Galerie. Hier trifft er sich gewöhnlich mit anderen Händlern, um abzurechnen, die Preise der Stoffe abzuschätzen, Listen zu führen, Händlerkarawanen nach Indien oder in den Westen zu organisieren. Die Möblierung dieses Arbeitsraums, ein Tisch in der Mitte und ein paar Stühle, ist von lückenloser römischer Nüchternheit.

Der Bischof von Karka, ein ebenfalls deportierter Römer, wartet seit dem Morgen auf Simons Ankunft. Es ist nicht der Moment, Freude zu zeigen. Im Bewußtsein, daß man ihnen nachspioniert, finden sie es schwierig, miteinander zu sprechen; und sie flüchten sich in Banalitäten. Hat der Staub Simon nicht daran gehindert, den Fluß Karkeh zu bewundern? Gibt es auf dem Land schon Frühlingsblumen? Plötzlich erhebt sich Simon und geht vom Tisch weg. Er fühlt sich nicht ganz wohl, sagt er. Er möchte im Patio etwas Ruhe finden.

Das ist der Bereich, der der Familie reserviert ist: blühende Pflanzen in großen Tontöpfen, Zypressen wie überall, ein kleines Becken, ein Hund. Kaum bekleidet und mit noch tropfnassem schwarzen Haar geht in diesem Augenblick ein junges Mädchen durch den Garten. Sie hält bei Simons Anblick inne; er schaut sie an. Man hat ihr oft erzählt von ihm, von seiner Schönheit, von seiner Autorität. Es kann nur Simon sein.

Das Mädchen, das vom Bad kommt, versucht, das Tuch, das sie umgibt, anständig zu drapieren. Sie kniet vor Simon nieder und heißt ihn willkommen. Der Bischof tritt näher und legt eine leise zitternde Hand auf ihre nassen schwarzen Haare, denen noch etwas Dampf entsteigt. Er fragt sie, wer sie sei. Sie antwortet, sie heiße Martha und sei Possis Tochter. Eine Wache schreit vom Dach herab, Simon solle ins Haus gehen. Er zögert, schaut nochmals das kniende Mädchen an; eine ihrer Schultern ist bloß. Dann wendet er sich ab und geht hinein.

Ein Duft von grilliertem Fleisch – vermutlich Lamm mit Knoblauch – dringt aus der Küche. Im Eßzimmer, auf einem bestickten Tischtuch, warten eine Platte mit Fleisch, kleinen Schalen mit Gemüse und Früchten. Possi, der Bischof von Karka, Simon und seine beiden Gefährten setzen sich um den Tisch. Abwesend ist einzig der Appetit.

Letzte Nacht der Freiheit, des Lebens. Simon weiß es. Er spricht fast gar nicht. Welcher Traum ist unter seine Lider gedrungen? Welches Bild aus seiner Kindheit hat er bis nach Karka, ins Haus eines römischen

Tuchhändlers, auf dem Todeswagen mitgeschleppt? Welch stummes Bedauern empfand er bei der Berührung von Marthas Haar?

In diesem kleinen Garten hat er, der zum Tod Verurteilte, eben ein junges Mädchen mit schwarzen Augen, von Dampf umhüllt und sicher mit warmen Armen, wahrgenommen, ein Bild des Lebens.

Die letzte Audienz

Der Tag bricht an. Ein Geleitzug durchquert einen gewaltig großen Garten, der von langen Alleen begrenzt wird, und kommt im königlichen Palast an. Simon und die zwei Diakone müssen durch einen sehr langen Gang gehen, um zum Audienzsaal, zur Versammlung der Magier, zum König, zur Hinrichtung zu gelangen.

Gewöhnlich werden alle Prozesse durch zoroastrische Priester geführt und beurteilt, aber die Beurteilung des Bischofs der Hauptstadt verdiente das persönliche Eingreifen des Königs. Schapur II. ist anwesend; er ist umgeben von den höchsten Würdenträgern seines Reichs.

Als Simon, auf jeder Seite einen Wächter, vor den königlichen Thron geführt wird, stellt ihn der höchste Magier als «Chef der Zauberer» vor. Der König ist trotz des Abstands, den die Reglemente fordern, von seiner Schönheit beeindruckt. Er kann die Augen nicht von ihm wenden. Da Simon sich geweigert hat, sich protokollgemäß niederzuwerfen, sagt Schapur mit einem gewissen Bedauern:

«Stell dir vor, ich sei Caesar, und wirf dich hin.»

Es sieht aus, als ob Simons Knie leicht einknickten und einen Augenblick des Zögerns verrieten, aber er fängt sich sehr rasch. Die Augen auf den Boden geheftet, antwortet er dem Herrscher, daß weder Konstantin noch dessen Nachfolger von ihm je verlangt hätten, seinen Glauben zu verleugnen.

In Erinnerung an die Kriegsszenen, an die Vergeltungsmaßnahmen, an die vergeblichen Belagerungen sagt Schapur darauf:

«Aber sie haben deine Brüder getötet, die Soldaten unserer Armee umgebracht, unsere Städte gebrandschatzt.»

Und er sucht den Grund zu verstehen, weshalb Simon vom Mord seiner Landsleute so unberührt scheint. Er fragt:

«Und warum läßt dich ihr Tod kalt? Du bist Iraner. Jeden Tag nehmen die römischen Waffen Tausenden deiner Brüder das Leben, und du scherst dich nicht darum. Jeden Augenblick wird ein Iraner von römischen Pfeilen oder einem römischen Speer durchbohrt, und das macht dich überhaupt nicht traurig? Warum?»

Er senkt den Blick auf die unwirklichen Vögel, die im Teppich herumflattern. Die beinahe arrogante Schönheit Simons geniert ihn; nach jedem Satz macht er eine Pause. Seine Augen heften sich an seine Füße, die manchmal die schmeichelnde Weichheit eines persischen Teppichs verlassen, um auf blutüberströmten Leichen zu gehen. Mechanisch blickt er auf seine zwei Lederschuhe; sie sind mit Smaragden besetzt, die ein Kreuz bilden. Plötzlich verkrampfen sich seine Füße, als wollten sie seinem Körper eine schmerzliche Erinnerung mitteilen. Seine Stimme wird gereizt:

«Wenn die Römer hier wären, Simon! Ich weiß, du würdest dich vor ihrem Oberhaupt hinwerfen! Keinen Augenblick würdest du, Iraner, dich weigern, ihnen deine Ergebenheit zu zeigen!»

Der *Katholikos* wirft ein, daß die Römer nie einen Krieg angefangen hätten; sie hätten nur ihre Grenzen verteidigt.

«Simon, du läßt nicht ab, deine Jünger und dein Volk zum Aufruhr gegen mein Reich aufzuwiegeln. Du willst aus ihnen Sklaven des Caesars machen. Das ist der Grund, weshalb du meinen Befehlen nicht gehorchst. Und weshalb du die Steuer verweigerst.»

Einer der Höflinge ergreift das Wort und sagt zu seinem Herrn:

«Wenn du, der König der Könige und Herr der ganzen Welt, dem Caesar Freundschaftsbeweise und kostbare Geschenke schicktest, würde er sie nicht beachten. Wenn aber Simon ihm nur ein winziges Brieflein schickte, würde der Caesar ihm auf der Stelle gehorchen.»

Nachdem er heilige Hymnen gesungen hat, ruft der oberste Magier Simon an und sagt ihm, es sei nicht daran zu zweifeln, daß die Christen Spione der Römer seien. Sie nutzten den Wohlstand des Irans, um sich zu bereichern, und anstatt der sassanidischen Regierung die Steuern zu entrichten, finanzierten sie heimlich die römische Armee. Das stehe mehr als fest. Die sogenannte Kirche von Ktesiphon sei ein wahres Nest von Spitzeln. Die Leiter prellten und verdürben die armen zoroastrischen Bauern mit ihrem schmutzigen Geld und machten aus einfachen Männern furchterregende Geheimagenten.

«Simon, endlich sehen wir dein wirkliches Gesicht!» ruft der Magier aus. «Ich danke Ahura Mazda dafür, daß er mir genügend Kraft gegeben hat, dem Sieg der Wahrheit beizuwohnen!»

Simon richtet sich auf. Seine Größe erinnert an die Schönheit des schönsten aller Bäume, die Schönheit einer grünen Zypresse, die sich zum blauen Himmel erhebt. Er weiß, daß jede Verteidigung unnütz ist, versucht aber trotzdem, dem Magier zu erklären, daß bekehrte Zoroastrier mehr denn je iranisch und Untertanen des Königs der Könige bleiben. Die Aramäer, die heute dem Christentum angehören, haben die heidnischen Götter und sinnlose Verehrung von Götzen aufgegeben, um den einzigen Gott, den Gott aller, anzubeten. Litt nicht schon Zarathustra unter der Menge der Götter? Und unter den Deportierten aus Rom, die sich freiwillig im Iran niedergelassen haben, sind diejenigen zahlreich, die, hätten sie zwischen dem Komfort ihrer Situation in Rom und der Freiheit im Iran zu wählen, lieber unter dem Schutz des Königs der Könige lebten und auf Reichtum und Ruhm verzichteten.

«Jetzt tut es mir leid, daß ich sie empfangen habe», fährt Simon in echter Bitterkeit fort. «Wie hätte ich ihnen sagen können, daß sie besser daheimgeblieben wären, daß die persische Toleranz nur ein kostbarer und flüchtiger Dunst war, der bald von gewöhnlichem Gestank ertränkt wurde, daß ihr Vordringen in den Osten nur ein Sturz in die Düsternis des Terrors war, ein Sturz ohne Wiederkehr? Wie sollte ich ihnen das erklären?»

Er spürt, daß er sich hat hinreißen lassen. Er schweigt einen Moment lang, ehe er seine Ausführungen ruhiger wiederaufnimmt. Er fragt, wie viele der christlichen Deportierten denn Spione sein könnten. Man importiere doch keine Verräter.

Schapur, den Blick unentwegt auf ihn geheftet, sagt energisch:

«Der Glaube der Deportierten geht nur mich etwas an.»

Er vergißt nicht, daß die Deportation und die Besiedelung den Iran enorme Summen gekostet hat. Aber Persien brauchte die Arbeiter und ihr Wissen. Die sassanidischen Soldaten sind sie nicht so weit weg holen gegangen, um sie ein paar Monate später umzubringen.

Schapur muß sich jetzt entscheiden. Beeindruckt durch Simons schönes Gesicht, fällt es ihm schwer, ihn zu verurteilen. Er bietet ihm an, seine Religion zu wechseln; das ist seine letzte Chance.

«Dein Gott ist auf einem unehrenhaften Holz gestorben. Bete doch besser die Sonne an, die lebt und Leben schafft.»

«Die Sonne verhüllte sich in Trauer, in Jerusalem, beim Tod ihres Schöpfers», antwortet Simon.

Der Scheinprozeß geht dem Ende entgegen. Der Bischof von Ktesiphon fühlt sich immer leichter, ledig aller irdischen Ängste. Er glaubt sich schon in einer anderen Welt, einem anderen Reich. Einzige Erinnerung an die Erde: das Bild eines schwarzen Wasserfalls, Marthas Haar, feucht und noch warm vom Bad. Und seine Hand, die es kurz streichelte.

Die hohe Stimme des obersten Magiers unterbricht seine himmlische Träumerei. Von allen Seiten wird er gedrängt, auf Jesus zu verzichten. Da wird er noch majestätischer und schaut mit seinem Gesicht, von dem man sagte, die Spiegel bewahrten davon ihre kostbarste Erinnerung, die Magier an und sagt ihnen:

«Ihr verlangt von mir, Jesus aufzugeben, aber seid ihr nicht die Nachkommen jener Weisen, die bis nach Judäa reisten, um bei der Geburt meines Gottes dabeizusein?»

«Die Legende ist eine jämmerliche christliche Erfindung. Wir hielten sie nie für echt. Hast du keine anderen Argumente?»

«Wenn ihr mich verurteilt, schenkt ihr mir den schönsten Tod, den ein Christ erhoffen kann. Da liegt mein wahres Heil, in dem Augenblick, in dem der Strick die letzten Zuckungen meiner Lunge erstickt.»

Der oberste Magier nähert sich, so weit, wie es das Protokoll erlaubt, auf zehn Ellen vom König und schlägt ihm vor, den Bischof nach einer Nacht im Gefängnis hinzurichten. Schapur beobachtet Simons Gesicht, stellt sich vor, wie seine Augen von den Geiern verzehrt, die Lippen von Würmern benagt werden und seine Glieder ein Festmahl für aasfressende Tiere sind. Brechreiz würgt ihn; plötzlich krümmt er sich und erbricht Wild, Früchte, Gemüse, seine Mahlzeit. An diesem Tag gibt es im Thronsaal einen unerschütterlichen Todgeweihten und einen sich aus Enttäuschung übergebenden König.

Die Trauer des alten Eunuchen

Am Ausgang des Palasts, vor dem Königstor, wartet ein alter Eunuch, der ehemalige Pflegevater des Königs, auf den Verurteilten. Sie kennen sich seit dem Tag, als Papa, Simons Vorgänger, diesen Mann taufte und seine religiöse Erziehung an die Hand nahm. Eine Erziehung, die Simon später fortsetzte: Während vieler Jahre half beiden die Freundschaft, den Verfolgungen zu entgehen. Simon versicherte den Palast der Loyalität der Christen, der Eunuch wandte die Gefahren ab, die vom zoroastrischen Klerus drohten.

Nun, seit der Bekehrung Konstantins vor vier Jahren, betrachtet der Herrscher die Christen in seiner Umgebung mit wachsendem Mißtrauen. Selbst seinem alten Eunuchen, Gochtahzad, gelingt es nicht mehr, seinen Verdacht zu beruhigen. Eines Tages verlangt Schapur von ihm, sich zwischen seinem König und seinem Gott zu entscheiden. Der Eunuch, der bei allen Ereignissen im Leben des Königs, von seiner Krönung im Uterus bis zu seiner Geburt und seiner Heirat dabeigewesen war, der jedesmal, wenn Schapur in den Krieg zog, ein Stechen im Herz empfunden hatte und treu an seinem Lager blieb, wenn er krank war, wählte seinen König und den Abfall vom Christentum.

Als er Simon erblickt, geht er auf ihn zu; er öffnet die Arme zur alten Umarmung, als könnte er ihn, wenn auch nur einen Moment lang, schützen. Simon wendet sein Gesicht ab und verschmäht die ausgestreckten Arme.

Da schleppt sich Gochtahzad zu seinen Privaträumen. Dort legt er langsam seine luxuriöse Kleidung und seine goldenen Armbänder ab; er kniet nieder und bereut. Draußen mischen sich die Schritte der Soldaten mit den Klagen von etwa hundert eingekerkerten Bischöfen, Priestern und Diakonen. Der Eunuch fühlt sich leicht und frei, fern jeden menschlichen Elends. Er richtet sich auf, öffnet eine der geschnitzten, mit Halbedelsteinen geschmückten Truhen. Unter den gestickten, farbigen, prunkvollen Stoffen findet er eine Trauerkleidung. Seine Hand berührt das Kreuz, das er in den weichen Tüchern versteckt hat. Er ergreift es, führt es zu seinen Lippen und zieht dann bedächtig die Todeskleidung an.

Sein Körper erinnert sich nicht an die alten Kleider. Seine Schritte tragen ihn beinahe freudig in Richtung der königlichen Privatresidenz; so, als ginge er einem Treffen mit seinem Geliebten entgegen. Die Höflinge, die Wachen und die Intendanten des Palasts sind verblüfft, sie erraten, was er im Sinn hat, und versuchen, ihn vom Besuch des Herrschers abzuhalten. Aber der alte Eunuch will ein letztes Mal den Mann sehen, den er aufgezogen, verwöhnt, geliebt und bewundert hat, ehe er sein Amt, den Palast und das Leben aufgibt.

Der König ist verbittert. Beim Anblick des Eunuchen hat er plötzlich das Gefühl des Verlassenseins. In seinem Kopf schwirren viele Fragen. Hat er vergessen, daß ich in seinen Armen aufwuchs, daß der einzige Trost meiner schlaflosen Nächte seine Gegenwart war, die mir besser half als jedes andere Mittel? Und alle Briefe, die ich ihm von der Jagd oder den Schlachtfeldern schickte? Welch unerklärliche Wohltat bringt ihm dieser seltsame Glaube?

«Um wen trägst du Trauer, Gochtahzad?»

Der alte Eunuch, wie um ihn zu erleichtern und ihm zu ersparen, ein Urteil auszusprechen, antwortet als langjähriger Komplize:

«Um mich selbst. Ich bin gekommen, um mich von dir zu verabschieden, wie wir es immer taten, wenn einer von uns zu einer langen Reise aufbrach. Ich weiß nicht, ob ich dich wiedersehen werde.»

Schapur verläßt überstürzt die Empfangshalle. Die Wachen öffnen den langen privaten Gang, den kein anderer benutzen darf. Nur die Wände sehen seine Tränen.

Die Zuschauer bei der Hinrichtung

Tags darauf, am 17. April 341, wird Simon aus seinem Kerker geschleppt. Am Vorabend hatte er gehört, wie einer der Gefängniswärter seinen Kollegen erzählte, Gochtahzad sei tot, auf Befehl des Königs erhängt. Er warf sich sofort auf den Boden, um dem Himmel zu danken, daß er die letzten Stunden des alten Hof-Eunuchen erleuchtet hatte.

Er weiß, daß ihm sein eigener Tod bevorsteht; er hat meditiert, lange gebetet, er hat verschiedene Episoden seines Lebens betrachtet. Er, der niemals eine Frau gekannt hat, hat sogar an eine junge Christin von Karka gedacht, wie an einen Tropfen Wasser, den die Jäger einem Tier geben, ehe sie ihm den Dolch in die Kehle stoßen.

Er ist vollkommen bereit zu sterben. Er weiß, daß er zuerst das Martyrium seiner Kleriker mitansehen muß. Er empfängt den Tod der Seinen als das höchste Privileg, das Gott je einem Gläubigen gewährt. Er kennt jedes Opfer persönlich; meist sind sie aramäischer Herkunft. Manche sind ausgezeichnete Übersetzer, andere lebende Bibliotheken, die in ihrem Gedächtnis die von der sassanidischen Polizei verbotenen Texte lückenlos aufbewahren. Unsichtbare Schätze, die mit ihnen untergehen.

Trotz allem zeigt sein schönes Gesicht keine Spur von Angst. Plötzlich weckt der Schrei eines Priesters Simon aus seinem Gleichmut. Hanania heult, er hat Angst, er will nicht sterben, er ist bereit, vom Christentum abzufallen, alles anzubeten, was man ihm vorschreibt: die Sonne, das Feuer, den König der Könige und den Gott der Götter, Ahura Mazda. Da ruft der Vorsteher der königlichen Arbeiter, ein gewisser Pusaïk, aus der Menge:

«Hanania! Schließ die Augen und schau in dir selber das Licht Christi an!»

Oben auf seiner Terrasse beobachtet Schapur die Szene. Gereizt und in der Furcht, seine Offiziere würden zum feindlichen Glauben überlaufen, ruft er, so laut er kann:

«Pusaïk, habe ich dir nicht ein ehrenvolles Amt und ein angenehmes Haus gegeben? Und eins unserer schönsten Mädchen zur Frau? Welcher Zauberer, welcher Dämon hat dich verhext, daß du es wagst, deinen Wohltäter so zu beleidigen?»

Pusaïk tritt vor, er hebt den Kopf, um den Herrscher anzusehen, was ein Sakrileg und vom iranischen Protokoll strikt verboten ist:

«Mein Leben und meine Arbeit sind nur Trauer und Bedrückung, währenddem diese Glücklichen in Freude sterben.»

Schapur, im Gefühl, immer mehr Leute verließen ihn, steigert seine Grausamkeit.

«Reißt diese Zunge, die mich beleidigt, aus!»

Bewaffnete ergreifen Pusaïk, reißen ihm die Hände, die Füße, die Augen, die Ohren, die Nase und eben diese Zunge aus, die die Sünde der Beleidigung begangen hat.

Schapur verläßt nun die Terrasse. Unbeweglich, mit gesenkten Augen, betet Simon für die Seele dieses neuen Märtyrers. Ein behandschuhter Soldat – er will seine Hände nicht besudeln – liest die Körperteile des Opfers zusammen und trägt sie als Tierfutter fort.

Männer gehen auf den *Katholikos* und seine beiden Diakone zu, um sie zum Fuß des Galgens zu führen.

Auf dem Weg, der die Stadt vom Platz der Hinrichtung trennt, erwartet eine Menge die Verurteilten: Neugierige, natürlich Perser, die sich stets gierig in Geschichten mischen, die sie nichts angehen. Aber auch Juden. Sie betrachten es als eine Vergeltung der Schikanen, mit denen Konstantin ihre Glaubensbrüder gequält hat (als guter Christ hegte Konstantin keine besondere Liebe zu den Juden; er betrachtete sie als für Christi Tod verantwortlich, und auf alle Fälle waren sie Ungläubige). Einigen war der Zugang zum Hof der Sassaniden gelungen, indem sie das Vertrauen von Schapurs Mutter errangen. Vielleicht sind sie es, die den König überredet haben, Simon zu verhaften und hinzurichten. Es gibt ein solches Gerücht.

Einige Zoroastrier sind in großem Pomp, mit Frau und Kindern, gekommen, um der Hinrichtung von Iranern beizuwohnen, die den Fehler begangen hatten, ihren Gott Jesus statt Ahura Mazda zu nennen, ihre heiligen Schriften in Syrisch statt in Pahlawi abzufassen, und die behauptet hatten, sie seien anders.

Hier und dort sah man einige weißgekleidete Personen, vermutlich Manichäer, die dem Reiz des Schauspiels nicht hatten widerstehen können: des Todeskampfes des Bischofs der königlichen Städte. Zweifellos haben sie nicht vergessen, wie beharrlich die christliche Kirche von Persien schwieg, als ihr Prophet Mani in Gondischapur gehängt wurde. Von Rom bis zum Industal werden sie als Ketzer angesehen; ihnen bleibt nur der Ferne Osten und die Hoffnung, aus China ein manichäisches Königreich zu machen.

Verfolgt von Römern wie von Persern, wissen die Manichäer besser als alle anderen, daß der Mensch sich nicht daran hindern kann, Böses zu tun, daß die Christen von Rom ebenso grausam sind wie die Zoroastrier von Persien und daß die Verfolgungsmaßnahmen in beiden Reichen einander gleichen wie ein Ei dem anderen. Solange der Mensch Finsternis in sich trägt, wird er – so denken sie – kein Heil finden, weder in einer Kirche noch in einem Feuertempel noch sonst an einem bestimmten Ort.

Eine bittere, aber auch zweifellos wahre Botschaft, die sie von einem Heim zum andern, von einer Stadt zur andern, von einem Land zum andern tragen.

Und doch sieht man an diesem Frühlingstag einen geheimnisvollen Drachen, dessen Schuppen aus Menschenköpfen bestehen, der sich von den Stadtmauern bis zum Hügel windet. Es sind vor allem Christen, die einem Bischof der Kirche von Persien die letzte Ehre erweisen, Christen von ausländischer Herkunft, die in Karka Wurzeln geschlagen haben. Der König wacht persönlich darüber, daß sie nicht verfolgt werden. Immer aus demselben Grund: Er braucht sie. So werden je nach Nützlichkeit die einen verurteilt und die anderen in Ruhe gelassen. Es ist der König, der zwischen Freispruch und Hinrichtung wählt. Er ist es, der sagt: «Dies ist die Wahrheit.» Es ist die Erde, die über den Himmel entscheidet.

Sterben wie Du

Ein Hügel, eine Menschenmenge, Schreie, Spottrufe, Schweigen, ein paar weinende Frauen. Simon steigt der Hinrichtung entgegen, zwischen einem schwachen Dutzend Soldaten und seinen zwei Gefährten.

Er röchelt und schwitzt. So viel Müdigkeit vor dem Tod. Und die Bilder durchqueren ihn schwindelerregend, Bilder, von denen er so oft erzählt hat: ein anderer Hügel, eine andere Menge, die gleichen Tränen, die gleichen haßerfüllten Rufe.

Dieser Mensch-Gott, in dessen Namen er stirbt, dieser Jesus, der in Judäa gekreuzigt wurde und dessen Marter die Welt erschüttert, auch er ging einen langen, dürren Weg hinauf mit zwei verurteilten Dieben. Simon hört die Rufe, die Beleidigungen, die er empfing – es sind dieselben, die ihn jetzt erreichen. Ein Jude gibt sehr laut seinem Erstaunen Ausdruck, daß sich bei den Christen nicht ein einziger Heiliger findet, der mit ein paar glühenden Worten seine Verfolger vernichtet.

Simon gedenkt des Volkes von Jerusalem, das schrie: «Wenn er Gottes Sohn ist, der Auserwählte, soll er sich doch selber retten!» Sie denken nur an das jetzige Leben, an den jetzigen Durchgang. Sie verstehen nicht die Notwendigkeit des Todes, der einzigen Hoffnung auf Wahrheit, des letzten, einzigen Zeugnisses.

Simon kommt am Fuß des Galgens an. Die Geier sind schon da. Ein Zoroastrier spuckt ihm ins Gesicht und sagt: «Warum schützt dich dein Gott nicht?» Simon segnet die Spucke auf seiner Wange, die ihn dem Mensch-Gott noch näher bringt. Bewirke, Herr, daß ich mit dir mein Leiden, meine Erniedrigung und mein Leben teile.

Man legt ihn aufs Kreuz, in voller Sonne; es ist dasselbe Kreuz wie das Kreuz Jesu. Einen Augenblick lang begegnet er den weit geöffneten Augen Marthas. Sie ist ihm bis hierher gefolgt, verloren in der Menge. Ein dunkler Schleier bedeckt ihr Haar. Ihre schwarzen Augen, sehr aufmerksam unter ihren dichten Brauen, sind auf ihn geheftet. Vielleicht erwartet sie ein Wunder, ein Zeichen. Simon erinnert sich plötzlich, wie Jesus rief: «Mein Gott, mein Gott, warum hast du mich verlassen?»

Aber Simon ruft nichts dergleichen. Sein Gott hat ihn nicht verlassen, ganz im Gegenteil. Sein Gott hat ihn zu seinem Ende geführt, er ist bei ihm bis zum Schluß, und gleich wird er ihn empfangen, irgendwo zwischen den Sternen.

Hammerschläge, Seile, geschäftige Leute, Nägel in die Füße. Eine Stunde vergeht. Simon erstickt nach und nach. Der Tod dringt langsam in ihn ein. Seine Lider senken sich, heben sich, senken sich. Jedesmal Marthas glänzende Augen, die ihn anschauen. Die Luft gelangt nur noch mit Mühe in seine Lungen. Das Leiden verschwindet. Die Müdigkeit hört auf, das Fleisch streckt sich. Letzter Seufzer auf dieser Erde. Simon gibt den Geist auf unter den Augen der Geier und der Menschen.

Der Todeskampf hatte lange gedauert. Auf dem Hügel ist jetzt nur noch die gequälte Gemeinde. Der Bischof von Karka bemächtigt sich des Leichnams und verteilt an die Gläubigen blutige Kleiderfetzen. Ehe man seinen Körper in ein Laken hüllt, tritt Martha hinzu und küßt rasch die Hand, die an einem Frühlingstag, unter den silbernen Blättern des Olivenbaums, ihr Haar streichelte, das vom Bad naß war. Tief bewegt, weint sie jetzt.

Juden, Manichäer, Zoroastrier und andere Gaffer sind bereits in die Stadt zurückgekehrt. Vielleicht bedauern sie, daß die Hinrichtung so schnell vorbei war.

Der Schmerz des Archivars

Joseph schlägt langsam mit einem kleinen Hammer auf das Semantron im Hof, um den Christen von Ktesiphon den Tod ihres Bischofs zu verkünden. Wachen streichen in Zivil um die Kirche, wo wenig Leute sind, denn man hat den Christen zoroastrischen Ursprungs befohlen, sich nicht allzu sehr zu zeigen. Ein jüdischer Passant wirft einen Blick in den Hof, sieht ihn halb leer und mokiert sich: Ein Nichts genügt, um die Christen von ihrem Glauben zu vertreiben. Dann versucht er ohne Hemmungen einzutreten; er sagt, er wolle die Maße des Kirchenschiffs nehmen. In ein paar Tagen nimmt seine Gemeinde das Anliegen in Besitz, und die Kathedrale wird zur Synagoge verwandelt. Simon bar Sabbae wird niemals mehr das *Bema* besteigen.

Die paar Gläubigen, die in der Kirche vereint sind, zeigen ernüchterte Gesichter. Man ist am Anfang einer langen Zeit von Verwundungen. Eine schwarze Periode kündigt sich an. Der Vogel der Finsternis, sagt man, wird seine unheilvollen Schwingen über jedem Menschen entfalten, der von sich sagt, er diene Christus. Die von Leichen überquellenden Friedhöfe erbrechen Märtyrerknochen. Die Schakale, die offensichtlich übersättigt sind, kommen nicht mehr zu den Hinrichtungen, und die Henker, die des Marterns müde sind, verlassen die Kerker. Auf immer schweigen werden die Kehlen der Opfer.

Warum verlangt die Wahrheit immer nach Blut? Warum muß sie, wenn sie die Wahrheit ist, so entsetzliche Gewalt anwenden, um sich durchzusetzen? Welche irdischen Interessen wirken bei jeder Verfolgung (wer immer sie ausübt), gleichzeitig mit den dogmatischen Notwendigkeiten? Joseph kennt keine Antwort. Er registriert. Dafür ist er da.

Nach den Zeremonien des Gedenkens zieht sich der Archivar in die Bibliothek zurück. Sie enthält tausend Erinnerungen seit dem Tag, als er dort den jungen Babak das syrische und das Pahlawi-Alphabet lehrte, weil Babak um jeden Preis schreiben lernen wollte (eine Übung der Freiheit), bis zum berühmten Streit, als Bischof Papa, nachdem er aufs Evangelium geschlagen hatte, mit Lähmung bestraft wurde; bis zur Verhaftung Simons und ihrem letzten, traurigen Gespräch. Was bleibt von all diesen Augenblicken außer Simons leerem Stuhl und Babaks erstickten Fragen, als er mit einigen anderen konvertierten Zoroastriern die Stadt überstürzt verlassen mußte, da sie in Todesgefahr waren?

Ein Bote tritt ein. Joseph erfährt von ihm, daß der Bischof von Susa, der sich seinerzeit gegen Papa aufgelehnt hatte, ebenfalls hingerichtet wurde. Seltsamer Lebenslauf von Miles seit seiner Bekehrung vom Mazdaismus zum Christentum bis zum Tag, da er, gepeitscht und von den Bewohnern Susas mit Steinen beworfen, den Staub dieser Stadt, die Christi Lehre zurückwies, von seinen Sandalen schüttelte und sie für immer verließ, ihre Zerstörung voraussagend. Und Susa wurde zerstört – Susa, die Stadt der Gesundheit –, die Gebäude wurden abgerissen, die Bewohner umgebracht von Schapurs Armee, der so die Rebellion einer großen Familie dieser Stadt beendigte. Joseph denkt an die tausend Reisen des unermüdlichen Miles, von Susa nach Jerusalem, dann nach Ägypten und auf dem Rückweg von Nisibis nach Adiabene, um in Neu-Seleukeia anzukommen. So viele Schritte, so viele Worte, um ein Mann zu werden, und ein einziger Augenblick zerstört ihn!

Der Bote vertraut Joseph an, daß die Leiche von Miles, die in seinem

Dorf begraben wurde, bereits Wunder wirke und das Dorf vor Dieben und Überschwemmungen schütze. Beginn einer Legende, vielleicht eines Pilgerorts.

Als offizieller Chronist der Christen in den Königsstädten muß Joseph alles aufschreiben. Einsame Mühe des Archivars, vor allem, wenn er nur von ausgerissenen Augen und abgehackten Gliedern erzählen kann. Wird dieses ganze Register von Foltern eines Tages irgend jemandem nützen? Joseph weicht dieser Frage aus.

Er muß die neuesten Beschlüsse der Machthaber gewissen Mitgliedern des Klerus mitteilen, die untergetaucht sind. Briefe in Geheimschrift werden Händlern anvertraut, die sie zwischen Musselin und Brokat oder im doppelten Boden einer Gewürzkiste verstecken.

Bevor er über Simons Leidensweg schreibt, nimmt er eine Pergamentrolle, entstaubt und entrollt sie behutsam und liest von einer der ersten Verfolgungen, derjenigen eines Verwandten von Schapur II., eines gewissen Dado, der sich zum Christentum bekehrte, als er in Medien Heerführer war. Neun Jahre trennen den Prozeß von Dado, der ebenfalls in Karka, in der Sommerresidenz des Königs, stattfand, von Simons Hinrichtung. Josephs Schrift scheint vor neun Jahren fester. Vielleicht glaubte er damals, einen Ausnahmefall zu beschreiben, der als Exempel dienen konnte. Jetzt ist das Gewöhnliche gleichbedeutend mit Entsetzlichem.

Joseph ergreift das Schilfrohr. Routine, Müdigkeit. Im Halbdunkel der Bibliothek, resigniert, methodisch, schreibt er den Bericht über die Verfolgung seiner Gemeinde unter Schapur II. Der Reigen der Märtyrer beginnt am 17. April 341 mit der Kreuzigung Simons bar Sabbae und seiner zwei Gefährten.

Schon am nächsten Tag wurde Possi, der Vorsteher der königlichen Handwerker, verhaftet, weil er den Gefangenen unter seinem Dach beherbergt hatte. Seine Tochter Martha, die man vor Simons Kreuz hatte knien sehen, wurde ihrerseits denunziert und gefangengenommen. Obwohl Schapur alle Schwierigkeiten mit seinen römischen Deportierten vermeiden wollte, verschonte die Welle der Verfolgungen, die vom zoroastrischen Klerus ausgelöst worden war und nationalistische Gefühle geweckt hatte, auch diese nicht. So viele junge Zoroastrier waren arbeitslos, und man vertraute Handwerksaufträge Fremden, ja sogar Christen an!

Vater und Tochter wurden in Karka, der neuen Stadt, die sie mit eigenen Händen erbaut hatten und wo jeder gepflanzte Baum Hoffnung auf Leben bedeutet hatte, hingerichtet.

Die Osterwoche 341 war die mörderischste in der Geschichte der Stadt. Die sassanidische Polizei brachte «viele tausend Christen um» – das berichtete Joseph jedenfalls seinen Klerikern. Unter diesen Opfern war die Tochter des Gouverneurs der Provinz Elam; Joseph nannte sie «die Tochter des Königs». Als die Kolonne der zum Tod Verurteilten vorüberging, verließ das junge Mädchen, von einem plötzlichen inneren Licht erleuchtet, ihr königliches Leben und gesellte sich endgültig zum gequälten Volk, das vor dem Palast ihres Vaters stand.

Die Zukunft des Leidens

Nachdem Joseph nicht ohne Schmerzen die Hinrichtung der Prinzessin beschrieben hatte, fügte er hinzu, daß ihr Leichnam durch einen heftigen Sandsturm bedeckt wurde, und auf dem Hügel, der sich so gebildet hatte, wüchsen jetzt alle duftenden Kräuter. Die Legende versteht den Tod der Gerechten rasch zu vergolden und zu verwandeln.

Joseph beschreibt ferner die Passion von Simons Schwester, Tarbo, einem Opfer der Juden am Hof. Diesen gelang es, die Königin davon zu überzeugen, daß ihre Krankheit von den Hexenkünsten der Christin herrühre, die so den Tod ihres Bruders räche. Tarbo wurde gefangengesetzt. Die Richter, die Magier, die Gefängniswärter waren von ihrer Schönheit betört und gingen, ein jeder für sich selbst, zu ihr mit dem Vorschlag, sie zu retten, wenn sie ihnen zu Willen sei. Tarbo lehnte alle diese Vorschläge ab, und ihr so sehr begehrter Körper wurde zerstückelt. Aber die Königin genas nicht. Sie ließ ihre Liegestätte auf die Reste der Leiche tragen, um die bösen Geister zu vertreiben.

Nach den Martyrien von Karka stellt Joseph eine Liste derjenigen von Gondischapur auf. Er weiß nicht, daß die Verfolgungen vierzig Jahre lang andauern werden, bis zum Ende der Herrschaft Schapurs II., den die Araber *zol-aktaf,* den Schulterdurchlöcherer nannten, weil erzählt wurde, er habe während eines Krieges befohlen, die Schultern der Gefangenen zu durchbohren und eine Kette hindurchzuziehen, so daß sie nicht fliehen konnten.

Der Lieblingseunuch des Königs, ein Zoroastrier namens Azad, war in der Menge der Christen verlorengegangen und hatte ihr Los geteilt. Als Schapur von diesem irrtümlichen Martyrium erfuhr, erließ er, offenbar auch erschreckt durch das Massaker, das seine erste Verurteilung zur Folge gehabt hatte, ein Gesetz, das ein «reguläres Vorgehen» sichern sollte. Danach sollten die verhafteten Christen zuerst die Namen ihrer Eltern und ihrer Familie angeben sowie die Stadt, das Dorf und das Land ihrer Herkunft. Erst nachher durften sie geschlagen, gefoltert und hingerichtet werden. Verfolgung, aber gesetzestreue.

Joseph ist nur Chronist. Er ist kein Hellseher. Er erzählt die Vergangenheit, die er wissen kann, die Gegenwart, die er sieht, aber er hat keine Zukunftsahnungen. Er kann nicht wissen, daß 342 Simons Nachfolger, der Bischof Schahdust – sein Name bedeutet paradoxerweise «Freund des Königs» –, in Seleukeia zusammen mit hundertachtundzwanzig Priestern, Diakonen, Mönchen und Nonnen verhaftet wird. Seine Gefährten gehen in den Gefängnissen der Stadt zugrunde. Schahdust seinerseits wird gerichtet und in der Stadt Gondischapur enthauptet, der gleichen Stadt, in der vor fünfundsechzig Jahren der ausgestopfte Leichnam Manis, des Propheten und Malers, ausgestellt wurde.

Josephs kranke Finger werden auch das Martyrium seines Freundes Babak nicht beschreiben. Babak war in einem kleinen Kloster bei Istachr (Domäne des Mazdaismus) versteckt, wurde von einem Abtrünnigen verraten und mit neun Mönchen seiner Gemeinde hingerichtet. Ihre Köpfe, ausgestellt im großen Tempel der Göttin Anahita, erregen die Neugier der Zoroastrier. Ihre Körper sättigen aasfressende Tiere. Ein Wächter des Tempels sieht in der Finsternis der Nacht ein Kreuz über dem Kopf eines der toten Christen leuchten. Er bekehrt sich sofort und büßt ebenfalls mit dem Tod. Aber das Kreuz wird weiterhin Babaks Tod erleuchten, wie es ihm, schon als er lebte, den Weg zum Wissen eröffnet hatte.

345 wird Simons zweiter Nachfolger, sein Neffe Barba'chmin, seinerseits mit sechzehn Priestern in Ktesiphon verhaftet. Man schleppt sie in Ketten bis zur Sommerresidenz des Königs, Karka, wo sie ein Jahr im Gefängnis bleiben und schließlich den Märtyrertod erleiden.

Eine junge Christin, Yazdandokht, hatte seit sechs Monaten hundertzwanzig Klerikern in den Kerkern der Stadt gedient. Am Vorabend der Hinrichtung wusch sie die Füße aller künftigen Märtyrer und kleidete sie in Weiß. Am Tag darauf, am 6. April 345, bedeckte sie ihre Leichen mit weißen Grabtüchern. Sie transportierte sie vor die Stadt hinaus und begrub sie dort, je zu fünft, in mit den Händen ausgehobenen Gräbern.

In Adiabene tötete 347 ein abtrünniger Priester namens Paul fünf Nonnen, nur weil er seinen konfiszierten Reichtum zurückhaben wollte. Er verfehlte sein Ziel: Der Satrap, ein glühender Zoroastrier, gab ihm sein Vermögen nicht zurück, und vor lauter Furcht vor einem Prozeß erdrosselte er ihn eigenhändig.

372 wurden ein Priester namens Jakob und sein Diakon vom Henker dieser Provinz erwürgt. Dieser Henker wurde berühmt, denn als er seinen Dolch in einer Quelle wusch, die die Stadt mit Wasser versorgte, sott das Wasser, wurde blutig und versiegte. Es wurden Ingenieure aus allen Winkeln Mesopotamiens zugezogen, aber vergeblich.

Und so ging es weiter. Ein anderer Chronist hielt die Passion der Märtyrer von Gilan im Jahre 351 fest. Als Schapur II. in den Krieg gegen die Römer zog, wollte er sich der Loyalität seiner Soldaten aus dem Norden versichern und verlangte von ihnen, sie sollten Sonne, Mond und Feuer anbeten. Sie weigerten sich nicht nur, von ihrem Glauben zu lassen, sondern ermutigten auch ihre Frauen, mit ihnen zu sterben. Ihre Kinder wurden gezwungen, der Hinrichtung beizuwohnen. So grub sich in ihrem Gedächtnis für den Rest ihres Lebens ein schreckliches Bild ein: der abgehauene Kopf ihres Vaters, der neben dem entzweigehauenen Leichnam ihrer Mutter lag.[12]

Derselbe Chronist gibt die letzten Worte der Tochter eines Deportierten, namens Phoebe, wieder, die wahrscheinlich griechischer Herkunft und mit einem Iraner aus Gilan verheiratet war. Sie sagte ihrem Sohn, sie gehe für eine Weile in den Himmel und werde ihn von dort oben überwachen; er möge brav und verantwortungsbewußt sein, denn niemand anders würde sich auf der Erde künftig um ihn kümmern.

Die Leichen wurden den Geiern überlassen und die Kinder der Märtyrer gezwungen, mit der Armee in den Krieg zu ziehen. Phoebes Sohn suchte noch lange seine Mutter im Funkeln eines Sterns, in einem Wolkenstreifen, in einem Fleck Sonnenschein.

Joseph war nicht mehr unter den Lebenden, als 362, nach einem Sieg des Königs der Könige, die christliche Bevölkerung von Beth Zabdai (in Mesopotamien) zu den fernsten Grenzen Persiens deportiert wurde. Ein anderer schrieb über sie, wie die sassanidischen Verfolger, die einen Bischof namens Dawsa bekehren wollten, Milde vortäuschten und ihm fruchtbares Land mit vielen Quellen und Flüssen anboten. Vergeblich. Sie nahmen deshalb zur Folter Zuflucht. Zweihundertfünfundsiebzig Deportierte fanden den Tod. Man erzählt, die heidnischen Schäfer der Gegend hätten sich angesichts der Grausamkeit der Hinrichtungen zum Christentum bekehrt und seien den Deportierten in den Tod gefolgt, der sie am Ende ihres langen Weges erwartet hatte. Man sah auch Christen, die, von Entsetzen überwältigt, vom Glauben abfielen und als Belohnung Land im Zagros-Gebirge erhielten.[13] Ihre Schwäche wird nur kurz erwähnt – Chronisten können sich auch schämen. Man sagt, ein überlebender Diakon habe versucht, sie zum Glauben zurückzuführen, und «es sei ihm beinahe gelungen», den Herrn dieser Gegend zu bekehren.

Wie hätte Joseph, dessen Hand bei der Beschreibung von Marthas Passion und derjenigen der «Tochter des Königs» zitterte, auf den Tod der sieben Jungfrauen, die im Osten Gondischapurs hingerichtet wurden, reagiert? Welche Worte hätte er gefunden, um die Brandschatzung eines kleinen Klosters (377) in der Nähe derselben Stadt zu beschreiben und die Hinrichtung des Superiors, eines bekehrten Magiers namens Badma, dessen freiwilliger Henker nichts anderes als ein abtrünniger Christ war?

Josephs Nachfolger, Archelaos, ist ein Syrier, genauer gesagt, ein Großneffe des ersten Bischofs von Gondischapur; seine Vorgesetzten hatten ihn gerade wegen seiner nichtiranischen Herkunft ausgewählt. Der Terror richtet sich direkt gegen die bekehrten Zoroastrier. Ausländer werden weniger behelligt.

Archelaos berichtet als erster Chronist über die Evangelisierung der östlichen Provinzen des Reichs. Er hat die Biographie von Schapurs Schwester Schiraran hinterlassen; ein christlicher Mönch hatte sie von Epilepsie geheilt. Diese Heilung hatte die Prinzessin zum Christentum bekehrt. Das war nichts Außergewöhnliches und erstaunt nicht. Selbst bei schärfster Verfolgung kann die Folter etwas so Anziehendes haben wie die Wahrheit, die so hartnäckig sein kann, daß man sie todeswürdig findet.

Der Hof der Sassaniden war damals christlich infiltriert. Der Herrscher hatte übrigens befohlen, eine seiner Konkubinen, eine Römerin, hinzurichten. Um zu vermeiden, daß seine eigene, ebenfalls zum Christentum bekehrte Schwester verhaftet wurde, verheiratete er sie mit einem Verwandten, der Gouverneur von Merw im Osten des Reichs war. Weit entfernt von der sassanidischen Hauptstadt und der Unterdrückung durch die Magier, bekehrte die persische Prinzessin Alexanders Nachkommen, die seit siebenhundert Jahren in dieser Gegend wohnten, zum Christentum. Sie machten sich an den Kirchenbau. Aber wie sollte eine Kirche aussehen? Vor ihrer Bekehrung hatten sie heidnische Götter verehrt. Ihr Volksgedächtnis war dreihundert Jahre älter als das Christentum. Schiraran beschloß also, eine Kirche nach dem Plan des Palasts ihrer Kindheit zu errichten. Daher sei der Name der Kirche, Ktesiphon, gekommen.

Nach neuerlichen Anfällen von Epilepsie bat die Prinzessin ihren Bruder, ihr den Mönch Bar Schaba zu schicken. Der König stimmte zu. Ein aus der Hauptstadt weggeschickter Christ ersparte dem Staat die Kosten des Gefängnisses, des Prozesses und der Hinrichtung. Bar Schaba schnürte also sein Bündel und verreiste in den Osten. Er wußte, daß seit dem heiligen Thomas die Religion Christi dort verwaist und von der Kirche im Westen getrennt war. Er wurde ungeduldig erwartet und erschien mit Priestern, Diakonen, Kultgegenständen und heiligen Büchern. Die Evangelisierung des Ostens würde jetzt ernsthaft beginnen. Er nannte sich einen Träger des Lichts.

Joseph starb 341, am Vorabend des Brandes der Kirche der Hauptstadt. Am Morgen darauf, als die Wände des Altarraums in Flammen standen, vertraute ein Unbekannter einem Diakon, der ziellos herumrannte, einen alten Quersack an. Er sagte, er bringe wieder, «was er sich genommen habe». Der Christ öffnete den Sack. Er erblickte den abgehauenen Kopf und die verstümmelten Glieder Josephs, der die «neun Tode» hatte erleiden müssen: Man hatte ihm zuerst die Finger abgeschnitten, dann die Zehen, dann die Handwurzeln, dann die Knöchel, hierauf die Arme, die Knie, die Ohren, die Nüstern und endlich den Kopf.

Archelaos, sein Nachfolger, wurde beauftragt, ihn zu beerdigen. Er nahm den abgeschnittenen Zeigefinger des Märtyrers an sich, wickelte ihn in ein Tuch und behielt ihn sein ganzes Leben. – Ein schönes Exemplar von einer schreibenden Hand.

Persien zwischen Christentum und Mazdaismus

Ein heidnischer Kaiser

In der uralten Rivalität öffnet sich eine seltsame Klammer, die dem Iran seine verlorenen Provinzen zurückgibt.

Es handelt sich um den Kaiser Julian Apostata. Warum dieser Beiname?

Er zeigte sich von seiner christlichen Erziehung begeistert. Er betete, fastete, schmückte die Gräber der Märtyrer und verteilte Almosen an den Klerus. Wenn ihn seine Lehrer jedoch aufforderten, als Übungsstück die Streitigkeiten seiner Epoche zu analysieren, verteidigte er stets das Heidentum. Wie war diese Anziehung durch leblose Gottheiten entstanden? Er sagte einfach, er plädiere für die Schwächeren. Andere glaubten, dem Ganzen liege die harmonische Form der Tempel Griechenlands und Asiens zugrunde, die untadelige Schönheit heidnischer Statuen – die irdische Entsprechungen der Götter waren –, der Volksglaube an Wunder und vor allem die Gewohnheit einer zweitausendjährigen Überlieferung.

Die Altäre von Jupiter und Apollo wurden zu seinen Zufluchtsorten. Er vertiefte sich in Homers Dichtungen, und mit zwanzig Jahren wurde er in der Tiefe einer Höhle und in der Stille der Nacht in die alten griechischen Mysterien von Eleusis eingeweiht. Er sagte, er werde von den Göttern besucht. Die Christen, die ihn beunruhigt beobachteten, hielten dafür, daß seine ungewöhnlich langen Fastenzeiten Halluzinationen verursachten. Sein treuer Freund Libanius versicherte dagegen, dankbare Göttinnen unterbrächen seinen Schlaf und strichen ihm übers Haar.

360 zum Kaiser ausgerufen, wählte Julian Athen als Residenz. Vielleicht hielt er sich für Alexander, den Archetypen des antiken Helden; er beschloß, nach Persien vorzudringen. Der jähe Religionswechsel der römischen Macht, die man endgültig für christlich gehalten hatte, stiftete Verwirrung in einer bereits verwirrten Welt. Was wollte Julian wirklich? Was bedeutete seine plötzliche Wende zum Heidentum? Die Diplomaten rätselten, und im Volk liefen Gerüchte um: Die alten, lange

vernachlässigten Götter wollten sich rächen, und ihr erstes Sprachrohr sei Julian. Seine Kriegsvorbereitungen erschreckten natürlich Schapur II., der mit allen Mitteln versuchte, einen Frieden auszuhandeln. Vergeblich: Der Kaiser empfing die persische Delegation nicht. Er ließ ihnen ausrichten, ihr Schritt sei nutzlos. Mit Hilfe Jupiters werde er sich auf den Thron des Irans setzen.

Mitten in seinen Vorbereitungen verfaßte er ein minutiöses Werk gegen das Christentum. Die Christen wurden aus ihren Ämtern in der Administration und der Armee vertrieben und sofort von Heiden ersetzt, die augenblicklich die Scheiterhaufen der Verfolgung neu entfachten und den Christen untersagten, Grammatik und Rhetorik zu lehren. Die Kirchen, die an Orten standen, wo früher ein heidnischer Tempel gewesen war, wurden abgerissen. Ein Gesetz verurteilte sogar die Christen dazu, vom Boden bis zum Giebel die Heiligtümer zu restaurieren, die unter dem vorhergehenden Kaiser zerstört worden waren.

Gott, großgeschrieben

Die Erfindung des einen Gottes – Triumph des Einen über das Viele – wird im allgemeinen den Juden zugeschrieben. Sie sei mit Mose erschienen und habe sich später, in der Gefangenschaft in Babylon, im 6. und 5. Jahrhundert vor unserer Zeitrechnung weiterentwickelt, um dann nach der Rückkehr nach Jerusalem genau formuliert zu werden.

Natürlich sind die Dinge nicht so einfach. Der Brahmanismus kennt zur selben Zeit wenigstens formell drei oberste Götter: Brahma, Vishnu und Shiva (den Schöpfer, den Erhalter, den Zerstörer). Aber die Intuition einer einzigen Gottheit, oder besser gesagt: einer einzigen göttlichen Kraft mit vielen und manchmal widersprüchlichen Wirkungen, läßt sich in den vedischen Texten und den Upanishaden häufig feststellen. Als Krishna, *avatara* (Wiederverkörperung) des Gottes Vishnu auf der Erde, in der *Bhagavad Gita* mit seinem Freund Arjuna spricht und ihm seine «universelle Form» enthüllt, tut er das eindeutig im Namen einer göttlichen Totalität. Er nennt keinen anderen Gott als sich selber.

Ein griechischer Philosoph, Xenophanes, den man zu den Vorsokratikern zählt, hat ebenfalls von einem einzigen Gott gesprochen, und viel früher, zur Zeit des Mose, hatte der Pharao Echnaton versucht, einen neuen Kult einzuführen, der vollständig Aton, dem einzigen Gott, gewidmet sein sollte. Auch der iranische Zoroastrismus kann in vielerlei Hinsicht als Monotheismus bezeichnet werden.

Aber richtig ist, daß von Mose und den Juden an, mit der Verfassung der biblischen Schriften, die Idee eines einzigen Gottes im Geist der Menschen Fuß faßte. Aufgegriffen wurde sie vom Christentum (das dem Heidentum ein paar nostalgische, etwas unbeholfene Konzessionen machte in Form der Heiligen Dreifaltigkeit) und hierauf, radikaler, vom Islam.

Es scheint, daß das westliche Denken im großen und ganzen den allmählichen Übergang vom Polytheismus zum Monotheismus als *Fortschritt* betrachtet hat, wie etwa die Ablösung des Paläolithikums durch das Neolithikum oder des Feudalismus durch die Moderne als Fortschritt empfunden wird. Daher berührte Julians Fall selbst seine Zeitgenossen so seltsam.

Wir wollen diesen uralten Streit nicht wiederaufnehmen; ob er je gelöst werden kann, ist unsicher, denn für die Gegenwart ist es immer schwierig, die Vergangenheit gerecht zu beurteilen, wie groß und manchmal mächtig der Drang auch ist, solche Urteile zu fällen. Heben wir, ohne zu insistieren und nur vom religiösen Bereich sprechend, hervor, daß die Idee eines *Fortschritts* im Denken, im Glauben, in den Begriffen des Geistes einen Geist voraussetzt, der sich vervollkommnen kann. Und vergegenwärtigen wir uns, daß beim großen Reinemachen, das am Ende des 20. Jahrhunderts fast überall stattfindet, jede geschichtsträchtige Idee zerfleddert und jede einstige Gewißheit allmählich durchlöchert wird; zeigt sich hier die Vervollkommnungsfähigkeit des menschlichen Geistes, die so lange unsere immer wieder zerstörten und neu auflebenden Hoffnungen trug?

Seien wir stets vorsichtig, wenn wir von den anderen reden, denn dabei reden wir unweigerlich von uns selbst. Der Polytheismus, der in Indien, in Indonesien noch lebt, ist vielleicht nur eine andere Form der Wahrnehmung, des Verstehens und der Bewältigung der Welt, von unserer verschieden, aber nicht unbedingt rückständig oder minderwertig.

Die Rache des Hormisdas

Als seine Expedition endlich bereit war, begab sich der Kaiser Julian nach Karrhä, einer sehr alten Stadt in Mesopotamien. In einer Frühlingsnacht versammelte er die Elite seiner Truppen in der Umgebung des Mondtempels und versprach ihnen die Perlen von Persien.

Am Morgen trat er den Feldzug gegen den Iran an mit einer Armee von fünfundsechzigtausend Soldaten, einer Flotte von elfhundert Schiffen, Pontons, mit denen man Brücken bauen konnte, und fast unerschöpflichen Vorräten an Waffen, Kriegsgeräten, Lebensmitteln.

Er traf eine erstaunliche Wahl: Er vertraute einem sassanidischen Prinzen namens Hormizd das Kommando seiner berittenen Truppen an (und fand, dessen Name sei schwer zu behalten, und wechselte ihn gegen seine griechische Form aus: Hormisdas). Warum dieses Vertrauen?

Dieser iranische Prinz hatte während der unruhigen Zeiten, als Schapur II. noch minderjährig war, fliehen können und war zum Hof Konstantins gelangt, wo er sich zum Christentum bekehrte. Am römischen Hof behauptete man, er sei der ältere Bruder des Königs der Könige, was er jedoch nie bestätigte. Sehr rachsüchtig, ließ er sich die kleinste Tat nicht entgehen, die den Sassaniden schaden konnte. Er erstellte für die römischen Offiziere Karten der inneren iranischen Provinzen, bildete Spione aus und beherbergte Leute, die von Schapurs Polizei verfolgt wurden.

Andererseits durfte sein Name am Hof von Ktesiphon nie erwähnt werden. Seine Jugend hatte er im «Schloß des Vergessens» verbracht, einem bei Gondischapur gelegenen Gefängnis, für Prinzen reserviert, deren Existenz für immer aus dem Gedächtnis der Menschen zu tilgen war. Das sagte genug aus über den Wunsch der herrschenden Klasse, jede Spur dieses Mannes zu vernichten, über dessen eventuelle Verwandtschaft mit dem Herrscher niemand zu sprechen wagte. Für den König der Könige hatte dieser Prinz königlichen Geblüts niemals existiert.

Als Julians Armee in den Ebenen von Mesopotamien ankam, die den Gazellen und den Wildeseln überlassen worden waren, spürte Hormisdas, daß er nichts vergessen hatte. Die unzähligen Palmenhaine brachten ihm die Verse zurück, die die Bewohner dieser Gegend für das Fest gemacht hatten, mit dem man die 360 Anwendungen feierte, die sich aus Stamm, Blättern, Saft und Früchten dieses Baums ergaben. Das legendäre

Babylon, das in einen königlichen Park verwandelt worden war, und die neuen Städte, die neben dessen Ruinen standen, erinnerten ihn an seine Kindheit, als er, der junge Prinz, die Fortschritte auf den Bauplätzen bewunderte. Die Mauern sonnengetrockneter Ziegel, die von Bitumen zusammengehalten wurden, würden auf seinen Befehl geschleift. Er war bei der Geburt dieser Städte dabeigewesen und würde jetzt ihre Zerstörung organisieren.

Die persischen Festungen fielen eine nach der anderen. Wenn die iranischen Gouverneure, die beim Anblick eines der Ihren in den feindlichen Reihen Vertrauen schöpften, ihn um seinen Schutz baten, schenkte Hormisdas ihre Häuser voller Reichtümer, und manchmal auch ihre Frauen, den ihm unerstellten römischen Soldaten.

Anfangs hatte Julians Gefolge diesen persischen Prinzen, der außerdem noch Christ war, nur mit Mißtrauen an der Spitze ihrer Kavallerie gesehen. Aber sein Haß gegen die Perser und seine furchterregende Tüchtigkeit beseitigten die Zweifel schnell. Man gewährte ihm die Ehre, die königlichen Gärten am Ufer des Tigris anzuzünden, die berühmten symmetrischen Brunnen zu zerstören, die von den besten Landschaftsgärtnern Asiens gepflegten Blumen zu zertrampeln und die Löwen, Bären, Eber und Elefanten zu töten, die hier zur Ergötzung des Königs gehalten wurden.

Julians Armee kam vor den Toren Ktesiphons an, das vom Fluß, überaus hohen Festungsmauern und unbegehbaren Sümpfen geschützt wurde. Die Römer brandschatzten und plünderten als erstes die Umgebung der Stadt. Dann, in einer Juninacht des Jahres 363, sahen die Bewohner einer der ältesten Hauptstädte der Welt von ihren Mauern herab, wie sich Julians Armee beunruhigend nach vorn bewegte, unter dem Kommando (fast unglaublich!) eines sassanidischen und christlichen Prinzen, eines gewissen Hormisdas, dessen Namen niemand aussprechen konnte.

An diesem Abend aß Schapur auf dem Boden hockend. Der alte Kämmerer glaubte sogar, des Königs Haar sei zerzaust. Die Magier, in den Tempeln, flehten ihren Gott um Hilfe an. Die Bewohner stiegen auf die Dächer und beschworen gemeinsam Ahura Mazda.

Auf der anderen Seite der Festungsmauern veranstaltete Julian ein feierliches Opfer für Mars, den Kriegsgott. Anderswo, weit von Jupiter und Ahura Mazda, in der Dunkelheit eines kaum vom Mond erhellten

Zeltes, kniete Hormisdas vor einem Kreuz. Jeder verlangte von seinem Gott oder seinen Göttern das Recht und die Macht, in ihrem Namen andere Menschen zu töten.

Ein Geräusch von Schritten unterbrach Hormisdas' Gebet. Er erhob sich, verließ das Zelt und sah eine Silhouette auf sich zukommen. Er griff nach seinem Schwert, aber der Mann warf sich ihm zu Füßen und sagte in seiner Muttersprache – dem Pahlawi –, daß er vom König der Könige gesandt sei. Seit dem «Schloß des Vergessens» hatte niemals mehr ein iranischer Adliger das Wort an ihn gerichtet. Hormisdas hielt dem als Bauern verkleideten Mann die Schwertspitze unters Kinn und bedeutete ihm aufzustehen. Der Bote hatte kaum Zeit, ihn «Hormizd» zu nennen, da unterbrach er ihn schon:

«Nein, Hormisdas.»

Der Abgesandte spürte, daß es wohl zu spät war, um Zugang zu diesem Menschen zu finden, der offiziell gar nie gelebt hatte. Hormisdas stand zwar unbeweglich, aber sicher bewegte er sich im Geist in seiner Kindheit. «Hormizd», «Hormizd», dieser Name erinnerte ihn an seine Mutter, seine Ammen und seine Vettern, die ihn einst so gerufen hatten. Sein wahrer Name war ihm in den Mauern des «Schlosses des Vergessens» abhanden gekommen, wo er, abgeschnitten von seiner Familie und seiner Freiheit, ein namenloser Prinz geworden war. Aber die Jahre des Exils an Konstantins Hof, seine Bekehrung und seine Taufe, das Kommando über Julians Kavallerie, sein Ruhm, sein Sieg, all das gehörte Hormisdas, dem Abtrünnigen, dem neuen Menschen, und für den entschied er sich.

Zur großen Überraschung des Abgesandten, der ein verkleideter Minister war, führte ihn Hormisdas zum kaiserlichen Zelt, wo Julian, umgeben von ein paar Getreuen, die Fabel von Attis und Kybele im Sinn von Porphyrios kommentierte und auslegte. Der Kaiser unterbrach seine philosophischen Ausführungen, um dem Sassaniden einfach zu sagen, daß er, wie Alexander, der alle Vorschläge des Darius zurückgewiesen hatte, ebenfalls keinerlei Verhandlungen mit den Persern wünschte. Tags darauf befahl er einem Teil seiner Truppen, die Belagerung Ktesiphons fortzusetzen, im übrigen aber beschloß er, den inneren Iran anzugreifen.

Ihm setzte sich die uralte Praktik der verbrannten Erde entgegen. Sobald sich die römische Legion einem Dorf näherte, flohen die Bewohner samt ihrem Vieh, nachdem sie alles Futter in Brand gesteckt hatten. Von der drückenden Hitze des mesopotamischen Sommers überwältigt, kam Julians Heer auf den rauchenden, ihrer Frucht beraubten Feldern nur mühsam voran. Nichts ist schwerer zu ernähren als eine Armee.

Der Kaiser führte eines Tages die Vorhut an, als man ihm meldete, daß die Perser den Zug von hinten angriffen. Weil ihm zu heiß war, zog Julian seine Rüstung aus, ergriff nur ein Schild und galoppierte, um seine in Schwierigkeiten geratenen Soldaten zu verteidigen. Die persischen Bogenschützen erkannten ihn. Ein Wurfspeer drang in seine Seite. Er fiel vom Pferd und verlor das Bewußtsein. Seine Soldaten trugen ihn in sein Zelt.

Julian rief die Philosophen Priscus und Maximus an sein Bett. Er begann, mit ihnen über das Wesen der Seele zu diskutieren, bat um frisches Wasser und starb.

In dieser Nacht des 26. Juni 363 hatte Ahura Mazda Jupiter besiegt. Hätte Julian seine Verwundung überlebt, so wäre der Iran, vom Hormisdas verwaltet, vielleicht christlich geworden, und Rom hätte weiterhin mit griechischen Göttern geflirtet. Aber das ist nur eine Traumgeschichte, die man sich im Schloß der verlorenen Erinnerungen erzählt.

Sofort nach Julians Tod setzten die Generale, die nichts Besseres hatten, einen Christen, einen simplen Tribun, an die Spitze des Reichs. Der neue Kaiser, Jovian, gab Schapur II. die fünf iranischen Provinzen, die sein Großvater einst den Römern hatte überlassen müssen, zurück. Nisibis, der Boulevard der Ostprovinzen; Singara, wichtige Festungsstadt in Mesopotamien, und das Königreich Armenien gingen wieder an die Sassaniden. Schapurs II. Armee zog glorreich in Armenien ein. In einer Zeremonie, die auf einen bleibenden Eindruck berechnet war, wurde der besiegte König in Silberketten gelegt – aus Respekt für seine parthische Abstammung. Er beschloß sein Leben im «Schloß des Vergessens».

Als die persischen Soldaten nach Nisibis kamen, das ihnen stets widerstanden hatte, verließen die Bewohner entrüstet die Mauern, die sie so tapfer verteidigt hatten, und die besiegte Stadt. Mit ihnen gingen zahlreiche Christen, die in diesem Zentrum, das für seine theologische Schule berühmt war, gewohnt hatten; die Schule war vor allem von bekehrten Iranern besucht worden.

So hatte das Schicksal den Tod des Julian Apostata in einem antichristlichen Persien organisiert. Eine melancholische Fügung vertrieb aus Nisibis die jungen, zum Christentum bekehrten Iraner, als sie zusahen, wie Schapur, ihr König, sich der Stadt bemächtigte. Julians Leiche, die nach Nisibis gebracht wurde, konnte weder die Verwünschungen der Christen, die seiner Seele die Hölle zudachten, noch die schmeichelhaften Litaneien der Heiden, die ihn schon unter die Götter einreihten, hören. Nach langen Diskussionen, ob man seine sterbliche Hülle zu den Philosophen der Akademie oder neben Caesars Asche auf dem Marsfeld bestatten sollte, wurde er in Tarsus, in Kilikien, in einem großen Grabmal am Ufer des klarfließenden Kalykadnos beigesetzt.

Auch Hormisdas war ums Leben gekommen. Die Römer vergaßen ihn auf dem Schlachtfeld.

Das Testament des Arkadios

Seit fast einem halben Jahrhundert ist die Administration des römischen Reiches auf Anordnung seiner Kaiser zweigeteilt. Die Präfektur, die sich von der unteren Donau bis zu den Grenzen Persiens erstreckt, mit Byzanz als Hauptstadt, bildet das byzantinische Reich oder den Orient. Die kriegerischen Präfekturen von Illyrien, Italien und Gallien gehören zum Reich des Okzidents.

Mehr als vierzig Jahre sind verflossen seit dem Tod Julians des Apostaten. Die heidnische Klammer ist geschlossen. Das Reich des Okzidents ist offiziell wieder christlich geworden. 381 wurde ein weiteres ökumenisches Konzil in Konstantinopel abgehalten. Unter den westlichen Kirchenvätern wächst allmählich der Einfluß des Bischofs von Rom. Gestärkt durch das Wort Christi, der nach dem Matthäusevangelium Petrus, dem ersten in Rom als Märtyrer gestorbenen Apostel, versprochen hatte, er werde der Fels sein, auf dem die christliche Kirche errichtet würde, setzt sich der Bischof von Rom in Fragen des Dogmas und des Rituals mehr und mehr durch. Gleichzeitig entzieht er dem Kaiser einen Teil seiner Vorrechte auf diesen Gebieten: Das ist ein noch kaum wahrnehmbarer Beginn eines Konflikts, der sich im Mittelalter blutig auswirken wird.

Im Augenblick, nämlich im Mai 409, plaudern zwei Männer im Vorzimmer des Audienzsaales in Ktesiphon, auf aramäisch. Maruta, ein byzantinischer Botschafter mesopotamischer Herkunft, ist auch ein kirchlicher Würdenträger. Seine Beziehungen zum König der Könige sind freundschaftlich. Vor zehn Jahren, 399, war er bei dessen Krönung dabei, auch bei der Wahl Isaaks als Bischof der königlichen Städte. Mit diesem Isaak unterhält er sich jetzt, währenddem sie warten, bis sie empfangen werden. Maruta und Isaak – zwei Christen – schätzen einander hoch, obwohl sie sich selten sehen.

Da Jesdegerd, der neue König der Könige, an hartnäckiger Migräne leidet, liegt der Audienzsaal in fast völliger Finsternis. Vorhänge aus schwarzem Tuch halten das Außenlicht ab. Aus demselben Grund ist der Palast vom Duft von Thymian, Rosmarin und Bergamotte geschwängert, sprechen die Höflinge leise und spielt ein Musiker auf seiner Lyra eine sehr sanfte Melodie.

Die Beschwörungsformeln des obersten Magiers sind von fern hörbar:

»Ich schließe das schwarze Auge. Ich schließe das weiße Auge. Ich schließe das rote Auge. Ich schließe das grüne Auge. Ich schließe das Auge der Frauen. Ich schließe das Auge der Männer. Ich schließe das böse Auge der Engel. Ich schließe das böse Auge der Teufel. Ich schließe das böse Auge des Dämons, der Fee, des Zauberers.«

Seine Stimme kommt näher. Er präsentiert sich am Eingang des Audienzsaals, in der Hand die ewige Flamme. Der Kämmerer will ihn aufhalten, damit die Migräne des Königs nicht schlimmer wird. Aber der Magier nähert sich dem Herrscher, ohne seine Litanei zu unterbrechen:

«Roter Wind, geh fort! Kalter Wind, geh fort! Warmer Wind, geh fort! Hinkender Wind, geh fort! Blinder Wind, geh fort!»

«Geh fort!» schreit der Herrscher, so laut er kann; er erträgt die Helligkeit der Flamme nicht.

Der Magier verstummt. Der Musiker hält die Finger in der Luft an, und der Kämmerer, aufgeregt, kommt ins Vorzimmer. Er will die nächste Audienz, diejenige Marutas und Isaaks, aufheben. Aber Maruta, der Botschafter, flüstert ihm ins Ohr, die medizinische Wissenschaft sei ihm nicht fremd. Er könne den König beruhigen, vielleicht sogar heilen.

Jesdegerd schreit vor Schmerzen. Ein Wächter geht zu ihm und gibt ihm einen Schluck Sirup zu trinken, den einer der Ärzte der Stadt gebraut hat. Maruta und Isaak ziehen ihre Sandalen aus und werfen sich vor dem König nieder, der jetzt seine Augen geschlossen hält.

Langes Schweigen zwischen dem Herrscher und den beiden Männern. Als Jesdegerd endlich die Augen öffnet, liegen Isaak und Maruta immer noch auf dem Boden. Der König der Könige schickt einen fragenden Blick zum Kämmerer, der meldet:

«Der Bischof von Ktesiphon und der Botschafter von Byzanz.»

Der Herrscher hat eine sehr gute Erinnerung an den Botschafter, der bei seiner Krönung persönlich anwesend war als Gesandter seines Landes und seines Glaubens und der heute kommt, um ihm ein versiegeltes Dokument zu überbringen, das Testament seines Kaisers.

Stehend, die Hände über der Brust gekreuzt, erklärt Maruta dem König der Könige, daß seit etwa zehn Jahren die beiden Reiche, Orient und Okzident genannt, sich wie Feinde benehmen. Rom und Konstantinopel freuen sich stets, wenn den anderen ein Unglück befällt. Die Italiener verachten die Griechen und umgekehrt.

Hin und wieder schließt der König die Augen. Maruta bemerkt es und bittet um die Erlaubnis, ihm den Kopf zu massieren. Ein Diener bedeckt sein Gesicht mit einem Schleier, damit sein Atem nicht den Herrscher beschmutze. Man wäscht ihm die Hände mit Rosenwasser. Maruta schaut sich die Flakons an, die neben dem Thron auf einem Silbertablett stehen. Er wählt Pfefferminzessenz und beginnt, das Haupt des Kaisers einzureiben; er erzählt dabei weiter. Rom wird von den Goten belagert. Die Hungersnot hat sogar die Marmorpaläste der Senatoren ergriffen. Die Reichen tauschen ihre letzten Schätze gegen ein paar Stücke Brot ein. Man sagt sogar, die Mütter ernährten sich vom Fleisch ihrer erwürgten Säuglinge. Leichen bleiben unbegraben und verpesten die Luft. Die Pest bedroht die Hauptstadt des Reichs. Der Erbe des Throns von Byzanz, Theodosios, ist erst sieben Jahre alt und hat schon Tausende von Feinden. In diesem apokalyptischen Klima hat der Kaiser Arkadios ein Testament unterzeichnet, das die Welt überrascht. Hier sein Testament: Er will den Händen Jesdegerds, einem persischen Herrscher, den jungen Prinzen und das Zepter des römischen Ostreichs, Konstantinopels, anvertrauen.

Der König der Könige zeigt eine gewisse Verblüffung. Wenn sein Feind ihm sein volles Vertrauen schenkt, kann er nicht ablehnen. Er übernimmt die Vormundschaft des jungen Theodosios. Ein unerwarteter Friede ist zustande gekommen.

Maruta hat den Nacken des Königs fertig massiert. Lange, lockige Haare fallen ihm bis auf die Schultern. Die Spitze seines Bartes ist in einen Ring gefaßt. Auf seiner nackten Brust sieht man ein Perlenkollier.

Noch nie hat ein Fremder das Privileg genossen, einen iranischen Herrscher aus solcher Nähe zu betrachten. Der Botschafter streichelt sein Haar und deutet fast unspürbar auf seiner Stirn das Kreuzzeichen an. Jesdegerd schläft ein. Maruta und Isaak, der Bischof der Hauptstadt, entfernen sich auf Zehenspitzen.

Das Feuer spricht

In den nachfolgenden Jahren gewinnt Maruta, der geschickte und überzeugende christliche Botschafter von Byzanz, nach und nach die Wertschätzung des persischen Herrschers. Sein medizinisches Wissen lindert die tägliche Migräne des Königs. Durch seine Gebete gelingt es ihm sogar, Jesdegerds Sohn zu heilen, der von einem Dämon besessen war. Die Magier fühlen sich vernachlässigt und beschließen, den Priester-Botschafter zu beseitigen.

Der Haupttempel von Ktesiphon ist ein quadratisches, von einer Kuppel gekröntes Gebäude, das erhöht auf einer Plattform steht. Das Dach ruht auf vier Bogen. Unter der Kuppel befindet sich der Altar des Feuers auf einer imposanten, vierkantigen Steinsäule. Das Tempelinnere ist düster, denn die Sonne darf niemals auf das heilige Feuer scheinen. Der Tempel duftet nach Weihrauch. Ein Priester, der, um das Feuer nicht zu besudeln, einen Mundschutz trägt, stochert mit einem Stock im Feuer. Er wird von sieben Assistenten begleitet, deren Aufgaben sind: die heilige Pflanze zu pressen, um *Haoma* zu gewinnen, das Feuer zu bewachen, Holz herbeizutragen und das Feuer damit zu nähren, Wasser herzutragen, das *Haoma* zu filtern, das *Haoma* mit Milch zu mischen und das gute Funktionieren des Rituals zu überwachen.

Der Herrscher kommt, um dem königlichen Feuer zu opfern: Dieses wird bei seiner Thronbesteigung entfacht und erst bei seinem Tod gelöscht. Alle ziehen sich zurück. Niemand soll die Feierlichkeit seiner Andacht stören. Er geht zum Feuer und psalmodiert eine göttliche Melodie:

«Wir grüßen den Ursprung der Gewässer. Wir grüßen den Lauf der Gewässer. Wir grüßen die Berge, die von den Gewässern durchflossen werden. Wir grüßen die Seen. Wir grüßen die Weiher. Wir grüßen die Weizenfelder. Wir grüßen die Seelen der Haustiere.»

Eine geheimnisvolle Stimme unterbricht sein Gebet. Sie ist plötzlich dem Feuer entstiegen und sagt ihm, er sei vom Christen Maruta befleckt. Er dürfe nicht mehr im Tempel sein. Jesdegerd zittert vor Fucht und schaut sich nach allen Seiten um: niemand. Erschreckt weicht er ein paar Schritte zurück. Die Stimme gebietet ihm, den *Atakhch katak,* das Haus des Feuers, zu verlassen, sonst werde es für immer besudelt.

Welche Verwünschung hat da den König getroffen? Warum zeigt sich seine Religion, die sogar die Seelen der Haustiere segnet, intolerant gegen einen Mann wie Maruta, der einen anderen Gott verehrt? Wie konnte das Feuer sprechen?

Jesdegerd will diesen Zwischenfall vergessen. Aber er schläft schlecht. Wie die Perser sagen, «er behält die Nächte lebendig». Seine Migräne meldet sich wieder. Er verbietet Maruta den Zugang zur Residenz.

Er geht wieder in den Tempel. Die gleiche Stimme ruft ihn an und verjagt ihn. Er versucht es nochmals. Stets dieselbe Verurteilung, dieselbe Abweisung.

Da erfährt Maruta vom Hofsticker, einem römischen Christen, daß die Krankheit des Herrschers wieder und schlimmer ausgebrochen sei. Medikamente und Ärzte helfen nicht gegen seine Migräne. Der König empfängt niemanden und geht sogar nicht mehr in den Tempel zum täglichen Gebet.

Maruta meldet sich im Palast an. Zu seinem großen Erstaunen wird er sofort von Jesdegerd empfangen. Der Botschafter, der die hohe Spannung des Königs spürt, massiert ihm den Nacken und versenkt ihn ganz langsam in einen künstlichen Schlaf; dann fragt er ihn nach dem Grund seiner Beunruhigung. In hypnotisiertem Zustand erzählt ihm der König von dem Unglück im Tempel. Maruta errät ein Komplott der Magier und macht dem schlafenden König einen Vorschlag, wie die Situation zu lösen sei.

Am folgenden Tag geht Jesdegerd zum Tempel. Gleiche Zeremonien, gleiche Ängste. Aber als die Stimme ihn zu beschimpfen beginnt, hebt der König jäh die Feuerplatte, bückt sich und entdeckt einen Mann, der sich in die Säule gekauert hat.

Die listigen Magier verlieren nun die Wertschätzung und das Vertrauen des Königs. Vom Hofe verjagt, geben sie dem König, der es wagte, ihre Tricks aufzudecken, den Übernamen «der Sünder». Jesdegerd ordnet an, daß alle christlichen Kirchen, die sein Vorgänger hatte zerstören lassen, wiederaufgebaut würden. Er gewährt endlich den kirchlichen

Würdenträgern die Amnestie und allen christlichen Untertanen Freiheit, ihre Religion auszuüben. Maruta hat gewonnen.

Das Konzil von Ktesiphon

Maruta ist sich jetzt der Unterstützung des Königs sicher und geht daran, die Akten über die Märtyrer und deren Gebeine einzusammeln. Die Christen, die den Terror Schapurs II. überlebt haben, sind jetzt ruhiger. Neue Kirchen entstehen in allen Städten. Ohne Angst vor Denunziation bringen es die Christen sogar bis zu Schlüsselpositionen in der Beamtenhierarchie. Und ihre Handelsunternehmungen – das Milieu, in dem sie geboren waren – kennen echten Wohlstand.

Der Bischof der Hauptstadt, Isaak, wird vom König sehr geschätzt. Alles scheint ruhig und vielversprechend, als ein schwerer Streit unter den Christen entbrennt. Gewisse Provinzbischöfe erheben sich gegen das Übergewicht der Kirche in der Hauptstadt, gegen Isaaks Kirche. Sie verleumden ihn, gehen bei den persischen Behörden gegen ihn vor und erreichen, daß er inhaftiert wird.

Maruta, sein Freund von jeher, beschließt, ein Konzil einzuberufen, um die Rebellen zu richten und zu verurteilen. Er ermutigt den König, diese Versammlung zu unterstützen, die für die persischen Christen sein wird, was 325 das Konzil von Nicäa für die römische Kirche war.[14]

Jesdegerd schickt an die Regierungen der verschiedenen Provinzen schnelle Kuriere.

Zu Beginn des Jahres 410 versammeln sich alle Bischöfe des Reichs in der Kirche von Ktesiphon, die restauriert und verschönert ist, aber noch die Erinnerung an ihre Märtyrer und an den Archivar Joseph behalten hat.

Maruta liest zuerst einen Brief des Patriarchen von Antiochia vor, der an den König der Könige gerichtet ist. Dieser Brief, grundsätzlich unanfechtbar, enthält die kategorische Verurteilung der Verleumder Isaaks. Den in der Hauptstadt weilenden Bischöfen bleibt nur, Isaak anzuerkennen. Das tun sie auch. Der Beschluß wird vom Herrscher und vom Hof gebilligt.

Die Gläubigen verteilen sich in Ktesiphon. Manche suchen Verwandte auf, andere spazieren in der Hauptstadt herum und fragen nach den neuesten Nachrichten aus dem Westen. Rom ist von den Goten ausgeplündert worden. Die Straßen der Stadt sind erfüllt von Leichengeruch. Die schönsten Silberwaren, Seidenballen, Marmorstatuen, Bronzefiguren wurden in die groben Karren des Siegerheers geworfen. Man hat Heiligenstatuen eingeschmolzen, um Metall zu erhalten, und weil Jungfrauen vergewaltigt worden sind, beschäftigt die Kirche eine außergewöhnliche Frage: Es gilt zu entscheiden, ob die vergewaltigten Opfer wegen eines gegen ihren Willen verübten Verbrechens sich noch Jungfrauen nennen dürfen. Offenbar eine Frage von sehr hoher Bedeutung, denn man findet sie durch die Jahrhunderte immer wieder.

Manche Bischöfe erinnern sich noch an die Bekehrung Roms, als Theodosios I., ein glühender Katholik, den Senat aufforderte, zwischen Christus und Jupiter zu wählen. Die Senatoren beschlossen, ihre alten Götter über Bord zu werfen; es gab einige wenige, die trotzdem für Jupiter stimmten. Die Soldaten drangen hierauf in den Palast ein und rissen brutal die Statuen der alten Götter weg, die unterlegen waren.

Die iranischen Bischöfe beenden ihren Spaziergang und finden sich wieder in der Kirche von Ktesiphon. Einhellig beschließen sie, die wichtigsten disziplinarischen Anordnungen des Konzils von Nicäa zu übernehmen: die Organisation der Kirchen, das Recht des Klerus, das Vorgehen bei Bischofswahlen.

Der Abschluß des christlichen Konzils wird unter dem Patronat des Königshofs gefeiert. Zwei königliche Offiziere, Prinzen von Geblüt, überwachen die Festlichkeit im Namen des Königs der Könige. Sie fällt zusammen mit dem persischen Fest «des Begießens», an dem alle Stadtbewohner ihre Gärten und ihre Dächer begießen. Der Ritus soll den wohltuenden Regen einladen, ihre Häuser zu besuchen und die Stadt zu ehren. Bei dieser Gelegenheit gewährt der König, in Weiß gekleidet, eine öffentliche Audienz. Sein Thron steht auf einem weißen Teppich. Die Teilnehmer sind nach Rang geordnet. Im Ehrenhof verteilt man Wein an das Volk, zusammen mit einem Teller voll Gemüse und Fleisch.

Die Bischöfe Maruta und Isaak plaudern mit den Höflingen. Der König von Persien, einst Christenverfolger, scheint jetzt ihr Beschützer zu sein. Verborgen hinter dem Vorhang, der ihn vor Blicken schützt, heißt Jesdegerd sie willkommen. Sie werfen sich nieder – in der Sprache des sassanidischen Hofes «fallen sie auf ihr Gesicht». Dann erheben sie sich, und aufrecht vor dem König stehend, die Hände auf der Brust gekreuzt, begrüßen sie ihn mit Worten, die in einem christlichen Mund seltsam wirken: «Möget ihr ewig leben, erster aller Menschen!»

Die Autorität ist wieder hergestellt, alles scheint in Ordnung zu sein. Der König der Könige scheint, von fern gesehen, die Haltung Konstantins und der christlichen Kaiser von Byzanz einzunehmen. Er ernennt Isaak feierlich zum «großen Metropoliten, Oberhaupt aller persischen Bischöfe und Vertreter des Patriarchen von Antiochia». Dann geht er zur Ernennung anderer Kirchenleute über. Von jetzt an werden Aufsässige durch die königliche Autorität bestraft. Die Einigkeit zwischen der christlichen Kirche und dem Staat verlängert den Frieden zwischen Persern und Römern, der mit dem Testament des Arkadios begonnen hatte. Die persische Kirche dient als Bindestrich zwischen den beiden Reichen, und alle Teilnehmer beten, sicher aufrichtig, für die Seele von Jesdegerd. Die christlichen Litaneien hallen friedlich durch den Hof des Königs der Könige. Jesus tritt nach sassanidischer Tradition durch das große Portal ein.

Die Grenzen im Himmel verwischen sich

Nach den drei Jahren in Persien geht Maruta an seinen Bischofssitz im Reich von Byzanz zurück. In seiner Bischofsstadt, die den Namen Martyropolis erhielt, baute ihm Theodosios eine Kirche, in der Maruta die Reliquien der persischen Märtyrer verwahrt.

Isaak starb kurz nach dem Konzil von Ktesiphon. Ihm folgte ein vom Hof unterstützter Bischof. Die königliche Familie ließ sich mehr und mehr vom christlichen Bekehrungseifer beeinflussen, wurde ihr doch ein neues Schicksal versprochen. Durch seinen Sohn hatte Gott sehr klar die Welt in die Hand genommen und ihr Fülle und unvergleichliches Licht geschenkt. Die Christen sagten auch, die Menschheit befinde sich in der letzten Etappe ihres Laufs; der Triumph des Himmels sei nahe, und die Menschen könnten zu ewigem Leben gelangen. Endlich wußte man, was Gott im Sinn hatte und was die ganze Erde betraf.

Gegen diesen wachsenden Einfluß kämpften die Magier, die überall als rückständige Heiden und archaische Götzenanbeter behandelt wurden. Sie suchten Unterstützung bei den Großgrundbesitzern, um die offiziellen Beschlüsse zu sabotieren. Eine gewisse Anarchie überzog das

Land; manchmal wußten die Gouverneure nicht, welche Befehle sie auszuführen hatten.

Diese ganze Gegend der Welt suchte einen echten Glauben. Die antiken Religionen hatten göttliche Systeme aufgebaut, die sich für bestimmte Völker eigneten, als wäre der Himmel gleich wie die Erde von Grenzen durchzogen. In dieser Welt, in der der Himmel der Erde glich, schlugen sich die Götter gewöhnlich auf die Seite der Krieger ihres Volkes gegen andere Völker, denen andere Götter halfen.

Die Christen vertraten – im Gefolge der Juden, die sie erfunden hatten – eine neue Idee: die Idee eines nicht nur einzigen, sondern auch universellen Gottes, der für alle Völker gültig war, selbst wenn sie ihn noch nicht kannten, die Idee eines fleischgewordenen Gottes, der für alle Menschen gestorben war. Mit der christlichen Offenbarung gab es auf einmal im Himmel keine Grenzen mehr, und eine neue Hoffnung erhob sich auf der Erde: daß diese nicht mehr das Modell des Himmels sein würde, sondern im Gegenteil sein Spiegel, und daß der unendliche himmlische Frieden, universal und ewig, sich unter den Menschen ausbreite.

Diese Hoffnung auf «Frieden unter den Menschen» war im Iran wie anderswo fühlbar. Im Wunsch, diesen neuen Weg tiefer zu erforschen – er war sehr anziehend, aber man ahnte schon, daß er nicht leicht zu finden und mit vielen Fallen bestückt sei, natürlich menschlichen Fallen –, unternahmen junge christliche Perser die Reise nach Byzanz. Sie immatrikulierten sich in einer berühmten christlichen Schule, der theologischen Schule von Edessa, das zur Brücke zwischen Okzident und Orient geworden war. Sie lernten Exegese und Theologie, aber vor allem Naturwissenschaft, griechische Weisheit und aristotelische Philosophie.

Die Geschichte von Edessa

Ein paar Dutzend Jahre nach Christi Tod hatten sich die ersten Christen im Vizekönigtum Osrhoene niedergelassen, und die Stadt Edessa wurde ihr Zentrum. Während der unaufhörlichen Kriege zwischen Rom und den Parthern stand Edessa eher auf der Seite Roms, hielt aber so etwas wie eine Unabhängigkeit aufrecht. Während dreieinhalb Jahrhunderten, bis 244, war es die Hauptstadt eines autonomen Reiches.

Nach der Legende entsandte ein gewisser Abgar V., König von Edessa, der an einer Krankheit litt, einen Boten zu Jesus, er möge in seine Hauptstadt kommen und ihn heilen. Der Bote war ein bekannter Maler und hatte ein Porträt von Christus malen wollen. Aber die beinahe bestürzende Schönheit dieses Gesichts lähmte ihn, er ließ Pinsel und Leinwand fallen, um sein Modell einfach zu bewundern. Als Jesus sah, daß er nicht fähig war, ihn zu porträtieren – so geht die Legende –, nahm er die Leinwand, rieb sie gegen sein Gesicht, und seine Züge erschienen wunderbarerweise auf der Bildfläche. Hierauf gab er dem Maler-Boten einen Brief für seinen König, worin er versprach, ihm einen seiner Jünger als Heiler zu schicken, und ihm versicherte, daß niemals ein Feind in seine Stadt eindringen würde.

Später hefteten Edessas Bewohner jedesmal, wenn ein fremdes Heer die Stadt belagerte, Jesu schriftlichen Segen an ihr Haupttor, und selbst wenn sie dieses Tag und Nacht offen ließen, selbst wenn sie ihren Feinden keine Beachtung schenkten und sie mit Verachtung straften, gelang es diesen niemals, die Stadt zu erobern.

Das Versprechen einer Heilung wurde eingelöst, als auf Empfehlung von Thomas der Apostel Addai in Edessa ankam. Er wohnte im Haus eines palästinensischen Juden und heilte tatsächlich den König. Addai gelang es, nicht nur die jüdische Gemeinschaft und die assyrischen Durchreisenden zu bekehren, sondern und vor allem auch die großen heidnischen Priester, und zwar so gründlich, daß sie sich im Zentrum der Stadt versammelten und – welch spektakuläre Umkehr – mit Gewalt die Altäre zerstörten, auf denen sie jahrelang ihren Göttern, Nebo und Baal, geopfert hatten. Addais Wunder warfen einen endgültigen Schatten auf die Macht der so brutal abgesetzten Götter. Das Volk, durch die christliche Hoffnung in Hochstimmung versetzt, zerstörte und verwischte alle Spuren der Vergangenheit. Der Ursprung ihres Leidens – dachten sie – sei in ihrer schlechten Wahl zu suchen. Nebo, Baal und die ganze Horde der heidnischen Götter, die waren an ihrem ständigen Unglück schuld. Ihre Statuen wurden zerstückelt, von Wagenrädern zermalmt und zertrampelt. Die Kinder, die mit solchen Bruchstücken spielten, wurden ihrer bald müde. Es gab Reisende, die die fast unversehrte Büste eines gefallenen Gottes ausfindig gemacht, sie eingepackt und mitgenommen hatten, um sie Gläubigen in fernen Ländern zu verkaufen, aber sie erwies sich bald als lächerlich platzraubend und wurde bei einer Straßenverzweigung zurückgelassen.

Mit Ehrfurcht stellte man die Statuen von Christus und verschiedenen Heiligen an den Platz der heidnischen Altäre. Addai vollbrachte täglich ein neues Wunder, und niemand staunte darüber. Außerdem ergötzten sich die Gläubigen an den Lesungen des Alten und des Neuen Testaments und der Apostelgeschichte. Dieser Gefallen am Studium religiöser Texte wurde nach und nach zu einer Spezialität von Edessa. So sah die Stadt, wie auf ihrem Gelände eine der größten christlichen Schulen jener Zeit entstand.

Als Addai spürte, daß der Tod nahte, ließ er eines Tages seine besten Schüler zu sich kommen und ernannte einen davon, Aggai, zum offiziellen Nachfolger.

Von Edessa aus, und dank Aggais Leistungen, wurden der ganze Orient, Mesopotamien, Babylonien und Persien evangelisiert. Das Christentum verbreitete sich zuerst unter den Juden, die sich in dieser Gegend niedergelassen hatten, um mit Seide aus Indien und China zu handeln, aber es erfaßte auch die einheimische Bevölkerung und wurde Ende des 2. Jahrhunderts die offizielle Religion des Königs Abgar IX. und der Intellektuellen von Edessa.

Bardesanes, ein großer christlicher Schriftsteller dieser Epoche, lebte am Hof des Königs. Als Syrier, griechisch erzogen, liebte er besonders die ägyptische und die chaldäische Astrologie. Im Alter von fünfundzwanzig Jahren bekehrte er sich zum Christentum und schrieb zahlreiche Werke, die seine Schüler vom Syrischen ins Griechische übersetzten. Aber vor allem war er der Schöpfer der syrischen Poesie. Er verfaßte hundertfünfzig Psalmen, die von der Jugend Edessas auf den Straßen gesungen wurden. Das großartige Gedicht, das unter dem Namen *Hymne auf die Seele* bekannt ist und in den *Thomasakten*, unter dem Titel *Judas Thomas im Land der Inder* enthalten ist, wird ihm zugeschrieben. Es erzählt die Geschichte eines Prinzen, der in Ägypten eine Perle holen will, die von einem Drachen bewacht wird. Auch die *Oden Salomons* sind sein Werk.

Bardesanes war ein Höfling, liebte Sport, hatte früher gejagt und war in die Astrologie verliebt. Er und seine Schule zogen den entschiedenen Haß der orthodoxen Christen[15] auf sich, denn sie sahen im Studium der Himmelskörper einen Rückfall ins Heidentum. Er sagte, der Mensch werde vom Bösen angezogen, weil er in sich ein Element der Finsternis habe. Seine Feinde machten aus ihm den Meister Manis des Ketzers; anderen schien Bardesanes vor allem ein echter Gnostiker, der an die menschliche und göttliche Doppelnatur Christi glaubte. Eine dornige Frage, die immer wieder auftauchen sollte.

Die *Thomasakten,* die fiktive Geschichte der Reisen des Apostels Thomas in Indien, wurden wahrscheinlich von einem der Schüler von Bardesanes geschrieben. In diesem Werk wurde der Apostel Judas Thomas oder «Judas der Zwilling» zum Zwilling des Messias selbst. Der Schluß der *Akten* besagt, daß die Gläubigen des heiligen Thomas seinen Leichnam nach Edessa trugen. Die Reliquienübergabe fand 232 statt. Von diesem Datum an wurde Edessa das aktive Zentrum der Verehrung dieses Apostels.

Nach und nach verlor die Stadt ihre Unabhängigkeit; 244 war sie zu einer simplen römischen Kolonie geworden. Nach dem Aufstieg der Sassaniden, als König Schapur I. in Mesopotamien eindrang und Antiochia angriff, wo, wie wir gesehen haben, die Bevölkerung eben Zirkusspielen zusah, belagerte der König auch Edessa. Als Kaiser Valerian endlich mit seiner Armee Edessa zu Hilfe kam, hatten die Perser längst gewonnen. Besiegt und gefangengesetzt, starb Valerian in einem Gefängnis in Gondischapur. Sein mit Stroh ausgestopfter Leichnam wurde, nach gewissen Quellen, sehr lange in einem der berühmtesten persischen Tempel aufgehängt. Von Jahrhundert zu Jahrhundert erinnerten die Sassaniden an diesen Sieg und genossen dieses Zeugnis. Die eroberten Gebiete gingen von einer Hand zur anderen, die Kriegsschätze wurden aufgebraucht, aber die ausgestopfte Haut Valerians beglückte immer noch als Zeugnis eines einzigartigen und unvergeßlichen Triumphs.

Schapur verwüstete Syrien, Kilikien und Kappadokien, aber Edessa setzte ihm zähen Widerstand entgegen. Vielleicht wirkte Jesu Segen, nach zweieinhalb Jahrhunderten, immer noch beschützend.

Auf alle Fälle zog die Stadt mehr und mehr Christen aus dem ganzen Orient und vor allem aus Persien an. Die Theologieschule bildete junge Menschen dazu aus, wissenschaftliche Werke aus dem Griechischen ins Syrische zu übersetzen und das christliche Wissen der griechischen Tradition im ungeheuer großen, noch zu erobernden Osten zu verbreiten.

Als 363 Nisibis von den Römern den Persern überlassen wurde, zog dessen Schule nach Edessa, der nie eroberten Stadt, und wurde von Gruppen verschiedener Nationen besucht. Sie nannte sich nun «Schule der Perser» und zog die berühmtesten christlichen Gelehrten an sich.

Eine Frage des Dogmas

In dieser Zeit, die von Ketzereien aller Arten erfüllt ist, wird das Christentum durch eine sehr schwierige Frage geteilt. Es handelt sich darum, dem Geheimnis des Wesens von Jesus Christus auf die Spur zu kommen. Jede christliche Haltung – gestern wie heute – wird durch das Verständnis dieser außerordentlichen, zu allen Zeiten einzigartigen Persönlichkeit bedingt. Unzählige Legenden umranken ihn, und die Kirchenväter versuchen, gut unter ihnen auszuwählen.

Im Zentrum steht das Geheimnis der Geheimnisse, das man akzeptieren muß, wenn man Christ sein will: Jesus Christus war zugleich Mensch und Gott. Aber wie kann man sich das vorstellen? Wie kann Gott – der alleinige Gott – von einer Frau geboren werden? Wie kann Gott leiden und sterben?

Zwei Auffassungen stehen sich gegenüber. Einerseits der Bischof von Laodicea, der hochgelehrte Apollinaris; er bestand auf der Göttlichkeit Christi. Christus war Gott, ja, ohne Zweifel, aber nur Gott. Man kann in Jesus zwar im pythagoräischen Sinn eine «wahrnehmende» Seele erkennen, aber auf keinen Fall hat er eine «menschliche Seele», eine «vernünftige Seele». Selbst wenn in den Evangelien gesagt wird, daß Jesus «an Weisheit wuchs», kann man diesen Ausdruck unmöglich wörtlich verstehen. Gott brauchte keine menschliche Intelligenz, und seine Weisheit kann nicht «wachsen».

Apollinaris nahm deshalb an, Christus habe eine menschliche Form angenommen, eine menschenähnliche Erscheinung, aber er sei nicht wirklich ein Mensch gewesen (was dem Dogma widersprach): Er schwitzte nicht, er aß nicht, er trank nicht wirklich, und seine Exkremente blieben imaginär.

Für einen anderen Doktor der Kirche, den sehr berühmten Theodor von Mopsuestia, Chef der Kirche von Antiochia, hatte im Gegenteil Christus einen menschlichen Körper und eine menschliche Seele, die frei zwischen Gut und Böse unterscheiden konnte. Seine wunderbare Zeugung, seine Taufe und seine Wahl des Guten (eine auf die Dauer unvermeidliche Wahl, da er ja der Heiland, der Retter werden sollte) machten ihn zu einem Verwandten Gottes, der von da an in ihm wohnte. Diese moralische Verschmelzung Gottes und des Menschen in Christus vollzog sich progressiv. Während seines irdischen Lebens wurde sie immer enger, und nach der Auferstehung und der Auffahrt wurde sie vollkommen.

Jesus war für Theodor also *auch* ein Mensch, der körperlich wie ein Mensch lebte. Wie ließ sich diese Doppelnatur verstehen? Wir gelangen hier in unsicheres Gelände, das der reinen Spekulation, so unsicher, daß die Kirchenväter, solange Theodor lebte, nie wußten, ob seine subtilen Thesen anzunehmen oder zu verwerfen seien. Theodor starb im Schoß der offiziellen Kirche. Seine Ideen wurden erst 553 klar abgelehnt, am zweiten Konzil von Konstantinopel. Dort wurde eine verhängnisvolle Ketzerlehre geboren, die des Dyophysitismus, für die Jesus gleichzeitig in zwei verschiedenen Naturen gelebt hatte.

Die Schule von Edessa, in der die iranische Elite unterrichtet wurde, folgte Theodors Idee, nach der eine Doppelnatur vorlag, wobei der Mensch das Gefäß Gottes war.

Theodor sagte zum Beispiel, die Menschlichkeit Christi sei das Gewand Gottes, sein Instrument, sein Haus, sein Tempel. Er sagte auch, die Jungfrau sei nicht die «Mutter Gottes». Nicht Gott sei von Maria geboren worden, sondern der menschliche Tempel, den Gott sich als Wohnung erwählt habe. Undsoweiter.

Diese Vorstellungen wurden durch die persischen Studenten bis in den Iran getragen. Sie waren die ersten Samen der zukünftigen Autonomie der Kirche von Ktesiphon.

Die Schule der Perser

An der Spitze des Lehrkörpers befand sich der «Interpret». Er war von mehreren Assistenten umgeben, unter ihnen der «Lektor», der den Studierenden die Kunst, die heilige Schrift korrekt vorzulesen, beibrachte. Er lehrte sie, wohlklingend, melodisch und sinngemäß zu lesen. Der «Prüfer» leitete die philosophische Abteilung. Der «Meditator» erläuterte den geheimen Sinn der Texte. Der «Schreiber» schließlich lehrte die Schrift.

Das Programm der Schule umfaßte natürlich das Studium der Heiligen Schrift, die je nach Grad der Authentizität, nach der Einteilung ihrer Kapitel und ihrer Tendenz übersetzt und erklärt wurde. Eine der Haupttätigkeiten war sodann die Übersetzung griechischer Werke ins Syrische. Man widmete sich besonders den Kommentaren von Theodor von Mopsuestia und seinem Meister, Diodor von Tarsus. Eine Hauptübung des Lesens galt dem Klang der Vokale. Wurden sie schlecht ausgesprochen, so konnten sie den Sinn eines Textes verändern.

Die jungen Perser zeigten eine wahre Leidenschaft, die griechische Sprache und Philosophie zu lernen. Voller Eifer übersetzten sie die größten Werke der hellenischen Weisheit ins Syrische. Zwei Jahrhunderte später übertrugen die Araber dieses kulturelle Erbe in ihre eigene Sprache, und von da aus wurde es an Europa weitergegeben.

Das Denken des Aristoteles, seine Begierde, die Welt dem *Logos,* der intelligenten Erkenntnis unterzuordnen, gefiel den iranischen Schülern. Sie studierten auch die Rhetorik, die Geographie, die Geschichte, die Astronomie, die Naturgeschichte. Der Glaube schloß den alten menschlichen Wunsch, die Welt zu kennen, überhaupt nicht aus.

Im Hof dieser Universität (die auch Kloster war) erscheinen Studierende verschiedener Nationalitäten. Bei der Ankunft sind sie verschieden gekleidet. Sie sprechen miteinander syrisch. Sie sind jung. Man sieht weltliche Personen wie auch Mönche. Der «Ökonom» bereitet sie auf die Aufnahmefeier vor und erklärt ihnen deutlich die drei wichtigsten Pflichten, die sie während ihres Aufenthaltes erfüllen müssen: die Reglemente einhalten, in der Schule wohnen, arbeiten.

Man verteilt ihnen Uniformen. Der akkreditierte Frisör hält Kämme und Scheren in der Hand und wartet auf seine Opfer, um sie kahlzuscheren, selbst einen persischen Prinzen mit der Haartracht der sassanidischen Könige, nämlich langem Haar und in einem Ring gefaßten Bart. Der Frisör schneidet seine langen, gelockten Haare ab, entfernt den Ring, rasiert ihm den Bart ab und erklärt ihm währenddessen die anderen Regeln. Der Student darf nur in der Urlaubszeit in die Stadt gehen, von August bis Oktober. Er darf nicht an den Ständen essen und nicht in den Gärten, und er muß das Frauenkloster im Stadtinnern meiden.

Acht bis zehn Studenten schlafen beisammen in derselben Zelle. Ein junger Sassanide, der in überdimensionierten Palästen aufgewachsen ist, muß jetzt den Raum teilen, in dem er träumt, und die Mahlzeiten in Gesellschaft seiner Zellengenossen einnehmen. Welche Enge, so zusammengepfercht. Und welche präzisen Vorschriften: Wenn er armen Studenten Geld leiht, muß er die vom Reglement festgesetzten Zinsen verrechnen. Und vor allem keinen Handel. Letzteres berührt ihn kaum, denn wie der ganze iranische Adel verachtet er das Geld.

Jetzt sind seine Haare sehr kurz. Sein Bart ist verschwunden. Er bedauert aufrichtig, daß man nicht zum Frauenkloster darf. Aber er wird versuchen, seine Studien gut zu betreiben und einer von denen zu werden, durch die die Weisheit und die Kenntnisse des Westens so weit als möglich nach Osten getragen werden.

Am Hof von Ktesiphon redet man nur von der «Schule der Perser». Die zoroastrischen Prinzen beneiden ihre christlichen Vettern, die die beste Universität besuchen dürfen, die man in der Welt kennt. Während ihres Urlaubs im Iran breiten sie ihre linguistischen und geographischen Kenntnisse aus. Sie lachen diejenigen aus, die nicht wissen, wo sich die Alpen befinden, die Donau und die Pyrenäen. Der Hof wird vom christlichen Wissen immer mehr verzaubert. Die unsichtbaren Barrieren, die vor langer Zeit von der sassanidischen Dynastie gegen die Verlockungen des Okzidents errichtet wurden, sind von den Söhnen des Irans überstiegen worden. Sie bringen das Denken einer anderen Welt mit. Soll sich der König der Könige in die Traditionen seiner Vorfahren einschließen? Oder wird er mit Hilfe dieses neuen Gefährts, des Christentums, die Tore der iranischen Zivilisation öffnen, damit der Zauber der griechisch-römischen Tradition eindringen kann?

Ende eines allzu milden Königs

Jesdegerd, der von den neuen Wissenschaften sehr angetan ist, kann jeden Augenblick zum Christentum übertreten. Ein unerwartetes Ereignis in der Provinz Elam macht seinen Plänen ein Ende.

Der Vorfall spielte sich in Hormozd-Ardaschir ab, einer Stadt, die im 3. Jahrhundert am Ufer des Karun erbaut wurde. Dieser schiffbare Fluß, der in den Persischen Golf mündet, hatte aus Hormozd-Ardaschir ein wichtiges Handelszentrum gemacht.

Die Christen lebten dort in Frieden mit den anderen. Sie waren meist Händler und tauschten indische Produkte gegen Waren, die aus Byzanz oder Rom kamen. Gewürze wurden mit Goldmünzen gekauft, die in Byzanz geprägt worden waren. Die reich gewordenen Christen diktierten ihre Gesetze den ärmeren Stadtbürgern, die meist Zoroastrier waren. Das Wirtschaftssystem der Stadt beruhte auf der Ein- und Ausfuhr von Gütern, und der alte iranische Adel wie auch die Magier, die doch unerhört große Ländereien, Seen und sogar Berge besaßen, waren weniger vermögend als die Christen. Der Münzenumlauf half ihnen nicht, und ihr Landbesitz war nicht mehr viel wert. Sie wußten, daß 408 die Bewohner Roms, die von den Goten belagert wurden, mit hundertfünfzig Kisten Pfeffer über die Zukunft ihrer Stadt verhandelt hatten.

In Hormozd-Ardaschir standen damals die Kirchen neben den zoroastrischen Tempeln. Einmal ging auf Betreiben des Großen Magiers ein Zoroastrier, verkleidet als christlicher Pilger, in eine Kirche und versuchte, das Kreuz in Brand zu stecken. Entrüstet befahl der Priester der Stadt, ein gewisser Hosea, den Tempel, der neben der Kirche stand, zu zerstören. Dabei zeigten die jungen Christen einen entfesselten Eifer, und das «Haus des Feuers» wurde während der Nacht vernichtet. Sie spuckten auf das heilige Feuer, warfen ihre Exkremente hinein und löschten es mit Stockschlägen.

Als man am Hof von der Zerstörung des Tempels erfährt, sieht sich der König verpflichtet, seine Schützlinge zu bestrafen. Es ist keine verfälschte Stimme eines schlauen Magiers mehr nötig, um ihm zu befehlen, seine Bande zu zerschneiden.

Das Werk seines ganzen Lebens ist vernichtet. Warum haben die Christen auf diese Weise reagiert? Hat Christus sie nicht gelehrt, ihre Feinde zu lieben und für die zu beten, die sie verfolgen? Die linke Wange hinzuhalten, wenn man sie auf die rechte schlägt? Warum enden alle die Kämpfe jetzt im Bösen?

Der König läßt die Schuldigen zum Hof kommen. Nach einer langen Reise kommen Hosea und seine Gefährten in Ktesiphon an. Dem alten Monarchen, der sie befragt, antworten die Christen einhellig, er sei schlecht informiert. Man habe sie verleumdet. Der ganze Fall beruhe auf der Gier der Magier, sich an Maruta zu rächen, auf ihrer Heuchelei, ihrer Eifersucht und ihrer raffinierten Verlogenheit.

Aber Jesdegerd hat die Berichte einer offiziellen Ermittlung gelesen. Er kennt die kleinsten Details des Vorfalls und erträgt die Falschheit dieser Männer nicht, die behaupten, sie dienten dem wahren Gott. Ist vielleicht das Christentum nur eine Maske, die lediglich den Schein ändert?

Es verlangt ihn, den Vorhang wegzureißen, der ihn von seinen Gesprächspartnern trennt, und ihnen tief in die Augen zu schauen, um den Grund dieses Verhaltens zu verstehen. Warum haben sie das Feuer gelöscht, den Tempel zerstört? Warum zwingen sie ihn zur Intoleranz?

Der Priester Hosea ereifert sich seinerseits über die Fremdenfeindlichkeit und die sinnlosen Riten des Mazdaismus. Die blutigen Opfer und die unsterblich machenden Tränke sind Praktiken einer toten Vergangenheit. Die alte Welt gibt es nicht mehr. Die neue Welt verlangt die Öffnung des Geistes, der Länder, einen freieren Verkehr der Ideen, der Menschen und der Güter. Ja, er selbst hat den Tempel zerstört. Ja, er persönlich hat das Feuer gelöscht. Und er sagt, warum.

Der offizielle Chronist der Kirche von Persien, einer von denen, die Joseph nachgefolgt sind, bricht seltsamerweise seinen Bericht beim Geständnis Hoseas ab. Aber aus anderen Quellen entnehmen wir, daß der König dem Bischof Abda befahl, den Feuertempel wiederaufzubauen. Abda weigerte sich, was seinen Tod und denjenigen von Hosea und sechs anderen Geistlichen zur Folge hatte.

Die gleichen Quellen erzählen vom Martyrium eines Mönches Narsi, der mit einem Priester befreundet war. Letzterer bekehrte einen persischen Edelmann zum Christentum, der ihn bat, in seinem Städtchen eine Kirche zu errichten. Um besser geschützt zu sein, erbat der Priester vom Edelmann eine Besitzurkunde des Geländes. Den lokalen Magier hatten die neuen Verfolgungen kühn gemacht, und er beschwerte sich bei seinem König. Bald, sagte er, sei, wenn man sich nicht vorsähe, die ganze Gegend von Kirchen und Klöstern übersät. Es würde kein Plätzchen mehr geben, wo man das heilige Feuer anbeten könne.

Jesdegerd beauftragte den Magier, den Edelmann zum Zoroastrismus zurückzubringen und ihn aufzufordern, sein Land zurückzuverlangen. Das wurde gemacht. Aber eben, als der Priester sich anschickte, die Urkunde seinem ehemaligen Beschützer zurückzugeben, griff der Mönch Narsi ein. Er riet ihm, das Land zu verlassen und die Urkunde mitzunehmen; er war überzeugt, er könne den edlen Abtrünnigen verklagen und einen Prozeß gegen ihn führen. Zweifellos wußte er nichts von der Neubelebung der Christenverfolgungen.

Nach der Abreise des Priesters bemächtigte sich der Magier der Kirche und entfachte in ihr das heilige Feuer. Der Mönch Narsi, der nichts vom Eingreifen des Magiers wußte, wollte die Kirche in Besitz nehmen. Zu seiner großen Überraschung erblickte er mitten in der Kirche die Geräte der Feuerverehrung. Er holte alle Christen des Dorfes, stellte das Mobiliar an den ursprünglichen Platz, löschte das zoroastrische Feuer und zelebrierte eine Messe.

Sogleich häuften sich die Zusammenstöße zwischen der christlichen Bevölkerung der Stadt und den Zoroastriern. Die Wachen griffen ein, ergriffen Narsi und schickten ihn, mit Ketten beladen, zur Hauptstadt, wo der oberste Magier ihn beauftragte, den Feuertempel neu zu erbauen. Er weigerte sich und kam ins Gefängnis. Neun Monate später erreichten die Christen unter Ausübung von Druck und mit Bitten, daß er gegen Zahlung von vierhundert Silberstücken bedingt freigelassen wurde. Narsi zog sich in ein Kloster nahe den königlichen Städten zurück. Etwas später erschien er auf Befehl des Königs vor dem *Marzban*[16] der Zentralprovinz. Dieser hohe Würdenträger trug ihm auf, das göttliche Feuer in den geschändeten Tempel zurückzutragen. Narsi beharrte auf seiner Weigerung: Diesmal wurde er zum Tod verurteilt. Die Christen begruben ihn mit Erlaubnis des Königs in der Halle der Märtyrer, die Maruta vor zehn Jahren gegründet hatte.

Die Magier hätten es vorgezogen, wenn Narsis Leichnam den Geiern vorgeworfen worden wäre; sie schätzten die Milde ihres Herrschers nicht. Als er einmal von der Hauptstadt entfernt war, benutzten sie die Gelegenheit, um sich dieses allzu nachsichtigen, zweifellos allzu humanen Monarchen zu entledigen.

An einem Tag des Jahres 420 verkündeten die Magier, der König der Könige sei einem Jagdunfall zum Opfer gefallen. Das war die offizielle Version, über die nie öffentlich gesprochen wurde. Mit einer feierlichen Zeremonie löschten sie, getreu dem Ritus, sein persönliches Feuer.

Der Bruch mit dem Okzident

Eine märchenhafte Jugend

Bahram, Jesdegerds Sohn und sein Nachfolger auf dem Thron, weilte seit seiner Kindheit im Reich Hira im Südwesten, wo eine Vasallendynastie der Sassaniden, die der Lakhmiden, regierte, deren Aufgabe es war, die arabischen Stämme in Schach zu halten und die Grenzen westlich des Persischen Golfs zu bewachen.

Bahrams Leben war, wie es scheint, eine erstaunliche Mischung aus düsterer Wirklichkeit und entzückender Legende. In allen iranischen Heimstätten erzählte man sich vom Haus seiner Kindheit, das ein Christ aus Byzanz gebaut hatte, ein Schloß, sagte man, das mit dem Umlauf der Sonne seine Farbe änderte. Der Architekt, ein gewisser Sin Immar, habe die Backsteinmasse mit einem Material vermengt, das je nach Lichteinfall anders aussah.

Die größten Dichter und auch die anonymen Erzähler feierten den Tod dieses Architekten um die Wette. Getreu einer traurigen Tradition ließ der Gouverneur der Stadt aus Angst, daß Sin Immar anderswo etwas Ähnliches bauen könnte, ihn vom höchsten Turm herabstürzen, demselben Turm, von dem man sagte, er streife den Mond.

Die Erzähler sagten auch, daß der König von Hira, ein Araber, bei der Einweihung die Türe eines Zimmers mit einem umfangreichen Vorhängeschloß versiegelt gefunden habe. Warum diese Unverschämtheit? Der Architekt soll ihm geantwortet haben, diese Tür bleibe geschlossen bis zu Bahrams Pubertät. Die einzig tauglichen Schlüssel: die Hände des Prinzen. Der König ließ alle Schlosser des Reichs kommen. Kein einziger von ihnen konnte das Schloß öffnen. Man versuchte vergeblich, dieses Mysterium zu vergessen. Am Hof wagte niemand, es zu erwähnen. Man mußte warten, einfach warten, wiederholten die Eingeweihten.

Jahre vergingen. Das Leben des Prinzen kannte noch andere Geheimnisse. Die Erzähler sagten, daß Bahram bei einer Jagd durch einen Wildesel von seinem Gefolge weggelockt wurde. Je mehr er sein Pferd anspornte, desto schneller lief der Wildesel davon. Vor einer Höhle blieb das Tier plötzlich stehen. Bahram sah in den Felsblöcken einen furchtbaren Drachen mit rotglühenden Augen.

Kinder, die diese Geschichte hörten, klammerten sich an das Kleid ihrer Mutter, die geheime Formeln murmelte und dabei den Kopf von rechts nach links bewegte und auf das Gesicht ihrer Kleinen blies. Die Väter, die kaum daran glaubten, daß der Drache überleben würde, warteten auf das Ende der Geschichte.

Der Prinz, so fuhr der Erzähler fort, zielte auf die Augen des Drachen. Das Ungeheuer fiel zu Boden, und Bahram weidete es von Kopf bis Schwanz aus. Da sah er im Bauch seines Opfers ein junges Wildeselchen. Um diesen Kleinen, den der Drache verzehrt hatte, zu rächen, hatte die Wildeselmutter den Jäger bis zur Höhle gebracht. Die Stute zog ihr Kind heraus, nahm es zwischen die Zähne und ging es an der Quelle waschen. Die Szene beeindruckte den Prinzen so sehr, daß er zu weinen anfing. Er küßte sogar die feuchten Lider der Stute. Es sei das einzige Mal, sagte man, daß die Tränen eines Jägers sich mit denen eines Beutetiers mischten. Von da an nannten die Bewohner Hiras den Prinzen «Bahram den Wildesel».

Reisende, die aus Hira zurückkamen, boten eine vernünftigere Version an. Bahram trug den Übernamen, weil er, ganz einfach, mit einem Spieß gleichzeitig einen Löwen erlegt hatte und einen Wildesel, auf den sich die Raubkatze eben gestürzt hatte.

Und die verschlossene Tür seines Palasts?

Ein Dichter ließ in seinen Versen Bahram sie selbst öffnen. Eines Tages, als er mit seinem Schatzmeister durch die Gänge des Palasts ging, ergriff Bahram das Schloß und entriegelte die Türe ohne jede Schwierigkeit. Starr vor Staunen erinnerte sich der Schatzmeister, daß sich bei der Einweihung kein Schlüssel im Schloß auch nur gedreht hatte. Bahram trat in den Raum ein und schloß die Türe hinter sich.

In einem riesigen kreisrunden Saal, der von einer Kuppel gekrönt war, sah er an den Wänden die Porträts von sieben wunderschönen Frauen. Durch welche Magie hatte Sin Immar die Türe bis jetzt verschlossen gehalten? Welch legendäres Schicksal erwartete den Prinzen?

Bahram übergab die sieben Porträts seinen Spionen, die die abgebildeten Frauen in allen Königreichen suchten. Währenddessen bauten die Maurer sieben Pavillons, jeden von einer anderen Farbe, für die künftigen Ehefrauen. Die vom Prinzen ausgeschickten Männer brauchten zwei Jahre, bis sie alle gefunden hatten: sieben Prinzessinnen aus sieben Ländern.

Sie bezogen die sieben Pavillons, denen die (damals bekannten) sieben Planeten zugeordnet wurden. Das schwarze Haus gehörte zu Saturn, das gelbe zu Jupiter, das rote zu Mars, das weiße zu Venus, das goldene zur Sonne, das grüne zum Mond und das türkisfarbene zu Merkur.

Heute ist Samstag, schreibt der Dichter Nezami[17], und Bahram, schwarz gekleidet, geht in das schwarze Haus, das der Prinzessin von Indien reserviert ist.

Warum die Farbe schwarz? Die Prinzessin erzählt die seltsame Geschichte eines Königs, der nach China in die «Stadt der Betroffenheit» reiste, wo jedermann schwarz gekleidet ging. Erstaunt befragte er Männer und Frauen, um hinter den Grund zu kommen. Geduld, antworteten die Bewohner dieser ungewöhnlichen Stadt, Geduld, deine Zeit kommt. Eines Tages war der König bei einem Schlächter eingeladen. Dieser wußte nicht, wer sein Gast war, behandelte ihn aber ausgezeichnet. Zum Dank beschenkte ihn der König mit vielen Goldstücken. Da erkannte der Schlächter seinen Gast, dessen Gesicht auf den Münzen eingraviert war. Er warf sich ihm zu Füßen und fragte den hohen Fremden, was sein größter Wunsch sei; er würde versuchen, ihn zu erfüllen. Der König fragte: Warum geht hier alles schwarz? Woher kommt diese Trauer?

Da der Schlächter sich verpflichtet hatte, den Wunsch seines Gasts zu erfüllen, führte er ihn in eine Ruine und zeigte ihm dort einen Korb, der an der Ecke einer zerbröckelnden Mauer stand. Er bedeutete ihm, in den Korb zu steigen, und ließ ihn dann allein, wie es sich für Initiationsreisen gehört.

Bald erhob sich der Korb zum Himmel. Ein großer, legendärer Vogel packte den Reisenden und setzte ihn nach einem sehr langen Flug in einem dicht begrünten Land ab. Die Nacht brach herein, ein Platzregen ging nieder, es erschienen Frauen. Wo war er?

Die schönste dieser Frauen trug ihr Gesicht verschleiert; sie streichelte ihn und bedeckte ihn mit zärtlichen Küssen. Der Reisende, von plötzlicher Leidenschaft erfaßt, bat diese wunderbare Frau um ihre Hand. Sie lehnte ab und bezeichnete ihm eine ihrer Mägde. Mit diesem Mädchen verbrachte er eine aus Zauberfäden gewebte Nacht.

Am nächsten Tag fand er keine Spur seiner Geliebten. Und er selber befand sich nirgendwo, in einer Wüste, an einem Nicht-Ort. Verschwunden war sogar das Schloß. Der König war tief bedrückt. Einziger Ausweg: die Nacht, der Platzregen und das Wiedererscheinen der geheimnisvollen Frauen. Gleiche Verlockungen, gleicher Zauber, gleiche Ablehnung. Eine andere Magd wurde ihm zugewiesen, und so weiter. Neunundzwanzig Tage vergingen auf diese Weise. Der Reisende beschloß, um jeden Preis die schönste der Frauen zu heiraten. Diese, die jede Nacht kam und mit aller Macht versuchte, die Ungeduld des Königs zu zügeln, nahm seinen Heiratsantrag schließlich an und sagte dem Herrscher, er solle die Augen schließen, damit sie «den Eingang zum Schatz aus Zukker öffnen könne». Der König gehorchte. Als er die Lider hob, fand er sich zusammengekauert im Korb. Ehe er heimging, suchte er den Schneider auf und bestellte einen schwarzen Anzug. Von nun an war er ein Einwohner der Stadt der Betroffenheit.

Der Prinz Bahram bleibt lange still. Er hat noch nie etwas so Seltsames gehört. Auch er ist ganz in Schwarz gekleidet. An der schwarz lackierten Wand hängt ein Frauenbildnis, das seinerzeit Sin Immar gemalt hatte. Ist sie vielleicht die rätselhafte Verführerin? Er weiß es nicht. Aber vielleicht ist der Sinn dieser obskuren Geschichte ganz klar: Versuche nicht zu erkennen, was geheimnisvoll geschaffen wurde.

Neue Märtyrer

Die Dichter, die so viel Phantasie gezeigt hatten in der Ausgestaltung der Reisen zum allegorischen Herzen des Geheimnisses, erzählen nichts über die religiöse Politik Bahrams, und es waren die christlichen Chronisten, die seine weitere Geschichte festhielten.

Als er König der Könige, «König des Irans und der Länder jenseits des Irans», geworden war, wurde «Bahram der Wildesel» wie jeder Herrscher in die Intrigen der Magier von Ktesiphon und in die Umtriebe der Aristokraten verwickelt. Diese warfen ihm seine Freundschaft mit dem König von Hira vor, bei dem er seine Kindheit verbracht hatte.

Er folgte dem Rat eines hohen Würdenträgers des Hofs und beschloß, die Magier zu schonen, um so mehr, als am Hof gemunkelt wurde, sie hätten Jesdegerd, seinen Vater, umgebracht. Sie würden einen weiteren

Mord bestimmt nicht scheuen, schon deswegen nicht, weil er im Namen Gottes begangen würde. So mußte der junge König, der in den den Planeten nachempfundenen Pavillons mit fremden Gattinnen lebte, um den Thron (und sich selbst) zu retten, die Augen verschließen vor einer neuen Christenverfolgung, die von den Magiern gefordert wurde.

Diese hatten anscheinend beschlossen, die Religion des Nazareners für immer auszutilgen, und erfanden neue Foltern. Sie ließen Gräben ausheben, in denen sie Christen mit gebundenen Händen und Füßen einschlossen, zusammen mit Tausenden von Ratten und Mäusen. Anderen Konvertiten riß man die Haut vom Gesicht, von der Stirn bis zum Kinn. Im Land Ahura Mazdas war Jesus nicht mehr willkommen. Zwei einzige Götter konnten einander nicht dulden.

Die Habe der Christen wurde konfisziert, und sie selbst wurden aus ihren Provinzen verjagt. Aus dem Mobiliar der Kirchen wurden Brücken gefertigt; die Edelmetalle lagen in den königlichen Läden zum Verkauf aus. Die Statuen der Märtyrer wurden enthauptet: Ihr Tod mußte noch einmal vollzogen werden.

Der Chronist der Kirche der königlichen Städte berichtet vom Leiden eines persischen Würdenträgers namens Hormozd, der sich weigerte, seinen Glauben zu verleugnen und die Sonne anzubeten. Man nahm ihm alles, er blieb unerschütterlich. Man verurteilte ihn dazu, die Kamele der Armee zu führen; er gehorchte mit lebhafter Freude. Man bekleidete ihn mit schmutzigen Lumpen, er trug sie mit Stolz.

Eines Tages sah Bahram einen gebückten Greis, der mit großer Mühe ein beladenes Kamel vorwärtszubringen versuchte. In diesem sonnverbrannten Gesicht erkannte der König die Augen von Hormozd, seinem ehemaligen Freund. Seine einst mit Handschuhen bekleideten Hände – damit er keine groben Materialien berühren mußte – waren nur noch eitrige Risse.

Warum diese sehr harte Erniedrigung? Schnelle Antwort: Er war Christ. Der König, in der Hoffnung, ihn durch gute Behandlung zu erweichen, gab ihm eine leinene Tunika, sprach lange mit ihm, rief gemeinsame Erinnerungen wach und riet ihm am Schluß sehr vorsichtig, er solle den Sohn des Zimmermanns nicht länger verehren. Hormozd zerriß die leinene Tunika und stand nackt vor dem König und seinem Gefolge; dieses Lügengewand werde er nicht tragen. An diesem Tag sahen die Einwohner von Ktesiphon, daß die Wachen einen armen, nackten Greis durch die Straßen schleppten. Die Frauen verblieben im Schutz ihrer Vorhänge, aber die Männer rissen die glatten Steine aus dem Straßenbelag und steinigten den Christen.

Man erzählt auch die Geschichte eines Mannes, den man, ohne recht zu wissen, warum, «Jakob den Zerhauenen» nannte. Christlicher Würdenträger und Höfling, fiel er dem König zuliebe von seinem Glauben ab. Als seine Frau von seiner Abtrünnigkeit erfuhr, verweigerte sie ihm ihr Bett, und seine Mutter verbannte ihn aus ihren Augen. Ergriffen von der Haltung der beiden Frauen, ging Jakob an den Hof und rief laut, er sei wieder Christ. Man übergab ihn den Henkern, die ihm die Glieder eins nach dem anderen abschnitten. Das ist alles, was man von ihm weiß.

Jakob der Notar

Daß der König selbst einen Prozeß leitet, ist selten. Es ist ein feierliches Ereignis, und alle Leiter der zoroastrischen Kirche müssen dabeisein. Das persönliche Feuer des Königs, das bei seiner Thronbesteigung entfacht worden ist, wird von zwei Männern bewacht, die lange Schwerter in der Hand halten. Ein Angeklagter wird vor den König geführt und wirft sich vor ihm nieder; sein Gesicht hält er gegen den Boden gedrückt. Als man ihn auffordert aufzustehen, geben seine Knie nach. Die Soldaten heben ihn auf. Er ist nur noch der Schatten eines Mannes, abgezehrt und müde, er kann kaum sprechen. Von ihm geht der schimmlige Geruch des Gefängnisses aus. Bahram fühlt sich belästigt und befiehlt, Weihrauch zu verbrennen.

Der Gerichtsschreiber zählt die Straftaten des Angeklagten auf. Er ist natürlich Christ, er war früher Notar am Hof, und er heißt Jakob. Im Alter von zwanzig Jahren landete er erstmals im Gefängnis, weigerte sich, abtrünnig zu werden, und wurde verurteilt, die königlichen Elefanten zu pflegen.

«Elefanten?» fragt der König.

Das Wort «Elefant» reißt Bahram aus seinen Träumen. Er erinnert sich, daß er den Gefangenen schon einmal gesehen hat; er war verurteilt worden, auf der königlichen Straße im Sommer Bäume zu fällen. Ihm kommt zurück, wie er ihn persönlich aufgefordert hatte, von seinem stupiden Glauben zu lassen. Der Mann antwortete ihm damals, daß alles, was von Seiner Majestät komme, eine Ehre sei, nur der Abfall vom Christentum nicht. Dem König machte die Hitze zu schaffen, so daß er nicht die Geduld hatte, weiter zu argumentieren. Schließlich brauchte auch der Staat Zwangsarbeiter dringender als Höflinge. Er verließ also an jenem Tag den Sträfling.

Der oberste Magier psalmodiert zuerst eine passende Hymne:

«Wir beten Sraoscha[18], den Reinen, den Schönen, den Siegreichen an. Er ist schneller als die Pferde, schneller als die Winde, schneller als der Regen, schneller als die Wolken, schneller als ein fliegendes Vogelpaar, schneller als die Pfeile von einem Bogen. Er vernichtet den Mann, der Lügen liebt. Er vernichtet die Frau, die Lügen liebt. Er schließt die Augen, die Ohren, die Hände, die Knie und den Mund des Mannes und der Frau, die Lügen lieben. Er zerstört sie.»

Dann wendet er sich an den König:

«O König der Könige, Gott auf Erden, erinnere dich an unsere Rückkehr nach Ktesiphon, als der Winter nahe war. Du bewundertest die hohen Berggipfel, und dann sahest du Gefangene, die Steine brachen. Du hattest Mitleid, und du befahlst mir, ihnen ein letztes Mal die Bekehrung anzubieten. Ich versprach dir, sie ohne Schläge und ohne Mord von ihrem Glauben abzubringen.»

Jakob möchte etwas sagen, versucht sich aufrecht zu halten, aber vergeblich. Das Gericht, die weißen Roben der Magier, der Geruch von Weihrauch und das Glitzern des Feuers auf den Schwertern der Soldaten machen ihn schwindlig. Seine Augen sind an das Dunkel des Gefängnisses, an die Ratten gewöhnt, seine Nase an schlechten Geruch. Hier kann er nichts unterscheiden. Er weiß, daß der Tod nicht mehr fern ist, daß er auf ihn zählen kann. Sein ganzes Leben war eine Kette von Enttäuschungen. Seine eigenen Freunde haben ihn denunziert. Bereits empfingen ihn manche Familienmitglieder nicht mehr; sie bemühten sich, ihn zu vergessen. Überall Feigheit, Selbstzufriedenheit, Angst. Er kennt Priester, die vom Glauben abfielen, noch ehe sie gefoltert wurden. In den Kerkern war sogar der Henker selbst ein abtrünnig gewordener Christ.

Als er spricht, ist seine Stimme so dunkel wie die Farbe seines Lebens:

«Ohne Schläge? Aber der oberste Magier befahl mir, mich nackt auszuziehen, ich mußte den Berg barfuß erklimmen, man fesselte mich an einen Felsen, man hungerte mich aus. Sogar die wilden Tiere hatten Mitleid mit mir. Ich verlor zuerst die Stimme, dann das Gesicht und schließlich den Geist. Als ich zu mir kam, war ich in meinem Haus, und meine Frau massierte meine Füße. Ich begriff, daß der Tod mich verschont hatte.»

«In der Zwischenzeit hatte er sich bekehrt», sagte der Magier mit recht selbstzufriedenem Lächeln.

Jakob der Notar – um ihn beim Namen zu nennen, den die christlichen Chronisten ihm gaben – antwortet, er erinnere sich an keine Bekehrung; er sei bewußtlos gewesen, als er aus den Flügeln der Aasgeier in die Arme seiner Frau gebracht wurde.

«Nachdem er dem Christentum abgeschworen hatte», fährt der Magier fort, «trat er wieder seine frühere Stelle als Notar an. Aber er ist ein Lügner. Er belügt jedermann, sogar die Seinen. Seinen Abfall hat er ihnen nie gestanden, im Gegenteil, er ging immer noch in ihre Kirchen und erzählte den Prälaten alles, was am Hof gesagt wurde. Einer seiner Diener kam mir berichten, daß er unter seinen Dokumenten ihr sogenannt heiliges Buch versteckt hielt. Überzeugt, daß seine Bekehrung zweifelhaft war, informierte ich die christlichen Priester, daß sie es mit einem Zoroastrier zu tun hatten. Wißt ihr, was dieser Schlaukopf daraufhin tat?»

Jakob, der, um nicht wieder schwindlig zu werden, die Versammlung nicht anschaut, sagt:

«Ich bedeckte meinen Kopf mit Asche und lieferte mich den Wachen aus. Der Magier verlangte von neuem, ich solle mich zum Zoroastrismus bekennen. Vergeblich. Ich beharrte auf dem Glauben meiner Väter.»

«Der Glaube deiner Väter?» fragt der Magier. «Wovon redest du denn? Was für ein Spiel treibst du? Du bist nun einmal tatsächlich übergetreten! Warum leugnest du das?»

Jakob blickt auf den Teppich und bewundert die ineinandergewebten Farben. Die gleichen Finger, die einen Teppich knüpfen oder eine Landschaft malen können, sind fähig, ein Lebewesen zu erwürgen.

Er sagt dem Herrscher, ohne ihn anzuschauen:

«Ja, ich bleibe beim Glauben meiner Väter.»

Nach einem kurzen Schweigen fügt er hinzu:

«Jesdegerd, dein Vater, schützte die Christen. Die einundzwanzig Jahre seiner Herrschaft waren friedlich und gedeihlich. Am Ende seines Lebens verfolgte er unsere Religion unter dem Einfluß der Magier. Aber wir beten immer noch für seine Seele; welches Los die Magier ihm bereitet haben, weiß man. Nicht einmal ein Grab für seinen Leichnam.»

Da er fern von der Hauptstadt und von seinem Vater aufwuchs, in einer Art von goldenem Exil, spürt Bahram noch immer eine lebhafte Rachsucht gegenüber seinem Vater. Er mag es nicht, wenn man ihm von seinem Vater erzählt, dessen Tod er niemals bedauert hat, und verträgt es nicht, wenn man ihm das Beispiel des Vaters vorhält. In einem Wutanfall verurteilt er Jakob zu den «neun Toden».

Jakob wird auf einen Todeshügel geschleppt. Wie Joseph und wie so vielen anderen Christen, die dieselbe Strafe erlitten, schneidet man ihm zuerst die Finger ab, dann die Zehen, dann die Handwurzeln, hierauf die Knöchel, die Arme, die Knie, die Ohren, die Nase und schließlich den Kopf. Der zoroastrische Priester befiehlt, den Kopf den Aasgeiern hinzuwerfen, und verläßt den Ort. Da greifen Christen, als Magier verkleidet, ein. Sie erzählen den Soldaten, sie hätten den Auftrag, die Glieder des Opfers einzusammeln, damit sie nicht anderen Christen als Reliquien verkauft würden. Sie sammeln die Reste des Märtyrers in einem Mantel und tragen sie heimlich in ein Kloster. Dort findet im geheimen der Beerdigungsgottesdienst statt.

Das Rätsel der Prinzessin der Steppen

Montagabend. «Bahram der Wildesel», in rote Seide gekleidet, sucht den roten Pavillon auf, wo ihn die Prinzessin der Steppen erwartet. Wie die anderen sechs Ehefrauen muß auch sie ihm bei jedem Besuch eine Geschichte erzählen, während er sich ausruht und sich mit Rosenwasser besprengt. Der Winter naht, und die Prinzessin trägt einen Pelz aus ihrem Land, der am Hof sehr begehrt ist.

«Kennt Ihr die Geschichte der vier Proben?»

Der Herrscher kennt sie nicht.

Es gab einmal eine Prinzessin, die beherrschte die Magie, die Sterne, die Alchimie und alle Wissenschaften ihrer Zeit. Sie wohnte in einem kreisrunden Schloß, dessen Pforte gut versteckt war. Die ganze Straße zum Palast entlang standen Statuen aus Eisen und Stein, die einen Nicht-Eingeweihten beim kleinsten Fehler mit Pfeilen töteten.

Die Prinzessin ließ ihr Bild am Eingangstor der Hauptstadt anbringen und nannte die Bedingungen für eine Heirat mit ihr. Wer von hohem Adel war – das war ihre erste Bedingung – und es fertigbrachte, die

Todesstraße zu überstehen und hierauf die Pforte zum Schloß zu öffnen, war eingeladen, zu ihrem Vater zu gehen und die vierte Probe zu bestehen.

Die schönsten Prinzen der Welt machten sich auf den Weg. Alle wurden von Pfeilen, von einem unsichtbaren Bogen abgeschossen, getötet. Die Mütter der Bewerber flehten die Prinzessin an, sie solle Mitleid haben und diese Proben aufgeben. Sie ließ daraufhin die Stadtmauern entlang alle Köpfe der Gescheiterten aufhängen. Wie vorauszusehen war, verminderte sich die Zahl der Heiratswilligen sehr stark. Es kam der Tag, an dem niemand mehr dem Porträt der Prinzessin einen Blick schenkte. Da tauchte eines Tages ein sehr schöner Ritter auf, der beschloß, die Proben zu bestehen. Ihm schien es möglich, allein durch Meditation den Pfeilen zu entgehen und unverletzt zum Schloß zu gelangen. Er reiste nach Ostpersien zu einem berühmten Weisen, wurde sein geistiger Schüler und lernte von ihm die Technik der Konzentration. Zurück im Land der Steppen, schaute er die Straße mit den Fallen lange an, bevor er sie betrat, und lernte sie auswendig. Dann schloß er die Augen und ging wie ein Windstoß hindurch. Er kam unverletzt vor dem runden Palast an, ergriff eine Trommel und umrundete den Palast trommelnd.

An einem bestimmten Ort schien ihm der Ton anders. Er drückte auf den Mauerklotz, und eine Tür öffnete sich. Er mußte jetzt nur noch zum Vater gehen und mit der letzten Probe fertigwerden. Der ganze Hof versammelte sich in der königlichen Residenz.

Die Prinzessin und der junge Edelmann tauschten nun, ohne ein Wort zu sprechen, verschiedene Gegenstände aus. Sie gab ihm zwei Perlen. Er legte drei weitere dazu und gab ihr alles zurück. Sie zermahlte sie und vermischte sie mit Zucker zu einem feinen Pulver. Er nahm die Schale und goß Milch hinein. Sie trank und sah, wie die Perlen wieder erschienen. Der junge Mann gab ihr dann einen sonnengleichen Diamant. Sie öffnete ihr Halsband und gab ihm einen Diamant, der dem Mond glich. Er legte zu den beiden Juwelen einen blauen Stein und gab sie der Prinzessin zurück. Sie erhob sich, wandte sich an ihren erstaunt zusehenden Vater und bat ihn, die Hochzeitsvorbereitungen zu beginnen.

Bahrams Gattin beendet ihre Geschichte und sagt zum König, es sei Schlafenszeit. Aber der König möchte noch vor den Freuden der Nacht die Lösung des Rätsels erfahren.

Die zwei von der Prinzessin gegebenen Perlen, sagt die Erzählerin, bedeuten, daß das Leben vergänglich ist, daß es nur zwei Tage dauert. Der Prinz antwortet, selbst wenn es fünf Tage dauerte, dürfte man daran nicht hängen. Als sie die Perlen mit Zucker vermischt, will sie sagen, daß das Leben von Leidenschaften und Egoismus unentmischbar beherrscht sei. Als er Milch auf die Mischung gießt, deutet er an, daß jede Schwierigkeit eine Lösung besäße. Sie trinkt die Milch, um zu zeigen, daß sie im Vergleich zur Intelligenz ihres Bewerbers nur ein Säugling sei. Dann schenken sie einander Diamanten, die ihnen ähnlich sind. Der blaue Stein, schließlich, ist ein Talisman gegen den bösen Blick.

«Bahram der Wildesel» trinkt einen Schluck Rotwein, dessen Farbe den Lippen seiner Gattin entspricht und den roten Wandteppichen.

So präzisiert sich die iranische Überlieferung und bereichert sich dank dieser außergewöhnlichen Märchen, in denen das Wunder der Schlüssel zur Liebe ist und die Prinzen eine Reise ins Reich des Geistes und vielleicht auch ein Gefühl suchen. Unter dem iranischen Einfluß wird eine besondere Art der Erzählung geboren. Diese Märchen werden, solange er lebt, dem König der Könige zugeschrieben, als könnte man so den Herrscher mit diesen flüchtigen Gottheiten in Verbindung bringen, denen die Menschen ihre Eigenschaften, ihre Fehler, ihre Beziehungen, ihre Hierarchien leihen. Erzählt werden die Märchen fast stets von Frauen. Scheherazade, aus Tausendundeiner Nacht, ist Perserin.

Flucht nach Westen

Die Dichter sprechen von Bahrams Nächten, die christlichen Hagiographen von seinem Fanatismus und die Historiker von seinen Kriegen.

Noch einer, sagten sich die Bewohner von Byzanz und von Persien. Rom hatte den Sassaniden Armenien und einen Teil Mesopotamiens zurückgegeben; worum könnte es in einer neuen Auseinandersetzung gehen? Jesdegerd – der dem Testament des Arkadios treu geblieben war – betrachtet den Kaiser von Byzanz als seinen Sohn, aber für Bahram war Theodosios kein Bruder. Ganz im Gegenteil.

Die unnachgiebige Haltung des Königs der Könige zwang die persischen Christen, unterzutauchen, ihre Bündel zu schnüren und abzureisen, in die Länder zurückzukehren, aus denen sie vor zwei Jahrhunderten gekommen waren, als Persien nicht offiziell zoroastrisch war und

Rom noch seinen heidnischen Göttern huldigte. Ganze Familien – oft vermögende – überschritten die westlichen Grenzen, um nach Byzanz zu gelangen. Soldaten desertierten aus der Armee, viele Händler verließen ihre Läden, und bald wurde die Abwesenheit der Christen, die ausgezeichnete Übersetzer waren, auch in der Administration fühlbar. Die Reichen, die sich zum Auszug entschlossen, rissen ein bedeutendes Loch in die Steuereinkünfte der Zoroastrier. Man schloß die Grenzen, aber der Auszug hörte nicht auf. Um die Flüchtlinge zu bedrängen und sie so vom Verlassen Persiens abzuhalten, wandte man sich sogar an die Nomadenstämme, die im Grenzgebiet zwischen dem Iran und Byzanz lebten. Wenn sie hülfen, bekämen sie Ländereien, Sklaven, Pferde, Schwerter. Ihr Oberhaupt, ein arabischer Prinz, erhielt sogar einen Titel, der bis dahin dem persischen Adel vorbehalten war, nämlich *Spahbed,* Kavalleriegeneral.

Dieser Nomadenchef machte eine Weile lang mit, aber als er sah, mit welcher Grausamkeit die Magier die Flüchtlinge behandelten, überkam ihn Mitleid; er interessierte sich für den Glauben der Flüchtlinge und wurde schließlich Christ.

Der erste arabische Prinz, dem man das Privileg angeboten hatte, zum persischen Adel zu gehören, hatte also die Religion der Flüchtlinge angenommen. Er verließ alles, was ihm teuer war, sein Vieh und sein Zelt, und brachte den letzten Zug von Christen auf den Weg. Er führte sie auf einem Bergweg bis zu den Grenzen von Byzanz. Dort erhielt er den Namen Petrus und wurde zum «Bischof der Sarazener» geweiht.

Der König der Könige forderte von den Byzantinern, die Flüchtlinge zurückzuschicken. Theodosios fand ihn anmaßend und erklärte ihm den Krieg.

Die Heere prallten von beiden Seiten aufeinander. Gleiche Angriffe, gleiche Trauer. Die Geschichte schien sich grausam im Kreis zu bewegen. Sie töteten einander, sie nahmen ein paar Flecken Land an sich, und nachdem sie die Massengräber mit zerfetzten Leichen gefüllt hatten, versöhnten sie sich und unterzeichneten 422 einen Friedensvertrag, der den Christen von Persien wie auch den Zoroastriern von Byzanz Glaubensfreiheit garantieren sollte.

Autonomie der persischen Kirche

Ein friedliches Kloster, von Palmbüschen umgeben, erhebt sich im trockenen Land. Winzige, dunkle Zellen, ein paar magere Fenster, vor jeder Türöffnung eine Strohmatte. Ein Bach, direkt von einer Quelle, durchfließt den Gemüsegarten. Aprikosenbäume, Pfirsichbäume, ein kleiner Teich, in dem Goldfische die Zugvögel beobachten, die über ihrem Wasserdach vorbeiziehen. Ein Mönch hackt, ein anderer schöpft Wasser aus dem Ziehbrunnen. Ein Späher ruft von seinem befestigten Turm herab plötzlich, so laut er kann: «Hier sind sie, sie kommen!»

Ein Mann mit grauem Bart staubt in seiner Zelle die Hände an der weißen Tunika ab, schnallt den Gürtel enger, zieht die Sandalen aus Palmenblättern wieder an und geht hinaus. Er heißt Dadicho. Er war der *Katholikos* der persischen Kirche gewesen.

Seine Geschichte bestand, wie schon diejenige seines berühmten Vorgängers Papa, aus stets erneuerten Anschuldigungen und gegen seine Autorität gerichteten Komplotten des Provinzklerus, der die Unterordnung unter den Bischof der Königsstädte nicht annehmen wollte. Sie hatten den Magiern eingeredet, wenn sie den *Katholikos* einsperrten, zerbräche das iranische Christentum. Die Zoroastrier hörten das natürlich gerne. Und Dadicho war kaum gewählt, als er 421 schon eingekerkert wurde.

So ergab es sich also, daß sich im Innern des sassanidischen Reiches, während die Byzantiner und die Perser an den Außengrenzen gegeneinander kämpften, christliche Bischöfe mit Magiern gegen ihren eigenen Chef zusammentaten. Der *Katholikos* blieb ein Jahr im Gefängnis, nämlich bis der Friede geschlossen und den Christen Glaubensfreiheit gewährt war. Theodosios selber soll seine Freilassung gefordert haben. Als er entlassen war, spürte er Sehnsucht nach der Wüste und nach Einsamkeit. Er zog sich zurück; er hatte jeglichen Wunsch nach der Leitung einer Kirche, die ihn nicht wollte, verloren. Er ging in dieses Kloster bei Qardu, das man das Kloster der Arche nennt.

Zu Pferd, auf Eseln oder in Karren sitzend kommen sechsunddreißig Prälaten von den äußersten Grenzen des Reiches auf das Klostergelände. Dadicho geht ihnen entgegen. Ihr Anführer, Agapit, Bischof von

Gondischapur, umarmt ihn lange und sagt ihm, sie seien gekommen, um ihn zu bitten, er möge mit ihnen zurückkommen.

Nichts geht mehr: Seit seinem Rücktritt befinden sich die Provinzkirchen in vollem Chaos. Es kommt vor, daß Bischöfe Wickelkinder zu Priestern weihen. So geht es nicht weiter.

Der *Katholikos* ringt sich kaum ein Lächeln ab. Sein Gesicht ist das eines enttäuschten Mannes.

Sie versammeln sich im Lesesaal des Klosters, einem kleinen, kühlen, neben der Küche gelegenen Raum. Die Wände sind kalkweiß. Ein paar Stühle stehen um einen langen Tisch, der von ein paar durch die farbigen Glasfenster dringenden Lichtfetzen erhellt ist.

Die Ältesten setzen sich. Andere lehnen sich einfach gegen die Wand. Ein junger Mönch bringt fürsorglich einen Krug mit Minzensirup. Dadicho lädt sie ein, ein wenig auszuruhen. Agapit lehnt ab: Gewisse Prälaten kommen von der Ostgrenze des Reiches und sollten so rasch wie möglich in ihre Städte zurückkehren. Unter ihnen befindet sich der berühmte Hosea, der Bischof von Nisibis, um welche Stadt so viele Belagerungen und Schlachten stattgefunden haben. Man weiß, daß seine Theologieschule, nachdem die Perser diese ganze Gegend eingenommen hatten, nach Edessa verlegt wurde und daß die meisten Christen die Stadt verlassen haben. Hosea gehört zu einer Familie, die in Nisibis blieb und alle Phasen der sassanidischen Verfolgung miterlebte. Sein Briefwechsel mit der Schule von Edessa und der Mutterkirche in Antiochia wurde systematisch überwacht. Eines Tages wurde er sogar in den Gouverneurspalast beordert, damit er eine unklare Wendung erklärte, die die Zensoren nicht entziffern konnten.

Das Dokument, das man ihm zeigte, war die Kopie eines Briefes von Kyore, dem Direktor der Schule von Edessa, der die Theorie von der Doppelnatur Christi erklärte, die Theodor von Mopsuestia in Antiochia aufgestellt hatte. Der Schreiber des Gouverneurs hatte sich bei einem Satz aufgehalten, der sagte, die Menschlichkeit Christi sei im Verhältnis zum *Logos* sein Tempel, sein Kleid, sein Haus. Den Spionen schien es, diese Worte bezeichneten das Versteck eines christlichen Prätendenten auf den persischen Thron. Die Ausdrücke Tempel, Kleid und Haus mußten sicher die heimliche Zuflucht eines geheimnisvollen Prinzen andeuten, dessen Name sich hinter dem *Logos,* dem Wort, verbarg. Die Wendung «Menschlichkeit Christi» mußte durch «Kirche von Persien» ersetzt werden, und der ganze Satz war umgekehrt zu lesen. Das ergab dann: Der Zufluchtsort des Thronprätendenten ist in der Kirche von Persien. Hosias wurde dringend aufgefordert, den Namen des christlichen Prinzen und sein Versteck bekanntzugeben.

Was sollte er auf solche Hirngespinste antworten? Er versuchte zu erklären, daß es sich um dogmatische Überlegungen handle, um Allegorien, die die Doppelnatur Christi veranschaulichen sollten. Er wurde gefangengesetzt, und ein Henker versäumte nicht, an ihm ein paar originelle Foltermethoden auszuprobieren, die Reisende aus China beschrieben hatten. Enttäuscht vom Schweigen des Bischofs ließ ihn die sassanidische Polizei schließlich frei.

Er ist jetzt hier, mit den anderen. Er trinkt langsam einen Schluck Sirup und schaut durch die offene Türe dem silbernen Beben der Olivenbaumblätter zu, dem Kräuseln der Wellen auf dem Teich, dem einzigartigen Blau des mesopotamischen Himmels. Er schaut zum *Katholikos* Dadicho hinüber (sie sind etwa gleich alt, in den Vierzigern, und haben denselben ergrauenden Bart) und sagt zu ihm:

«Sie ist tatsächlich wunderbar, die Harmonie, die in diesem Kloster herrscht. Aber wenn Männer wie du und ich sich nicht die Mühe nehmen, in den großen Städten und den Zentren der Macht den christlichen Glauben zu verteidigen, so werden diese ruhigen Mönche, die mit Geduld ihre Gärten pflegen, bald alle umgebracht. Der Frieden beschränkt sich nicht mehr auf diesen oder jenen Erdenfleck. Brutalität und Chaos breiten sich überall aus, sogar hier. Dieser Teich wird Blut erbrechen, und die Blätter der Olivenbäume werden über enthaupteten Leichen zittern. Auch für das Wohl der Mönche kämpfen wir, damit ein Christ im Evangelium lesen kann, mit ruhigem Herzen, unter dem sanften Schatten einer Palme.»

Agapit, der Bischof von Gondischapur, stimmt zu. Er erinnert daran, daß die Kirche von Persien sich seit ihrer Gründung auf das Patriarchat und auf die Bischöfe von Edessa gestützt hat. Bei jeder Schwierigkeit, selbst bei leichten, drehten sich die Augen in Richtung der westlichen Kirchenväter.

«Sie taten ihr Bestes, um das persische Christentum zu retten, aber eben dieser Schutz ist die Ursache unseres Dramas. Wir standen hier stets im Verdacht, bei den Römern im Sold zu stehen. All unser Unglück kommt daher, von diesem Band, das uns mit dem Westen verknüpft.

Wenn unsere Mutter die Kirche von Antiochia bleiben soll, müssen wir jetzt die Nabelschnur durchtrennen. Wir müssen als wir selber neu geboren werden. Wir sind Iraner, unsere Geschichte ist mit Persien verknüpft, wir haben unsere eigenen Märtyrer, unsere Kirchen ahmen in ihrem Bau die sassanidischen Paläste nach. Unsere Brüder im Glauben sprechen pahlawi. Wir bekämpfen weder Jupiter noch Minerva, Diana und Venus; wir sind von einem Volk umgeben, das seit fünfzehn Jahrhunderten einen einzigen Gott verehrt. Von einem Volk, das nicht vergessen hat, wie Alexander Persepolis eroberte und die heiligen Schriften des alten Persiens, nachdem er sie ins Griechische und ins Koptische hatte übersetzen lassen, samt und sonders verbrannte. Und wir, acht Jahrhunderte später, wir schließen trotz all des vergossenen Blutes die Augen vor den Wunden unseres Landes. Wir verurteilen die Könige, die Christen verfolgen. Aber haben wir je den Schleier aufgerissen, hinter dem sie sich verbergen, um in ihrem Gesicht eine sehr alte Narbe zu entdecken?»

Eine unruhige Stille folgt auf Agapits Worte. Hat er den Samen eines Bruchs mit dem Westen gesät?

Der Bischof von Merw, der greise Bar Chaba, derjenige, der vor siebzig Jahren der christlichen Schwester Schapurs II. ins Exil folgte, einer der seltenen Kirchenvertreter, die die große Verfolgung vom 4. Jahrhundert überlebten, auch er predigt die Unabhängigkeit der persischen Kirche. Die Sätze, die aus der weißen Wolke seines Barts dringen, sind in vollendetem Syrisch gehalten, aber die Wörter gehören zum vorhergehenden Jahrhundert. Seine Ausdrucksweise verrät eine lange Abwesenheit. Seine Stimme ist so leicht wie ein Hauch; sie gehört einem Menschen, der alles überlebt hat, selbst den Tod. Tatsächlich wird erzählt, er sei gestorben; seine Priester hätten ihn in dem Kloster, das er selbst gebaut hatte, begraben, aber er sei drei Tage später auferstanden und habe seine Arbeit wiederaufgenommen. Dieser Greis, der trotz seines Alters (über neunzig Jahre) vom äußersten Osten Persiens hierhergekommen ist, spricht von der Evangelisierung dieser Gegend, vom Bau von Klöstern, Kirchen und Schulen in allen Städten Khorasans. Er spricht auch vom täglichen Besuch chinesischer buddhistischer Priester. Und da erscheint beharrlich wieder der alte Traum:

«Unsere Kirche», sagt er, «könnte Indien und sogar China erobern, aber man müßte Leute hinschicken, die die Geschichte und die Gebräuche dieser Völker kennen. Sie sind unsere Nachbarn. Wie könnten georgische oder römische Beamte Buddhas Lehre verstehen? Die Prälaten von Konstantinopel und Antiochia kennen gewiß die chinesische Seide und das indische Elfenbein, aber haben sie sich je Fragen gestellt über Shivas Tanz inmitten eines Flammenkreises? Darüber, was ‹der Tod des Todes› bedeutet? Unsere Kirche soll sich iranisieren, sich so annehmen, wie sie ist, dann kann sie die Ostgrenze überschreiten und die Sonne am Rand der Welt beim Aufgang grüßen.»

Afrahat von Isfahan schließt sich diesen Worten an und ermutigt die noch zögernden anderen Prälaten, für die Autonomie der persischen Kirche zu stimmen. Er schlägt vor, dem *Katholikos* die Befugnisse des Patriarchen von Antiochia zu übertragen, damit er die meisten Probleme hier lösen könne, ohne sich jedesmal an die westlichen Kirchenväter und an den fernen Bischof von Rom zu wenden, dessen Einfluß – trotz des Niedergangs der Stadt – zunimmt.

Die Blicke richten sich auf Dadicho. Wenn er seinen Rücktritt annulliert, wenn er sein Amt wiederaufnimmt, wird er der erste Patriarch der unabhängigen Kirche Persiens.

«Du wirst der Petrus unserer Kirche sein», sagt ihm Agapit.

Sie diskutieren, wie der Bruch zu vollziehen sei. Die Christen des Ostens dürfen sich nicht mehr bei den westlichen Kirchenvätern über ihren *Katholikos* beschweren, und jede Beschuldigung, die er selbst nicht richten kann, wird vor das Tribunal Christi gebracht.

Dadicho geht hinaus, er geht den Teich entlang. Die Wasseroberfläche ändert plötzlich ihre Farbe: Tausende von schwarzen Punkten huschen darüber. Er hebt den Kopf: Ein Vogelschwarm fliegt gegen Osten. Sein Blick folgt ihm, bis er sich am Horizont verliert. Ist das ein geheimes Zeichen? Ist es richtig, mit dem Westen zu brechen und das Licht Christi in die Länder der aufgehenden Sonne zu tragen? Die Mission ruft ihn stärker als seine Angst. Vielleicht ist das das Mittel, die Mißverständnisse, den Schrecken, die Ohnmacht endlich zu beenden.

Die Vögel sind hinter den felsigen Hügeln verschwunden. Dadicho löst sich vom Teich und geht in den Lesesaal zurück. Die sechsunddreißig Prälaten schauen ihn schweigend an. Ja, er gibt sein Einverständnis, er nimmt ihren Vorschlag an und wird sofort die Autonomie der persischen Kirche proklamieren.

Tags darauf verlassen alle Delegierten das Kloster. Dadicho geht als erster Patriarch der persischen Kirche in die Hauptstadt zurück. Er läßt hinter sich das ruhige anonyme Leben, die bebenden Blätter des Olivenbaums und die Fische, die vom Himmel träumen.

Der Iran wird nestorianisch

Nestorios wird verurteilt

Zur gleichen Zeit, Anfang des 5. Jahrhunderts, befanden sich die großen patriarchalischen Zentren des Westens, Alexandria, Antiochia, Rom, Konstantinopel, in offener Rivalität. Die doktrinären Kämpfe erstreckten sich mehr und mehr auf politisches Gebiet. Auch die inneren Spaltungen des Reichs und seine schwierigen Beziehungen zu Persien vergifteten die zerbrechliche Einheit der Kirche.

Die Kämpfe um das Dogma betrafen viele Punkte. Sie konnten sich um das Mysterium der Dreifaltigkeit drehen, um die Eucharistie oder das unbesiegbare Böse in einer Welt, die von einem grundlegend guten Gott geschaffen war.

Besonders scharf werden die Kämpfe aber, wenn wieder einmal das wahre Wesen Christi zur Sprache kommt. Dieses dogmatische Problem ist nicht gelöst. Keine Definition dieses Wesens hat alle Christen befriedigt, und doch müßte sie unbedingt gefunden werden, sollte die Kirche überleben.

Vierhundert Jahre nach dem Tod des «Erlösers», des «Messias», des «Heilands», des «Gottessohns», des «Menschensohns» lassen sich im christlichen Denken zwei Tendenzen unterscheiden, zwei Sprachen, zwei Städte: Alexandria in Ägypten und Antiochia. Alexandria behält die griechische Weltanschauung bei und versucht, das Christentum mehr oder weniger offen in der antiken Philosophie unterzubringen. So könnte Gottes Niedersteigen zu den Menschen als eine einmalige und kostbare Manifestation aus der Ideenwelt Platons erscheinen.

Diese Auffassung besteht auf der Göttlichkeit Christi und schiebt seine menschliche Wirklichkeit ein wenig auf die Seite; sie wird durch das göttliche Wesen aufgesaugt wie ein Wassertropfen durch das Meer. Das führt zum *Monophysitismus*. Christus hatte nur ein Wesen, das göttliche; es kannte jedoch eine zweifache Erscheinungsweise.

Die Theologen von Antiochia, die im Gegensatz dazu der syrischen

Auffassung folgen, halten Jesus für menschlich, betrachten ihn als einen Menschen unter Menschen. Sie sehen in ihm zwei verschiedene Wesen, den Menschen und den Gott, der ihn besuchte, der in ihm wohnte. Ihre Ansicht ist *dyophysitisch*.

Die einen tendieren zum Menschen, die anderen zu Gott. In diesen grundsätzlichen Streit, der das Los ganzer Reiche entscheiden wird, mischt sich eine dritte Stadt, die für Antiochia Partei nimmt. Es ist Konstantinopel.

Der Bischof von Konstantinopel ist ein Mensch mit blasser Gesichtsfarbe, ein ehemaliger Mönch, der immer müde aussieht und sehr beliebt ist. Er heißt Nestorios. Als er die Würde eines Bischofs erhielt, bat er den Kaiser Theodosios, ihm bei der Vertilgung gewisser Ketzer, vor allem der Arianer, zu helfen. Theodosios ermächtigte ihn dazu. Nestorios übt hierauf seine Strenge mit einem Eifer aus, den selbst die christlichen Historiker als «maßlos» bezeichnen, was einfach heißt, daß er seine Gegner hinmorden ließ.

Hierauf begann er, seine eigenen Ideen über die Doppelnatur Christi, die er von Mopsuestia geerbt hatte, zu verkünden. Er stellt sich somit an die Seite Antiochias und der Dyophysiten. Insbesondere lehnt er es ab, Maria als «Mutter Gottes» zu betrachten. Nach ihm ist sie nur die Mutter des Menschen Jesus, denn Gott existiert seit aller Ewigkeit und kann keine Mutter haben.

Seine entsetzten Zuhörer unterbrechen ihn und erheben sich sogar. Aber Nestorios, ein Mann von großer Festigkeit, nutzt die Gunst des Kaisers und läßt Leute, die ihm widersprechen, einsperren und sogar auspeitschen. Nun entsteht eine sehr heftige Polemik zwischen Nestorios von Konstantinopel und Kyrill, dem Bischof von Alexandria, der den griechischen Standpunkt verteidigt. Es werden Briefe, Manuskripte, Gerüchte, Drohungen ausgetauscht. Der ganze Orient befindet sich in Aufruhr. Nestorios' Feinde beschuldigen ihn, er leugne direkt die Göttlichkeit des Menschen Jesus, der nur noch eine Art von Gott-Träger sei. Nestorios' Parteigänger werfen ihrerseits Kyrill vor, er unterwerfe Gott allen menschlichen Schwächen; darüber spotten auch viele Heiden, die von einem schwachen und sterblichen Gott nichts halten.

In diesem Streit, der ziemlich rasch ein gefährliches Ausmaß annimmt, muß die oberste Kirchenbehörde einen Entscheid treffen. Der Bischof von Rom, den man bereits «Papst» zu nennen beginnt, Cölestin, verurteilt Nestorios und unterrichtet in diesem Sinn die drei betroffenen Bistümer Alexandria, Konstantinopel und Antiochia. Kyrill von Alexandria folgt dem Papst und belegt Nestorios mit dem Kirchenbann, der umgehend seinerseits Gegenbannflüche ausspricht. Konstantinopel gibt nach, Antiochia verteidigt, der ganze Orient wird von Unruhe geschüttelt. Theodosios und der westliche Kaiser Valentinian III. fordern die temperamentvollen Bischöfe auf, sich bei einem Konzil zu treffen; es findet 430 in Ephesus statt und endet wieder mit der Verurteilung des Nestorios.

Das große Wort ist ausgesprochen: Er ist ein Ketzer. Er ist selbst einer dieser Abtrünnigen geworden, die er hatte ausrotten wollen.

Aber er gibt nicht auf. Einer seiner Freunde, Johannes, der Bischof von Antiochia, beruft ein Gegenkonzil ein, das Kyrill verurteilt. Antiochia gegen Alexandria: Die syrische Variante des Christentums wendet sich immer gegen die griechische.

Diese Dogmenkämpfe, die oft die Menge mitreißen, diese langen Anstrengungen der Menschen, die Eigenschaften Gottes zu definieren, können uns absurd und sogar lächerlich vorkommen. Wir müssen sie zweifellos im Licht unserer eigenen ideologischen Zerrissenheit betrachten, um derentwillen das 20. Jahrhundert viel Blut vergoß. Wir müssen auch die wirtschaftlichen Interessen erkennen, die sich oft hinter theologischen Diskussionen verbergen (die anerkannte Orthodoxie verschafft weltliche Macht, das Schisma hingegen, das eine Trennung bedeutet, kann mit Verlust an Territorien einhergehen), und wir müssen versuchen, das Zittern der antiken Welt wahrzunehmen, die geglaubt hatte, sie werde ewig unter römischer Herrschaft organisiert bleiben, und die nun ihre Grenzen erkannt hatte und, desorganisiert, auseinanderfiel, von einem Ende zum anderen durchbohrt von einem neuen, anziehenden Glauben, der ein neues Jerusalem aus Licht und Frieden versprach, das auf die Erde niedersteigen würde.

Der Orient und der Okzident stehen sich in Synoden gegenüber, als wären es Schlachten. Jeder versucht, das Christentum an seine eigenen Überlieferungen und Gewohnheiten anzubinden. Jeder sieht Gott aufrecht auf seiner Seite. Denn die dunkelsten theologischen Streitigkeiten sind direkt mit dem Alltagsleben verbunden: Es geht nicht darum, dem Leben aus dem Weg zu gehen, sondern ihm Licht zu verleihen und einen Sinn zu geben durch eine genaue und feststehende Ordnung des Himmels. Die Transzendenz verpflichtet: Man anerkennt das göttliche Mysterium. Aber die menschliche Natur korrigiert: Man versucht eben doch, es zu verstehen, ihm Ausdruck zu geben, es einzuordnen neben anderen Texten auf den vertrauten Regalen einer Bibliothek.

Persien wird dyophysitisch

Eine vierte Stadt, Edessa, beteiligt sich am Kampf der Ideen. Der Leiter der dortigen Schule, Ibas, schließt sich den Antiochiern an, währenddem der Bischof Rabbula zu den Alexandrinern hält. Die beiden Parteien unternehmen einen letzten Versuch zur Versöhnung: Johannes von Antiochia akzeptiert die Verurteilung des Nestorios unter der Bedingung, daß Kyrill von Alexandria die Lehre von den zwei Wesen Christi verkündet. Der Bischof von Antiochia fällt also von Nestorios ab. Dieser, der nun abgesetzt ist, zieht sich in ein Kloster in der großen Oase, die Ägypten darstellt, zurück; von dort setzt er seine Propaganda bis zu seinem Tod 491 fort. Die Christen von Antiochia verteidigen «den Ketzer» noch immer; sie fordern seine Rehabilitierung, weisen Kyrills Theorien zurück und verlassen die verräterische Stadt, um nach Edessa zu reisen, der letzten Bastion des Dyophysitismus. Aber innerhalb dieser Stadt ist der Bischof Rabbula ein verbissener Anhänger der monophysitischen Ideen Kyrills. Edessa ist zerrissen zwischen dem Leiter der Schule und dem Bischof.

Versuchen wir die Situation zu klären. Wer sind die beiden Gegner? Bischof Rabbula ist ein ehemaliger Heide, dessen Bekehrung, wie sein Biograph schreibt, mit derjenigen des heiligen Paulus zu vergleichen ist. Als er nach seiner Taufe das Wasser des Jordan verließ, erschien ein blutrotes Kreuz auf seinem Gewand. Er lebte eine Zeitlang allein in der Wüste; er war sogar in Versuchung, sein Leben durch einen heldenhaften Akt zu beenden und als Märtyrer zu sterben. Um das zu bewerkstelligen, ging er in die heidnische Stadt Heliopolis, betrat den großen Tempel der Stadt und lästerte öffentlich den Götzenkult. Er erwartete, erwürgt oder zerstückelt zu werden, aber man warf ihn bloß hinaus. So wurde nichts aus seinem feierlichen Einzug ins Paradies mit Palmenblättern in den Händen. Er erstellte eine syrische Übersetzung der Evangelien, verkaufte das Silber der Kirche für die Armen und renovierte das Armenhaus für Frauen, das am Verfallen war. Er zensierte die Hymnen von Bardesanes (dem christlichen Dichter, der im 2. Jahrhundert in Edessa lebte), verbot das Rezitieren seiner Gedichte, verurteilte das Denken des Nestorios und verbrannte öffentlich die Bücher von Theodor von Mopsuestia. Ein starker Mann. Seine Gegner nannten ihn den «Tyrannen von Edessa».

Ihm gegenüber Ibas, von Geburt Mesopotamier, Direktor der Schule der Perser. Er vertritt die dyophysitischen Ideen des Theodor von Mopsuestia. Er hat Dadicho geschrieben, seinem ehemaligen Schüler, heute *Katholikos* der seit zwanzig Jahren unabhängigen persischen Kirche, um ihn über die Dogmenkonflikte der Kirche des Okzidents zu unterrichten, aber auch um den Dyophysitismus bei den iranischen Christen zu fördern.

Dieser Brief wurde von seinen Gegnern abgefangen und löste eine Reihe von Prozessen aus. Man klagte Ibas des Nestorianismus an, er solle gesagt haben, er beneide Christus nicht dafür, daß er Gott geworden sei, denn auch er könne Gott werden. Ein Tumult erhob sich sogar in Edessa, wo Hunderte von Mönchen und Nonnen die Verhaftung des Ibas und seiner nestorianischen Bande forderten. Er wurde im Gefängnis von Antiochia inhaftiert.

Mit dem Tod des Theodosios und der Machtergreifung durch einen Kaiser namens Markian schlug sich das Glück wieder auf die Seite der Anhänger des Ibas. Der Brief, den er seinerzeit dem *Katholikos* von Persien geschrieben hatte, wurde nochmals ganz genau studiert; Ibas wurde als Orthodoxer anerkannt, unter der Bedingung, daß er Nestorios abschwöre. Das habe er schon getan, erklärte er, und er täte es wenn nötig tausendmal wieder! Paradoxerweise geschah die Rehabilitation des Ibas gleichzeitig mit dem Fortschritt des Monophysitismus[19], der sich in Ägypten, Palästina und Syrien ausbreitete. Innerhalb der Stadt Edessa widerstanden einige Schüler und Lehrer der Schule der Perser der dominierenden Tendenz, und der Tod des Ibas 457 beendete die dyophysitische Propaganda.

Man sollte sich über solche weltanschaulichen Streitigkeiten nicht wundern. Wenn ein ganzes Reich, eine ganze gesellschaftliche und politische Organisation auf einem Lehrgebäude ruhen – und das ist der Fall für das christliche Reich von Byzanz –, so muß diese offizielle Lehre fest und sehr genau sein; nichts darf darin verschwimmen und nichts zu Diskussionen und persönlichen Interpretationen Anlaß geben. Sonst droht das ganze Gewebe des Reichs zu zerreißen.

Der Bischof von Edessa, ein gemäßigter Anhänger des Kyrill, wies mit Unterstützung des Hofs die letzten Dyophysiten, die sich in Persien hatten ansiedeln wollen, aus. Narsi, ihr Anführer, wurde vom Bischof von Nisibis, Bar Sauma, aufgenommen, der ihm vorschlug, dort eine große Schule zur Verbreitung des Dyophysitismus zu gründen. Von jetzt an lernten die jungen Perser, daß es zwei verschiedene Naturen, eine menschliche und eine göttliche, gebe, die in der Person Christi vereint seien. Sie ließen den Titel «Maria, Mutter Gottes» nicht gelten. So wurde Persien nestorianisch.

Wer war Bar Sauma? Ein Sklave, sagen seine Feinde. Er wurde 424 in den Nordprovinzen Mesopotamiens geboren, also im selben Jahr, in dem Dadicho die Unabhängigkeit der persischen Kirche ausrief. Er wuchs auf iranischem Territorium auf, wurde freigelassen, ging nach Edessa und dort zur Schule. Dort lernte er griechisch und machte sich mit der griechischen Weisheit vertraut. Er gehörte zur Gruppe jener jungen Perser, die den großen Ibas als Lehrer hatten und sich für den Dyophysitismus einsetzten. 450, als der Monophysitismus überhandnahm, mußte er Edessa verlassen und nach Persien zurückkehren, wo er Erzbischof von Nisibis wurde.

Er stand in hoher Gunst bei Peroz, dem neuen König der Könige, dem Enkel «Bahrams des Wildesels»; dieser hatte Bar Sauma sogar das Amt eines *Marzban,* eines Wächters über die Grenze, anvertraut.

Die Ostprovinzen des sassanidischen Reichs litten zu jener Zeit unter den Angriffen der Hephthaliten, der türkisch-mongolischen Horden aus Altaï[20]. Eine furchtbare Mangellage plagte das Land. Der König der Könige mußte auch den Zorn eines Teils der Bevölkerung, der antijüdische Gefühle hegte, besänftigen. In Isfahan, erzählte man, habe ein Gruppe von Juden zwei zoroastrische Magier zerstückelt. Peroz bemühte sich auch, eine definitive Lösung für das Problem der Christen zu finden. Es war Bar Sauma, der ihm half, Schritt für Schritt die Kirche von Persien und den sassanidischen Hof zu versöhnen.

Der abgefangene Brief

Bar Sauma durchquert Ktesiphon. Eine hartnäckige Dürre, die seit sieben Jahren im ganzen Land andauert, hat in der Hauptstadt eine Hungersnot zur Folge. Der Markt, der früher überquoll, ist eine einzige Verzweiflung. Kein Geräusch, keine Ware. Todesgerüche dringen aus den Häusern. Bar Sauma kommt in das Quartier der Handwerker, das ebenso still ist und ebenso resigniert. Man würde ein goldenes Halsband gegen ein Stück Brot tauschen, aber wer denkt jetzt daran, seine Garderobe zu erneuern. Die wenigen, zu Skeletten abgemagerten Passanten scheinen nicht weit davon entfernt zu sein, einander aufzuessen. An jeder Straßenecke seufzt ein Sterbender.

Bar Sauma betritt den Palast. Die Zahl der Wächter ist kleiner geworden. Der Staat, der die Steuern abgeschafft hat, ist nicht mehr in der Lage, die Ausgaben des Hofs zu finanzieren. Die Mauern sind schmutzig, die Möbel ersticken im Staub. Der Vorhang, der den König von seinen Zuhörern trennt, war einst aus leicht durchsichtiger Seide, ist aber jetzt nur aus grobem, gelblichem Stoff. Selbst der König, sagt man, sei abgemagert, der König, den man so selten sieht.

Hier die Geschichte eines Manövers und wie es vereitelt wurde:

Die unabhängige persische Kirche hatte im dogmatischen Streit des Christentums um die Doppelnatur Christi noch nicht Stellung genommen. Da schrieben die westlichen Kirchenväter dem persischen *Katholikos*, einem gewissen Baboe, er solle den iranischen Bischöfen untersagen, Konkubinen zu haben.

In Wirklichkeit zielten damit die westlichen Kirchenväter, überzeugt von der Richtigkeit des Monophysitismus, auf Bar Sauma, diesen nestorianischen, dyophysitischen Ketzer, der seine Wohnung mit einer Frau teilte und der Ansicht war, dies sei besser, als in den Zangen der Begierde zu brennen.

Baboe, ein Mann von unzweifelhaftem Glauben, antwortete den Kirchenvätern, die Kirche von Persien habe keine Möglichkeit, die schuldigen Bischöfe zu bestrafen, denn das Land lebe unter einer «gottlosen Macht».

Zu seinem Pech wurde dieses Antwortschreiben von den Beamten Bar Saumas selbst abgefangen. Als Wächter über die Grenze unterstand ihm die gesamte Korrespondenz mit Byzanz. Bar Sauma nahm eine traumhafte Gelegenheit wahr: Er nahm Baboe als Vorwand und brach definitiv mit der westlichen Kirche, die nun ganz von den monophysitischen Ideen beherrscht war, die er als falsch betrachtete.

Das nestorianische Persien

Bar Sauma steht vor dem König. Er legt Baboes Brief auf ein silbernes Tablett. Er wartet.

Mit auf der Brust gekreuzten Händen, wie es das Ritual will, wird der *Katholikos* Baboe vor den Herrscher geführt. Wenn man ihn ansieht, vergißt man die Hungersnot und die Lebensmittelrationierung. Die Leute murmeln, er verstecke in den Kellern seiner Kirche gewaltige Nahrungsvorräte. Die Christen von Byzanz bringen ihm Mehl, Getreide, Honig, sogar Hühner.

Peroz schaut ihn durch den groben Stoff an und bemerkt, er habe sich seit ihrer letzten Zusammenkunft nicht verändert.

Baboe hält die Augen auf den Boden geheftet. Er weiß, daß der Herrscher ihn niemals sonderlich schätzte, daß er seine ganze Gunst seinem Gegner, Bar Sauma, zugewandt hat.

Man bringt den Brief auf dem trüben Silbertablett, auf dem man kaum die einstigen feinen Ziselierungen erkennen kann. Peroz ruft einen Übersetzer. Baboe hat auf syrisch geschrieben; der Monarch beherrscht diese Sprache nicht.

Der offizielle Übersetzer erscheint. Als der *Katholikos* ihn sieht, entspannen sich seine Züge. Vielleicht sieht man ein leichtes Lächeln über sein Gesicht huschen. Der Kämmerer fordert den Übersetzer auf, den Brief ins Pahlawi zu übersetzen. Der unvorbereitete Mann liest: «Wir dienen einer gottlosen Regierung.» Er spürt, daß er in eine Falle getappt ist, hält an und beginnt von neuem: «Wir dienen einer nichtchristlichen Regierung.»

Die Erregung des Königs verrät sich selbst durch den Vorhang. Seine Stimme ist von Wut auf Baboe erfüllt: «Gottlos, meine Regierung? Als meine Vorfahren den alleinigen Gott Ahura Mazda verehrten, kannten weder Christus noch seine Verwandten, noch die Verwandten seiner Verwandten die Freuden des Lebens. Tausend Jahre trennen Zarathustra von Jesus! Und du nennst mich gottlos!»

Bar Sauma will sich den Zorn des Königs zunutze machen, um seine eigene Politik zu fördern: den totalen und endgültigen Bruch mit der westlichen, monophysitischen Kirche.

Ohne die Antwort des *Katholikos* abzuwarten, spricht Bar Sauma von subversiven Beziehungen und einem dubiosen Briefwechsel zwischen Baboe und der Kirche von Byzanz. Er erinnert den König der Könige daran, daß das iranische Christentum stets das Mißtrauen der sassanidischen Herrscher erregt habe, daß für den Hof das Problem der Christen von Persien noch immer nicht geregelt sei. Es bestehe ein echtes Malaise: Muß man sie als Spione oder als Landsleute betrachten?

Der *Katholikos* Baboe spürt, daß er wie alle seine Vorgänger unter dem Verdacht steht, mit dem Feind gemeinsame Sache zu machen, und meldet sich:

«Was du forderst, ist schon vollbracht. Die Kirche von Persien hat ihre Unabhängigkeit vor fast sechzig Jahren verkündet. Wir haben keine Beziehungen mehr mit den Bischöfen von Byzanz oder von Rom. Ja, ich habe einen Brief bekommen, aber er betraf eine rein religiöse Frage, eine interne Regel unserer Kirche, den Zölibat der Bischöfe.»

Jetzt hat er ein Tabu-Wort ausgesprochen, das schon den ersten Bischof des sassanidischen Persien, Demetrianus, beinahe das Leben gekostet hat. Als er eben vom Zölibat gesprochen hat, hat er vielleicht vergessen, daß seine frühere Religion, der Mazdaismus, Ehe und Fortpflanzung lebhaft fördert. Sein Gegner Bar Sauma, seinerseits, hat glänzend verstanden, daß man auf das Keuschheitsgelübde verzichten muß, wenn man beim König und am Hof beliebt sein will. Er rühmt sich offen, mit einer Frau zusammenzuleben. Er ermutigt sogar die anderen Bischöfe, es ihm nachzutun.

Durch das schmutzige Tuch, das ihn vor den Blicken der Bürger schützt, kann Peroz leicht sehen, wie schäbig sein Hof geworden ist. Die Hungersnot lauert am Fuß des Throns. In den Gassen von Ktesiphon sind die einzigen Überlebenden Christen, die mit großen Kosten durch die Armee ernährt und versorgt werden, die Armee von Byzanz, die an den Westgrenzen kampiert, zum Angriff bereit. Und auf der anderen Seite sind die östlichen Provinzen furchtbar bedroht durch die Hephthaliten.

Ein Windstoß schüttelt das Tuch, das ihn «schützt». Ein scheußlicher Geruch entströmt ihm und hüllt den König der Könige in Einsamkeit, verschlimmert durch Krieg, Hungersnot und Verrat. Das Ende einer Herrschaft kündigt sich an. Niemand bemerkt, daß der Herrscher sich ratlos hinter einen anderen Schutzschild zurückgezogen hat: seine geschlossenen Lider. Sein Alptraum bleibt aber, und die Entscheidung läßt auf sich warten. Er stellt sich sein Reich zerbrochen vor. Die hephthalitischen Barbaren regieren über den sassanidischen Adel, Mesopotamien ist nur noch eine Provinz von Byzanz, die Leichen der persischen Soldaten werden von verhungernden Bauern verzehrt, die Notabeln der Hauptstadt treten in Massen zum Christentum über.

Er öffnet die Augen und sagt zum *Katholikos* Baboe:

«Du möchtest, daß in Persien keine einzige Seele übrigbleibt, um unsere Nation gegen Byzanz zu verteidigen. Deshalb predigst du den Zölibat.»

Der oberste Magier, der die ganze Zeit neben dem Herrscher gestanden hat, psalmodiert Beschwörungsformeln, die dumpf erklingen:

«Ahura Mazda sagt zu Zarathustra: ‹Ich habe ein Wasser geschaffen, das das Sperma der Männer reinigt, das die Plazenta der Frauen reinigt, das den Frauen die Niederkunft erleichtert, das die Brüste aller schwangeren Frauen mit Milch füllt.› »

Gestärkt durch dieses Echo seines eigenen Glaubens, verurteilt der König der Könige Baboe zum Tod, aufgehängt an seinem Ringfinger, der das Siegel der Kirche trägt.

Baboes Neutralität und sein zögerndes Verhalten haben ihn schließlich in den Tod geführt. Schöne Rache für Bar Sauma, dessen nestorianische Freunde in Edessa und anderswo von den byzantinischen Behörden gefangengesetzt oder ausgewiesen wurden. Er spürt, daß von jetzt an nichts die Ausbreitung des Nestorianismus in Persien aufhalten kann.

Er bittet ums Wort:

«Es sind schon sechzig Jahre her», sagt er, «seitdem das persische Christentum sich als unabhängig erklärt hat. Aber leider steht es immer noch unter dem Einfluß der Bischöfe des Westens. Daher kommt Gefahr, daher Verrat. In den Archiven der christlichen Bibliothek bezeugt unser Briefwechsel mit Konstantinopel und Antiochia unsere frühere Ergebenheit der ‹Mutterkirche› gegenüber. Wir werden ohne Unterlaß gedemütigt und verraten. Byzanz war noch nie die Stütze oder der Partner Persiens. Die, wie man sagte, verwandtschaftlichen Bande der beiden Kirchen waren immer verhängnisvoll. Unsere Kirche braucht keine Mutter mehr. Was sie sucht, was sie braucht, ist ein Gegner, ein Feind.»

Bar Sauma will aus Persien die Bastion des Nestorianismus machen. Er will das Schisma. Stets beherbergt, beschützt und begünstigt er die aus Byzanz ausgewiesenen Nestorianer. Der religiöse Partikularismus siegt, bei ihm, über die Idee eines allumfassenden Christentums. Was Peroz angeht, so möchte er sich von allen westlichen Einflüssen lösen – eine alte Geschichte. Er ist bereit, die Christen in seinem Land zu begünstigen, unter der Bedingung, daß sie sich klar von der griechischen Tendenz der westlichen Kirche absetzen. Klar, und für immer. Er fühlt, daß er in der Person des Bischofs von Nisibis einen sicheren Verbündeten haben könnte, und erst noch einen christlichen. Er möchte ihm helfen, aber wie?

Bar Sauma sagt ihm:

«Gib mir eine Armee, und ich mache aus allen Christen deines Reichs Nestorianer. Ich werde sie mit dem Haß gegen die Römer durchtränken.»

Der König stimmt zu. Es ist ein noch nie dagewesener Akt. Zum erstenmal in der Geschichte des Irans unterwirft sich seine Armee einem Glauben, der nicht der ihre ist. Die Säuberung findet als erstes innerhalb der Grenzen statt. Die sassanidische Armee bringt im Dienst der Nestorianer diejenigen Christen um, die noch dem offiziellen Dogma des Westens folgen: die Historiker zählen 7 700 Opfer. Zur gleichen Zeit nimmt die persische Christenheit offiziell den Nestorianismus an.[21]

Im Westen fuhren Kaiser Zenon und der gesamte Hof von Byzanz fort, die griechische Version der christlichen Lehre zu verteidigen. Die syrische Schule mußte sich anpassen, um nicht zu verschwinden. Der syrische Unterricht verlor immer mehr an Boden, bis er auf seine letzte Festung, Edessa, zurückgegangen war. 489 überredeten die Befürworter des Monophysitismus im Bestreben, jede Spur dessen auszuradieren, was sie schon damals Nestorianismus nannten, Kaiser Zenon, die Schule von Edessa zu schließen und die Ketzer zu vertreiben.

Die persischen Lehrer und Schüler packten ihre Habe und machten sich auf den Heimweg. Sie brachten ihren beharrlichen Glauben mit und schlossen sich dem Nestorianismus an, der jetzt zur erklärten Lehre der persischen Kirche geworden war.

Die Bücherverbrennung von Edessa

Der Direktor der Schule von Edessa, Narsi, geht langsam durch die jetzt leeren Säle. Man hört die Stimmen der Studenten nicht mehr in liturgischen Gesängen aufsteigen oder abklingen. Er öffnet eine Tür und betritt ein Zimmer, in dem der «Schreiber» die Kunst des Schreibens lehrte. Eine Taube schlägt erschreckt mit den Flügeln und versucht, durch eine Dachluke zu entfliehen. Narsi schaut um sich. Einzige Spuren der Vergangenheit: ein paar Tintenflecke auf dem Boden, ein zerbrochenes Schilfrohr. Er geht in den Gang hinaus und wirft einen letzten Blick auf die ehemalige Bibliothek. Die Bücher sind beschlagnahmt worden, aber in Staubspuren kann man noch ihre Form sehen. Jede solche Spur erinnert ihn an ein Manuskript, das jetzt verloren ist. Eines Tages, vielleicht, kann er mit Gottes Hilfe diese Bibliothek wieder aufbauen. Sie war der einzige Ort gewesen, wo sich während mehr als eines Jahrhunderts die jungen Perser, anstatt mit den Griechen Krieg zu führen, in die Werke von Aristoteles und Porphyrius vertiefen konnten.

Vor dem Raum des «Forschers» (der für die Abteilung Philosophie verantwortlich war) glaubt er die unermüdliche Stimme des Lehrers zu hören, wie sie den Studenten wieder und wieder erklärte, aus welchen logischen und natürlichen Gründen die Jungfrau nicht die «Mutter Gottes» war.

Er steigt die Treppe hinunter, überquert den Hof, gelangt zum letztenmal in eine Zypressenallee. Hinter ihm verschließen sich die Türen der Schule auf immer vor den Ideen, die er sein ganzes Leben lang hochgehalten hat.

Seine Freunde warten am Stadttor. Eine Karawane von aus Edessa vertriebenen Lehrern und Schülern macht sich bereit zum Marsch nach Persien. Man häuft Gepäck auf die Rücken der Esel und der Kamele. Die jungen Schüler zeigen keinerlei Schmerz, sie können sogar scherzen. Aber die älteren, diejenigen, die seinerzeit vor der sassanidischen Polizei flohen und in Edessa Zuflucht gesucht hatten, sie sind unruhig. Vielleicht erwarten sie Gefängnis, Folter und Tod. Sie vergessen die kürzlich vorgenommene Hinrichtung des *Katholikos* Baboe nicht. Byzanz stößt sie aus, und Persien ist nicht mehr ihr Vaterland. Niemand erwartet sie. Manche haben sogar ihre eigene Sprache, das Pahlawi, vergessen und reden syrisch oder griechisch.

Ende eines Lebens in christlichem Rahmen. Sie, die beim Klang von Glocken friedlich erwachten, wie werden sie mit den Tempeln des Feuers zurechtkommen? Einige trösten sich mit der Vorstellung, der neue Patriarch, Akakios, werde ihnen eine Unterkunft finden. Aber wo? Und für wie lange?

Der Erste Kameltreiber ruft zum Aufbruch, eine erste Karawane führt die Frauen fort. Narsi, der Schuldirektor, wartet auf einen Nachzügler. Die Nacht fällt auf die Hügel von Edessa, als plötzlich auf dem Hauptplatz ein riesiges Feuer lodert. Hysterische Schreie lassen Narsi und seine Gefährten aufhorchen. Ein Mann strebt auf sie zu, der Priester Johannes, auf den man gewartet hat. Er trägt in der Hand ein zur Hälfte verkohltes Werk und sagt, daß die Edesser, dem monophysitischen Bischof der Stadt folgend, ihre Schule besetzt haben. Sie haben eine gigantische Tafel über dem Eingang angebracht: «Kirche der Mutter Gottes, *Theotokos*.» Alles Geschriebene wurde ins Feuer geworfen. Er hat nur diesen Kommentar des Nestorios über ein Werk des Theodor von Mopsuestia retten können.

Zu dieser Stunde, die noch zwischen Tag und Nacht schwankt, wenden Narsi und die Seinen Edessa den Rücken zu. Eine Bande von Aufgeregten verfolgt und beleidigt sie, sie seien Zuhälter.

«Wo sind sie, eure Huren? Habt ihr sie in den Bordellen von Edessa vergessen?»

Sie raffen Steine zusammen und bewerfen die Nestorianer und schleudern ihnen Schimpfworte nach: Narsi nennen sie den Aussätzigen, den Priester Johannes ein kleines Schwein, den Philosophen Maana den «Aschenauflecker», einen anderen den «Drachen», einen weiteren «Groschenwürger»...

Geschlagen und verhöhnt tauchen die Vertriebenen in der Nacht unter, sie entfernen sich von der Gewalt und den brennenden Büchern von Edessa. Das Reich des Königs der Könige erwartet sie in der Morgendämmerung. Dort wird die Botschaft von Nestorios aus ihrer Asche auferstehen.

Die schöne Mamaï, Stein der neuen Kirche

Die Karawane der Nestorianer nähert sich jetzt Nisibis, der den Persern vor einem Jahrhundert, 363, überlassenen Grenzstadt.

Dort ist ein persisches Kavalleriebataillon stationiert. Die Rüstungen glitzern in der Sonne. Man hört sogar ihr Trommeln.

Beunruhigt zögern die Nestorianer. Sollte man umkehren? Was ist das für eine Armee, die auf sie zu lauern scheint? Sehr langsam gehen sie weiter.

Eine Gruppe von Reitern schwenkt plötzlich die Standarten des sassanidischen Staates. Eine Stimme, die die Nestorianer zu kennen glauben, heißt sie willkommen. Es ist Bar Sauma, ein Ehemaliger ihrer Schule.

Er kommt zu Narsi. Zwischen den Umarmungen und den Trommelwirbeln fragt Narsi seinen alten Freund, ob es sich hier nicht um einen Hinterhalt, um eine sehr raffinierte Falle handle.

Bar Sauma beruhigt ihn. Er ist der Bischof von Nisibis und der *Marzban* der Grenze, der persönliche Freund des Königs der Könige. Seite an Seite betreten sie den Iran. Die Elite der persischen Kavallerie begleitet die Karawane der Flüchtlinge mit großem Pomp. Trotz der Hungersnot gibt man ihnen zu trinken und zu essen. Die Mönche werden in den Kasernen untergebracht, die Familien von christlichen Gemeinschaften aufgenommen. Narsi selber wohnt im Palast des Gouverneurs.

Im Eßzimmer der Privatwohnung des Bischofs-*Marzban* bringt seine Konkubine Mamaï ihnen eine Platte mit Trockenfrüchten und bedauert, daß nichts Besseres zum Essen da sei. Die Dürre ist bis nach Nisibis gedrungen. Die Soldaten sind hungrig; sie muß für eine gerechte Verteilung der letzten Vorräte sorgen.

Die junge Frau ist schön, ja sogar unwiderstehlich. Narsi weiß, daß sie der Grund der Polemik war, die den *Katholikos* Baboe das Leben gekostet und die Teilung der persischen Kirche ausgelöst hat. Aber seine Freunde bringen zu seiner Verteidigung vor, er habe Mamaï geheiratet, um ihr Vermögen zu retten. Sie stammte aus einer reichen Familie und war in ein Kloster eingetreten. Ein sassanidisches Gesetz erlaubte dem Staat jedoch, das Vermögen unverheirateter Nonnen zu beschlagnahmen. Bar Sauma, sagten seine Freunde, hätte sie nur geheiratet, um die Konfiszierung zu vermeiden.

Das würde aber heißen, ihren graziösen Gang und ihre raffinierte Toilette zu vergessen, die in nichts an eine Betschwester erinnert. Ihr Halsband, der Reif, der ihren langen schwarzen Zopf umfängt, und ihr Gürtel sind aus zisiliertem Gold. Ihr Körper ist in pfirsichfarbene Seide gehüllt.

Narsi schaut sie an, als ob er den echten Grundstein der nestorianischen Kirche vor sich sähe. Bar Saumas Liebe zu ihr zeigt, daß eine der am lebhaftesten verteidigten Säulen ihres Glaubens tatsächlich die Ablehnung des Zölibats ist.

Der Bischof von Nisibis beschreibt die Wahl des neuen *Katholikos,* Akakios, eines Ehemaligen der Schule von Edessa. Bar Sauma steht auf bestem Fuß mit ihm. Er kann ebenfalls auf die Unterstützung des Hofs und auf die persönliche und bewaffnete Hilfe des Königs Peroz zählen. Wo nestorianische Predigten nichts fruchten, nimmt die sassanidische Armee auf ihre eigene Weise die Bekehrung der Ketzer an die Hand (auf der anderen Seite der Grenze nennen sie sich «Orthodoxe»). Wirklichen Widerstand gebe es nur noch in Tagrit, im aramäischen Gebiet, und in Armenien.

Mamaï erwähnt die Verleumdungen, die Monophysiten gegen sie ausstreuen:

«Sie sprechen nur von Verfolgung, von Korruption und von den Morden, die wir begangen haben sollen: zwölf Mönche in Arbel, neunzig in Ninive. Sie lassen durchblicken, daß der *Katholikos* gegen uns ist, daß er sogar ein Waisenhaus für die Bastarde unserer Nonnen errichten wolle!»

Sie erzählt mit einer gewissen Lässigkeit, daß ihr Gatte von seinen Feinden Bar Saula, «Sohn der Fußsohle», genannt werde.

Eine neue Schule

Die Nacht senkt sich auf Nisibis. Die Diener entzünden Kerzen und Fakkeln. Eine Dienerin räumt den Tisch ab, eine andere bringt einen Rest Wein. Die zwei Kirchenleute haben einander so viel zu sagen, und die Zeit ist knapp. Seit mehr als dreißig Jahren abwesend, muß Narsi sein Land neu entdecken. Wer sind jetzt die einflußreichen Personen? Wen soll man meiden? Wo läßt man sich am besten nieder?

Bar Sauma erklärt die Beziehung zu seinem Freund, dem *Katholikos* Akakios, genauer. Trotz gewisser Mißverständnisse glauben beide fest an die Notwendigkeit einer einheitlichen Lehre in der persischen Kirche:

die zwei verschiedenen Naturen Christi, das Verbot für monophysitische Mönche, in Städte zu gehen, in denen bereits Mitglieder des nestorianischen Klerus sind, und die Ablehnung des Zölibats.

Mamaï fügt ein wenig stolz hinzu, daß alle Diakone sich jetzt mit einer Frau vereinigen können; Priester haben sogar das Recht, eine zweite Ehe einzugehen.

Ein Soldat tritt ein und bittet Bar Sauma, einen Verdächtigen zu identifizieren, der am Stadttor angehalten wurde. Der Bischof geht hinaus und kommt mit einem Mann mit verwittertem Gesicht, in armseliger Kleidung und mit brechreizerregendem Geruch zurück. Mamaï geht ein Stück weit weg und beobachtet aus der Ferne.

Bar Sauma behandelt diese seltsame Erscheinung mit überraschendem Respekt. Der Reisende trinkt einen Schluck Wein und drückt sich in perfektem, ja literarischem Syrisch aus. Narsi ist es klar, er muß eine Art lokaler Spion sein.

Er bringt gewichtige Neuigkeiten: Man hat den König der Könige ermordet. Die Hephthaliten, diese türkisch-mongolischen Stämme, haben die persische Provinz Khorasan angegriffen, die sassanidische Armee geschlagen und den Herrscher, Peroz, umgebracht. Mamaï nähert sich dem Gast, dessen fürchterlicher Geruch sie jetzt offenbar weniger stört. Sie fragt ihn nach dem Zustand der östlichen Provinzen und nach der Nachfolge des Königs. Die Antworten sind wenig ermutigend: Die Hephthaliten halten Merw und Harat besetzt, der Sohn des Herrschers ist in ihren Händen, der iranische Adel hat sich in der Hauptstadt versammelt, um Prinz Valachsch auf den Thron zu heben, einen Bruder des verstorbenen Königs.

In einem einzigen Augenblick stürzen alle Pläne Bar Saumas zu Boden. Er läuft jetzt Gefahr, sein Amt als Hüter über die Grenze zu verlieren. Ohne die Unterstützung des Königs wird vermutlich auch die Armee aufhören, den Nestorianismus mit Gewalt durchzusetzen. Sein Blick begegnet Narsis Augen. Dort liegt bestimmt eine neue Hoffnung.

«Deine Vertreibung aus Edessa», sagt er ihm, «die Auflösung der Schule, der Tod des Königs und die Zersplitterung des Reichs sind keine Zufälle. Ich halte sie für ein Werk der Vorsehung. Erinnere dich an die Zerstreuung der Apostel nach der Auferstehung unseres Herrn. Sie verließen Jerusalem verzweifelt, weil seine Bewohner das Wort Gottes hartnäckig ablehnten. Jerusalem wurde zerstört. Deine alte Schule wurde zu einer Kirche umgewandelt, die jetzt den Glauben unserer Feinde predigt, einen Irrglauben. Laß dich in Nisibis nieder, eröffne eine neue Schule der Theologie und mach neue Menschen. Unsere Aufgabe ist es, diese Menschen zu formen, damit sie ihrerseits weitere Menschen formen. Wir haben eben den König verloren. Die sassanidische Armee hat andere Aufgaben. Von jetzt an können wir unsere Ideen nur durch theologischen Unterricht verbreiten. Du wirst für uns ein Schild und eine Armee sein. Eine große Armee.»

Narsi sieht eine neue Mission auf sich zukommen. Seine Schule ist nicht tot. Im Gegenteil, sie ist im Begriff, wiederaufzuleben. Nisibis wird das Zentrum der Verbreitung des Nestorianismus; Studenten aus allen Winkeln der Welt werden kommen, um sich die dyophysitische Lehre einzuprägen (die einzig richtige), und die Christen von Persien werden die Lehren seiner Schule im ganzen Reich des Königs der Könige und sogar jenseits seiner Grenzen verbreiten.

Die Kerzen verlöschen eine nach der andern. Die Anzeichen der Müdigkeit auf dem Gesicht Mamaïs und der beiden Männer ertrinken in der Dunkelheit.

Narsi geht in sein Zimmer und betet lange mit geschlossenen Augen. Der Übergang vom Gebet zum Traum geschieht sanft. Als er erwacht, erleuchtet ein Sonnenstrahl ein halbverbranntes Buch auf einem kleinen Tisch: den Kommentar des Nestorios zu einem Werk des Theodor von Mopsuestia.

Attila, der Gnadenstoß

Das 5. Jahrhundert bringt, nach der manchmal monotonen Chronik der griechisch-römischen Kriege, etwas überwältigend Neues: die schreckenerregende Invasion der Hunnen. Dieser türkisch-mongolische Stamm lebte seit dem 3. Jahrhundert v. Chr. in der Mongolei. Die Hunnenhorde (auf chinesisch Xiongnu genannt) hatte sich schließlich 44 v. Chr. in drei Gruppen geteilt: Die *Xiongnu* blieben in der Mongolei und stritten sich mit den Chinesen; die *Hephthaliten* oder «weißen Hunnen» ließen sich in den fruchtbaren Ebenen der Sogdiana nieder, verletzten ohne Unterlaß die Grenzen des iranischen Reichs und töteten den König der Könige Peroz; und schließlich die Vorfahren Attilas, die in die Steppen des Balchasch und des Aral auswanderten und als *Hunnen* zu den harten Gegnern der römischen Welt wurden.

Im 4. Jahrhundert drang ein Anführer der Xiongnu aus der Mongolei, an der Spitze eines Heers von fünfzigtausend Männern, ins Herz von China ein. Unter dem Vorwand, eine seiner Vorfahrinnen sei eine Han-Prinzessin gewesen, rief er sich zum legitimen Erben dieser kaiserlichen Familie Chinas auf und gründete die Dynastie der Han des Nordens. Einer ihrer Könige – die Chroniken erzählen es so – konnte nicht lesen und ließ sich die chinesischen Klassiker erklären, ein anderer briet die schönsten seiner Konkubinen und verzehrte sie, ein anderer löschte seinen Durst mit den Tränen seiner Gefangenen...

Die Hephthaliten, eine andere Gruppe dieses Stamms, siedelten sich schon zur Regierungszeit «Bahrams des Wildesels» (420–438) in Baktrien an. Die Nachbarschaft des persischen Reichs verfeinerte ihre blutdürstigen Sitten. Das gemäßigte Klima dieses fruchtbaren Gebietes soll sogar ihre Gesichtsfarbe aufgehellt haben, weswegen sie «weiße Hunnen» genannt wurden. Ihre Armee griff Khorasan 484 an und tötete den persischen Monarchen Peroz. Sie nahmen Merw und Herat ein und mischten sich als Beschützer in die Querelen des sassanidischen Hauses ein.

433 erhoben die Hunnen zwischen Donau und Wolga den berühmten Attila zu ihrem König. Dieser Prinz erklärte, er sei der legitime Besitzer des «Schwertes des Mars», einer legendären Waffe, die ihm in der Wüste von Altaï übergeben worden sei, und erhob den Anspruch, Kaiser der Welt zu sein. Er eroberte Skythien, Germanien und die Königreiche von Skandinavien, von denen er einen ungeheuren Tribut an Pelzen erhielt. Er nahm Europa ein und verwüstete es. Siebzig Städte des byzantinischen Reiches waren nach seinem Durchzug gänzlich verschwunden.

Attila kam bis an die Pforten von Konstantinopel, wo Kaiser Theodosios, voll beschäftigt mit frommen Andachten, sich demütigen und ihn um Milde bitten mußte. Der Sieger forderte nicht nur das Territorium, das sich längs des Südufers der Donau erstreckte, sondern auch hohen Tribut und sofortige Zahlung einer Kriegsentschädigung. Da die Staatskasse durch die Kriegsvorbereitungen geleert war, verpflichtete Theodosios die Aristokratie, den Hunnenkönig auszuzahlen.

Die Straßen der Hauptstadt wurden zu merkwürdigen Verkaufshallen. Man sah Adlige den Schmuck ihrer Frauen und die Möbel ihrer Paläste verhökern. Tische aus solidem Silber und Vasen aus Gold zirkulierten im desorganisierten Konstantinopel, während Attila ungeduldig hinter den Festungsmauern wartete, die bereits durch ein unheilverheißendes Erdbeben erschüttert waren.

Er nahm unter den Römern eine große Anzahl von Gefangenen, und unter ihnen waren auch christliche Missionare, die sich die Deportation wieder einmal zunutze machten, um neue Gebiete zu evangelisieren. Es waren darunter auch Schlosser, Schreiner, Waffenschmiede, die die Eroberer ihre Fertigkeiten lehrten. Der Kontakt mit ihnen zivilisierte die Hunnen einigermaßen; sie waren begierig, Latein, Medizin und Architektur zu lernen.

Attilas Palast, erbaut zwischen der Donau und den Karpaten des ungarischen Hochlands, war aus Holz. Ein Kranz von Außentürmen schützte die Wohnungen seiner zahlreichen Frauen. Ein römischer Gesandter erzählte, ihm sei es gelungen, offiziell die Königin der Hunnen zu umarmen. Attilas Gattin empfing ihn auf einem weichen Bett liegend in einem Haus, das mit runden, ziselierten Holzsäulen geschmückt war, mit einem teppichbedeckten Boden. Zwei Possenreißer erheiterten die Königin mit ihren verschrumpelten Gesichtern, ihrer Narrenkleidung und ihren komischen Sprüchen: eine Mischung aus Skythisch, Gotisch und Lateinisch.

450, kurz nach dem Tod des Kaisers Theodosios, beschloß Attila, der die so oft besiegten Römer von Byzanz geringachtete, den Okzident anzugreifen. Die Völker von Skythien, Germanien und gewissen Franken stießen zu seiner Armee. Er zerstörte die Städte von Gallien. Im darauffolgenden Frühling überquerte er die Alpen und nahm Italien ein.

Als er in einen mailändischen Palast eintrat, bemerkte Attila ein Bild, das zeigte, wie die römischen Kaiser auf ihrem Thron saßen, die Hunnenprinzen jedoch zu ihren Füßen lagen. Er ließ sofort die Hofmaler kommen und befahl ihnen, die Gesichter der römischen Kaiser durch die Hunnenprinzen zu ersetzen und umgekehrt.

Die Provinzen von Italien konnten sich nicht verteidigen, und Rom lebte in der Furcht vor dem unmittelbar bevorstehenden Zusammenbruch. Eine alte Prophezeiung aus der Zeit Ciceros besagte tatsächlich, Rom werde zwölf Jahrhunderte nach seiner Gründung zerstört werden. Und Rom war zwölfhundert Jahre alt, als Attila beschloß, seine Armee dorthin zu führen. Die Steuern, die soziale Ungerechtigkeit, die Gefangennahmen, die Foltern, alles zeugte von Dekadenz. Die Armen flüchteten in die Wälder und verzichteten auf die römische Staatsbürgerschaft, die einst jedermann begehrt hatte.

Der Ewigen Stadt hatte tatsächlich ihr letztes Stündlein geschlagen. Der Staat war in Auflösung begriffen, er erwartete keine Hilfe mehr von den Provinzen. Papst Leo suchte nun den Eroberer auf, der ihm lange zuhörte und als Antwort nur sagte, er, der Papst, trage eine wundervolle Robe.

Eine Legende besagt, die Heiligen Petrus und Paulus seien Attila erschienen und hätten ihn mit dem Tod bedroht, wenn er Rom zerstöre. Seine alten Wahrsager erinnerten ihn an den frühzeitigen Tod Alarichs, des Königs der Goten, kurz nachdem dieser die Stadt ausgeplündert hatte. Kein Krieger habe jemals den Sieg über Rom überlebt. Attila gab dem Aberglauben nach, verließ Italien, feierte Hochzeit mit einer jungen Schönheit und starb an einem Bluterguß.

Die Hunnen legten seine Leiche in ein Zelt aus Seide und opferten zu seinen Ehren Dutzende von Gefangenen. Der tote Attila fuhr fort zu morden. Seine sterbliche Hülle wurde in drei Särgen eingeschlossen (aus Gold, aus Silber und aus Eisen) und beerdigt, aber die Gefangenen, die den Graben ausgehoben hatten, begleiteten ihn auf dieser letzten Reise. Blutiges Verschwinden eines Meteors.

Kurz nach Attilas Tod (453) gingen, wie gewöhnlich, seine Nachfolger aufeinander los. Das Reich des Okzidents verlor seine Macht über Gallien und Spanien. Das «ewige» Rom wurde von den Vandalen ausgeplündert – ein Volk, das an den Küsten der Ostsee zu Hause war. Sie beluden ihre Schiffe mit den Statuen der heidnischen Götter, den Kultgegenständen der Juden (darunter der berühmte siebenarmige Leuchter aus Gold, der genau nach den Vorschriften Gottes selbst geformt war), der großartigen Garderobe des Kaisers, dem kaiserlichen Tischgeschirr, dem Mobiliar des Hofs, der Kaiserin, ihrer beiden Töchter und der gesamten römischen Aristokratie.

In Rom herrschte eine noch nie dagewesene Trostlosigkeit. Leer waren die Zirkusse und die Amphitheater. Verlassen die heidnischen Tempel, aus denen die Götter längst ausgezogen waren. Eine träge Generation betrat die kaiserlichen Bibliotheken nicht mehr, und faule Maurer rissen aus den Gebäuden Steine, die sie für irgendwelche privaten Konstruktionen brauchten. Die «Barbaren» wurden zuerst wie Sklaven, dann wie Verbündete behandelt, und sie waren jetzt die Herren der Römer. Der

Sohn eines Botschafters von Attila wurde 476 zum König von Italien ausgerufen, und im selben Jahr bat der römische Senat Zenon, den Kaiser von Byzanz, beide Reiche zu regieren. Die Ewige Stadt begrub mit eigenen Händen das Reich des Okzidents.

Eine heikle Mission: der Katholikos Akakios in Konstantinopel

Unter der Herrschaft des «einzigen Kaisers des Orients und des Okzidents», Zenon, entsandte der Sassanide Valachsch als Botschafter Akakios, den persischen *Katholikos,* an den Hof von Konstantinopel.

Die Hunnen hatten vor kurzem die Bauten von Rom und Byzanz zerstört. Die alten römischen Gesetze wurden nicht mehr beachtet. Eine allgemeine Unordnung herrschte in den Administrationen der Staaten. Zum erstenmal beschlossen Perser und Römer, sich zusammenzuschließen, um den gemeinsamen Feind zu bekämpfen.

Kaiser Zenon wollte Akakios wohl empfangen, aber als loyaler Vertreter des Monophysitismus – er war für die Schließung der Schule von Edessa verantwortlich gewesen – wünschte er, daß der *Katholikos* sich zuerst zum Patriarchen von Konstantinopel begab, um alle früheren Streitigkeiten auszuräumen.

Die Residenz des Patriarchen liegt hoch; man blickt über Stadt und Meer. Ein kleiner Turm, ans Haus angebaut, beherbergt einen Taubenschlag. Der Garten ist mit Rosen und Jasmin bepflanzt. Auf der gegenüberliegenden Seite des Hofs nährt ein Wasserreservoir einen plätschernden Brunnen.

Der Ehrensaal, der sich mit großen Fenstern zum Säulengang hin öffnet, endet in einer Apsis. Als Akakios das Haus betritt, kreuzt er Gäste, die plaudernd herauskommen. Die Frauen hüllen sich in aus Goldfäden gewebte Schals.

Der *Katholikos* wird vom Patriarchen in einem Speisesaal empfangen, dessen Boden aus Mosaiken besteht. Vom weißen Marmortisch räumen die Diener Reste von Geflügel und Flakons mit Wein aus Tyros weg. Wild ist nicht serviert worden; die Aristokratie hält wenig davon, weil es so billig ist. Das Zimmer ist von Weihrauch geschwängert. Seidene Hüllen schützen die Daunenkissen. Erstaunlicher Gegensatz zu den Dingen, die Akakios in der Stadt gesehen hat: Menschen, die unter den Vorbauten der Kirchen liegen, Bettler, die ihre Frauen und Töchter zwingen, auf den Plätzen zu tanzen, Verhungernde, die plötzlich zusammenbrechen.

Die Aufgabe des Akakios ist es, die Höfe von Ktesiphon und von Konstantinopel einander näherzubringen, und er wird sich jetzt vom Nestorianismus lossagen müssen. Die Anstrengungen Bar Saumas, sich von der westlichen Kirche ganz zu lösen, seine Versuche, autonom zu werden, und die offizielle Annahme des Dyophysitismus durch die persische Christenheit – alles wird rückgängig gemacht, vernichtet werden. Akakios weiß es, er ist darauf gefaßt.

Hier, in Byzanz, predigte Nestorios einst von der Doppelnatur Christi und den Ideen Theodors von Mopsuestias – Worte, die himmlisch sein wollten und doch nur Blutvergießen hervorbrachten wie so viele andere.

Welcher Fluch hat Nestorios nun wieder getroffen? Als Ketzer verurteilt, sah er seinerzeit seine Gesinnungsgenossen im ganzen byzantinischen Reich verstreut; dann hatten sie in Edessa eine Zuflucht gefunden. Aus dieser Stadt vertrieben, setzten sich die dyophysitischen Schüler nach Persien ab, gründeten die Schule von Nisibis und verhalfen ihrem Glauben zu neuem Leben. Neue jähe Wendung in der Geschichte: Die diplomatische Annäherung des byzantinischen und des persischen Reichs bedroht jetzt die noch zerbrechliche Basis im Land des Königs der Könige.

Der *Katholikos,* der ein makelloses Griechisch spricht – er war Schüler in der Schule von Edessa, wo Griechisch obligatorisch war –, verkündet dem Patriarchen, daß seine Kirche nie von ihrem ursprünglichen Glauben abgewichen ist.

Aber der Patriarch ist unerbittlich. Dieser Rückzug genügt ihm nicht. Er verlangt vom *Katholikos,* daß er Bar Sauma verdammt und seines Amtes enthebt.

Momentan beschäftigt Akakios mehr seine Mission als die Zukunft des Nestorianismus. Er weiß, daß selbst die Kirche von Konstantinopel durch rivalisierende Gruppen zerrissen wird, daß die Entscheide des Patriarchen nicht unbedingt befolgt werden, daß er, Akakios, Bar Sauma der Form halber verdammen kann, ohne verpflichtet zu sein, ihn abzusetzen.

Um diese peinliche Befragung abzukürzen, sagt er:

«Bar Sauma ist nur Bischof in einer Grenzstadt, er hat die Überordnung der Kirche der Königsstädte nie ertragen. Ihm gelang es, meinen Vorgänger beim König der Könige zu verwirren und ins Martyrium zu stürzen. Um das Vertrauen des Königs zu gewinnen, der in seinem Herzen, wie alle seine Vorfahren, den Haß auf Byzanz trug, schlug er ihm vor, die aus Edessa vertriebenen Ketzer aufzunehmen. So konnten die Nestorianer sich mit Unterstützung des sassanidischen Staats vom Okzident lossagen.»

Wie kann Akakios, ehemaliger Schüler der Schule von Edessa, seine Mitschüler «Ketzer» nennen?

«Erzähl uns von der Korruption seiner Kirche, von seiner Konkubine. Hat er sie wirklich geheiratet?» fragt der Patriarch.

«Ja. Er lehnt die Verpflichtung zum Zölibat entschieden ab. Mehr noch: Er ernennt nur Verheiratete mit Kindern zu Diakonen. Seine Priester dürfen sogar eine zweite Ehe eingehen. Und die Nonnen haben sehr freie Sitten. Ich war nahe daran, ein Waisenhaus für ihre Bastarde zu bauen.»

«Stimmt es, daß er Monophysiten mit der Hilfe von Juden verfolgt?»

«Ja, das ist wahr. Solange König Peroz am Leben war, genoß Bar Sauma die Unterstützung der Armee. Nach dem Tod des Herrschers entwickelte er subtilere Praktiken. Zum Beispiel wurden im Kloster Mar Mattaï der Metropolit und seine zwölf Mönche von Juden denunziert und im Keller der Synagoge gefangengehalten.»

Akakios fährt mit seinen Beschuldigungen fort:

«Die Nisibiter wollen die Autorität Bar Saumas und Mamaïs, seiner Frau, nicht mehr ertragen. Sie wünschen, daß er abgesetzt wird. Alle, die Bar Sauma um sein Prestige beneiden, schüren die Unzufriedenheit. Eine schreckenerregende Abrechnung erwartet Nisibis.»

Der Patriarch läßt den Bericht des Akakios schriftlich festhalten; letzterer verschließt das Dokument mit seinem Siegel.

Die Residenz des Nestorios hat nun wieder einmal die Verurteilung ihres früheren Bewohners erlebt. Akakios hat seinen Freund und seinen Glauben geopfert. Er darf jetzt der Kommunion der Monophysiten beiwohnen und am Hof erscheinen, um zu versuchen, endlich seine Mission zu erfüllen: Persien und Byzanz einander näherzubringen.

Werden ihm Bar Sauma und die Nestorianer eines Tages diesen Verrat verzeihen? Diese Frage quält ihn kaum. Er hat in erster Linie die Interessen seines Landes und seiner Kirche gefördert. Heroische Beichten, feierliche Wahrheitsbeteuerungen und religiöser Eigensinn führen bloß an den Fuß des Galgens. Das weiß Akakios besser als sonst jemand. Die Koalition des persischen und des byzantinischen Reichs ist lebenswichtig. Vereint, wird niemand wagen, sie anzugreifen, nicht einmal die Hunnen. Akakios muß also Fallen vermeiden, mit dem ausschließlichen Ziel, den Frieden zu retten und die Weltordnung wiederherzustellen. Haben die alten Götter nicht auch Listen angewandt, selbst wenn sie sonst gerade Wege gingen? Ist in der indischen *Bhagavad Gita* nicht Krishna der Gott, der seine Aufgabe als Wagenlenker vergißt und unentwegt zögert, mogelt, in die Irre führt?

Akakios verläßt das Villenviertel, wo die großen Familien mit ihren luxuriösen Häusern, richtigen Palästen, miteinander wetteifern. In der Stadt, in ein- und derselben Straße, wohnen die reichen Gutsbesitzer, deren Ländereien mitunter von den Alpen bis zum Aral reichen.

Er geht die Hauptstraße hinunter. Zwei Gehsteige verschmälern die Fahrbahn, auf der die abgenützten Pflastersteine die Knöchel der Fußgänger gefährden. Die Straße führt auf den Hauptplatz, wo Bataillone von Sklaven, nach ihren speziellen Fähigkeiten gruppiert, verkauft werden. Die meisten tragen ein Halsband, worauf steht: «Halte mich fest, denn ich bin davongelaufen, und bring mich meinem Herrn zurück.» Die Kirche hat die Sklaverei nicht abgeschafft; sie begnügt sich damit, Flüchtlingen Obdach zu gewähren, die von ihren Herren allzu schlecht behandelt wurden. Aber menschliches Fleisch ist immer noch so gut wie Geld. Man sieht sogar Männer sich Geld borgen und ihre Kinder als Sicherheit zurücklassen.

Unter den Sklavenhändlern bemerkt Akakios Perser. Er geht zu ihnen und möchte das Neueste aus Persien erfahren. Und er hört, daß der Bischof von Nisibis, Bar Sauma, gestorben ist, ermordet von gefangenen Mönchen. Doch, das stimmt sicher, sie haben ihn mit den Schlüsseln ihrer Zellen erschlagen.

Akakios geht in die Herberge zurück; er muß sich für die Audienz beim Kaiser umziehen. Der Tod dessen, der sein Freund war, berührt ihn nicht, im Gegenteil, er macht seine Aufgabe leichter. Akakios arbeitet für das *Dharma,* würde ein Hinduist sagen, für die immer noch kaum gesicherte Weltordnung. Diese höhere Ordnung bringt manchmal Unordnung in die Gefühle. Das ist bekannt. Ferne Worte klopfen an sein Gedächtnis. Nichts ist endgültig, Gott selbst ist ohne Unterlaß in Bewegung, er dreht um, er verweigert sich, er widerspricht sich. Die echte Ordnung verlangt in gewissen heiklen Situationen sogar, daß man die Ordnung vergißt.

Und die Welt geht ihren Weg, zwischen dem jäh erstrahlenden Licht des Ursprungs und den roten Flammen der Zerstörung.

Das Reich wankt

Mazdaks Kommunismus

Seit dem Tod des Königs Peroz hat sich das persische Reich nicht erholt. Die «weißen Hunnen», die den Erbprinzen als Geisel behielten, verwüsteten die fruchtbaren Provinzen der iranischen Hochebene, zerstörten die Städte, erschütterten die zentrale Macht. Steuern, Inflation, Teuerung quälten das Volk, dieses erste und ewige Opfer.

Die Klassenunterschiede wurden unerträglich. Der Klerus und der Adel hüllten sich in ihre Privilegien, während die Bauern und die Handwerker das Unglück auszutragen hatten. Die dritte Klasse der sassanidischen Hierarchie, die Bürokratie, lebte schlecht, auch sie litt unter den sozialen Ungerechtigkeiten. Ein geschichtlich beispielloser Volksaufstand drohte dem Reich des Königs der Könige.

488 kamen die großen Familien des Irans dem Volk zuvor; sie setzten König Valachsch ab, rissen ihm die Augen aus und warfen ihn ins Gefängnis. Dieses Ereignis, das die bevorstehende Revolution verhindern sollte, fiel merkwürdigerweise mit dem Vorstoß einer hephthalitischen Truppe zusammen, die vom iranischen Prinzen Kavad[22], dem Sohn des Peroz, befehligt wurde.

Kavad übernahm in Ktesiphon friedlich die Krone und den Thron seines Vaters. In einer natürlich prunkvollen Zeremonie rief er sich als König der Könige aus, als «König des Irans und darüber hinaus». Die Vertreter des persischen Adels und die hephthalitischen Berater senkten als Zeichen der Unterwerfung die Augen und vermieden es fortan, ihren Herrscher anzusehen.

Obschon der neue König zum Teil dank der Unterstützung des Adels an die Macht gekommen war, spürte er sehr bald, daß der wahre Grund für die Krankheit des Reiches im Bündnis zwischen Adel und Magiern zu suchen war. Beide Gruppen schauten ihm zwar nicht ins Gesicht, aber im geheimen lenkten sie ihn. Da beschloß er, seinen Untertanen zuzuhören und seine Herrschaftszeit dazu zu nutzen, ihnen ein besseres Leben zu verschaffen. Er befahl auserwählten Boten, kreuz und quer durchs Reich zu reisen und ihm einen Bericht über den Zustand der Provinzen, das Elend der Bauern, der Handwerker, aller Bewohner, zurückzubringen.

Die Boten kamen mit sehr beunruhigendem Bescheid zurück. Eine Revolution schien unmittelbar bevorzustehen. Das Volk lebte nur in der Begierde, sich an den großen Familien und den Magiern zu rächen. Jeder Bauer hatte schon jetzt sein Opfer ausgewählt. Geheime Botschaften, die zum Aufstand aufriefen, fanden den Weg in jedes Haus. Die Berichterstatter verglichen ihre Epoche mit der mythologischen Periode, als in dem von einem legendären Tyrannen beherrschten Iran das Licht im Dunkeln gefangen war. Die Dichter verfaßten Satiren gegen Kavad und den Hof. Der König der Könige, dessen Name nur genannt werden durfte, nachdem eine heilige Beschwörung die Schädlichkeit beschmutzter Worte getilgt hatte, wurde jetzt «Arschlecker der Barbaren» genannt. Der Name eines Retters erklang in allen Städten, das Land erwartete sein Kommen. Er hieß Mazdak.

Allein die Existenz Mazdaks war schon von Legenden umhüllt. Man wußte nicht recht, ob er vom Ufer des Tigris, von der heiligen Stadt Istachr oder aus einer anderen, nördlicheren Provinz stammte. Seine Reden waren von Erwähnungen Manis geschmückt. Die Polizei war sicher, daß er den Ideen eines gewissen Bundos, eines römischen Bürgers, folgte, der im Iran sehr seltsame religiöse Ansichten vertrat, wie zum Beispiel die Abschaffung der Ungleichheiten.

Laut den Informatoren, den Agenten des Königs, die sich in die mazdakitischen Gruppen infiltriert hatten, verkündigte der rebellische Prophet eine Lehre, die wir «revolutionären Neomanichäismus» nennen würden. Aber ganz in der Art von Mani plante er, die Gunst des Königs zu gewinnen und eine echte soziale Gerechtigkeit einzuführen.

Der entschleierte König

Kavads Berater haben eine Begegnung zwischen dem neuen Propheten und dem König in die Wege geleitet. Mazdak wird von einer Volksversammlung in öffentlicher Audienz empfangen. Die Leute drängeln. Jeder will nahe zum König kommen, der hinter einem Schleier versteckt ist, und die Wachen haben Mühe, Ordnung zu bewahren. Die Magier sind sich zu gut für dieses populäre Ereignis, aber ihre Spione beobachten die Zuschauer aufmerksam.

Das Publikum wird von eisernen Barrikaden zurückgedrängt. Mazdak, weiß gekleidet und mit Turban, der sein Gesicht zur Hälfte verdeckt, ist von den anderen getrennt, zehn Ellen vom Herrscher entfernt. Kavad beobachtet ihn. Sein vom Turban umgebenes Gesicht läßt weder sein Alter noch seine Hautfarbe erraten.

Der König der Könige fordert ihn auf, seinen Glauben zu beschreiben. Mit gekreuzten Armen spricht Mazdak vom Unglück der Menschen, von ihrem Leiden, ihrer Bitterkeit, dem Haß, den sie gegeneinander empfinden, von ihrem tiefsitzenden Wunsch, Böses zu tun, von ihrer Leidenschaft für das Dunkel. Kavad versucht, seinen Blick zu fangen, aber vergeblich; der Prophet hält sich genau an das alte Hofprotokoll, das verbietet, die Augen zum König der Könige zu erheben.

Nichts Neues bis jetzt. Alle alten Propheten sprachen vom Unbehagen des Menschen, von seiner Schwäche für Abgründe und Dunkelheit, vom Tod, vom Schlaf, von der Unwissenheit. So sind wir. Man weiß das.

Jäh erhebt Mazdak den Kopf, schaut den König an und sagt, er wisse, woher das Unglück der Menschen komme. Es komme von der sozialen Ungleichheit. Und als er dieses neue Wort ausspricht, begeht er einen großen Frevel: Er hat den König angeschaut. Die Minister sind ratlos; die sassanidische Etikette, die sogar die Römer nachgeahmt haben, hat eine solche Entweihung nicht vorausgesehen. Was tun? Der Chef der Wachen geht zu Mazdak und fordert ihn auf, die Augen zu senken. Mazdak tut nun einen Schritt nach vorn und überschreitet damit die unsichtbare Grenze, die den Herrscher von seiner Umgebung trennt. Jetzt steht er nur noch neun Ellen vom König entfernt, innerhalb des heiligen Raums, den sogar die Wachen nicht betreten dürfen.

Mit einem Handzeichen beruhigt Kavad die Wachen und läßt Mazdak fortfahren. Der neue Prophet hat von sozialer Ungleichheit gesprochen und von Privilegien. Sind denn die Menschen gleich?

Mazdak antwortet:

«Gott schuf Adam und erlaubte ihm, zu essen, zu trinken und mit Frauen zu schlafen. Seine Kinder erbten diese Erlaubnis, ohne daß eines davon bevorzugt worden wäre. Ja, alle Menschen sind gleich erschaffen. Es ist nicht gerecht, daß ein Mensch durch seine Geburt mehr Vermögen und mehr Frauen besitzt als andere. Gott hat das nicht gewollt. Und es ist dringend nötig, diesen Zustand zu beenden.»

Kavad ist verlegen. Noch nie hat jemand zu ihm gesagt, die soziale Ungleichheit sei die Quelle des menschlichen Leidens. Wenn alle Menschen gleich geschaffen sind, wieso ist er dann König? Wo gehört er in Wirklichkeit hin?

Mazdak beruhigt den Herrscher: Der König der Könige bleibt über allen, nicht weil er reicher ist und mehr Frauen hat, aber wegen seines Verdienstes und seiner Tugend. Die anderen hierarchischen Ebenen aber sind abzuschaffen. Alle, nicht nur die oberen Klassen, haben das Recht auf Schulung. Der Blutadel muß verschwinden: Statt dessen gilt der Adel des Gefühls. Die Bauern, die bis jetzt in den Kriegen als Köder für den Feind eingesetzt wurden, sollen sich wie Ritter für ihr Land schlagen dürfen. Wenn die Magier arbeiten müssen, verstehen sie den Schmerz ihrer Mitmenschen besser und können ihn besser lindern. Die hohen Familien werden alle ihre Privilegien an das Volk abgeben. Tod dem Haß und der Ungerechtigkeit, gleiche Gesetze für alle. Ein Handwerker wird einen Magier verklagen können. Volksaufstände und Komplotte bedrohen das so legitimierte Königtum nicht mehr. Der äußere Feind wird es nicht wagen, ein Volk, das durch gleiche Rechte zusammengeschweißt ist, anzugreifen.

Die Spione der Magier, in der Furcht, Einzelheiten dieses wahrhaft sinnlosen Programms zu vergessen, greifen nach Papyrus und Schilfrohr und kritzeln Notizen. Mazdak fügt hinzu, daß es keine Spione und keine Ankläger mehr geben wird: Eifersucht und Neid werden ganz einfach verschwinden. Das garantiert sein System.

Die Menge jubelt ihm zu. Noch nie hat ein Prophet so zu ihnen gesprochen. Die Abgeordneten des Himmels haben stets versucht, die Aufmerksamkeit des Menschen auf das Jenseits zu lenken. Das Paradies war anderswo, in einem anderen Leben, in einer anderen Welt. Der Himmel verachtete die Erde, und die Menschen suchten die Quelle ihres Leidens in einem ursprünglichen Kampf zwischen Licht und Dunkelheit. Für Mani bestand der Mensch aus einer Mischung von Gut und Böse, und seine Fortpflanzung verlängerte diese Tragödie. Mazdak spricht als erster von der sozialen Ungerechtigkeit auf dieser Welt und von der Ungleichheit der Bedingungen als Verursacher von Haß, Teilung und Unglück.

Selbst Kavad läßt sich verführen von den Worten des neuen Propheten. Er denkt an die ferne Zeit, da Mani überall seinen weltumfassenden Glauben predigte. Die Ansichten des hinkenden Malers gingen der Herrschaft des Königs Schapur I. voraus, der damals, vor zwei Jahrhunderten, über eine Bevölkerung regierte, die sich vom Buddhismus und vom Christentum angezogen fühlte und manchmal sogar zu diesen Religionen übertrat. Im Innern des persischen Reichs, in den zu Handelszentren gewordenen Städten, wagte es damals die Händler- und Bürgermentalität bereits, sich von der alten Gesellschaft zu distanzieren. Hätten Schapurs Nachfolger Manis Religion unterstützt, anstatt sich hinter den Mauern des Neo-Mazdaismus zu verschanzen, der keine Toleranz kannte und allen Handel verachtete, so wäre Persien sicher dank der Flexibilität des Manichäismus in der Lage gewesen, die Territorien zurückzugewinnen, die ihm durch die Kriege abhanden gekommen waren.

Kavad selbst hoffte auf einen Retter. Aber dieser Retter spricht zu ihm von Ungleichheiten und von der Abschaffung der Privilegien. Würde das nicht das Ende einer Epoche bedeuten? Wie vertragen sich Thron und Elend? Wie alle seine Vorgänger leidet Kavad unter der Einmischung der Magier in die Staatsgeschäfte. Diejenigen unter seinen Vorfahren, die versucht hatten, die Zoroastrier wegzudrängen, endeten als Verwünschte, wurden umgebracht oder abgesetzt. Er weiß es. Die Priester des Feuers, die seit Jahrhunderten gewaltige Ländereien besitzen, verteidigen nicht ihren Gott, sondern ihre Interessen. Das sassanidische System ermutigt sogar die Bauern, diesen Priestern als Sklaven zu dienen: Das Volk sollte sich glücklich schätzen, von den Vertretern Gottes ausgenützt zu werden.

Mazdak ist kein einfacher Rebell, er ist das Bild der Zukunft, er ist ein Vorzeichen für Veränderungen. Im Bewußtsein der Macht und der Schwäche seines Reichs möchte der König der Könige den Übergang erleichtern. Ja, man muß die Privilegien abschaffen, die Steuern senken, die Gesetze korrigieren, die Sitten verändern, Schulen für alle errichten, die Gerechtigkeit umstellen...

Mazdak geht leise auf den König zu und überwindet die reguläre, symbolische Distanz, die den König vom Rest der Welt trennt. Jetzt steht er direkt vor dem König der Könige, nur durch einen einfachen Schleier von ihm getrennt. Kavad schaut ihn an. Seit seiner Thronbesteigung hat er nie mehr einen Fremden so nahe gesehen. Er kann leise mit ihm sprechen, ihm seine Sympathie zuflüstern.

Mazdak, der offenbar einen Komplizen in der Person des Königs gefunden hat, sagt ganz klar, daß das Reich nur geheilt werden kann, wenn als erstes der Besitz und die Frauen verteilt werden. Die Güter des Adels und der Magier müssen zugunsten der Armen konfisziert werden.

Der König der Könige wird zerrissen zwischen der Bürde der Tradition und dem Wunsch nach einem anderen Morgen. Er schaut den Rebellen an und sagt ihm:

«Zeig mir den Anfang des Weges.»

Mazdak tut einen letzten Schritt, erhebt den Arm. Mit jäher und heftiger Geste zieht er den Schleier zurück, der seit je den Herrscher und seine Untertanen trennte.

Da stehen sie nun Auge in Auge. Der König ist entschleiert. In der Erregung des Volkes, im Entsetzen der Wächter und der Minister, unter den offenen, ruhigen Augen des Herrschers wird vielleicht ein neuer Mythos geboren. König Kavad hat sich zum «Mazdakismus» bekehrt.

Er geht sofort daran, die revolutionären Maßnahmen des neuen Propheten in die Tat umzusetzen. Er ändert die Ehegesetze, konfisziert die Güter des zoroastrischen Klerus und des Adels, verbietet die Errichtung von Stammbäumen und richtet öffentliche Schulen ein. Das Land, das auf solche Veränderungen überhaupt nicht vorbereitet war, versinkt in Anarchie, schon deswegen, weil die zwei obersten Klassen der sassanidischen Hierarchie, die Magier und die Krieger, aus ihrer Feindseligkeit keinen Hehl machen. Das Volk, das von den Reformen am meisten profitiert, läßt sich von Mazdaks Gegnern manipulieren. Kavad hat schon bald das Gefühl, im Leeren zu hängen. Die Priester des Feuers gehen so weit, bei den Christen Hilfe zu suchen, um die wahnwitzige Gefahr der neuen Ideen zu bannen. Am Schluß setzen die großen Familien und die Magier den König ab und bringen ihn ins alte «Schloß des Vergessens», ein Gefängnis, das jede Erinnerung an ihn tilgen soll.

Dem Herrscher gelingt die Flucht in den Ostiran, ins Lager der Hephthaliten, die ihn einst als Geisel gehalten hatten. Dieser türkisch-mongolische Stamm hatte sich unablässig in die persische Innenpolitik eingemischt und seinerzeit Kavad bis an den Fuß des Throns geführt. Diesmal gewährt ihm seine Schwester, die Gattin des Oberhaupts der Hephthaliten, Asyl, damit er seine Rückkehr in den Iran vorbereiten kann.

Ein Bischof und ein König im Exil

Die Hephthaliten waren jetzt die neuen Herrscher über Zentralasien; sie hatten inzwischen die griechisch-buddhistische Zivilisation des Gandhara zerstört, die Buddhisten hingemetzelt und ihre Kunstwerke demoliert. Ihre Zelte überquollen von zerbrochenen Buddha-Statuen: abgeschlagenen Armen, abgehauenen Köpfen, zerstreuten Händen. Niemand wagte es, sie anzugreifen. Ihr politischer Einfluß war so groß, daß der neue *Katholikos,* Babaï, nach der Flucht des Königs nach Zentralasien 498 beschloß, einen Missionar dorthin zu senden.

Sobald er dort war, begriff der Missionar mit dem Namen Paul, daß sein Vorhaben nur gelingen konnte, wenn er seinen Glauben als kostbar hinstellte. Die Hephthaliten waren, wie alle «Barbaren», beeindruckt durch geschriebene Texte und illuminierte Bücher. Paul stellte rasch eine Gruppe von Übersetzern zusammen, die fähig waren, das Syrische ins Hunnische zu übersetzen. Er ließ Maler kommen und beauftragte sie, die neu übersetzten christlichen Werke zu schmücken.[23] Parallel zu diesem künstlerischen Verführungsversuch bat der nestorianische Bischof um Erlaubnis, ein Kirchenzelt errichten zu dürfen, eine quadratische Konstruktion aus Filzblachen, nach Osten offen. Dort setzte er einen tragbaren Altar hinein, Silberkelche, Hostienteller. Jeden Tag betrat er diesen Gebetsraum, die Bibel an die Brust gedrückt, verneigte sich vor dem Altar und psalmodierte einen Hymnus. Die Hephthaliten standen um das Kirchenzelt herum, ohne hineinzugehen, und betrachteten mit Erstaunen die Andacht eines Fremden, der mit seinem Gott sprach und dazu ein Buch in der Hand trug.

Eines Tages betrat eine Frau die Kirche und erklärte ihm, so gut es ging, daß die Schwester des Khan vom Dämon besessen sei und seine Gebete brauche. Paul begab sich in das Zelt der Prinzessin, fand sie auf einem Bett liegend, an dessen Fuß eine mit Wolle vollgestopfte Ziegenhaut lag. Über dem Kopf der Frau war eine Statuette befestigt, die das Haus hütete. Paul untersuchte die Kranke, gab ihr Rhabarbersirup zu trinken, in dem ein kleines Kreuz schwamm, und verbrachte die ganze Nacht mit der Rezitation von Psalmen.

Tags darauf, in der Morgendämmerung, war die Prinzessin vom Dämon befreit und bei guter Gesundheit. Sie ging sogleich zur Kapelle, warf sich nach nestorianischer Art mit dem Gesicht auf die Erde und streichelte die Bilder mit ihrer rechten Hand; hierauf küßte sie die Finger, die die Ikonen berührt hatten. Paul sang biblische Lieder und legte Weihrauch in die Hand der Dame. Sie trug ihn zum Feuer, und die Kapelle füllte sich mit Duft. Da die Sonne aufging, zog sie ihre Nachthaube aus. Paul bemerkte, daß ihr Schädel rasiert war. Die Assistenten des Bischofs brachten hierauf eine Silberkanne und verabreichten der Schwester des Khans der Hephthaliten, die die Vorfahren der Mongolen und die Vettern Attilas waren, die christliche Taufe.

Ein paar Tage später sind der exilierte sassanidische König, Bischof Paul und die führenden Männer der Hephthaliten im großen Zelt des Khans versammelt, um die Heilung seiner Schwester zu feiern. Das Zelt besteht wie die anderen aus Filzplanen, hat aber mit Wollteppichen behängte Wände. Die Hephthaliten wohnen nicht in Städten. Ihre Regierung tagt in mobilen Zeltlagern. Dieses Jahr haben sie ihre Sommerresidenz in der Gegend von Badachdschan errichtet, das für seine Quellen und Weiden berühmt ist.

Der König ist klein. Auch sein Kopf ist rasiert. Sein Gesicht ist breit, seine Nasenflügel gespreizt, sein Schnurrbart üppig, seine Brauen dicht. Seine Augen stehen leicht schräg und sind von Runzeln umgeben. Er sitzt auf einem goldenen Bett, das auf vier Phoenixen aus Gold ruht; er trägt ein weites Gewand und Lederschuhe. Die Königin, eine sassanidische Prinzessin, ist mit einem Gewand aus bestickter Seide bekleidet, das eine lange Schleppe hat. Ihr Kopf ist mit einem sehr hohen spitzen Hut geschmückt, der mit Edelsteinen in fünf Farben dekoriert ist.

Hier vermischen sich die Sprachen. Man hört gleichzeitig Pahlawi, Hunnisch, Syrisch. Kavad überlegt, wie er die Macht zurückerlangen könnte, Bischof Paul, wie die christlichen Bücher ins Hunnische zu übersetzen wären. Die hephthalitischen Krieger, näher der Erde, erzählen von der Plünderung eines buddhistischen Tempels.

Der Kahn trinkt gegorene Stutenmilch. Ein Musikant greift in die Saiten seiner Laute und lädt Männer und Frauen zum Tanz. Einer der Höflinge ergreift eine gefüllte Schale, zwei stellen sich links und rechts neben ihn, und zu dritt bringen sie das Getränk zum Ehrengast, Bischof Paul, aber als er die Hand ausstreckt, ziehen sie sich mit einem Tanzschritt jäh zurück; dann kommen sie wieder und wiederholen das Ganze noch drei- oder viermal, damit sein Durst angeregt wird. Paul leert endlich die Schale mit Stutenmilch, die ihm ausgezeichnet schmeckt. Die sassanidische Gattin des Khans, die mit ihren Ehrendamen den östlichen Teil des Zelts belegt, rät Paul in Pahlawi, mäßig zu trinken, denn die Stutenmilch berauscht, und außerdem regt sie die Urinausscheidung übermäßig an.

Die Nahrung besteht aus Schaffleisch, in kleine Würfel geschnitten und auf einem großen Tablett serviert. Jeder Gast nimmt drei oder vier Mundvoll mit Hilfe einer zweizinkigen Gabel oder eines spitzen Messers. Der Khan, der zuerst bedient wird, streckt Paul den besten Bissen hin. Dieser lehnt ab, denn die sassanidische Etikette verbietet ihm, vor seinem Herrscher zu essen. Der Khan besteht darauf. Paul nimmt nun das Fleisch und will es Kavad geben. Die Königin schreitet ein und sagt dem Bischof – immer noch in Pahlawi – daß er nicht das Recht habe, irgend jemandem davon abzugeben. Sie sagt spöttisch: Es ist nur Lamm. Paul hätte auch das Pech haben können, anderes Fleisch essen zu müssen, zum Beispiel kurzschwänzige Mäuse.

Das Fest geht weiter, die Frauen tanzen vor der Königin, die sich hier nach der Eleganz des Hofes sehnt. Sie ist die Verkörperung eines im Abstieg begriffenen Reichs, das seine Frauen opfert, um nicht zusammenzubrechen. Ihr Bruder Kavad will ihr nichts von Persien erzählen, aber sie fragt ihn immer wieder nach Neuigkeiten aus der Hauptstadt, nach der letzten Mode der iranischen Kurtisanen. Er antwortet, nichts sei gleich wie vorher, alles habe sich verändert, er selbst habe auch Mühe zu sehen, zu wem und wohin das Ganze sich bewege.

Von der Königin gefolgt, verläßt der Khan das Zelt schwankend. Die Gäste tanzen und singen weiter. Der Musikant trinkt eine Kehlevoll Stutenmilch und beginnt mit einer melancholischen Melodie, wie das so gegen Ende eines Abends Brauch ist.

Kavad, der vertriebene König, bittet den nestorianischen Bischof zu einem nächtlichen Spaziergang. Auf einem monderhellten Pfad sprechen sie vom Unglück, unter dem der Iran leidet, von der Feindseligkeit der Aristokratie gegenüber der Entfesselung des Volks, von verwirrten Persern, die sich selbst nicht mehr verstehen. Das Volk plündert die Schlösser der Adligen, zerschlägt die Möbel, zündet die Parks an. Die meisten Provinzen sind von diesen Wirren ergriffen, die Statuen des Königs der Könige werden umgestürzt. Man geht sogar so weit, alte Felsstatuen schwarz anzumalen.

Den hohen Familien werden die schönsten Frauen entführt. Die Prinzessinnen, die bisher so behütet lebten, daß sie nicht einmal das Klima der Hauptstadt kannten, werden gezwungen, ihre Ehemänner zu verlassen und mit Arbeitern zu leben.

In einer Provinz des Nordens haben die mazdakitischen Rebellen das heilige Feuer gelöscht und den Tempel in ein Bordell verwandelt. Die Magier schließen sich ein; sie wagen vor Angst, gesteinigt zu werden, nicht hinauszugehen.

König Kavad vertraut Paul an, daß ein Abgesandter der Aristokratie ihn aufgesucht habe mit der Bitte, er solle die Macht wieder übernehmen. Der Mann hat ihn davon überzeugt, daß die führende Klasse der Perser, die von der mazdakitischen Revolte überwältigt wurde, die Anarchie nicht mehr beherrschen kann. Kavad ist jetzt die einzige Hoffnung; er sollte wieder seine Verantwortung wahrnehmen; der König der Könige läßt sein Reich nicht im Stich.

Kavad fügt hinzu:

«Meine Schwester, die Königin, schlägt mir vor, ihre Tochter zu heiraten und den Thron mit der Hilfe der Hephthaliten zurückzuerobern. Die Magier und der Adel würden mich unterstützen, wenn ich die Mazdakiten vertriebe. Ich selber habe auch an Mazdaks Ideen geglaubt; ich dachte, wenn ich die Gesetze anpaßte, würden schwere Erschütterungen vermieden. Ich wollte alles verändern, um die Monarchie zu erhalten. Aber niemand hat mich verstanden, niemand ist mir gefolgt, nicht die Armee, nicht der Hof, nicht einmal das Volk.»

Paul hatte ihn für unzugänglich, seiner Sache sicher, furchtlos gehalten. Und jetzt zeigt ihm der Herrscher nicht nur sein Gesicht; er spricht zu ihm auch von seinen Zweifeln und seiner Verwirrung.

Die Fackeln erlöschen in den Zelten. Es ist spät. Die Luft ist ziemlich kalt. Auf dem Rückweg ins Lager vertraut der König Paul seine wirklichen Sorgen an:

«Der Iran leidet vor allem unter der Verbindung von Religion und Staat. Die Magier beherrschen alles, sogar das Gewissen des Königs; sie sind überall, in der Armee, in der Verwaltung, in den Schulen, an den Pferdestationen, wo sie die Post zensurieren! Wie konnten sie eine solche Macht erringen? Werden sie von irgendeiner Gottheit beschützt? Ich wollte sie auf alle Zeit vom Thron fernhalten, aber wenn sie sich der Macht entgegenstemmen, sind sie noch gefährlicher. Zweifellos ist es zu spät, um sie loszuwerden. Sie bereichern sich auf Kosten des Volkes, sie belügen es, sie mißbrauchen junge Mädchen und Knaben, sie sprechen im Namen der Gerechtigkeit und der Wahrheit Todesurteile aus. Hat Gott nichts anderes zu tun, als Staaten zu verwalten?»

Als nestorianischer Bischof, der in den Augen der byzantinischen Katholiken ein Ketzer ist, fühlt sich Paul dem vertriebenen König sehr nahe. Aus dem Westen verjagt, als Flüchtling in Persien, findet er einen Leidensgenossen in der Person des Königs selbst, der ebenfalls zum Opfer einer theokratischen Gewalt wurde. Der Finger des katholischen Gottes hat den Nestorianern den Weg der Flucht nach Osten gewiesen, und die Hand Ahura Mazdas hat den König aus dem Iran geworfen. Unter der Führung der Magier versinkt Persien in den finstersten aller Abgründe und wartet auf eine Hand des Lichts.

Um es aus dem Chaos zu erlösen, muß sich der «progressistische» Monarch zuerst mit den Priestern des Feuers versöhnen und hierauf die Mazdakiten verfolgen. Er muß im Einklang mit den religiösen Integralisten regieren; es gibt kein andere Möglichkeit, bestimmt nicht.

Als sie sich den Zelten nähern, erlöschen die letzten Fackeln. Der Ketzer und der König trennen sich. Paul entfernt sich ein paar Schritte weit und dreht sich dann um. Er sieht König Kavad den Mond anschauen und hört ihn eine zorastrische Beschwörung psalmodieren:

«Ich habe den Mond angeschaut. Ich habe den Mond ergriffen. Ich habe das Licht des Mondes angeschaut. Ich habe das Licht des Mondes eingefangen...»

In Byzanz, eine Kaiserin aus dem komischen Fach

Kavad heiratete seine Nichte, eine hephthalitische Prinzessin, und bestieg dank seiner neuen Verbündeten wieder den Thron. Die Magier und der Adel unterstützten ihn wie geplant. Als Gegenleistung verfolgte er die Mazdakiten, warf den aufständischen Propheten Mazdak ins Gefängnis, erklärte die alten Gesetze wieder für gültig und annullierte seine früheren Entscheidungen. Die Aristokraten führten ihn in den Palast von Ktesiphon. Dort wurde er vom obersten Magier aufs neue gekrönt, und wiederum trennte ihn ein Brokatschleier von seinem Volk.

Auf den Spuren seiner Vorväter griff Kavad das Reich Byzanz an, dessen befestigte Städte im Zerfall begriffen waren. Sein Gegner Anastasios, ein ehemaliger Diener, der zum Kaiser geworden war, erlebte den Zusammenbruch Mesopotamiens und mußte, nach drei Jahren des Krieges, den Frieden kaufen. Alles fiel auseinander: Eines Abends wurde der Kaiser sogar Zeuge eines obszönen Schauspiels, das die Frauen der Stadt Amida auf den Festungsmauern boten, unter den lüsternen Blicken der persischen Belagerer.

Nach dem Tod des Anastasios kam es im Westen zu einer plötzlichen, glänzenden Erneuerung: Justinian wurde 527 Kaiser von Byzanz und ließ durch den Architekten Anthemios die schönsten Bauten jener Epoche errichten, darunter die Kirche der Hagia Sophia, ein Wunder der zivilisierten Welt. Ihre marmorne Fassade, ihre Säulen aus Porphyr, ihre edelsteingeschmückten Goldgefäße und ihre Tore aus vergoldeter Bronze blendeten Christen, Ketzer und Heiden. Der christliche Kaiser bot seinem alleinigen Gott einen unvergleichlichen Palast.

Auf den Höhen, die die Küsten Europas und Asiens überblicken, ließ er weitere marmor- und goldgeschmückte Kirchen bauen; sie wurden rasch zu prächtigen Leuchttürmen, die die Schiffe nach Konstantinopel leiteten. Dann gab es auch Hunderte von Häusern für die Armen. Und all dies geschah im Namen seiner Gattin, Theodora.

Wenn der Kaiser ihn aussprach, nahm der Name der Kaiserin automatisch etwas Heiliges, Verehrungswürdiges an, aber die Bewohner von Konstantinopel behielten von Theodora deutlich menschlichere Erinnerungen. Sie war Komödiantin und Clown gewesen und blies häufig ihre Backen übermäßig auf, was die Leute lachen machte. Manchmal hatte sie sich auf der Bühne nackt bis auf einen Gürtel gezeigt. Sie sah gut aus und schien die Freuden des Fleisches nicht zu verachten. Sie lebte aber im Elend, als der junge Patrizier Justinian sie kennenlernte – durch Zufall, sagt man. Bezaubert, betrachtete er sie als ein Geschenk Gottes. Um sie heiraten zu können, änderte er sogar die antike Gesetzgebung, die einem vornehmen Römer die Heirat mit einer Frau, die sich im Theater prostituiert hatte, verbot. Justinians Ergebenheit bewirkte, daß die Kirche die Augen schloß, und der Patriarch persönlich krönte die Häupter des Kaisers und der Kaiserin. Sie blieb aber nicht in Konstantinopel, der Stadt ihrer zügellosen Jugend, wo sie zu viele Erinnerungen begleiteten. Sie zog sich an die Küste des Bosporus zurück und verwandelte einen ihrer riesigen Paläste in ein geräumiges Kloster, und hier schloß sie fünfhundert auf den Straßen der Hauptstadt aufgelesene Frauen auf Lebenszeit ein.

Auf den Paletten der Maler nahm die Herrschaft des kaiserlichen Paars unverzüglich die Farben einer Legende an. Theodoras Ruf, durch die Dichter erhoben, verbreitete sich über die Erde und das Meer. Durch ihre Gestalt, durch die Beschreibung der Kirche Hagia Sophia und durch andere Schönheiten erreichte die Faszination von Konstantinopel zwei Jahrhunderte nach der Gründung der Stadt Persien von neuem. Selbst der neue König der Könige, Chosrau, Sohn Kavads, träumte von der unvergleichlichen Stadt, in die er jedoch nie gelangen sollte. Aber manchmal reisen Bischöfe weiter als Könige.

Aba besucht Konstantinopel

Aba, der neue *Katholikos* der Christen in Persien, war ursprünglich Zoroastrier. Nach seiner Bekehrung durchlief er die Schule von Nisibis und begab sich dann auf lange Reisen an die heiligen Stätten des Christentums, nach Edessa natürlich, nach Palästina und Ägypten, wo er die «Wüstenväter» kennenlernte. In der ersten Hälfte des 6. Jahrhunderts gelangte er über Korinth und Athen endlich nach Konstantinopel.

Konstantinopel ist das erste Lager für die Waren aus dem Orient. Die Seidenkarawanen brauchen zweihundertdreißig Tage für die Strecke von China nach Byzanz. Sie führt unausweichlich durch ganz Persien. Seide ist so kostbar, daß die sassanidischen Herrscher den Handel an sich gerissen haben, obwohl auf allen Märkten die byzantinischen Goldmünzen dem persischen Geld vorgezogen werden. Die Sassaniden beherrschen auch die Seefrachten. Alle Versuche Justinians, das persische Monopol zu umgehen, verteuerten lediglich die Rohseide. Die alte Rivalität ist immer noch vorhanden.

Als Aba Konstantinopel besucht, sind die Folgen des letzten Krieges Justinians gegen Chosrau dort deutlich fühlbar. Die persischen Händler gehen auf niedrige Angebote überhaupt nicht ein und haben den Verkauf eingestellt. Sechs Jahre Krise: Die privaten und die kaiserlichen Werkstätten haben aus Mangel an Rohstoff geschlossen. Facharbeiter wurden von den persischen Manufakturen abgeworben und haben die Stadt verlassen. Der Mangel an Seide ist für Byzanz quälend.

Aba wird von einem byzantinischen Händler beherbergt, Kosmas Indikopleustes. Dieser stammt aus Ägypten und kennt Äthiopien, Persien, die römischen Golfe von Arabien, Indien und Ceylon. Er interessiert sich für die Weltgeographie und hat vor, seine Memoiren in einem Buch festzuhalten, dessen Titel bereits feststeht: *Die christliche Topographie*.

In Kosmas' Haus verkehren Schriftsteller, Mathematiker, Kleriker. Die Diskussion befaßt sich ebensosehr mit den Ideen von Kosmas, für welchen die Erde ein Rechteck darstellt, wie mit seltenen Tieren, den Gewürzbäumen Äthiopiens, der nestorianischen Gemeinde in Ceylon, der Notwendigkeit einer staatlichen Kontrolle des Seidenhandels und der nutzbringenden Tätigkeit des *Comes commerciorum*. Dieser neu ernannte Beamte soll über jeden Seidenkauf von den persischen Händlern verhandeln. Kosmas ist mit einigen davon in Verbindung, sie schicken ihm regelmäßig Pakete, die mit dem Bild des Kaisers versiegelt sind, was ihre Qualität garantiert. Denn Kosmas spekuliert auch mit Seide. Er handhabt sie, als wäre sie Geld. Er leiht sogar Geld gegen Zinsen aus, mit Seide als Sicherheit.

Aba entdeckt mit Freuden die Schönheiten Konstantinopels, ist aber gleichzeitig erstaunt, wieviel alle Bewohner vom Handel halten. Für ihn, den Bischof eines Landes, dessen Adel jede kaufmännische Tätigkeit traditionellerweise verachtet, ist die Begegnung mit Philosophen und Schriftstellern, die gleichzeitig Kaufleute sind, etwas äußerst Merkwürdiges, Abnormales.

Seine langen Diskussionsbeiträge über die Auslegung der Heiligen Schriften werden jedesmal unterbrochen durch jemanden, der eintritt und den momentanen Kurs der Seide bekanntgibt, und durch tausend Spekulationen über die geheimnisvolle Herstellung dieses Rohstoffs, der trotz der Krise die wichtigste Einkommensquelle des byzantinischen Staates darstellt.

Eines Morgens bestellt Kaiser Justinian Aba und einen seiner Begleiter mit dem Namen Paul der Perser zur Kirche der Hagia Sophia. Der persische Bischof hat das vielbeneidete Privileg, endlich Theodora kennenzulernen. Unter den Gästen bemerkt er einen gewissen Photin. Er weiß wenig über ihn; nur, daß er ein manichäischer Bischof ist, einer von denen, die seit drei Jahrhunderten in alle Richtungen verjagt werden, aber immer noch die dauerhaften Ideen Manis vertreten. Als Aba ihn erblickt, ist ihm klar, daß Justinian sie beide hat kommen lassen für ein improvisiertes Streitgespräch, dessen Ausgang für ihn, den Nestorianer, und Photin, den Manichäer, nur unglücklich sein kann.

Als Mani lebte, hatte sich seine Religion sehr schnell nach Westpersien, in den römischen Teil Mesopotamiens, nach Syrien, Nordarabien und Ägypten ausgebreitet. Im 3. Jahrhundert wurde der Neuplatoniker Alexander von Lykopolis sogar Zeuge, daß in einem Schiff eine Gruppe von manichäischen Missionaren an der Küste des Roten Meeres eintraf. Der Erfolg des Manichäismus in Alexandria beunruhigte Kaiser Diokletian so heftig, daß er ein Edikt erließ, das die Anführer dieser «verderblichen Sekte», die von persischen Spionen geleitet wurde, zum Tod verurteilte. Aber die Manichäer waren Verbote und Zensoren gewohnt; sie gaben nie auf, und es gelang ihnen, Nordafrika zu erobern.

Am Ende des 4. Jahrhunderts (von 373 bis 382) predigte Augustinus diese Religion, die ihm gefiel. Während neun Jahren erhielt er, der später die lateinische Kirche begründete, eine manichäische Erziehung. Dann aber enttäuschte ihn die Begegnung mit dem manichäischen Bischof von Afrika, Faustus von Mileve; er trat zum katholischen Glauben über und verurteilte seine früheren Glaubensgenossen mit Entschiedenheit. Trotzdem gründete sich, ohne daß es ihm bewußt war und trotz seiner Querelen mit den Manichäern, seine Orthodoxie in mancher Hinsicht auf den Manichäismus. Dank ihm, und gegen seinen Willen, können wir noch lange Zeit in der Geschichte des Christentums Spuren von Manis Visionen finden.

Seit dem Anfang des 4. Jahrhunderts, kurz vor der Bekehrung des Kaisers Konstantin, hatten sich manichäische Missionare in Rom eingeschlichen, vielleicht in der Hoffnung, den Kaiser zu ihrem Glauben bekehren zu können. Die offizielle Annahme des Christentums durch das römische Reich bremste die Ausbreitung des Manichäismus. Er wurde zur Ketzerei erklärt, konnte aber bis zum Ende des 5. Jahrhunderts der Verfolgung widerstehen. 445 verstieß Papst Leo die manichäischen Gemeinden aus Italien. Sie suchten vergeblich Zuflucht in Spanien und irrten umher, tausend Gefahren überwindend. Seit dem Anfang seiner Herrschaft im Jahr 527 bemühte sich auch Kaiser Justinian, diese allzu beharrliche und allzu gefährliche Ketzerei zu vernichten. Dieses Gift aus dem Iran.

Streitgespräch in Konstantinopel

Nun sind sie vereint in der Hagia Sophia, der Kaiser und die Kaiserin, die orthodoxen Bischöfe und die «betrügerischen Ketzer». Es ist eine feierliche Versammlung, man wird über die Wahrheit befinden. Wieder einmal.

Büßer stehen in der äußeren Vorhalle, Gläubige besetzen das Kirchenschiff, Frauen dürfen sich auf der oberen und der unteren Galerie aufhalten. Justinians unbesetzter Thron und der des Patriarchen trennen das Kirchenschiff vom Chor. Der Altar ist durch mehrere Türen mit der Sakristei, der Taufkapelle und dem Anbau verbunden, der dem Klerus reserviert ist. Die Wandpfeiler, die die Kuppel stützen, bestehen aus behauenen Blöcken, die eine Mischung aus Blei und Kalk zusammenhält. Der Architekt Anthemios hat, in Erinnerung an frühere Brände, kein Holz verwendet. Die Kuppel, die Halbkuppeln, die Wände, die hundert Säulen und der Bodenbelag zeigen dem Blick die Nuancen von zehn bis zwölf Marmorarten. Dieser Gott liebt jetzt den Luxus, genau wie andere Götter. Er hat die Hütten der Elenden verlassen, die Leiden der Menschen vergessen.

Das Streitgespräch findet in einem der an der Kirche angebauten Säle statt. Dort sitzt Justinian, umhüllt von einem Mantel aus purpurner Seide. Neben ihm Theodora, die ein edelsteingeschmücktes Diadem trägt. Die Blässe ihres Gesichts läßt auf die Krankheit (wohl ein Krebs) schließen, an der sie sterben wird. Die «Ketzer», der Nestorianer und der Manichäer, sind in weißes Leinen gekleidet.

Prunkvoll gewandet und geschmückt, beginnt der Patriarch von Konstantinopel bestimmte Texte von Mani vorzulesen.

«Die Himmel und die Erde sind aus Häuten und Leichen der Archonten gemacht. Die Himmel erstrecken sich unter den Lenden der Götter, und die Erde stützt sich auf einen Träger, dessen Knie gebeugt sind.»

Die malerische Darstellung amüsiert Theodora, die in der manichäischen Mythologie eine Art von kosmischem Theater erkennt. Sie bricht in lautes Lachen aus. Justinian tut es ihr gleich. Es ist der übliche Spott der Christen, wenn sie den hinkenden Maler zitieren. Um dem Herrscher zu gefallen, lachen nun auch die Höflinge und die Kleriker. Der Patriarch lächelt und fährt fort:

Mani sagt auch: «Sonne und Mond sind Lichtschiffe; sie werden von einem Boten gefahren, der sich den männlichen und weiblichen Archonten zeigt, um ihre Ejakulation und ihre Fehlgeburt hervorzurufen (das Lachen verstärkt sich). Die Spermien der Männer fallen auf die Erde, eine Hälfte ins Feuchte und eine Hälfte ins Trockene, und bilden sich zu einem Ungeheuer und zu fünf Bäumen. Die Föten der Archontinnen fallen auf die Erde und essen die Triebe der Bäume auf. Der König der Finsternis und seine Gefährtin verschlingen die Föten, vereinen sich miteinander und zeugen einen Jungen und ein Mädchen, die Adam und Eva heißen.»

Das Lachen verstummt. Das Publikum fühlt sich irgendwie beunruhigt. Sind wir vielleicht die Nachkommen irgendwelcher Föten, die nach einer kosmischen Orgie auf die Erde fielen? Theodora, vielleicht die einzige, die Erinnerungen an Ausschweifungen hegt, sieht ernster aus. Alle passen sich ihrem Ernst an.

Der Manichäer Photin kommentiert Manis Text. Er ist dreihundert Jahre alt und mußte seinerzeit die Phantasie eines Volkes, das neue Mythologien suchte, befriedigen. Man versuchte, die Erschaffung der Welt zu sehen und sie zu zeigen.

Der Patriarch von Konstantinopel zitiert hierauf ein Gebot Manis, das den Gläubigen verbietet, die Fortpflanzung von Lebewesen zu begünstigen. Die Manichäer verurteilen die Fortpflanzung und hindern die Frauen daran, Kinder zur Welt zu bringen. Eine völlige Verirrung.

Photin dreht die Beschuldigung um. Er könne nicht verstehen, wie ein Mensch, der selber den Zölibat gewählt habe, die Fortpflanzung befürworte. Der Patriarch antwortet mit einigen Sätzen, die Paulus an die Thessalonicher gerichtet hat:

«Der Apostel hat uns ermahnt, keine Unzucht zu treiben und unseren Leib in Heiligkeit und Ehre zu halten, aber er hat auch gesagt, daß die Frau durch Mütterlichkeit gerettet werde. Unsere heilige Kirche kann also Geburten nur begrüßen. Hat sich nicht Gott selbst zuerst als Neugeborenes gezeigt?»

Justinian blickt zu Theodora, ihre Reaktion erwartend. Sie scheint unbewegt, denn sie denkt an das Kind, das sie nie vom Kaiser haben konnte, und an einen unerwünschten Sohn, den sie seinerzeit von einem einfachen Handwerker bekommen hatte. Der Hof erinnert sich tatsächlich an das geheimnisvolle Verschwinden eines jungen Mannes, der eines Tages erschien und sagte, er wolle seine Mutter begrüßen, die Kaiserin des Orients. Die sehr bösen Zungen erzählen, Theodora habe ihren Sohn wie auch andere Erinnerungen an ihre Vergangenheit getötet.

Obwohl unverheiratet, glaubt Bischof Aba, dessen nestorianische Kirche Priesterehen ermutigt, der Augenblick sei gekommen, um den Patriarchen von Konstantinopel anzugreifen:

«Einer unserer Streitpunkte», sagt er, «ist tatsächlich der Zölibat. Seit bald einem Jahrhundert verurteilt die katholische Kirche die Haltung unserer Bischöfe gegenüber der Ehe. Unsere Priester sind verheiratet, sie haben Kinder, und damit folgen sie dem Wort des heiligen Paulus: Jeder soll seine eigene Frau haben, und jede Frau ihren eigenen Mann. Eins soll sich dem andern nicht entziehen.»

Da Gespräch dreht sich um die Ehe. Da Christus, in den Evangelien, über dieses Thema nicht spricht – aber, daß er selbst nicht verheiratet war, liefert einen Hinweis –, schöpft jeder aus den Briefen des heiligen Paulus, wo man findet, was man sucht. So antwortet der Patriarch: «‹Wer ledig ist, der sorgt sich um die Sache des Herrn, wie er dem Herrn gefalle. Wer aber verheiratet ist, der sorgt sich um die Dinge der Welt, wie er der Frau gefalle.› Unsere Kirche hat erwählt, dem Herrn zu gefallen, die eure den Frauen, der Welt.»

Hier schweigt er einen Augenblick, wie um seiner rhetorischen Leistung mehr Gewicht zu verleihen; dann wendet er sich wieder seinem anderen Opfer, Photin, zu. Für den Manichäismus, behauptet er, hat Jesus am Kreuz nicht wahrhaft gelitten; seine Passion war nur Schein.

Aber Photin, der Manichäer, antwortet:

«Die Wirklichkeit des Leidens würde tatsächlich seinen göttlichen Charakter auslöschen. Denn wie kann Gott leiden? Im Gegenteil, Jesus blieb unberührt und lehrt damit die absolute Trennung zwischen dem Leib und der Intelligenz, dem Nous. Durch seine Kreuzigung bringt Jesus, der der Nous ist, die Erkenntnis, die Gnosis! Er demonstriert durch Analogie, daß das Licht ans Kreuz der Materie geschlagen ist!»

Der Patriarch fragt Photin:

«Jesu Leiden hat also nur einen allegorischen, lehrreichen Wert?»

«Seine Passion ist tatsächlich eine Lehre, die die Seelen erweckt und erleuchtet.»

«Aber hat Jesus am Kreuz gelitten, ja oder nein?»

Wieder einmal die ewig beunruhigende Frage: War dieser Sohn Gottes ein echter Mensch?

Photin antwortet feinsinnig:

«Sein scheinbares Leiden erweckt. Wir sehen überall die mystischen Bande, die Jesus an sein Kreuz hefteten. Wir sehen nicht sein Leiden.»

Am Ende seiner Geduld, erklärt ihn der Patriarch von Konstantinopel als Gotteslästerer. Photin verdient den Tod. Er besudelt die Kirche, er gehört ins Gefängnis zu den Ratten. Die Manichäer sind Pestkranke; die Gefahr, daß sie das Volk anstecken, ist sehr groß.

Kaiser Justinian stimmt zu. Jäh vertreibt er unter Todesstrafe alle Manichäer aus seinem Reich. Eine wohl schon vorher gefällte, aber grausame Entscheidung. Er nennt sogar schon Einzelheiten: Die Beamten, die ihre ketzerischen Kollegen nicht denunzieren oder ihre Bücher besitzen, sollen gefoltert, gefangengesetzt und all ihrer Habe beraubt werden. Man schleppt Photin fort. Er war angehört worden.

Aba errät, daß Gefängnis und Folter auch auf ihn warten. Der Patriarch ist entschlossen, auch den Nestorianer zu überführen. Er weiß, daß der Kaiser diesmal alles austilgen will, was nicht «der wahre Glaube» ist.

Justinian wünscht, daß Aba seinen Kommentar zum Prozeß Photins gibt. Aba, dessen Kirche den Manichäern gegenüber eine ähnliche Haltung einnimmt wie Byzanz, ist der Ansicht, der Ketzer habe eine strenge Strafe verdient. Er führt Justinian vor Augen, welche Gefahren eine Nation bestehen mußte, die es nicht fertigbrachte, sich von der Geißel des Manichäismus zu befreien, und zitiert als Beispiel die verderbliche Revolte des Iraners Mazdak, Manis letzten Jüngers. Die Sympathie des Königs Kavad für seine Ideen stellte die Ordnung der Monarchie auf den Kopf: Der Herrscher verlor seinen Thron, die Aristokratie ihre Ländereien. Man brauchte die Hilfe der Barbaren des Ostens, damit der vertriebene König seine verlorene Macht, das Vertrauen des Adels und die Treue des Volkes wiedergewinnen konnte.

Der Patriarch klärt hierauf Justinian darüber auf, daß eben dieser Kavad bei seiner Rückkehr aus dem Exil alle (von Byzanz unterstützten) monophysitischen Bischöfe hatte verhaften lassen, und zwar mit der Hilfe der Nestorianer, der Freunde Abas. Diesem ist die Gefahr augenblicklich klar. Er hatte die Aufmerksamkeit des Kaisers auf die Gefahren des Manichäismus hinlenken wollen und sich dabei gehütet zu erwähnen, daß die Nestorianer, als die Mazdakiten und die Monophysiten ausgemerzt werden sollten, mit den Magiern zusammenarbeiteten. Aber der Patriarch ist besser informiert, als er geglaubt hat.

Aba versucht trotzdem zu antworten:

«Als der König der Könige nach Persien zurückkam, mußte er dem Drängen der Magier nachgeben, die eine erneute Unterdrückung forderten. Die Polizei wußte, daß unser Glaube den Manichäismus und seine Ausläufer ablehnte, und verlangte, daß wir halfen. So haben, das stimmt, gewisse unserer Bischöfe mazdakitische Rebellen denunziert.»

Er fügt hinzu, daß der Patriarch von Konstantinopel nicht anders gehandelt hätte.

«Aber ich hätte keine monophysitischen Bischöfe verhaften lassen. Niemals! Um keinen Preis!»

Aba, unbehaglich, antwortet:

«Ein altes iranisches Sprichwort sagt: ‹Wenn das Feuer über den Wald kommt, verschlingt es frisches Holz genauso wie trockenes.›»

«Wie kommt es, daß dieses Feuer, das weder Freund noch Feind kennt, eure Kirche so merkwürdig verschont hat?»

«Der Schatten Gottes hat sich über unserer Gemeinde ausgebreitet und uns vor Unglück beschützt.»

Da Theodora sichtlich ermüdet ist, verlangt der Kaiser, der Patriarch solle ein Ende machen. Dieser sagt zu Aba:

«Wir wollen aus deinem Mund hören, wie du Nestorios verurteilst. Du hast die ganze Nacht, um dich darauf vorzubereiten. Wir fahren morgen früh weiter.»

Nestorios verleugnen: eine alte Gewohnheit. Jetzt muß sich Aba unterwerfen, wie es vor einem halben Jahrhundert der *Katholikos* Akakios tat.

Gefolgt vom Patriarchen und einem Zug von Klerikern, verläßt das kaiserliche Paar den Saal. Aba und seine nestorianischen Gefährten gelangen durch eine Türe direkt ins Kirchenschiff. Es ist spät, es sind nur wenige Gläubige da. Der iranische Bischof kniet einen Augenblick nieder und betet. Einen ganzen Tag hat er eben in der Hagia Sophia und in Theodoras Gegenwart verbracht, und er denkt an den Wunsch Chosraus, des Königs der Könige, der bedauerte, beides nie gesehen zu haben. Der Monarch braucht ihn nicht zu beneiden. Die Legende der Theodora und die fast überirdische Schönheit der Hagia Sophia sind in seiner Erinnerung verknüpft mit der drohenden Folter und dem Zwang, seinen Glauben zu verleugnen. Er schaut die verschiedenen Kruzifixe an: Wie sehr täuschte sich der Manichäer, als er behauptete, Jesus habe nicht wirklich gelitten! Und wie wenig haben sich die Dinge geändert seit dieser berühmten Passion... Einziger Unterschied: Das Leiden, in Gold gehauen und mit Smaragden und Rubinen geschmückt, ist jetzt nur noch ein luxuriöser Schmuck für den Palast eines göttlichen Schloßherrn.

Er geht zurück ins Haus seines Gastgebers Kosmas, des Mathematikers und Händlers. Dieser, ein überzeugter Nestorianer, rät ihm zur Flucht in den Iran, sobald als möglich. Das sei das klügste. Und er solle nicht bis morgen warten.

In der Morgendämmerung passiert Aba, als Händler verkleidet und auf einem Esel reitend, die Außenmauern Konstantinopels und entfernt sich in Richtung des Irans.

Die Versuchung der Wüste

Von Konstantinopel begab sich Aba über Nisibis nach Persien, wo er die innere Zerrissenheit der nestorianischen Kirche wiederfand. Anarchie herrschte unter den Bischofssitzen. Einfache Intriganten hatten nicht gezögert, für Geld untüchtige Bischöfe zu weihen. Konkurrierende Prälaten verdammten einander wechselseitig in Grund und Boden, und die Gläubigen zerrissen sich zwischen den feindlichen Parteien. Enttäuscht beschloß Aba, sich in die Wüste zurückzuziehen; ihn zog das asketische Leben der Eremiten in Ägypten an, ihre Armut, ihre Visionen, ihre direkte Verbindung mit Gott vielleicht, und ihr Sterben ohne Zeugen.

Anläßlich seiner ersten Reise nach Ägypten war er in die Nähe des alten und ruhmreichen Theben gekommen, der pharaonischen Stadt mit hundert Toren, die jetzt zerstört und von Sand bedeckt war. Er war erstaunt gewesen über die Zurückhaltung der Einsiedler, wenn man sie nach ihren Ekstasen befragte. Eines Tages fragte er einen der Mönche, ob Christus, für den sie alles aufgegeben hatten, sich manchmal zeige. Der Asket antwortete, sie fürchteten, der Teufel könnte sich ihnen in der Gestalt Christi zeigen, und schwieg dann. Wenig sichere Wunder, mehr Schweigen als Ruhm. Einmal sagte ihm ein Mönch: «Ich werde in drei Tagen sterben.» Früh am dritten Tag, als Aba zurückkam, war der Mönch tot.

Manche umgaben ihren Leib mit schweren Ketten, andere geißelten sich regelmäßig, wieder andere saßen ganze Jahre zuoberst auf einer

Säule mit zum Himmel erhobenen Augen, und es gab welche, die sich in lichtlose Räume sperrten und sowenig wie möglich aßen. Einige vernünftige Priester sprachen von der Kraft der Sonne, von Halluzinationen und Fieberträumen, und auch von einer Art Wetteifer, der sich bei den Eremiten gerne ergab: Manche glaubten, sie seien die Ausdauerndsten, die Abgezehrtesten in diesem erstaunlichen Wettkampf.

Als sie erfuhren, daß Aba sich in eine Höhle oder vielleicht ein sehr altes Grab, das prächtig erhaltene Malereien und niemandem mehr verständliche Schriften enthielt[24], zurückziehen wollte, eilten die nestorianischen Priester nach Nisibis, um ihn zu bitten, sein bischöfliches Amt nicht aufzugeben, seine Kirche nicht im Stich zu lassen. Ein Bote des Königs kam ebenfalls, um ihm zu sagen, die Wüste dürste nicht nach einem Eremiten, aber die Christen im persischen Reich brauchten einen Anführer. Aba widerstand also der Versuchung der Wüste, wurde zum *Katholikos* von Persien ernannt und kam in der Barke des Königs der Könige in der Hauptstadt an.

Unverzüglich begann er, seine Kirche zu organisieren. Die nördlichen Provinzen des Irans respektierten seine Entscheidungen, währenddem der Süden, klassisches Land der Schismen, ihm Widerstand entgegensetzte. Aba beschloß, mit einer ambulanten Synode die rebellischen Städte eine nach der andern aufzusuchen. Er setzte Unbefugte ab, widerrief ihre Priesterweihen und schloß einen feierlichen Pakt (einen rechtsgültigen Erlaß zur Reform der Provinzen), unter dem die legitimen Priester das Schisma der aufständischen Provinzen verwarfen. Er stellte die Gebräuche der Christen ab, die nach persischem Vorbild ihre Tante, Schwester, Tochter, Schwiegertochter geheiratet hatten, und gab den Priestern zwei Monate, um sich von ihren Gefährtinnen zu trennen. Nur die Laien durften gegen große Beiträge an die Kirche und ein Jahr Fasten ihre Frauen behalten.

Aba kam im Jahr 541 in die Hauptstadt zurück. Sein Biograph schreibt, er habe seine Nächte mit der Beantwortung der Briefe der Provinzbischöfe und seine Tage, bis zur vierten Stunde, mit dem Studium der Heiligen Schriften und der Übersetzung eines Buches von Theodor von Mopsuestia verbracht. Von der vierten Stunde bis zum Abend schlichtete er die Streitigkeiten der Gläubigen untereinander und der Zoroastrier mit den Christen. Es war eine ziemlich friedliche Zeit, die nicht lange andauern konnte.

Aba im Exil

Zu jener Zeit, in der Mitte des 6. Jahrhunderts, begann der König der Könige, Chosrau, wieder einen Krieg gegen den Westen. Er griff Syrien an und steckte die Kirchen und die Paläste Antiochias, der schönsten Stadt des römischen Orients, in Brand. Jeder Krieg mit dem christlichen Westen gefährdete die Christen Persiens, die bald einmal angeklagt wurden, mit dem Feind gemeinsame Sache zu machen. Die lange Abwesenheit des Herrschers, der von 540 bis 545 seine Angriffe gegen die östlichen Provinzen von Byzanz überwachte, ermöglichte es den Magiern, die Verfolgungen wiederaufzunehmen und die Vornehmen, die sich zum Christentum bekehrt hatten, zu richten und zu verurteilen.

Der *Katholikos* Aba entging ihrem Zorn nicht; er wurde der anti-zoroastrischen Propaganda angeklagt. Seine Stellungnahme gegen den Inzest wurde zum wichtigsten Vorwurf. Einem Diakon, der sich nicht von seiner Schwester trennen wollte, hatte er gesagt: «Mögest du wie ein Esel verscharrt werden, wie die Tiere, deren Bräuche du nachgeahmt hast!» Man zitierte diese Beschimpfung als Beweis, daß der *Katholikos* die zoroastrischen Sitten als wild und tierisch betrachtete. Der oberste Magier beschuldigte ihn, Fleisch von Tieren, die die Priester des Feuers als legitim erklärt hatten, zu verbieten, was die zoroastrische Kirche, die sehr auf Reinheit hielt, zutiefst schockierte. Nach einem Scheinprozeß verurteilte er Aba zum Tod. Ein geachteter Christ, der der Verurteilung beigewohnt hatte, machte darauf aufmerksam, daß die Hinrichtung des höchsten Christen eine Revolte hervorrufen würde, die sich sehr rasch über das ganze Reich verbreiten könnte, da die Armee ja außer Landes im Krieg stand. Der oberste Magier dachte nach und beschloß, Aba ins Gefängnis zu werfen. Eine Versammlung der Christen in der Hauptstadt, die die Befreiung ihres Oberhaupts forderten, hatte eine weitere Änderung des Beschlusses zur Folge. Der *Katholikos*, der so oft von der Wüste geträumt hatte, wurde in die Provinz Aserbeidschan geschickt und von dort in eine Bergregion, wo keine Christen hinkamen.

Abas Haus steht am Hang eines übergrünten Bergs in der Nähe einer zoroastrischen Schule. Regelmäßig kommen die Notablen und die Lehrer des kleinen Ortes den *Katholikos* besuchen. Sein Wissen erschüttert oft alte Gewißheiten. Um ihn herum belebt sich das Gespräch, und das «sinnlose Gemurmel der Magier», um eine nestorianische Formulierung zu gebrauchen, weicht christlichen Litaneien. Aus anderen Provinzen kommen auch Gläubige in diese Gegend, die zum wahren Zentrum des Christentums in Persien wird. Ein Kloster wird gebaut. Der *Katholikos* hat den Ort seines Exils zu einem Ausgangspunkt der Propaganda gemacht. Die Züge christlicher Händler machen einen Umweg, um ein paar Tage am Fuß des Berges, auf dem er wohnt, zu lagern. Sie bringen ihm Briefe von Bischöfen aus dem Osten, Stoffe und Gewürze. Nach und nach wagen sich die Bauernkinder, denen der Zutritt zu den zoroastrischen Schulen verwehrt ist, wie seinerzeit Babak über die Schwelle des ganz neuen Klosters, um bei den Patres zu lernen.

Aba wird laufend unterrichtet über die Unterdrückungsmaßnahmen der Magier. So erzählen ihm die Boten, daß sein Freund Gregor, adliger Kommandant beim Militär, auf Denunziation seiner Eltern hingerichtet wurde. Im Gefängnis und bis zum Fuß des Galgens gelang es Gregor, Mitgefangene und sogar ein paar leitende Männer des Reichs zu bekehren. Seinem Martyrium folgte die Enthauptung eines anderen bekehrten Würdenträgers, der sich geweigert hatte, seinen Glauben gegen das Angebot eines sehr hohen Amtes zu verleugnen. Die Magier profitierten brutal von der Abwesenheit des Königs der Könige.

Aba hoffte im geheimen, dieser würde nach seiner Rückkehr die Gewalt der Magier beenden. Er beschloß, eine heimliche Widerstandsbewegung zu gründen.

Das Geheimnis der Seide

Aba übersetzt ein schwieriges Werk von Theodor von Mopsuestia, als ihn zwei persische Mönche aufsuchen, die von weit her kommen, aus dem Reich, das man «Reich der Mitte» nennt. Sie wohnen auf der Insel Ceylon, die dem Iran gehört und von römischen Deportierten des Königs der Könige bevölkert ist. Der *Katholikos* hat es eilig, sie zu befragen. Die letzten Nachrichten über die Christen von Ceylon hatte er von seinem Freund Kosmas. Seither nichts. Die zwei Mönche erzählen ihm von der kosmopolitischen Bevölkerung der Insel; sie besteht aus Griechen, Römern und Hindus. Die Einheimischen stammen von den Kolonisten ab, die seinerzeit Ptolemäus dorthin gebracht hatte. Die gemeinsame Sprache ist Griechisch.

In seiner Arbeitszelle zeigt ihnen Aba die letzten Übersetzungen aus dem Griechischen ins Syrische, die offizielle Sprache Persiens, und unterstreicht, daß die Christen von Ceylon, die Griechisch sprechen, diese Übersetzungen nicht nötig hätten. Die zwei Mönche werfen einen Blick auf die Bücher, zeigen aber kein großes Interesse. Sie lesen die Namen der Verfasser, Theodor von Mopsuestia, Diodor von Tarsus. Sicher handelt es sich um sehr große Persönlichkeiten, aber sie kennen sie nicht. Aba versucht, ihnen eine Passage über Maria vorzulesen, aber das langweilt sie. Aba befragt sie nun über ihren Aufenthalt in China. Die Mönche interessieren sich sichtlich mehr für die Reisen und den Handel als für theologische Spitzfindigkeiten.

Sie beschreiben ihm die südliche Hauptstadt des Reichs der Mitte, das in zwei Teile geteilt ist: den Norden, beherrscht von den turkmongolischen Stämmen, und den Süden, der tief chinesisch geblieben ist. Die großen Familien waren vor der Invasion der Barbaren des Nordens geflohen und hatten sich im Tal des Jangtze niedergelassen; sie übten weiterhin das alte soziale System aus, gegründet auf der obligatorischen Arbeit und dem obligatorischen Militärdienst der Sklaven und Diener. Vom Hof und von den reichen Familien unterstützt, wurde der Buddhismus auch wirtschaftlich immer mächtiger. Da der Staat den Handel zur See förderte, überquoll der Hafen von Nanking von Bootsskeletten, die sich im Bau befanden. Alle Bürger profitierten vom blühenden Handel mit Südostasien, Ceylon und Indien.

Aba genießt die langen Berichte der Reisenden: Die beiden Mönche sprechen auch über die Sitten am Hof. Bei der kaiserlichen Audienz hat man schön zu sein. Ein chinesisches Sprichwort sagt, eine vollkommen schöne Kleidung öffne den Weg und erlaube das Weiterkommen. Die Höflinge kleiden sich für den Kaiser und halten die Arme bedeckt, um zu vermeiden, daß er sich beim Kontakt mit nackten Körperteilen ansteckt. Eleganz ist obligatorisch: Es genügt nicht, bekleidet zu sein, man muß wissen, wie. Die zwölf Streifen eines Gewandes symbolisieren die Tierkreiszeichen, die runden Ärmel erinnern an das Weltrad, die im Winkel geschnittene Halspartie und die gerade Rückennaht ermuntern zur Geradheit und Korrektheit, und der untere Saum hält das Herz ruhig. Alle Einzelheiten sollen, ohne daß es auffällt, zueinander passen. Wahrhaft edel ist der, der die Ausgewogenheit seiner Kleidung pflegt und beibehält.

Aba ist hingerissen von dieser Kleidersymbolik. In ihren Erklärungen sprechen die Mönche oft von Seide: Auf einem Kleid aus Blaufuchs tragen die vornehmen Chinesen eine Tunika aus schwarzer Seide, auf Hirschleder gelbgrüne Seide, auf schwarzem Lamm schwarze Seide und auf falbem Fuchs falbe Seide.

Einer der Mönche verläßt die Zelle und wirft einen Blick in den Gang, dann kommt er zurück und gibt seinem Kollegen ein Zeichen. Der andere zieht aus seinem Quersack ein kleines Kistchen, öffnet es und stellt es vorsichtig auf den Tisch des *Katholikos*. Ein kompromittierender Brief? Aba will es ergreifen, sieht aber in dem Kistchen nur wimmelnde Würmer. Er weicht zurück. Die beiden Mönche beeilen sich, ihm leise Erklärungen zu geben. Sie besitzen das Geheimnis der Seidenherstellung: In diesem Kistchen ist es enthalten. Seide wird von diesen Würmern, die man mit Maulbeerbaumblättern ernährt und mit Holzkohlenfeuer warmhält, ausgeschieden. Wenn sie ihren Kokon spinnen, setzt man sie dem Dampf siedenden Wassers aus, legt sie dann in lauwarmes Wasser und haspelt sie ab. Ergebnis: ein zarter, gleichmäßiger, elastischer Seidenfaden.

Die beiden Mönche fügen hinzu, sie hätten einen ganzen Koffer voll Eier dieser Würmer aus China herausgeschmuggelt. Sie seien bereit, mit den sassanidischen Behörden zu verhandeln. Die kleine Kiste könne das Gleichgewicht des Welthandels auf den Kopf stellen.

Aba überlegt, nimmt das Kistchen. Sein Blick verliert sich in den geschmeidigen Windungen der Würmer, die ein Maulbeerbaumblatt mit bemerkenswertem Geräusch verzehren. Er denkt an Persien, das sich mehr und mehr in sich selber zurückzieht, und an den Gott der Zoroastrier, der neue christliche Opfer verlangt. Jetzt hat er die Möglichkeit zu einer Rache in den Händen. Er sagt schließlich, die Mönche sollten Persien auf dem schnellsten Weg verlassen und das Geheimnis der Seide dem Kaiser von Byzanz verkaufen.

Für die Mönche spielt es keine Rolle, ob der Käufer ein Landsmann oder ein Feind ist. Sie wollen ganz einfach so teuer wie möglich verkaufen.

Jemand tritt ein, Aba verdeckt das Kistchen schnell mit einem Manuskript und bittet die Reisenden, in ihrem Bericht über China fortzufahren. Das knisternde Geräusch der die Maulbeerbaumblätter verzehrenden Würmer ist in den Gesprächspausen hörbar. Während einer der

Mönche von einer chinesischen Technik spricht, die die Vervielfältigung eines Textes ermöglicht, nimmt der andere unauffällig das Kistchen, läßt es in seinen Quersack gleiten und gibt vor, in einem Kommentar zu Diodor zu blättern.

Alle Reisenden erzählen, was sie von chinesischen Techniken gehört haben, und manchmal bringen sie Muster. Man sagt, ihre Astronomen seien geduldige Beobachter des Himmels und hätten Kugeln hergestellt aus verschiedenen, ineinander passenden Holzringen, die die Bewegungen der Planeten wiedergäben. Man weiß auch, daß die Chinesen seit dem ersten Jahrtausend v. Chr. die Siegeltechnik kannten. Vom 2. Jahrhundert an preßten sie damit Zeichnungen auf Grabsteine, und der Druck mit Hilfe von Holzblöcken war verbreitet. Seither wurden die heiligen Texte und die Bilder von taoistischen und buddhistischen Gottheiten reproduziert und gedruckt. Auf diese Weise vermied man die Fehler der Kopisten, und der Leser gelangte ganz leicht in den Genuß eines unveränderten Textes.

Der *Katholikos* bedauert, daß die westliche Welt diese Technik nicht kennt. So viele verbrannte Bibliotheken! So viele bereits verlorene Bücher und so viele weitere Bücher, die im Lauf der Zeit erfolglos sein werden, weil nicht genügend Abschriften da sind! Alles, was er schreibt, wird bald in den Abgrund des Vergessens fallen; seine Kommentare zu Theodor von Mopsuestia und sogar dessen Werke selbst werden sich ins Nichts verirren. Verschwundene Schriften. Wer wird sich an die Arbeit eines Oberhaupts der Kirche erinnern, der in eine unbekannte nordwestliche Bergwelt vertrieben wurde? Aba bedauert seine Herkunft. Wäre er in China geboren, so überlebten seine Werke vielleicht die Zeit und die Vernichtungswut der Verfolger. Warum haben die beiden Mönche nicht die Drucktechnik mitgebracht? Die Antwort liegt leider auf der Hand: Sie können das Geheimnis der Seide in Persien, in Byzanz oder ihren Kirchen verkaufen, aber wer würde sie, außer ein paar armen Gelehrten, für die Technik des Buchdrucks entschädigen können?

Das Semantron ruft sie zur Messe. Aba und seine beiden Gäste verlassen die Zelle und gehen zur Kapelle des Klosters. Die beiden Mönche bitten, ihre Reise fortsetzen zu dürfen. Sie haben noch einen weiten Weg vor sich; einen Monat braucht man, um von der persischen Grenze nach Konstantinopel zu kommen. Und ihre Aufgabe ist heikel; auf dem Weg könnten die Eier reifen. Aba rät ihnen, im Haus von Kosmas zu logieren.

Wie sie ist auch er Nestorianer und Händler und hat die Welt bereist; er könnte sie Justinian vorstellen und sicher auch für sie verhandeln. Als sich die Mönche mit ihren Quersäcken entfernen, tritt Aba in die Kirche ein, kniet vor Christi Statue nieder und bereut. Er hat sich an den Magiern gerächt, indem er die Mönche nach Konstantinopel schickte, aber er hat Böses mit Bösem vergolten.

Das Persien Chosrau Anuschirwans

Chosraus Regierungszeit bestand aus einer Reihe glorreicher Kriege. Der Sieg über Byzanz leitete fünfzig Jahre Frieden zwischen den Gegnern ein. Später schob die Niederlage der Hephthaliten die Ostgrenze des Reichs nach Oxus, und die Eroberung des Jemen krönte die Erfolge der sassanidischen Armee.

Chosrau erwies sich nicht nur als großer Krieger, sondern auch als großer Reformer. Seine Herrschaftszeit funkelte wie eine Illusion. Seit Mazdaks Revolte und ihrem beunruhigenden Erfolg konnte der Hof die Augen vor dem Elend des Volkes nicht mehr verschließen. Klaren Geistes (aber es war wohl doch zu spät) befreite Chosrau Frauen, Alte und Kinder von der Bodensteuer. Er schaffte die Korruption der Gerichte ab, erklärte die Schulen für jedermann und nicht nur für den Adel zugänglich und richtete an Bauern, die ihr Land nicht bestellen konnten, Subventionen aus. Er gründete Heime für Waisen, ließ sie schulen, verheiratete die Mädchen an reiche Bürger und beschäftigte die Knaben als Mechaniker.

Nach den Prüfungen der Kriege, unter der Last der Steuern und im Gefolge der blutigen Unterdrückung der Mazdakiten sah das Volk nur Angst und Elend. Um es aus seiner Betäubung zu reißen, beschloß der König, es mit Festen, Schauspielen, Erinnerungsfeiern ohne Ende aufzurütteln. Jeder Vorwand war für ein Fest gut.

Am ersten Tag des Frühlings, der «der neue Tag» genannt wurde, feierte man die Geister der Toten durch Geschenke. Großes Fest des Wassers: Bei dieser Gelegenheit begoß man in Stadt und Land die Gärten und Felder, wusch die Häuser, besprengte selbst Vorbeigehende mit Wasser. Im Winter feierte man das Feuer mit Hymnen und Opfern. Pilger besuchten die wichtigsten Tempel des Reichs; der zoroastrische Klerus begab sich in großem Pomp nach Süden, der Herrscher und sein Hof in den Nordwesten des Irans und die Bauern nach dem Osten. Sogar die Ausmerzung schädlicher Tiere – ein alter Brauch – zeitigte Volksfeste. Zum Beispiel begossen am Fest des Hais die Seeleute ihre Beute; sie tanzen, sangen und tranken rund um die erlegten Tiere.

Die eigentliche Staatsreligion war zerbrechlich und rissig geworden, aber der Zoroastrismus bewahrte seine Herrschaft durch Unterdrückung und Intrige. Die manichäische und die christliche Literatur verlangten aber von den Magiern ihrerseits religiöse Gegenpropaganda. Unter dem Patronat des Königs der Könige sammelten die Priester des Feuers die zerstreuten Fragmente der *Avesta*, des heiligen Buchs von Zarathustra, in einem einzigen Band – laut einer Überlieferung hatte Alexander die heiligen Texte des Irans nach Griechenland entführt –, und sie schrieben Widerlegungen der verschiedenen Irrlehren. Eine alte iranische Religion, der Zervanismus, die im Land der Meder[25] seit der Zeit der Parther ausgeübt wurde, war die Zielscheibe der neuen ideologischen Maßnahmen. Diese predigte den Glauben an ein Grundprinzip, den Gott «Raum-Zeit», der zwei Schöpfungen erzeugte, eine gute und eine schlechte, und diesen die Herrschaft über die Welt überließ. Der Zervanismus, bekannt durch seine Gegensatzpaare Licht und Dunkel, war zu Fatalismus und zu allgemeiner Skepsis verkommen. Auf Befehl Chosraus wurde ein Klassiker des Zoroastrismus, der *Zand*, der stark von der zervanitischen Lehre beeinflußt war, revidiert und von jeglicher fatalistischen Färbung befreit.

Chosraus Hof wurde sehr schnell zum Zentrum des kulturellen Austausches zwischen dem hellenistischen und dem hinduistischen Orient. Der berühmte Arzt und Indologe Burzoe übersetzte das *Panchatantra* aus dem Sanskrit ins Pahlawi, und sieben griechische Philosophen, die seit der Schließung der Schulen von Athen durch Justinian in Persien lebten, diskutierten über Aristoteles und Platon. Sie nannten sich Diogenes, Hermias, Eulalios, Priscian, Damaskios, Isidor und Simplicius und glaubten, in Persien endlich Platons idealen Staat gefunden zu haben. Chosrau hatte sie mit hohen Ehren empfangen; sie lernten Schach und Tricktrack spielen und vertieften sich in die indischen Epen, das *Mahabharata* und das *Ramayana*. Der Iran öffnete sich dem vielfältigen Druck von allen Seiten. Der König strahlte. Schaute man nur die Regierung der Männer, ihre Tätigkeiten und ihre Projekte an, so glaubte man, das Goldene Zeitalter sei wiedergekommen.

Chosrau erhielt den Titel *Anuschirwan,* König mit unsterblicher Seele. Er heiratete eine Christin, die zu einer der persischen Königinnen wurde und vielleicht einen Erbprinzen gebären würde.

Der Katholikos zögert

Die friedliche Abgeschiedenheit Abas wurde durch die Rache eines Bischofs zerstört, den er früher einmal exkommuniziert hatte. Dieser abtrünnige Christ aus dem Norden hieß Petrus Gorganara. Mit Hilfe diverser Intrigen gelang es ihm, Abas Absetzung zu erreichen; er ging dann nach Aserbeidschan und suchte die Unterstützung der Magier. Aber seit Beginn seines Exils sympathisierte Aba mit dem örtlichen zoroastrischen Klerus. Sie achteten sich gegenseitig und halfen einander gelegentlich, gewisse ketzerische Sekten abzuwehren. Zu Petrus' Überraschung weigerten sich die Priester des Feuers, ihm den *Katholikos* auszuliefern. Petrus versuchte, Abas Haus zu stürmen und ihn mit Gewalt zu ergreifen, aber vergeblich. Die Dorfbewohner verteidigten das Kloster, und die Angreifer flohen unter Hohnrufen.

Hierauf warnte der Direktor der zoroastrischen Schule Aba und riet ihm, heimlich fortzugehen. Der *Katholikos* zögerte lange, denn er wußte, daß, wenn er gegen den Willen des Königs sein Exil verließ, alle Christen des Reichs Gefahr liefen, bestraft zu werden. Um ihn zu überzeugen, erklärten ihm die Notabeln, daß sein Bleiben im Dorf dessen Einwohner ebenfalls bedrohe: Wenn sie ihn gegen den abtrünnigen Christen verteidigten, der im Besitz eines Strafbefehls gegen ihn war, riskierten sie selbst Vergeltungsmaßnahmen.

Aba ließ sich überzeugen. Begleitet von einem Schüler, verließ der *Katholikos* Aserbeidschan inkognito und reiste sehr rasch nach der Hauptstadt. Er hatte beschlossen, sein Los dem König der Könige persönlich zu überlassen, dem er seinerzeit voll vertraut hatte. Kaum in Ktesiphon angekommen, bat er um eine Audienz. Chosrau empfing ihn sehr freundlich, befragte ihn über sein Exil und seinen Ungehorsam. Aba antwortete, er wolle lieber auf Befehl seines Herrschers sterben als in einem nächtlichen Angriff unter den Schlägen eines obskuren Abtrünnigen. Der Monarch wollte ihn hierauf gehen lassen, aber der oberste Magier verlangte seine Hinrichtung. Ein Würdenträger des Hofs schlug, weil der

Katholikos beim Volk sehr beliebt sei, das Gefängnis vor. Das wurde beschlossen. Aber von seiner Zelle aus war Aba fast ständig mit der Verwaltung seiner Kirche beschäftigt und ordinierte sogar einen Bischof für die turkmongolischen Stämme des Oxus. Seine Haft lief gleich ab wie sein Exil. Es gelang Aba, mit den anderen Häftlingen zu fraternisieren. Er bekehrte sogar ein paar Gefangenenwärter.

Und wieder gerät alles durcheinander. Es scheint, in Frieden zu leben sei eine übermenschliche Aufgabe. In Gondischapur sind die Christen aufgestanden. Aba wird freigelassen, man braucht ihn. Da ist er wieder, zurück im Audienzsaal in Ktesiphon. Die Magier stehen rund ums heilige Feuer. Der oberste Magier steht an der Seite des *Katholikos* und spricht mit ihm in scheinbarer Zuneigung. Die sieben griechischen Philosophen kommen von einem angenehmen Spaziergang zurück, bei dem sie mit mehreren sassanidischen Prinzen die Berufspflichten eines Richters analysiert haben. Chosrau hat ihnen einen von Statuen bevölkerten Garten bauen lassen. Dort können sie, wie in Athen, im Freien lehren und ihren Unterricht dem Tageslicht anpassen.

Aba ist entzückt, am Hof Chosraus Philosophen zu sehen. Er war in Athen mit Simplicius zusammengekommen und hatte sogar seine Kommentare zu Aristoteles gelesen. Der Grieche nähert sich ihm, umarmt ihn und erinnert ihn an ihre letzte Begegnung in der Akademie der Platoniker. Alles hat sich geändert, die Schulen von Athen sind geschlossen, die Philosophen gingen freiwillig ins Exil. Aba, einst ein junger Forscher, ist das Oberhaupt der Christen in Persien geworden. Sich nach so vielen Jahren wiederzusehen... Sie fragen einander, woran sie jetzt arbeiten. Simplicius verteidigt seine moralische Auslegung Epiktets, Aba hat seinen Kommentar zu Theodor von Mopsuestia wieder aufgenommen. Da der *Katholikos* griechische Bücher beiziehen muß, verspricht der Philosoph, ihm bei schwer zu übersetzenden Stellen zu helfen.

Es kommt auch der faszinierende Burzoe, der ayurvedische Arzt des Hofs. Er hat eben mit Isidor eine Partie Schach gespielt, und hierauf haben sie die Analogien diskutiert, die zwischen dem Tod Shishupalas im *Mahabharata* und demjenigen des Herakles bestehen. Der griechische Held wurde das Opfer der Feindseligkeit Heras, der Gattin des Zeus. Nach seinem Tod stieg er zum Olymp auf und versöhnte sich nicht nur mit der feindlichen (und recht häufig giftigen) Göttin, sondern er heiratete auch deren Tochter Hebe und wurde unsterblich, als wäre er dem

Schoß der Zeus-Gattin entsprungen. Der Iraner Burzoe erklärte die Geschichte von Shishupala, eines Prinzen niedrigen Ursprungs und Störenfrieds, der nicht aufhörte, Krishna anzugreifen und Verbrechen gegen ihn zu versuchen. Als er die offizielle Grenze von hundert Unverschämtheiten überschritten hatte, wurde er öffentlich, in einer Sekunde, durch die magische Scheibe Krishnas erschlagen. Ein strahlendes Licht ging aber von seiner Leiche aus, erhob sich langsam und schien den Körper seines Mörders zu durchdringen. Alle Zuschauer konnten es sehen; es war, als hätte Shishupala sein ganzes Leben gerade durch Angriffe versucht, sich mit Krishna, seinem Gott, zu vereinen. In beiden Fällen endete die Feindseligkeit mit der Verschmelzung. Der Tod versöhnte und vereinte die rebellischen Helden und die Götter.

Der Kämmerer kündigt den König der Könige an. Sofort verstummen die Stimmen, die Anwesenden kreuzen die Arme auf der Brust und senken den Blick. Chosrau nimmt Platz auf dem Thron, der auf zwei geflügelten, goldbedeckten Stieren ruht. Er trägt seine feierlichste, über und über bestickte Tunika, eine Weste, die den Hals lose umgibt, und lange, plissierte Hosen. Die Tiara, mit Perlen und Edelsteinen geschmückt, ist zu schwer, um auf dem Kopf zu liegen; sie ist an einer goldenen Kette über ihm schwebend aufgehängt. Der Kugel und dem Halbmond, die sich über der Krone erheben, hat Chosrau einen Stern zugefügt, als wollte er das Universum noch erweitern. Der Hüter des Vorhangs kommt, zieht den Vorhang und trennt den Herrscher von seiner Umgebung. Der König der Könige wirft einen letzten Blick auf die Versammlung und freut sich über seinen Hof, der gemischt, einzigartig und lebendig ist.

Aber ist es nicht zu spät, um das Reich der Toleranz und der Achtung vor dem Nächsten zu öffnen? Wenn die Könige ihre Opposition aus den Gefängnissen holen, um sie um Hilfe zu bitten, wenn sie in ihren Palästen diejenigen empfangen, die sie selbst ins Exil vertrieben, regt sich bereits die Revolution. Sie hat sich schon ins Herz der Macht geschlichen: in die Gewohnheiten des Monarchen. Heimlich tut es dem König der Könige leid, daß seine Vorfahren unter dem Einfluß der Magier alles ablehnten, was von außerhalb des Reiches kam, fremde Ideen verfolgten, die niedrigen Klassen nicht beachteten und so jede Öffnung blockierten. Dieses Eingerolltsein des Hofes kann nicht so weitergehen, der König spürt das. Wer wird, nach der Volksrevolte von Mazdak, die aus einem echten Unbehagen entstand, der nächste Hoffnungsträger sein? Wer wird die alte monarchistische Ordnung umstürzen? Chosrau lebt in ständiger Angst vor der Zukunft.

Neuer Alarm, stärker als alle anderen: die Auflehnung seines Sohnes. Seines christlichen Sohnes. Alle wissen schon von der Bekehrung, selbst wenn niemand wagt, davon zu sprechen. Eine offene, gefährliche Revolution.

Der König wendet sich an den *Katholikos* und beauftragt ihn, nach Gondischapur, dem Herd des Aufstandes, zu gehen, um die Christen zu beruhigen, die dem Prinzen anhängen und auf die Hauptstadt zu marschieren.

Geschwächt vom Alter, vom Exil und vom Gefängnis, tritt Aba ein paar Schritte vor, immer noch mit gesenktem Blick. Vor langer Zeit war er der Lehrer des heute aufständischen Prinzen gewesen, und er liebt ihn wie einen Sohn. Wenn er sich nicht einschaltet, wird die sassanidische Armee eine sehr brutale Unterdrückung des Aufstands einleiten und seine Glaubensbrüder hinrichten. Wenn er sich andererseits auf die Seite des Herrschers stellt und von den Christen Neutralität verlangt, verliert er wohl für immer das Vertrauen des jungen Prinzen.

Der oberste Magier erinnert den alten Christen daran, daß es die erste Aufgabe jedes Iraners ist, über den König der Könige zu wachen, dieses lebendige Symbol der Ehe zwischen Himmel und Erde. In einer Falle gefangen, muß Aba, um seine Kirche nicht in Gefahr zu bringen, seinen Lieblingsschüler isolieren und im Stich lassen. Er schaut die für den Angriff gewappneten Generäle an und stellt sich das Massaker vor, das folgen wird, wenn er seine Mitarbeit verweigert. Schließlich reist er ab nach Gondischapur.

Der aufständische (und christliche) Prinz

Die Mutter des Prinzen war, als der König der Könige sie zu einer seiner Gemahlinnen machte, eine junge Christin. Mit fünfzehn Jahren trat sie ins Frauenhaus ein, wo sie die Demütigungen und Intrigen der anderen Frauen ertragen mußte. Unter dem Beifall der Magier, die die Christin als zutiefst unreines Wesen betrachteten, wuschen sie systematisch jeden Gegenstand, den sie berührt hatte, teilten niemals ihr Essen mit ihr und mieden den Sitz, auf dem sie saß. Die langen Abwesenheiten des Königs der Könige machten ihre Isolierung und Verstoßung um nichts besser. Am Hof gab es als einzigen Halt für sie das Oberhaupt der Christen von Persien, Aba. Arglos, verstand sie die Tücke der Frauen nicht und steckte alle ihre Beleidigungen ein.

Dafür aber wurde der Sohn, den sie dem König schenkte, der gescheiteste der Prinzen. Er lernte sehr schnell mehrere Sprachen, darunter Pahlawi, Syrisch, Griechisch und Sanskrit. Die indischen Texte gefielen ihm, und er nahm sich als Muster Arjuna, den Helden des *Mahabharata,* und versuchte, wie er der beste Bogenschütze der Welt zu werden. Sein Lehrer, eben der *Katholikos* Aba, erzählte ihm von Konstantinopel, von Theodora, von Kosmas, dem gelehrten Kaufmann, von den Wüstenheiligen Ägyptens und vom Philosophengarten in Athen. Die schönsten Erinnerungen Abas begleiteten so den Prinzen bei seinem Aufwachsen.

Seine Schwierigkeiten begannen nach der Exilierung des *Katholikos.* Der König der Könige führte Krieg in Syrien, wo er, nach dem Fall von Hierapolis, Aleppo, Chalkis und Apameia, das Gold und die Edelsteine aus einem Stück des echten Kreuzes, dem religiösen Schatz der Stadt, herausgerissen haben soll. Anuschasad verzieh seinem Vater diese Gotteslästerung nie, vor allem weil dieser vor seinem Aufbruch versprochen hatte, die Christen und ihre Gotteshäuser zu verschonen. Er sandte einen Boten zum König und erinnerte ihn an das vergessene Versprechen. Sein Vater stand in diesem Moment vor den Toren Antiochias und bereitete den entscheidenden Angriff vor. Als er in die kürzlich von Justinian restaurierte Stadt eindrang, steckte er alle Häuser und alle Gebäude in Brand. Aber zu Ehren seines Sohnes verschonte er die Kathedrale. Am Abend des Sieges, als sich Chosrau in sein Lager auf einem Hügel bei Antiochia zurückzog, sah er eine Stadt in Flammen. Wunderbarerweise unberührt war die Kirche der Christen. Da dachte er an seinen Sohn. Die Lage des jungen Prinzen, weit weg am Hof, hatte etwas Gemeinsames mit diesem Anblick: Rundum türmten sich drohende Flammen um einen christlichen Körper.

Es war, als Aba im Exil weilte, daß Anuschasad, von den Intrigen der anderen Prinzen bedrängt, die Hauptstadt verließ, um nach Gondischapur zu reisen, einer Stadt, die für ihre Medizin-, Literatur- und Philosophieschulen berühmt war. Seit dem Beginn seiner Herrschaft hatte Chosrau, der König der Könige, dort eine Akademie für medizinische Studien aufgebaut, die die berühmtesten Gelehrten des indischen Kontinents, aber auch die Dichter, die Philosophen und die Rhetoren der römischen Welt anzog.

Es wird erzählt, daß der Prinz problemlos diese Stadt aufsuchen konnte, diesen durch Christen gegründeten und von Christen verwalteten Ort. Notabeln, Generäle, Korporationsleiter, Goldschmiede, königliche Arbeiter: Alle bekannten sie sich zum Christentum – eine unsichtbare, aber zusammenhängende Macht.

Es gab zwar, zugestanden, ein Gerücht, das besagte, der Prinz sei ein Opfer der Verschwörung der anderen Gemahlinnen des Königs und sei gezwungen gewesen, die Hauptstadt zu verlassen. Auf jeden Fall vergingen Jahre, ohne daß der König, der von seinen Siegeszügen zurückgekehrt war, den wahren Grund seines Weggangs verstand. Grundlos, gewiß, verdächtigte er ihn persönlichen Ehrgeizes. Die Magier, denen die geographische Distanz nicht genügte, gaben sich alle Mühe, auch ihre Herzen voneinander zu scheiden.

Die Verfolgung, deren Opfer die Christen wieder einmal waren, und auch die unwürdige Behandlung, die seiner alternden und vom Herrscher völlig vergessenen Mutter durch die Intrigen des Frauenhauses zuteil wurde, trieben den Prinzen zur Revolte gegen seinen Vater. Er wandte sich an die leitenden Leute der christlichen Diaspora in Gondischapur, die eine beträchtliche wirtschaftliche Macht darstellte, und überredete sie, eine Armee zu finanzieren und die Hauptstadt anzugreifen. Sie waren stark, jung und energisch. Der König der Könige wurde alt, das Reich rief nach neuem Atem. Das Land, das man für so erfolgreich gehalten hatte, glitt in eine fatale Schwäche. Die Stunde war entscheidend: Wenn die Rebellen mit Anuschasad den Krieg gewannen, einen Bürgerkrieg, würde der ganze Iran christlich werden.

Beim Tor von Gondischapur trifft der alte Aba auf die neue Armee, die zum Marsch auf die Hauptstadt bereit ist. Christliche Generäle reiten herbei, um ihn zu grüßen. Er wird von Burzoe begleitet, einem weiteren Lehrer des Prinzen. Alle beide werden sie versuchen, den sehr charmanten und allzu eigenwilligen Prinzen Anuschasad zur Vernunft zu bringen.

Der Krieg ist schon ausgebrochen; schon gehen die Soldaten in Reihen vorbei und werfen einen Pfeil in einen großen Korb: Mit dieser Methode kann man die Bilanz eines Kampfes erstellen. Die versiegelten Körbe werden bei der Rückkehr aus dem Krieg geöffnet, und jeder Soldat nimmt sich einen Pfeil. Man zählt die übriggebliebenen: So viele Tote und Gefangene hatte es gegeben.

Der Prinz trägt einen Kettenpanzer und auf dem Kopf einen Helm mit wehenden Bändern. Er sitzt auf einem Pferd, dessen Kopf, Hals und Brust ebenfalls gepanzert sind. Man setzt die langhalsigen, geraden Trompeten an, um das Signal zum Aufbruch zu geben. Der Bischof von Gondischapur segnet den nächsten Wasserlauf mit Weihwasser – eine zoroastrische Tradition, die die Christen übernommen haben –, und Anuschasad, der «beste Bogenschütze der Welt», ist im Begriff, einen geweihten Zweig als ersten Pfeil abzuschießen.

Burzoe und Aba bahnen sich einen Weg in das Zentrum der Armee, zuerst durch einen Ring von Fußvolk und Bogenschützen, dann durch einen zweiten von ergebenen Soldaten. Sie kommen endlich beim Prinzen an. Nach Jahren der Trennung sieht er seine ehemaligen Lehrer vor sich. Ihre Gegenwart und ihr Alter überraschen ihn, er umarmt sie und schaut sie an. Seine Augen fragen: Warum sind sie hier, genau in diesem Moment?

«Wir sind gekommen, um dich daran zu hindern, Krieg anzufangen», antworten die beiden Greise. «Weißt du, daß du, wenn du die Armee des Königs angreifst, den Tod deiner Brüder und deiner Vettern und vielleicht auch – wenn das dein Wunsch ist – denjenigen deines Vaters in Kauf nimmst?»

Anuschasad will nichts hören. Mit einer, wie er hofft, graziösen Geste zieht er aus dem Köcher den geweihten Zweig und legt ihn an die Bogensehne. Burzoe packt ihn heftig am Arm und hindert ihn daran, das Signal zu geben. Der Prinz steigt vom Pferd, die Ringe öffnen sich. Die drei Männer sind das Herz dieser kampfbereiten Armee. In Gegenwart seiner zwei alten Lehrer fühlt Anuschasad, wie er wieder zum Kind wird, das seinen Lehrern alles sagen sollte. Er will seine Mutter rächen, den *Katholikos* und alle verfolgten Christen. Selbst wenn seine Handlungsweise den Tod seines Vaters, seines Onkels und seiner Brüder mit sich bringt, ist es seine Aufgabe zu handeln.

Sein Glaube ist stärker als seine Familie. Übrigens hat Christus irgendwo gesagt: Verlasse deine Mutter und deine Brüder und folge mir nach. Weich wendet er sich an Burzoe und erinnert ihn an die lange Lektüre der *Bhagavad Gita* und ihre Diskussionen darüber, daß Arjuna töten mußte, um das *Dharma* zu sichern. Im großen Spektakel einer legendären Schlacht stellte das indische Epos die Kinder zweier Brüder einander gegenüber. Ein Familienkrieg, inakzeptabel, abstoßend. Aber als Arjuna im Begriff war, auf einen Krieg gegen seine Vettern zu verzichten, trieb ihn Krishna, Gott in Menschengestalt, der ihm als Wagenlenker diente, selbst dazu, die Schlacht zu beginnen; er erinnerte ihn daran, daß nichts die eigentliche Substanz des Lebens zerstören könne und daß er selbst, Krishna, es war, der handelte. Die Schlacht hatte den Tod eines ganzen Zweiges der Menschheit zur Folge (achtzehn Millionen, heißt es im Epos), aber das *Dharma* war wenigstens zeitweilig gesichert.

«Warum kommst du jetzt, um mich am Handeln zu hindern?»

Mit einem Handzeichen bittet ihn Burzoe, sich zu setzen. Was er ihm erklären will, soll in Bequemlichkeit geschehen. Eingeschüchtert weitet die Umgebung ihren Kreis, als ob sich zwischen ihr und den drei sitzenden Männern eine unsichtbare Mauer erhöbe.

Burzoe spricht zum Prinzen:

«Du hast stets wie Arjuna sein wollen, das ist mir bewußt. Ich war es, der dich mit der tiefen Weisheit Indiens vertraut machte. Wenn du heute das *Dharma* erhalten willst, mußt du diese Revolte beenden. Wir sind nicht in Indien, du bist nicht Arjuna, ich bin nicht Krishna, aber das *Dharma,* das einst den Krieg erforderte, verlangt jetzt, daß du dich zurückziehst und versöhnst.»

Jeden Moment kann Anuschasad den ersten Pfeil abschießen und damit die Schlacht entfesseln. Wie gelähmt hört er dennoch seinem alten Lehrer zu, der langsam vom Verzicht auf die Früchte des Handelns spricht und vom Handeln, das der Untätigkeit innewohnt.

Auch der *Katholikos* Aba spricht vom Unglück, das ihre Glaubensgenossen im Falle einer Niederlage träfe. Generation um Generation von Christen müßten die bittere Frucht seiner Taten essen. Alle würden ihn verwünschen, ihn, Anuschasad.

Der Prinz zieht seinen Kettenpanzer aus. Diese Geste verkündet, daß er auf den Krieg verzichtet. Leise überschreiten die Generäle die unsichtbare Grenze, die die drei Männer vom Rest der Armee trennte; sie kommen heran und möchten wissen, was los ist. Aba ergreift das Wort und spricht so laut wie möglich:

«Ich sehe Priester unter euren Soldaten! Ein Kreuz auf eurer Fahne! Ein Religionskrieg? Ihr sagt, ihr wolltet mich rächen, mich, der als Friedensbote gekommen ist! Die Christen sind getreue Untertanen des Königs der Könige. Niemals dürfen sie die Monarchie stürzen! Byzanz lauert auf Mesopotamien, die Hunnen dringen dauernd in unsere östlichen Städte ein, und ihr hier entfacht einen Bürgerkrieg!»

Die Generäle sind zwar zur Versöhnung mit dem Hof bereit, fürchten sich aber vor den Vergeltungsmaßnahmen des Herrschers. Aba beruhigt sie: Der König der Könige hat ihm versprochen, alles zu vergessen. Zweifellos fügt er hinzu, was er als das beste Argument kennt:

«Und indem er euch verschont, rettet der König seinen eigenen Sohn.»

Wegen dieses ungeschehenen Kriegs wird Anuschasad wahrscheinlich gefoltert und ins Gefängnis geworfen. Er weiß es. Sein ganzes Leben lang hatte er geglaubt, sein eigenes *Dharma* verlange, daß er den Iran vom Joch seines Vaters befreie. Er täuschte sich. Es gibt ein *Dharma,* das höher ist als das seine, das ist die universelle Ordnung der Welt. Er hatte geglaubt, er sorge für dieses kosmische *Dharma,* aber er hätte es ins Wanken bringen, verletzen, zerstören können.

Burzoe nimmt ihn bei der Hand und bittet ihn, die Augen zu schließen. Am Ausgang des Lagers warten die Henker mit glühenden Eisen, um ihn zu blenden. Der alte Lehrer begleitet ihn zum Ort der Marter und sagt ihm leise, es sei immer schwierig, eine «Ordnung» zu verteidigen, die nichts in der Natur errichtet hat und die nie für immer gilt. Er wird furchtbar leiden. Und nachher wird er für den Rest seines Lebens lernen, die Welt mit dem inneren Auge anzuschauen.

Ein Elefant als Katholikos

Recht friedlich verliefen die letzten Jahre Abas in der Hauptstadt. Er besuchte regelmäßig den König der Könige, dessen Hof, bis anhin eine geschlossene Welt, sich mit erstaunlicher Geschwindigkeit öffnete. Entsetzt über die inzestuösen Ehen der Perser und ihren Brauch, die Leichen den Geiern zu übergeben, hatten die sieben Philosophen, enttäuscht über diesen seltsamen Staat, nicht gezögert, nach Griechenland heimzukehren. Andere kamen, Ärzte aus Indien, Heiler aus China, Mathematiker aus Byzanz. Es war eine Zeit der Milde: Der König erstreckte seinen Schutz sogar auf die Monophysiten, die trotz des Hasses der Nestorianer und der Gewaltanwendung der Magier im Iran überlebt hatten.

Am Ende einer vielbewegten Herrscherzeit übergab der alte König Chosrau seinem Nachfolger ein Reich, das, anders als das von ihm empfangene, offen alle Ideen von draußen zuließ.

Im Februar 552 starb der alte *Katholikos*. Trotz der Proteste der Magier und des Adels war es dem König der Könige wichtig, ihm ein großartiges Begräbnis zu bescheren. Bei dieser Gelegenheit strömten die christlichen Gläubigen in die Hauptstadt und feierten Abas Tod mit großem Pomp. Auf Verlangen des Königs der Könige schrieben Dutzende von Mönchen seine Manuskripte ab und schickten die Kopien an alle Bischofssitze. Ein nestorianischer Bischof, der im Land der Hephthaliten predigte, bekam die Kopie eines Buches von Aba, das er sofort ins Hunnische übersetzte. So geschah, wie immer, die Expansion durch die Sprache, dieses wichtigste Gefährt.

Aba fehlte Chosrau. Die Vorstellung, daß er einen *Katholikos* ertragen müßte, den er nicht kannte, quälte ihn, und er setzte an die Spitze der persischen Kirche, ohne die Bischöfe zu befragen, seinen nestorianischen Arzt. In den christlichen Hagiographien heißt er Joseph. Es scheint, daß er wie andere Gelehrte seiner Zeit Geschmack am Reisen und an der griechischen Philosophie fand. Da er in Byzanz Medizin studiert hatte, kannte er sich dort glänzend aus und ging häufig dorthin.

Die kirchlichen Würdenträger von Byzanz oder von Persien, ob zoroastrisch oder christlich, benahmen sich wie exakte Kopien der Herrscher und regierten königlich über die Gläubigen. Überall traf man dieselbe Tyrannei, dieselbe Unterdrückung. Die Gläubigen konnten nur resignieren, denn sie hatten keine Möglichkeit, gegen ihre geistlichen Herren zu protestieren, die sich öfter mit materiellen Fragen befaßten als mit Erzengeln. Durch ein merkwürdiges Zusammentreffen glich der *Katholikos* der Perser physisch dem König und der Patriarch von Konstantinopel dem Kaiser des Orients; vielleicht war das eine Prägung der Macht.

Als Arzt, Mönch, Reisender und neues Haupt der persischen Kirche, wandte sich Joseph von der Medizin ab und befaßte sich mit seiner klerikalen Herrschaft. Er ahmte seinen Herrscher nach, indem er sich von seiner Umgebung fernhielt. Eines Tages überraschten ihn die Diakone auf dem Markt von Ktesiphon, wie er um einen Seidenvorhang feilschte, dessen Zweck rasch bekannt wurde: Mit dem Schleier wollte sich der *Katholikos* von seinen Gesprächspartnern trennen. Sobald die wenigen Freunde Josephs davon hörten, kamen sie, um ihm die Idee auszureden, sich so «unsichtbar» zu machen. Nur der König der Könige durfte erscheinen, ohne sich zu zeigen.

Die Provinzkleriker billigten Chosraus Wahl nicht und setzten ihrem irregulär ernannten Oberhaupt Widerstand entgegen. Ein gewisser Simon erhob sich gegen den neuen *Katholikos,* wurde abgesetzt und ins Gefängnis gebracht, wo er starb. Einer der Häftlinge berichtete, erst nach der Absetzung des *Katholikos,* von einer schmerzlichen Szene. Joseph besuchte das Gefängnis und kam in eine Zelle, in der Simon und seine Anhänger einen Gottesdienst feierten. Joseph schrie, Simons Gebet werde von niemandem, nicht einmal von Gott gehört, und warf den Altar um, zerbrach die Kultgegenstände, zerriß die Bibel und schlug mit aller Macht auf den unglückseligen Gefangenen ein.

Der frühere Arzt des Königs ließ seinen alten Beruf total fallen und wurde langsam Unternehmer, Vermittler, Architekt. Eine oft gesehene Metamorphose von Männern, die abrupt zur Macht gekommen sind, ihre Berufsbildung vergessen und die unendliche Freiheit des Handelns – ein unvergleichliches Werkzeug, stärker selbst als Geld –, die ihnen gegeben wurde, mißbrauchen. Nach dem Modell des weißen Schlosses ließ sich Joseph eine perlenfarbige Residenz bauen, wo er die Häupter der großen persischen Familien empfing, die sassanidischen Prinzen, die schöngekleideten Kaufleute von Byzanz und sogar die Verantwortlichen der Feuertempel. In seinem Haus trafen sich der Adel und die Kaufleute; den namenlosen und armen Christen war es jedoch verwehrt. Joseph liebte die Reichen. Wenn es zwischen Zoroastriern und Christen Schwierigkeiten gab, so kam es sogar vor, daß er – gegen Entgelt – zugunsten der Zoroastrier entschied, ob sie nun unschuldig oder schuldig waren. An den Prunk des Hofs gewöhnt, ließ er sich eine goldübersäte Hose anfertigen, eine perlengeschmückte Tunika, die sich mit Smaragden zuknöpfen ließ. Als leidenschaftlicher Reisender schloß er sich stets dem königlichen Zug an und folgte dem König der Könige auf Schritt und Tritt, außer bei der Jagd. Abscheu vor Tieren? Angst vor irgendeiner übernatürlichen Vergeltung? Man weiß es nicht.

Zu jener Zeit hörten die Magier mit den Christenverfolgungen auf, aber der persische *Katholikos* kümmerte sich nicht mehr um die Interessen der persischen Christenheit. Er fand sogar den Vorschlag eines reichen Christen, eine Bibliothek mit seltenen Manuskripten zu gründen, absurd. Jede echte Sorge um den Glauben war verschwunden. Der Diener des Himmels trug die gewöhnlichen Kennzeichen der reichen Herren dieser Erde.

Sein Verhalten weckte schließlich den Zorn gewisser Bischöfe, die es nicht ertrugen, daß ihre Kirchen zu Händlertheken und zu Vorzimmern aller möglichen Kompromisse verkamen. Sie wußten, daß der *Katholikos* mit dem König der Könige befreundet war, und beauftragten deshalb einen anderen christlichen Arzt, der dem Hof nahestand, ihre Unzufriedenheit kundzutun. Dieser Vermittler hieß gemäß gewissen Quellen Narsi, gemäß anderen Moses. Er wählte eine Jagdpartie, um mit dem Monarchen zu sprechen.

In diesem von Mauern ganz umgebenen Gelände, das aus der Zeit der Achämeniden stammte und «Paradies» genannt wurde, hielten die Perser wilde Tiere. Die Jagd, eine uralte, von den Sassaniden übernommene Leidenschaft, holt den alten Herrscher sogar von der süßen Gesellschaft junger Mädchen weg. Seit ihrer Kindheit haben sich die Prinzen mit den verschiedenen Techniken vertraut gemacht. Ein Adliger, der nicht weiß, auf welche Distanz ein Pfeil einen galoppierenden Hirsch trifft, würde bei Hof nicht akzeptiert.

Der Gesandte der Christen, der nestorianische Arzt, betritt das «Paradies» durch eines der Tore. Sofort wechselt ein Wächter sein Pferd aus. Nochmals eine strikte Regel: Die Farbe des Pferds muß zu der der Beute passen. Er reitet in den riesigen Tierpark, der mit Straußen, Gazellen, Wildeseln, Pfauen, Löwen und Tigern bevölkert ist. Ein Soldat begleitet ihn. Von sehr weit weg dringt die undeutliche Melodie einer Lyra herüber. Sie ist ein unsichtbarer Führer; die Musikanten folgen den Reitern auf den Wegen, dämpfen ihre Mordlust, erinnern an das, was man vom wahren Paradies zu wissen glaubt. In den Büschen versteckt spielen Musikantinnen jetzt ein Lieblingslied des Königs, das Lied vom Eber. Gleiches, geradezu unwahrscheinlich raffiniertes Protokoll: Die Beute, das Musikinstrument, die Pferde und die Farben der Jagdkleidung entsprechen einem bestimmten Kodex.

Der König der Könige trägt eine Tunika aus ockerfarbiger Seide, mit Goldfaden bestickt und mit Korallen geschmückt. Geheimsprache, die der Vorsteher des Paradiesparkes sofort versteht: Der Herrscher hat sich auf die Eberjagd vorbereitet, er möchte die Lyra hören und herbstfarbene Pferde sehen.

Bei einer Lichtung kreuzt Narsi den König und sein Gefolge: ohne seinen Schleier; endlich kann man Chosrau anschauen. Trotz der Entfernung sieht Narsi, daß sein Herrscher deutlich gealtert ist. Zerbrochene Pfeile belegen den Boden. Im Bach rinnt noch das Blut der erlegten Eber. Eine Lyraspielerin nähert sich, wirft sich vor dem Monarchen zu Boden und entfernt sich dann; ihre Melodie gleitet noch durch die Bäume.

Überrascht bei Narsis Anblick, erinnert sich der König der Könige, daß sein Freund, der *Katholikos* Joseph, nie einer Einladung zur Jagd gefolgt ist. Das muß eine Bedeutung haben, und er versteht auch sofort: Narsi wünscht, den Monarchen in Abwesenheit des Oberhaupts der christlichen Kirche zu sprechen.

«Was wünschst du?»

Narsi verkleidet seine Antwort in einer Allegorie. Er erzählt die Geschichte eines Königs, der einem Armen einen Elefanten schenkt. Auf dem Weg zu seiner bescheidenen Hütte jammert er ohne Unterbruch: Wie kann er den Elefanten ernähren? Wie bringt er ihn in seiner kleinen Behausung unter? Selbst wenn er die Türe zerschlägt, kommt das Tier nicht hinein. Aber andererseits, wie kann er das Geschenk des Königs loswerden? Verzweifelt führt er den Elefanten zum Palast zurück und sagt dem Herrscher, er solle dieses Tier zurücknehmen, das er nicht behalten, nicht ernähren und nicht unterbringen kann.

Der König der Könige weiß die Art, in der der christliche Arzt sein Problem dargestellt hatte, zu schätzen, und fragt:

«Was soll ich tun?»

«Zieh deinen Elefanten zurück», antwortet Narsi.

Natürlich stand der Elefant für den *Katholikos* Joseph, den der König der Könige den Nestorianern aufgezwungen hatte. Er war ein ebenso umfangreiches wie ungeschicktes Geschenk, peinlich, inakzeptabel. Der König verstand mühelos. Einige Tage später waren die christlichen Untertanen des Reiches von ihrem «Elefanten» befreit.

«Der Sohn der Turkstämmigen» und «Das trockene Holz»

Nach fünfzig Jahren der Herrschaft starb Chosrau. Unter seinen Nachkommen wählte er den Sohn seiner turkstämmigen Gemahlin, den Prinzen Hormizd IV., als Thronnachfolger. Diese zum Teil nichtiranische Herkunft machte den neuen Monarchen sehr verletzlich. Sein ganzes Leben suchte er, gewiß um sich zu beruhigen, das Lob seiner Höflinge. Obwohl einige Diener ihm treu ergeben waren, verkroch er sich in eine Welt der Lügen und Listen. Über jede mögliche Schwäche war Schweigen geboten: Gesandte, die von fernen Reichen kamen, fremde Botschafter hatten zu schweigen über seine mütterliche Herkunft. Und trotzdem, trotz aller Anstrengungen der Agenten des Hofs, wurde Hormizd IV. vom Volk «Sohn der Turkstämmigen» genannt.

Angesichts dieses ungeliebten Herrschers verstärkten die sassanidischen Chronisten das Bild eines edlen Persers, der von einer der sieben großen Familien abstammte, die schon im 7. Jahrhundert v. Chr. geblüht hatten. Dieser Mann hieß Bahram, aber die Phantasie des Volkes gab ihm einen anderen Namen, der zu seiner, wie es hieß, hohen Statur paßte: «Das trockene Holz». Rasch wurde diese Persönlichkeit zum Helden der Legendenschöpfer. Sein Blutadel verlieh ihm alle Kräfte, die dem König fehlten. Sein Blick, der einer Wildkatze, entzog sich jeder Beobachtung: Nie gelang es einem Maler, die Farbe seiner Augen festzuhalten.

Wie gebräuchlich, entsandte der König der Könige seine Agenten in die Provinzen, um zu erfahren, was die Iraner von ihm hielten. Diese treuen Diener, die man die «Augen und Ohren des Herrschers» nannte, durchstreiften das ganze Land, informierten sich und kamen, auch diesmal, mit niederschmetterndem Bescheid zurück: Das Reich wankte.

Der König reagierte klassisch unangebracht und, wie immer, wirkungslos. Um diesen negativen Bericht auszuradieren, um gegen die sichtbaren Spaltungen, die allgemeine Unzufriedenheit zu kämpfen, stürzte er sich in Terror und Verfolgung. Dreizehntausend Opfer in elf Jahren, vor allem in der Aristokratie. Diese Politik erwies sich sehr rasch als verheerend: Die Provinzen standen auf, die Byzantiner belagerten die Grenzstädte, Indien, Skythien und Arabien verweigerten ihren Tribut, die hephthalitischen Türken überschritten die Ostgrenze mit vierhunderttausend Mann.

Der einzige mögliche Retter war Bahram. Er gehörte seit langem zur Armee, war Kommandierender General, Gouverneur von Medien und Verwalter des Palasts. Zur Vertreibung der Hephthaliten setzte ihn der König der Könige an die Spitze einer lächerlichen Armee von zwölftausend Mann. Zweifellos wollte er sich durch die vorauszusehende Niederlage der Perser von einer Zwangsvorstellung befreien: dem absoluten Prestige der sehr alten Aristokratie.

Aber Bahram «Trockenes Holz», für den Krieg geschult, besiegte die Türken, und eine Zeitlang stellten sie keine Bedrohung mehr dar. Auf dem Rückweg alarmierte der warme, aufrichtige Empfang der Menge die «Augen und Ohren des Herrschers». Diese Informanten waren sprachlos; sie konnten nicht verstehen, wie das Volk, ohne gedungen zu sein, seiner Sympathie so laut Ausdruck geben konnte. Der Iran feierte seinen Sieg, und der König, eifersüchtiger denn je, war noch isolierter als zuvor.

Kaum war Persien von den Hephthaliten befreit, wurde es aufs neue angegriffen, diesmal von den Byzantinern. Auch hier kam als General nur Bahram in Frage; die Armee wünschte sich seinem Befehl zu unterstellen.

Die Christen erlebten nun eine Zeit der Milde, denn der «Sohn der Turkstämmigen» ließ seine Gewalt vor allem am zoroastrischen Adel aus, und sie hatten Angst vor dem Zerfall des Reichs. Sie hatten seit mehreren Jahrhunderten in Persien gelebt und hingen deshalb mehr oder weniger von der Macht des Staates ab. Wenn er zusammenbrach, was würde dann aus ihnen? Ihr Chef, der neue *Katholikos* mit dem Namen Ischojahb, benützte denn auch die Kenntnisse seiner Spione, um den König regelmäßig über die Bewegungen der byzantinischen Truppen zu informieren.

Nichts beunruhigt und schmerzt reine Seelen mehr in der Geschichte der Religionen als diese unumgänglichen Anpassungen an die jeweiligen Machthaber; es sind unaufhörliche Kompromisse, blitzschnelle Kehrtwendungen, schlaue kleine Verrätereien, von denen man nur mit gedämpfter Stimme spricht, denn das Wichtigste ist das Überleben des Glaubens, der nur im lebenden Körper der Gläubigen fortbesteht. Wenn sie verschwinden, zerstreut oder umgebracht werden oder wenn sie aufgeben, verschwindet gleichzeitig auch ein Stück Licht und Wahrheit – für manche das einzige Licht und die wahre Wahrheit –, deren Träger diese Gruppe von Männern und Frauen kurze Zeit gewesen waren.

Als Kriegskommandant hatte Bahram für solche Methoden nichts übrig. Zweifellos glaubte er noch, eine gerechte Sache sei mit gerechten Mitteln zu verteidigen. Er mied den *Katholikos* Ischojahb und verbot seinen Generälen, dessen Berichte zu lesen. Die Historiker nennen Bahram stolz und hochmütig. Die Wirklichkeit war ganz anders und verbarg sich vermutlich in der Idee, sein Handeln müsse vornehm sein. Am Tag der Begegnung mit den Byzantinern sandte er ihnen einen Boten und lud sie ein, den Fluß zu überqueren, der eine strategische Schranke zugunsten der Perser war, damit die feindlichen Truppen unter gleichen Voraussetzungen kämpfen konnten. Das Resultat dieses höflichen Krieges: eine mörderische Niederlage der persischen Armee.

In seinem Dauerstreit mit Bahram ergab sich für den «Sohn der Turkstämmigen» endlich eine Gelegenheit, dieses Vorbild wahren Adels zu demütigen. Nach der Niederlage brachte ein Bote des Königs dem besiegten General ein Spinnrad, einen Rocken und ein Frauenkleid. Der König forderte, daß Bahram sich so verkleidet den Soldaten zeige. Das tat er ohne Zögern. Aber die sassanidische Armee ertrug diese Beleidigung nicht und erhob sich. Die Manifeste Bahrams zirkulierten im ganzen Reich, und die Reformer vereinigten sich unter seiner Standarte. Überall betonte er die Notwendigkeit, daß das Volk mit der Macht zusammenarbeite, und sagte:

«Macht das Volk wohlhabend. Und dann schult es. Um jeden Preis erringt sein Vertrauen. Wenn ein Staat nicht imstande ist, diesen drei Regeln zu folgen, kann er die ersten zwei vergessen. Die dritte zu verlieren, ist tödlich.»

Die Prinzen fürchteten den endgültigen Sieg Bahrams und den Fall des sassanidischen Hauses. Sie standen gegen Hormizd IV. auf, enthoben ihn des Throns und ernannten seinen Sohn zum König der Könige. Am Tag seiner Krönung, als Chosrau II. auf dem Thron Platz nahm und im Begriff war, «unsichtbar» zu werden, brachte ihm ein Soldat auf einem Silbertablett ein noch glühendes Stück Eisen. Sein Vater, der «Sohn der Turkstämmigen», war nun seinerseits geblendet worden. Wieder beendete ein König seine Tage auf der Erde blicklos. Adlige machten ihm sogar einen Prozeß. Das hatte es in der Geschichte des Irans noch nie gegeben, denn eine sehr alte Tradition stellte den Herrscher «etwas» über das Gesetz.

Angesichts der Menge der Thronprätendenten enthielt sich der *Katholikos* einer Parteinahme. Er fürchtete wohl weitere Kehrtwendungen. Und wenn Bahram an die Macht gelangte? Im Interesse seiner Kirche blieb Ischojahb neutral und war bei der Krönung von Chosrau II. nicht anwesend. In den Archiven seiner Bibliothek ging er die Geschichte der iranischen Christen durch: Deportiert, verfolgt, zu Märtyrern gemacht, vertrieben, gefangengesetzt, hielten sie sich jetzt den Machtkämpfen freiwillig fern.

Chosrau II. offerierte das zweithöchste Amt des Reichs Bahram «Trokkenes Holz». Einzige Antwort des «Freundes der Götter, des Siegers über die Menschen und des Feindes der Tyrannen» – so sprach Bahram von sich selbst –: Er überließ dem Monarchen die Regierung einer einzigen Provinz und riet ihm, die Hauptstadt so rasch wie möglich zu verlassen.

Die aufständischen Truppen nahten, und Chosrau II. mußte fliehen. Aber welches Exil sollte er wählen? Im Osten oder im Westen? Zu welchem Feind würde er gehen? Gefolgt von seinen Frauen und von dreißig Wächtern, entschloß er sich für den Hof von Byzanz, wo damals Kaiser Maurikios regierte. Nach kurzem Zögern war der Byzantiner einverstanden, den vertriebenen König gegen Bahram zu unterstützen. Er sorgte dafür, daß der iranische Thron – seit je ein Feind – dem am wenigsten mutigen und also ungefährlichsten Anführer blieb.

Die Wiedereroberung der Macht schien leicht. Je näher die seltsamerweise vom persischen König befehligte byzantinische Armee an Ktesiphon heranrückte, desto mehr schmolzen Bahrams Anhänger zusammen. Die Magier liefen dem König entgegen und schenkten ihm als Pfand ihrer Unterstützung die heiligen Ornamente des Palasts, den der «Usurpator» verlassen hatte. Nach einer letzten Niederlage verließ dieser Persien und ging ins Gebiet jenseits des Oxus. Kurz nachher erfüllten seine Gastgeber einen Wunsch des wiedereingesetzten Herrschers und töteten ihn.

Chosrau II., der kurze Zeit verjagt gewesen war, ergriff wieder die Macht, unterstützt von der Armee des Okzidents, einer Armee aus Fremden und Feinden. Bahram, der gestürzte Held, hat angesichts des Todes sicher an seine drei Regeln gedacht, die, nach seiner Überzeugung, ein gutes Reich garantierten. Warum hatte das Volk, dessen Vertrauen er für notwendig hielt, ohne Protest die Wiederkehr eines geflüchteten jungen Königs akzeptiert? Was sind die Gründe für einen Niedergang? Und warum, durch welch geheime Bewegungen des Herzens und der Dinge, endet dieses Vertrauen, das von allen Dichtern oft bestätigt und besungen wird, das herrliche Wunder zeitigt in Aufgabe, in Gleichgültigkeit, oder unter dem Beil eines Henkers?

Der *Katholikos* verharrte in seinen Zweifeln bis zum Augenblick, da Chosrau II. wieder in die königliche Residenz einzog. Ihm schien es unmöglich, sich einem König zu zeigen, den er im Unglück allein gelassen hatte, und Ischojahb floh zum Prinzen der Araber, der erst kürzlich zum

Nestorianismus bekehrt worden war. 595 starb der ausgewanderte Chef der persischen Christen in fremdem Land, in der Nähe von Hira in Arabien. Fast sechs Jahrhunderte waren vergangen seit Christi Tod. Hind, die Schwester des arabischen Königs und eine christliche Prinzessin, bereitete ihm ein feierliches Begräbnis und beerdigte ihn in einem Kloster, das sie hatte erbauen lassen. Auf den Grabstein ließ sie eingravieren: «Dieses Grab ist errichtet worden von Hind, Tochter der Könige und Mutter des Königs, Dienerin Christi. Gott möge den Bischof Ischojahb in sein Reich von Frieden und Wahrheit aufnehmen und mit ihm sein in den Jahrhunderten der Jahrhunderte.»

Schirin, die christliche Kaiserin

Der letzte große König der Könige

Zur Zeit des Kaisers Maurikios kannten Persien und Byzanz eine kurze Periode des Friedens. Als Schwager und Adoptivsohn des Byzantiners umgab sich Chosrau nach seiner siegreichen Rückkehr mit tausend Ratgebern aus dem Westen und versuchte, alle alten Streitigkeiten auszulöschen zwischen «den beiden Sternen, die die Erde verschönen».

Fern von der persischen Hauptstadt, in Konstantinopel, begann das 7. Jahrhundert in Blut und Rache. Es gab eine Volksrevolte, Maurikios mußte abdanken, und ein Zenturion namens Phokas rief sich zum Kaiser aus. Großartig saß er auf einem goldenen Thron, der von vier Pferden gezogen wurde, und fuhr ins Hippodrom der Hauptstadt. Kurz darauf sandte er Mörder in das Gebäude, in dem Maurikios und seine Söhne Zuflucht gesucht hatten. Sie enthaupteten sie, warfen die Körper ins Meer und setzten die Köpfe auf die Mauern von Konstantinopel.

Entschlossen, seinen Schutzherrn zu rächen, griff Chosrau Byzanz an und war vorerst siegreich. Mesopotamien, Armenien, Kleinasien, Jerusalem, Ägypten und Äthiopien wurden von den Persern eingenommen. Der Iran fand seine einstigen weiten Grenzen wieder. Bei dieser Kampagne hatten die iranischen Truppen von der Hilfe der religiösen Minderheiten, die von Byzanz verfolgt wurden, profitiert: von Nestorianern aus Syrien, Kopten aus Ägypten, Juden aus Jerusalem. Zurück in Persien, trugen die iranischen Generäle im Palast von Dastagird – der neuen königlichen Residenz – ihre kostbare Beute zusammen. Man sagte, das wahre Kreuz befinde sich unter den Beutestücken.

Das Liebesdreieck

Vergessen sind die Erinnerungen an Theodoras Gesicht. Von Indien bis Europa spricht man nur noch von der Schönheit Schirins, der Königin der Königinnen von Iran, einer Christin aus Armenien, der Muse der Maler, Dichter und Musiker. Alle Frauen des Hofs möchten sie nachahmen, einige gehen so weit, wie sie mit einem leichten fremden Akzent zu sprechen. Von Dichtern besungen, lenkte Chosraus Liebe zu der schönen Armenierin den von Kriegen, Ungerechtigkeiten und Trauer ermüdeten Geist der Iraner ab. Die Mütter wiegten ihre Kinder mit Liedern über die erste Begegnung zwischen Chosrau und der sehr charmanten Schirin in den Schlaf: Er fand sie nackt in einem Brunnen, wo sie sich wusch. Bezaubert, wollte der König der Könige unbedingt, daß sich diese «Fee» in ihn verliebe, ohne zu wissen, wer er war. Maler hielten rasch Chosraus Porträt fest und befestigten es an einem Baum. Auf dem Rückweg sah Schirin das Bild, nahm es von den Zweigen und versteckte es zwischen ihren noch feuchten Brüsten. Es schien, das Spiel sei gewonnen, der König habe Schirin in der Hand. Aber Schirin verstand es ihr ganzes Leben lang, in der Hand und außerhalb der Hand ihres Herrschers zu sein. Das Gerücht stellte ihr sogar einen Liebhaber zur Seite, einen Architekten namens Farhad. Ewiges Liebesdreieck.

Farhad, der geschickteste aller Baumeister, wurde eines Tages an den Hof gerufen. Der König wünschte, um seinen möglichen Rivalen zu demütigen, daß er einen Kanal in den Fels grabe, damit die Milch der Schafe vom Berggipfel bis zu Schirins Haus fließen würde. Eine verrückte, unlösbare Aufgabe, die Farhad dennoch bewältigte dank seiner Leidenschaft für die Königin der Königinnen.

Eine erwiderte Liebe? Man weiß es nicht. Ohne sich je wirklich verliebt zu zeigen, streute Schirin geschickt den Samen des Zweifels. Um den Architekten loszuwerden, schickte der König der Könige eine alte Frau auf den Bauplatz, auf dem Gipfel des Berges, um ihm auszurichten, Schirin sei plötzlich gestorben. Der Unglückliche wartete, bis die Botin etwas entfernt war, kletterte dann auf den höchsten Felsen und stürzte sich in den Abgrund. Als Schirin ihrerseits vom Selbstmord ihres «Liebhabers» erfuhr, erriet sie Chosraus Verrat und verschloß sehr lange die Türen ihres Hauses vor ihm.

Während dieser Abgeschiedenheit, die einer Trauerzeit glich, sah sie nur Sabrischo, den Bischof der Bischöfe und neuen *Katholikos* der Perser. Dieser sehr heilige Mann wurde ihr Schützling. Für ihn, den die Intrigen am Hof anwiderten, ließ Schirin ein Kloster bauen und widmete sich seinetwegen dem religiösen Leben. Sie verließ ihren Palast nur, um in die

Kirche der Apostel zu gehen und für die Seele Farhads zu beten – des zu Tode gestürzten Architekten.

Die neuen Ketzer

Anfang des 7. Jahrhunderts mußte die nestorianische Kirche auf iranischem Gebiet die Messallianer, die Anhänger des Henana und die Monophysiten[26] bekämpfen, Sekten und Ketzerlehren, die sich alle christlich nannten. Der Kampf war um so härter, als die Nestorianer im Iran – im Unterschied zu den Christen in Byzanz – mit der zentralen Macht nicht einverstanden waren, obwohl die Königin der Königinnen Nestorianerin war.

Der *Katholikos* Sabrischo kämpfte mit ganzer Seele gegen diese dreifache Gefahr. Als erstes bremste er den Aufschwung der Messallianer, der «Beter». Diese Mönche waren Vagabunden und Erleuchtete; sie waren unabhängig und bettelten um ihre Nahrung oder stahlen sie. Oft wurden sie von Christen beherbergt und entzogen sich jeder Kontrolle; sie trieben Zauberei und behaupteten, durch magische Beschwörungen Dämonen zu vertreiben. Man konnte sie nur überwachen, wenn man sie in Klöstern unter die Autorität eines Chefs brachte. Das unternahm Sabrischo. Gebändigt, versprachen die Messallianer, an Ort und Stelle zu bleiben und sich nicht mehr auf den Straßen herumzutreiben.

Die Sache mit den Anhängern des Henana war komplizierter.[27] Sie waren stark in Nisibis verwurzelt, der Stadt und Universität der Nestorianer, und als Jünger des berühmten Professors Henana folgten sie nicht der nestorianischen Lehre.

Durch eine Generalsynode wurde der henanische Bischof der Stadt durch einen gewissen Gregor, einen fanatischen Nestorianer, ersetzt. Kaum war er gewählt, strengten die Anhänger des Henana gegen Gregor einen gefälschten Prozeß an; er wurde verurteilt und gefangengesetzt. Beleidigt, forderten die nestorianischen Würdenträger seine sofortige Freilassung. Chosrau suchte beim *Katholikos* Sabrischo Rat, der zur allgemeinen Überraschung die Schuld dem Nestorianer zuschob und die Partei der Anhänger des Henana ergriff. Irrtum? Alter? Abrechnung? Die Hagiographen wählten das letztere, was eine lebhafte Rivalität zwischen den beiden Männern vorausgesetzt hätte. Lange Zeit erstickte Geheimnisse kamen schließlich an den Tag. Man erfuhr, daß der sehr heilige *Katholikos*, der nur am Sonntag aß – so ernst nahm er sein Fasten –, die Entehrung Gregors, seines Konkurrenten für das Amt des Patriarchen, sorgfältig vorbereitet hatte. Wenn er ihn zum Bischof einer der Ketzerei verfallenen Stadt ernannte, würde, wie Sabrischo bestens wußte, sein Rivale von den Notabeln der Stadt angegriffen und schließlich dem Urteil des Hofs unterstellt. Und alles spielte sich planmäßig ab. Nur eine Einzelheit, die lediglich von Nestorianern berichtet wird, erfüllte seinen fast vollkommenen Sieg mit Bitternis. Diese eifrigen Historiker schrieben, daß Sabrischo kurz nach seinem Komplott gegen Gregor, den «lebenden Märtyrer», die Gabe verlor, Wunder zu tun.

Seltsames Verhalten eines sittenstrengen, fanatisch die Askese, das Fasten und die Buße liebenden Mannes. Sein ganzes Leben lang hatte sich Sabrischo mit einer in den Fels gehauenen Zelle begnügt und sich mit Datteln ernährt. Angezogen von seiner Heiligkeit, strömten die Gläubigen herbei: Seine Zuflucht wurde zum Pilgerort. Fliegende Händler kamen hin, verkauften erfrischende Sirupe und grilliertes Fleisch, Matratzen und Wolldecken. Als lange, schwarze Schlange kamen die Pilger den gewundenen Weg empor, der zu seiner Zelle führte. Bei seinem Anblick gab es Menschen, die das Bewußtsein verloren, andere, die grundlos zu weinen begannen, und solche, die schwitzten im Glauben, so das ganze Gift ihres Daseins auszuscheiden. Auf eine wunderbare Heilung hoffend, strichen Blinde, Leprakranke und Krüppel um seinen Verschlag. Sabrischo verteilte systematisch alle Geschenke, die er bekam. Ein ruinierter Pilger kam in seine Stadt mit einer Truhe voll baltischem Bernstein. Eine Bäuerin, deren Ernte vom Feuer vernichtet worden war, kam mit einem Pelzmantel bekleidet nach Hause. Einem epileptischen Notar übergab man eine Kiste voll Wein aus Gaza – einem sehr gesuchten, nur am Tisch der Kaiser figurierenden Wein. Die Geschichte sagt nicht, ob der Wein ihn heilte.

Gekrönt vom höchsten kirchlichen Amt, dem *Katholikat* der persischen Kirche, erreichte die Karriere des heiligen Einsiedlers ihren Zenit. Anerkannt und angebetet, war er der Vertraute Schirins, der Königin der Königinnen, geworden. Für ihn hatte sie ein Kloster nahe bei ihrem Palast gebaut.

Warum also solche Komplotte? Ihn interessierte Geld wenig, und er war an die Wertschätzung aller (der Prinzen und des kleinen Volks) gewöhnt. Zweifellos suchte er etwas anderes. Aber was? Aus welchem Grund geht ein dattelessender Asket, der sich trotz seines Bischofsamts darauf versteift, in einem Verschlag zu leben, eine Verschwörung ein, um einen anderen Bischof zu erledigen? Die Geschichte gibt uns Hunderte ähnlicher Fälle, und die Antwort findet sich vielleicht im Wesen des Menschen, das die Manichäer – und andere – zu definieren versuchten: Er kann nicht umhin, Böses zu tun. Die schönste Frucht hat immer einen Wurm. Wenn ein hochstehender Mensch sich schließlich für den Besitzer der wahren Wahrheit hält, so zwingt ihn etwas, wie man im Persischen sagt, sie mit Nägeln zu sichern, selbst wenn man dabei lügen und töten muß.

Eine neue Gefahr: die Monophysiten

Zur Bedrohung durch die Messallianer und die Anhänger des Henana kam die Gefahr eines neuen Aufschwungs der Monophysiten. Sie waren Feinde der Nestorianer; sie hatten seinerzeit in Byzanz die Exkommunikation des Nestorios, die Schließung der Schule von Edessa, das Exil der dyophysitischen Lehrer, die Autodafés der Werke Theodors von Mopsuestia und Diodors von Tarsus veranlaßt.

Seit dem Schisma der persischen Kirche (484) und den Bemühungen des Paares Bar Sauma/Mamaï, die ganze persische Christenheit zu nestorianisieren, hatten einige monophysitische Gemeinden ihren Glauben an die ausschließlich göttliche Natur Christi, der sich «auf unbegreifliche Weise» im Fleisch der Jungfrau inkarniert hatte, beibehalten. Als unbesiegbare Festungen waren Armenien und die Stadt Tagrit die beiden wichtigsten Herde der monophysitischen Opposition geworden.

Tagrit, Stadt der Karawanen und Flußhafen, am Ufer des Tigris, war auf seinen Schiffsbau stolz. Auf seinem Weg nach Persien und Indien soll der Heilige Thomas ein paar Tage dort haltgemacht und eine Gruppe von Bewohnern bekehrt haben. Seit damals folgten die Christen von Tagrit der Entwicklung der Kirche des Okzidents. Als Bar Sauma, unterstützt von den sassanidischen Truppen, versuchte, ihnen den Nestorianismus aufzuzwingen, setzten sie ihm entschlossenen Widerstand entgegen, wurden gefoltert, gefangengesetzt und anderen Verfolgungen unterworfen. Christen gegen Christen: Die Monophysiten wollten absolut, daß

Tagris «orthodox» blieb, während Bar Sauma sich bis zur Erschöpfung anstrengte, um die Stadt von den «Ketzern» zu reinigen. Eine Illusion, die sich von Jahrhundert zu Jahrhundert bis zu dem unseren wiederholt: Wenn es ums Jenseits geht, gibt es eine Wahrheit, und die zu glauben kann man erzwingen.

Seit der Mitte des 6. Jahrhunderts wählten die Tagriter nach dem Vorbild Armeniens – einem weiteren monophysitischen Zentrum – ihren *Katholikos* selber und organisierten die Hierarchie der «orthodoxen» persischen Kirche. Die Toleranz der letzten Sassaniden erlaubte ihnen, Klöster und Schulen zu bauen und ihre Missionare zu den arabischen Stämmen auszusenden.

Unter der Herrschaft Chosraus und Schirins hätte ein monophysitischer Arzt namens Gabriel beinahe das Schicksal der persischen Kirche verändert. Die Königin der Königinnen war nämlich unfruchtbar und konnte dem Iran seinen künftigen König nicht gebären. Sie versuchte sämtliche medizinischen Techniken (indische, griechische und chinesische); sie ließ Priester aller Religionen kommen, aber es geschah nichts. Allerdings, dem Monophysiten Gabriel, einem ehemaligen Studenten der Medizinschule von Gondischapur, gelang es, sie fruchtbar zu machen. Ein Erbprinz wurde geboren.

Äußerst dankbar, verlieh Schirin dem Arzt alle Ehren des Hofs. Ihm war erlaubt, die privaten Gemächer der Königin zu betreten. Er durfte sogar den Herrscher selbst untersuchen, seinen Körper und seine Glieder berühren, seine Lider spreizen, seine Augen examinieren. Sein rascher Aufstieg berechtigte ihn, eine junge Nestorianerin aus dem persischen Adel zu heiraten. Die Heirat wurde von *Katholikos* Sabrischo vollzogen. Die Umgebung der Königin der Königinnen und die hochstehenden nestorianischen Persönlichkeiten des Reichs, Generäle, Gouverneure, Botschafter und Berater feierten mit. Der einzige Schatten, der erklärte Monophytismus des Bräutigams, war entfernt worden: Auf Rat des *Katholikos* hatte sich Gabriel anläßlich seiner Eheschließung zum Nestorianismus bekehrt.

Der Unterstützung Schirins gewiß, heiratete derselbe Gabriel, dem seine nestorianische Frau nicht genügte, illegitim zwei Zoroastrierinnen und verstieß damit gegen die Verbote seines neuen Glaubens. Sabrischo versuchte vergeblich, ihn zum Glauben zurückzuführen, und exkommunizierte ihn schließlich. Gabriel erfreute sich der Gunst der Königin der Königinnen, und sein Zorn gegen den Chef der nestorianischen Kirche konnte schlimmste Folgen haben. Gabriel erfand eine höchst raffinierte Rache; er würde zum monophysitischen Glauben zurückkehren und die Königin als neue Gläubige gewinnen. Und so geschah es auch. Die Königin akzeptierte die Idee der «doppelten Natur Christi», ein Entscheid, der für den Nestorianismus sehr schädlich war. Der *Katholikos* überlebte den Abfall Schirins nicht und starb in der Angst, der ganze Hof würde den Monophysitismus annehmen. Nach Jahrhunderten von Verfolgungen und geheimen Verhandlungen, im selben Augenblick, da der König sich der nestorianischen Kirche wohlgesinnt zeigte, drohte die Bekehrung der Königin alles umzustürzen. Christen und Christen zerrissen einander wieder einmal im Namen Jesu. An der Schwelle des Todes sehnte sich Sabrischo vielleicht nach der Zeit, als ihre einzigen Gegner die Magier waren.

Schirins List

«Rettet den Nestorianismus!» Diese letzten Worte des *Katholikos* Sabrischo, die dem König zugetragen wurden, hörten sich wie ein Verzweiflungsschrei an. Aufgeschreckt, dachte der Herrscher an ein Komplott, das die nestorianische Kirche erschüttern sollte, mit dem Ziel, sie von Persien unabhängig zu machen. Um den neuen *Katholikos* zu wählen, berief er in die Hauptstadt eine Synode sämtlicher Bischöfe des Reichs.

Von Elitetruppen begleitet, verließen die kirchlichen Würdenträger ihre Provinzen in großem Pomp; die ältesten reisten in Wagen, die von Pferden des Königs gezogen wurden. Der Troß war so luxuriös, daß die Bauern glaubten, die Reisenden seien Magier, und Opfergaben für das mitgetragene Feuer herbeibrachten; sie waren sehr erstaunt, an der Spitze der Karawane ein Holzkreuz zu finden.

Beunruhigt über das Schicksal des Nestorianismus, fragte der König einen von Sabrischos Mitarbeitern, ob Sabrischo vor seinem Tod einen Nachfolger genannt habe. die Antwort überraschte. Der Chef der Nestorianer habe Gregor, seinen erklärten Rivalen, genannt. Chosrau dachte lange nach. Er erinnerte sich an den Prozeß gegen Gregor – der von den henanischen Notabeln von Nisibis angegriffen worden war – und an die Feindseligkeit Sabrischos, der ihn zur allgemeinen Überraschung verleumdet und die Partei der Ketzer ergriffen hatte. Wie war jetzt die letzte, unerwartete Entscheidung des *Katholikos* zu verstehen?

Immer stärker vom Glauben seiner Frau angezogen, konnte es jederzeit geschehen, daß der König sich bekehren ließ. Seit Monaten kursierte ein Gerücht, daß er Christ werde, und der Hof dementierte es nicht. Geschwächt, kauten die Magier ihre Vergangenheit wieder. Nie versagend, stellte die zoroastrische Kirche seit ihrem Bund mit dem sassanidischen Staat die Macht und die Autorität dar. Warum verließ sie auf unmerkliche, nicht wahrnehmbare Weise die Macht?

Häufig kamen die Magier zusammen, um den Schlüssel der Störung zu finden; es waren geheime Treffen, an denen gewisse Leute sich nicht scheuten, vom verderblichen Einfluß der Königin der Königinnen zu sprechen. Sie war eine christliche Kaiserin und trug selbstverständlich dazu bei, daß der Iran sich dem Christentum zuneigte. Andere, die seit je die Römer fürchteten, behaupteten und bewiesen, daß die letzte Schwächung der Magier geheime Machenschaften von Byzanz verbärgen. Realistischer sprachen wieder andere von der Abnützung der Macht, nach vier Jahrhunderten der Alleinherrschaft. Ermüdet von den nationalistischen Reden der Priester des Feuers, lösten sich die Händler, die Notabeln und sogar die persischen Gouverneure von der Staatsreligion, um sich einem anderen, offeneren, freieren, reiselustigeren Wort zuzuwenden. Da sie sich an die oberen Klassen wendete, berührte die Redekunst das Volk kaum mehr, und das heilige Feuer wärmte die Herzen nicht länger. Von düsteren Träumen gejagt, sagten gewisse Priester bereits den Fall des Reichs zusammen mit dem des Zoroastrismus voraus. Ahura Mazda, der Gott der Götter, erschien in ihren Ekstasen, um seinen Schutz vom sassanidischen Haus abzuziehen. Er nahm vom Kopf der Nachkommen Chosraus seine Garantie des Schutzes, den Schein des Ruhms und des Lichts, die *Xvarna*. Möglich war aber auch, daß er alt wurde wie andere Götter; daß er im Nebel der Zeiten verschwand wie Baal oder Osiris.

Die monophysitische Königin der Königinnen, der politische Manöver durchaus gefielen, versuchte zu erfahren, wer der nächste *Katholikos* sein würde. Ihre Spione berichteten ihr, es handle sich um Gregor. Sie erzählte dies ihrem Freund Gabriel.

Mit ihm als Begleiter sollte Schirin im Schiff eine Nachbarstadt aufsuchen, um ein monophysitisches Kloster einzuweihen. Auf dem Tigris teilten die Königin und Gabriel ihre Beunruhigung. Ein eifriger Nestorianer wie Gregor würde den Aufschwung des Monophytismus brechen. Er könnte sogar den König zu seinem Glauben überzeugen. Während der ganzen Reise, und sogar während die Königin ihre Einweihungsansprache hielt, suchte ihr Geist nach Mitteln, Gregors Wahl zu verhindern.

Sie kniete in der Kapelle des monophysitischen Klosters und dankte der Jungfrau und Mutter Gottes dafür, daß sie ihr einen Sohn gegeben hatte. Als sie die kahlen Wände des Heiligtums betrachtete, tat es ihr leid, daß Philoxenos, der große monophysitische Theologe, bildliche Darstellungen Christi, der Heiligen und der Engel untersagt hatte. Wie schade. Als ehemalige Nestorianerin hatte sie in ihrem Schlafzimmer eine Ikone von Jesus – auf ihren Wunsch von einem iranischen Maler gemalt –, die eine merkwürdige Ähnlichkeit mit dem Architekten Farhad besaß. Als eines Tages Gabriel dieses Bild entdeckte, erklärte er Schirin ausführlich, daß jede Darstellung des Gottessohns mit menschlichen Zügen eine Gotteslästerung war. Auch der Heilige Geist in Gestalt einer Taube war eine Verirrung. Schirin war einverstanden, daß das Bild abgehängt wurde, aber ehe sie es wegräumte, ließ sie den Maler kommen und bat ihn, Heiligenschein und Kreuz zu übermalen und nur die Augen, die Farhads Ausdruck hatten, zu belassen. Und die Pinselstriche verwandelten das Bild des Heilands in ein Porträt des verlorenen Geliebten.

Einen Augenblick abgelenkt durch die Nüchternheit dieser Kirche, nahm Schirin ihre Gebete wieder auf. An ihrer Seite dachte Gabriel über die fatalen Folgen der Wahl Gregors nach. Plötzlich kam ihm ein geheimer Gedanke, und er unterbrach die Meditation der Königin. Ihm war eine Lösung eingefallen.

Etwas später sandte Schirin Boten, die vor den nestorianischen Bischöfen ankommen sollten, mit folgender Nachricht: Der verstorbene *Katholikos* hatte als Nachfolger einen gewissen, fast unbekannten Gregor gewählt, einen Lehrer der Schule in der Hauptstadt. Und der König der Könige freute sich. Die Kaiserin schlug den Bischöfen vor, diesen Gregor zu wählen, der seinem Vorgänger nahegestanden hatte und jetzt der neue Schützling des Herrschers war.

Indem er mit den Namen spielte und statt des wahren Nachfolgers Sabrischos einen anderen Gregor vorschob, hatte Gabriel geschickt die Wahl des glühenden Nestorianers, Gregors von Kaschkar, des «lebenden Märtyrers», verhindert. Die nestorianischen Bischöfe, die im April 605 in der Hauptstadt versammelt waren, wählten so an die Spitze ihrer Kirche einen obskuren Lehrer und Interpreten heiliger Bücher. Vielleicht war er etwas überrascht. Und Chosrau, der den anderen Gregor vorgezogen hätte und Schirin ihre List übelnahm, wurde wütend auf sie und verschloß die Türen seines Palasts vor ihr.

Chosrau und Schirin, eine Liebesnacht

In Schirins Haus ist es schon spät. Die Dienerinnen ziehen sich zurück. Sie lösen schon die Bänder, die sie vor dem Mund tragen, um nicht die Luft zu verunreinigen, die Schirin atmet. Das Schloß schläft ein zum Klang der Harfe Nakissas. Außer Atem klopft eine Sklavin an die Tür. Wächterinnen, die auf dem Kopf eine Tiara und im Ohr einen Ring tragen, öffnen ihr die silberbeschlagene Tür. Die Botin zieht ihre Schuhe aus, läuft auf dem goldgewebten Teppich, erklimmt die vergoldeten Treppen zum «Haus des Mondes», Schirins Gemach.

Die Königin der Königinnen ruht auf einem goldenen Lager. Ihr Lieblingsmusikant spielt und singt eine Nachtmelodie. Auf dem Tisch aus massivem Gold ruht ein Buch von Philoxenos, von der Hand des Autors geschrieben, *Traktat über die rechten Sitten*. Die Sklavin schiebt die Kammerfrau beiseite, wirft sich Schirin zu Füßen und verkündet ihr, sie müsse Trauer tragen: Chosrau habe sich mit einem sehr schönen Mädchen mit dem Namen Schekar, aus Isfahan, eingeschlossen. Schirin unterbricht den Gesang des Musikanten mit einem Handzeichen, richtet sich auf und fragt:

«Wie sieht sie aus?»

Die Sklavin streichelt Schirins Füße und antwortet:

«Ein Wind, der überall anhält. Eine Tulpe, die mit jedem trinkt. Wer eine Nacht mit Schekar verbringt, ist für immer verloren.»

«Hast du sie gesehen?» fragt Schirin.

«Mit eigenen Augen. Sie gab dem Herrscher zu trinken und küßte ihn nach jedem Schluck. Als der König seine Hand unter ihr Kleid schob...»

«Schweig!»

Am nächsten Abend bereitet sich Schirin darauf vor, zum Palast des

Königs der Könige zu gehen. Sie trägt ein langes, plissiertes Kleid mit kurzen Ärmeln, mit Perlen unterhalb der Brust eingeschnürt. Es ist stark dekolletiert, vor allem auf einer Seite, und über den Schultern mit Goldspangen befestigt.

Auch hier hilft die Phantasie dem stets etwas trockenen Bericht. Der Dichter Nezami, der vielfache Metaphern brauchte und sie mit Früchten der Erde und Sternen des Himmels bereicherte, hat diese nächtliche Erscheinung wie folgt beschrieben: Mond mitten in der Nacht; das schwarze Auge erinnert an den Lebensquell, die hohe Gestalt an eine silberne Pappel. Perlmutter beneidet den Glanz ihrer Zähne. Der Achat ist eifersüchtig auf das Rot ihrer Lippen. Ihre beiden Zöpfe dienen als Lassos, um die Herzen Verliebter zu fangen. Ihre Augen plündern Karawanen aus. Ihr Gesicht ist eine Rose, ihr Mund ein imaginärer Punkt, ihre Braue ein Halbmond, ihr Kinn ein Apfel. Ihre Brüste sind zwei frische, weiße Granatäpfel, auf die die Rose ein Blütenblatt hat fallen lassen, ihre Finger sind zehn Schilfrohre, bereit, das Todesurteil der Männer zu unterschreiben. Wie ihr Name Schirin sind ihre Lippen aus Zucker, aus Honig. Sie gleicht nur sich selber.

Sie hält einige Schritte vor den Fenstern des Königsgemachs («Haus der Sonne» genannt) an und setzt sich unter einen Baum. Vom Mond beleuchtet, ruft sie ihrem untreuen Gemahl zu:

«Morgendämmerung der Hoffnung, laß mich den Staub von deinem Gewand entfernen. Ich will dienen, nicht herrschen. Auch wenn du meine Begierde nicht erfüllen willst, will ich so handeln, daß die deine gestillt wird.»

Bezaubert von Schirins Flehen, erhebt sich Chosrau, als wollte er den Mond betrachten, und sagt:

«Ist der Mond durchs Fenster eingetreten? Aus welchem Land weht ein solcher Duft? Haben sich Engelsflügel vorübergeschwungen? Hat sich der weiße Falke auf unsere Faust gesetzt? Schirin, vergiß meinen Zorn, sieh, wie ich mich dir unterwerfe. Ich bin ganz dein.»

Beruhigt durch die Zärtlichkeit des Königs, erhebt sie sich, geht schüchtern vorwärts und antwortet.

«Du bist mein Auge, du bist die Sonne meines Auges. Ohne dich ist das Leben nur Gift. Mein einziger Wunsch ist, eine einzige Nacht mit dir zu verbringen und in deinen Armen zu sterben, wie eine Lampe mit anbrechendem Morgen stirbt.»

Ungeduldig will Chosrau hinunterkommen, um den «Mond» seines Herzens zu empfangen, aber sein Kämmerer hält ihn zurück. Er ist der Ansicht, man solle die Königin ein wenig warten und sich noch stärker entflammen lassen, und er zählt ihre Vorzüge auf (dies sind wieder die Worte des Dichters):

«Der Schlaf ihrer Augen bindet die Zungen der Zauberer, die rebellische Locke ihres Haars verbrennt meine Seele, das Geräusch ihres Schmucks belebt hundertjährige Tote. Erinnere dich an die Perlen ihrer Zähne, den Bogen ihrer Brauen, die Haut ihrer Wangen, das Lasso ihrer Zöpfe, die Mandel ihrer Augen, die Tiefe ihres Grübchens, die Orangen ihrer Brüste, die aufblühende Narzisse ihrer Brustspitzen, die Weiße ihres Körpers, die Feinheit ihrer Beine. Die Beine traue ich mich nicht zu beschreiben, denn ich könnte nicht mehr schlafen, wenn ich davon spräche.»

Schirin unterbricht das Gespräch des Herrschers mit seinem Kämmerer und fährt in ihren Liebesbezeugungen fort:

«Auf deinen Ruf hin komme ich, die Königin der Königinnen, herbeigeeilt mit dem Strick um den Hals. Verzeih die Fehler, die ich begangen habe. Ich reibe mein Gesicht auf der Erde, ich presse meine Lippen auf den Teppich, ich küsse den Boden deines Palasts, damit mir das Schicksal günstig ist. Wenn meine Braue ein Bogen ist, so gehört er dir, schieße doch den Pfeil ab. Wenn meine Locken wild sind, schau, wie ich sie gebändigt habe.»

Chosrau antwortet:

«Ohne dich bin ich ein Atom, das von der Sonne getrennt ist, ein Fisch, fern dem Meer.»

Und Schirin:

«Ich bin ein Wassertropfen, du bist die Flut des Ozeans. Ich bin der Schatten, du bist die Sonne. Ich bin die Sklavin, du der Meister. Ich werde den Staub deiner Füße benützen, um meine Augen schöner zu machen. Es gibt kein Morgen; laß uns uns heute vereinigen.»

Ungeduldig, die begehrte Frau zu finden, fügt Chosrau hinzu:

«Ich habe das Gift meines Zorns aufgebraucht. Ich liebe, du bist geliebt. Die Legende wird meine Siege vergessen und nur behalten, daß ich der Mann bin, der dich glücklich machte.»

Unfähig, die Trennung länger zu ertragen, überschreitet Schirin die Schwelle der königlichen Gemächer. Wie eine Sklavin wirft sie sich vor ihm nieder. Der Kämmerer läßt den König die Füße des «Mondes» küssen, während er das «Haus der Sonne» diskret verläßt. Entflammt, küßt Chosrau jetzt Schirins Waden, dann ihre Schenkel, und weiter nach oben. Er streichelt ihre weißen Brüste. Er nimmt ihr das Armband ab und formt eines aus seinem eigenen Arm. Zusammen geben sie sich dem «Tricktrack» der Liebe hin.

Von einem der größten persischen Dichter, Nezami, besungen, wird diese Liebesszene durch «die Spitze des Diamanten, der die Perle durchsticht, und durch die Muschel, die dem Korallenzweig als Bett dient», beendet. Der Dichter fügt hinzu, daß der König «das Brot in den heißen Ofen schiebt und wie der Prophet Khezr im Land der ewigen Nacht seinen Fisch ins Wasser der Unsterblichkeit wirft». Nach einer heißen Liebesnacht liegen Schirins Haare auf Chosraus Brust, und die Liebenden schlafen schließlich ein. Die Kammerfrau der Königin breitet allerfeinste Daunendecken über ihre verschlungenen Körper.

«Der Palast der zwölf Wunder»

Ehe – dreißig Jahre später – eines der märchenhaftesten Reiche in der Geschichte des Planeten verschwand, ein immenses Reich ohne sichtbaren Gegner, darf man ein letztes Mal in der etwas nostalgischen Beschreibung des berühmten sassanidischen Prunks schwelgen.

So sieht zum Beispiel die Residenz des Herrschers in Dastagird aus:

Sechstausend Wachen sind stets beim Eingang des Palasts postiert. Der Park, der von Fasanen, Pfauen, Straußen bevölkert ist, enthält auch die sechstausend Pferde des königlichen Marstalls. Im Zentrum befinden sich die Häuser der Gattinnen des Herrschers: Das schönste bewohnt Schirin. Dann kommt das Haus einer weiteren christlichen Gemahlin, Maria, Tochter des Kaisers Maurikios, und andere, bescheidenere Häuser für dei dreitausend jungen Mädchen des Serails. In der Nähe der Behausung von Schirin erhebt sich der Palast des Königs der Könige, etwas entfernt von den übrigen Häusern. Der Keller, aus hundert Geheimgängen bestehend, enthält den Schatz von Byzanz, der so mühelos erobert wurde, daß man ihn *badavard,* vom Wind geschenkt, nennt. Dreißigtausend Tapisserien bedecken die Mauern des Erdgeschosses. Die Kuppel, die von tausend Säulen aus Silber und aus Marmor getragen wird, ist ihrerseits mit tausend goldenen Kugeln besetzt, die die Tierkreiszeichen darstellen. Das Schloß, sagt man, enthält zwölf Geheimnisse, sieben Schätze, vier feenhaft schöne Teppiche, die die vier Jahreszeiten verkörpern und aus Gold gewebt und mit Edelsteinen geschmückt sind.

Nur wenig höher, in einer Nische aus ziseliertem Gips, ist der Musiksalon. Für jeden Tag des Jahres haben die Musiker eine besondere Melodie komponiert. Der König liebt besonders den Klang der Lyra und hat deshalb für seine Lieblingsmusiker, Barbad und Narkissa, Instrumente machen lassen, die mit Perlen und Diamanten besetzt sind. Sie sind Meister der Musik und improvisieren verschiedene Variationen, je nach Laune des Herrschers, innerhalb der bezeichneten Melodie. Durch ein fabelhaftes System, das wir nicht kennen, wird der Klang im ganzen Palast und in jedem Stockwerk verbreitet. Abgehacktes Tempo erzählt zum Beispiel einem Intendanten, der sich in einem Zimmer der dritten Etage aufhält, daß der Monarch von der Löwenjagd zurückkommt.

Der linke Flügel des Gebäudes besteht aus bunten Galerien, die dem Spiel gewidmet sind. Im Regenbogenalkoven verschieben Höflinge sorgfältig Schachfiguren: Der König besteht aus Diamanten, die Königin aus Rubinen, die Läufer aus Smaragden, die Springer aus Saphiren, die Türme aus Topasen, die Bauern aus Türkisen. In vierundsechzig Quadrate aus Gold und Silber geteilt, ruht das Schachbrett auf einem Sockel aus Lapislazuli. Der Kodex des Hofs verlangt, daß die Spieler in den Regenbogenfarben gekleidet sind. Anderer Raum, anderes Spiel und andere Regeln: Eingeladen in einen wolkenfarbenen Saal, sollen die Frauen, in leicht durchsichtige weiße Seide gekleidet, auf einem Spielbrett Tricktrack spielen, dessen zwei Abteilungen aus Perlmutter und Elfenbein bestehen, wobei die Bauern Perlen sind und die Würfel aus Silber.

Die Melodie der Musiker kündigt die Ankunft des Königs der Könige an. Gefolgt von Schirin, nimmt Chosrau Platz auf seinem Thron. Sie trägt eine mit Amethysten geschmückte Krone und darüber einen heiligen Vogel mit Hundskopf, und ihre beiden Zöpfe ringeln sich wie Schlangen bis zu ihrer Taille. Die lange, violette Seidenrobe ist an den Ärmeln drapiert, und der untere Teil ist bedeckt mit einem bläulichen Musselinschleier mit fliegenden Schößen. Auf ihrer rechten Hand trägt sie einen lebenden Adler.

Der König der Könige, dessen Armee eben ungeheure Beute heimgebracht hat, möchte seiner Frau eine besondere Freude bereiten und macht ihr das herrlichste Geschenk, das man einem Christen machen kann: das wahre Kreuz, das – Schande und Ehre – dem Tod Jesu diente.

Der Audienzsaal, in den die Magier nicht mehr kommen, enthält nur noch christliche Bischöfe – Monophysiten und Nestorianer bunt gemischt. Stets an der Seite der Königin, plant Gabriel, das legendäre Kreuz, dessen Echtheit niemand anficht, in einem monophysitischen Kloster aufzustellen. Die Nestorianer fürchten, daß ihm dies gelingen wird. Die Bekehrung Schirins zum Monophytismus und die Unfähigkeit des neuen *Katholikos,* der ein Schützling der Königin ist, haben den Nestorianismus in Persien bereits etwas zurückgehen lassen. Die kostbare Macht über die Reliquie wäre ein weiterer, wahrscheinlich tödlicher Schlag.

Schirin geschenkt, kann das Kreuz in ihrem Palast verschwinden oder in einem monophysitischen Kloster oder sogar im Haus des Arztes Gabriel. Der König der Könige möchte aber wissen, wie die Nestorianer hierüber denken, und befragt einen ihrer Diakone. Gregor schickt sich an, selbst zu antworten, aber der König heißt ihn schweigen. Der Diakon erinnert an die Autonomie der Kirche des Irans, die zu der Zeit proklamiert wurde, als das christliche Byzanz gewaltige Anstrengungen unternahm, um die sassanidische Macht zu schwächen. Das Schisma der persischen Christenheit, das die Nestorianer bewerkstelligt hatten, schuf damals ein Vertrauensverhältnis zwischen Staat und Kirche, eine Art von Vernunftehe. Die vom König eroberten Territorien wurden sofort von den Nestorianern bevorzugt. Sie ließen sich dort nieder und verbreiteten, außer dem christlichen Glauben, die Schönheiten und Wohltaten der sassanidischen Zivilisation. Auch den türkisch-mongolischen Horden brachten sie so die Verfeinerung der persischen Sitten bei. Auf der andern Seite, fügt der Diakon bei, stehen die Monophysiten jetzt auch in Konflikt mit der Westkirche und werden, auch sie, als Ketzer betrachtet; allzu lange haben sie den Herren von Byzanz gedient. Gewisse ihrer Kaiser bekannten sich sogar offen zu diesem Glauben, währenddem sie Persien bekämpften.

Gekränkt, kann die Königin der Königinnen ein Auffahren nicht unterdrücken; der Adler erschrickt und fliegt davon. Der königliche Vogel stößt sich an den Wänden und verliert ein paar Federn. Die Wächter, die Bischöfe und sogar der kleine Prinz, Mardan-Schah, Schirins Sohn, versuchen, ihn zu beruhigen und zu fassen, aber es gelingt nicht.

Der König der Könige hält die Flucht des Adlers für ein böses Vorzeichen. Er will die Rivalität der Christen in seinem Reich nicht anheizen. Er beschließt deshalb, das Kreuz in seinem eigenen Palast zu behalten. Im Tumult ergreifen die Wächter die Reliquie und tragen sie aus dem Thronsaal weg. Schirin stürzt sich auf das Kreuz, kniet nieder und küßt es. Der König hebt sie auf, faßt sie um die Mitte und legt ihr den Schlüssel der Schatzkammer in die Hand. Dort wird dieser hölzerne Gegenstand, auf dem ein Gott starb, aufbewahrt werden.

Streitgespräch beim Hippodrom von Ktesiphon

Nach dem Tod des *Katholikos* Gregor, im Jahr 609, gelang es Schirin und Gabriel, die Wahl eines neuen nestorianischen Oberhaupts zu verhindern; die Kirche war nun ohne Führung. Die monophysitische Königin war eine gefährliche Taktikerin und brachte es fertig, im Lauf der Jahre das Mißtrauen des Königs gegenüber denen zu nähren, die sie als ihre Rivalen betrachtete.

Ohnmächtig sahen die Magier zu, wie mehr und mehr Leute zum Christentum übertraten. Persien verließ nach und nach das Feuer, um sich dem Kreuz zuzuwenden, obschon sich die Christen untereinander bekämpften: Monophysiten gegen Nestorianer, Nestorianer gegen die Anhänger des Henana ... Die Priester des Feuers wünschten sich die Zeit zurück, da ihr einziger Gegner der *Katholikos* der Nestorianer gewesen war. Indem der König es ablehnte, einen Nachfolger für Gregor zu ernennen, waren die Magier Angriffen von seiten aller christlichen Tendenzen ausgesetzt und hatten es noch schwerer.

Schirin und Gabriel gelang es auch, die Güter des verstorbenen *Katholikos* an sich zu bringen. Sein ganzes Leben hatte Gregor, der sich als der größte Geizhals Mesopotamiens herausstellte, Kunstwerke und kostbare Manuskripte zusammengetragen. Seine Ikonen, die er von byzantinischen Händlern gekauft hatte, schliefen in Kisten. Jeden Morgen stieg er in einen Kellerraum, zählte seine Zeichnungen, seine Skulpturen, seine alten Papyri, seine mit Gold und Silber gefüllten Truhen, dann stieg er friedlich die langen Treppen, die zur Sakristei führten, empor, betrat den Altarraum und betete: Er dankte Gott, daß er ihm erlaubt hatte, solche Schätze zu sammeln.

Sofort nach der Bestattung überredete Gabriel die Königin, dieses

Vermögen zu konfiszieren. Ein eilig abgehaltener postumer Prozeß erklärte Gregor schuldig, christliche Ersparnisse veruntreut zu haben, und der Staat nahm seine gesamte Habe an sich.

Verzweifelt beauftragten die nestorianischen Bischöfe einen adligen Konvertiten namens Mehran-Goschnasp, mit dem Taufnamen Georg, beim Herrscher vorstellig zu werden, damit er die Wahl eines neuen *Katholikos* autorisiere. Georg, glühender Nestorianer, hatte früher die Anhänger des Henana von Nisibis bekämpft. Seine Schwester Maria, die als Heilige angesehen wurde, lebte abgeschlossen in einem Kloster.

Überzeugt, daß die Bischöfe mit ihrer Initiative im Recht waren, nahm Georg den Auftrag an und reiste in die Hauptstadt. Der König der Könige, unter dem Einfluß Schirins und Gabriels, beschied ihm, die Nestorianer müßten, ehe sie ein Oberhaupt wählen, beweisen, daß ihr Glaube vollkommen orthodox sei. Wie konnte man die Orthodoxie beweisen? Es gab nur ein Mittel, ein traditionelles: das Streitgespräch. Es würde beim königlichen Hippodrom abgehalten.

Nezami beschreibt einen Polo-Wettkampf im Hippodrom, und zwar zwischen Schirin und ihren Frauen einerseits und Chosrau und seinen Männern anderseits. Auf ihrem Lieblingspferd Schabdiz sitzend, das nachtschwarz war, grüßte die Königin der Königinnen graziös ihren Herrscher. Schirins Pferd lebt in Erzählungen weiter: Der Staub seines Hufs ist schneller als der Wind und lebhafter als die Gedanken der Philosophen. Sein Schwanz ist wie ein Ruder, das ins Meer taucht. Sein Huf ist, wenn es Berge emporsteigt, aus Stahl. Das Pferd ist verschwiegen wie die Nacht und wach wie die Morgendämmerung. Es gibt nur ein Pferd, das mit ihm verglichen werden könnte: Golgun, blütenfarben, das Pferd des Königs.

Die Partnerinnen Schirins sind schwarz gekleidet und spielen mit roten Schlägern. Sie beginnen das Spiel. Im Galopp versucht die männliche Gruppe, den Ball zu erlangen. Auf einer Seite der Mond und seine Sterne, auf der anderen die Sonne und ihre Planeten. Die Schläger der Spieler sind aus Weidenholz gemacht und verwandeln den Platz in eine große Weidenhecke. Überrascht vom Geschick der Frauen, beobachtet Chosrau heimlich Schirins Spiel. Sie läßt sich niemals entmutigen, bleibt kämpferisch und gewinnt Punkte. Heute siegen die schwarzen Reiterinnen.

Nach Spielende gehen Georg und seine nestorianischen Freunde in ein nahe dem Hippodrom gelegenes Gebäude, um sich auf das Streitgespräch vorzubereiten. Die Macht der monophysitischen Königin ist ihnen bewußt, und sie haben Angst vor neuen Verfolgungen. Jetzt, da die Magier aus dem Palast verschwunden sind, sich ducken und kaum zeigen, hat das Schicksal einen neuen Gegner für sie bereit, einen um so härteren, als auch er sich Christ nennt.

Unterstützt von Gabriel und Schirin bereitet die monophysitische Gruppe ihre Dokumente sorgfältig vor. Als das Königspaar eintrifft, stehen alle unbeweglich. Der König zeigt sich den Anwesenden ohne den Schutz seines Schleiers. Wie eine Zypresse steigt sein Körper zum Himmel; sein Hals gleicht dem eines Moschusochsen, der Flaum seiner Wangen verführt Männer und Frauen; sein Ohrring verströmt einen Duft von Ambra (laut dem Dichter).

Vom Spiel her leicht außer Atem, eröffnet Chosrau die Sitzung und bittet die Nestorianer sofort, sich über zwei Konflikte zu äußern (es sind stets dieselben):

«Ist Maria die Mutter Gottes? Wer vor Nestorius predigte die Lehre der zwei Naturen?»

Georg senkt den Blick auf den Marmorboden und kreuzt die Arme auf der Brust, wie vom Protokoll vorgeschrieben. Dann spricht er im Namen der Nestorianer:

«Die Jungfrau gebar Jesus, aber nicht den *Logos*, das Wort. Sie schenkte einem Menschen das Leben, dessen Identifikation mit dem *Logos* sich erst mit der Taufe vollzog. Erst von diesem Augenblick an wird Christus Sohn Gottes genannt.»

Nach den Schlägen des Polospiels, dem schweren Atem der Pferde, den erregten Rufen der Menge ist plötzlich von den schwierigen, abstrakten Geheimnissen der dogmatischen Diskussion die Rede. Während Sklaven von den Gesichtern des Königs und der Königin den Schweiß abwischen, bleiben beide Turniergegner in gespannter Aufmerksamkeit. Jedes Wort zählt und kann Leben oder Tod bringen.

Gabriel fragt:

«Ist die Mutter des Sohnes Gottes nicht auch die Mutter Gottes?»

Georg antwortet:

«Durch Deduktion, ja.»

Gezwungen, in diesem Punkt der Logik nachzugeben, und wahrscheinlich auch von Angst gelähmt, versucht Georg, für den die Jungfrau absolut nicht die Mutter Gottes ist, in den Schriften seiner Kirche Gemeinsames mit den monophysitischen Theorien zu finden. In jedem Werk kann man Widersprüche finden. Es stimmte, daß der große dyophysitische Theologe Theodor von Mopsuestia in seinen Schriften die Ansicht vertrat, der *Logos* habe sich mit dem Menschen vereinigt im Augenblick, da Jesus im Schoß der Maria empfangen wurde. Er sagte aber auch, und öfter, daß Gott nicht von Maria geboren worden sei, daß die Jungfrau den «Tempel» zur Welt gebracht habe, nämlich den Leib, den Gott bewohnen wollte. Georg zieht es vor, nur von der ersten These zu sprechen, die der Ansicht der Monophysiten näher ist. Der Streit ist ernst, er weiß es, und er fürchtet sich.

Der König der Könige trägt seinem Schreiber auf, Georgs Erklärung zu notieren, dann fügt er hinzu: «Man darf also die Jungfrau *Theotokos*[28] nennen?»

«Da von der Empfängnis an der *Logos* auf besondere Weise in Christus wohnte, ist es tatsächlich möglich, Maria den Titel *Theotokos* zu verleihen.»

Da er weiß, daß Georg den Fallen auszuweichen sucht, zeigt Gabriel jetzt einige nestorianische Dokumente, in denen Maria nur *Christotokos* genannt ist, Mutter Christi. Der König studiert die unterstrichenen Stellen und wünscht, daß Georg sich dazu äußere. Georg antwortet:

«Da Christus der Sohn Gottes ist, nennt man seine Mutter bald *Christotokos*, bald *Theotokos*. Das läßt sich gut miteinander vereinen.»

Die Notwendigkeit des Disputs

Wir können uns wieder einmal wundern über diese Leidenschaft der Diskussion, die so subtil und raffiniert ist, daß sie uns heute unverständlich oder zumindest verworren scheint.

Solche Streitgespräche sind jedoch die einzige Prüfung, die man damals kannte – lange vor der Zeit der wissenschaftlichen Experimente. Man nimmt an, daß der geschicktere der Diskussionsteilnehmer, derjenige, der die Autorität überzeugen kann, dadurch auch zeigt, daß Gott ihn erleuchtet und ihm hilft.

In religiösen Geschäften, in genauen Definitionen der Manifestationen Gottes, ist es wichtig, ja sogar dringend notwendig, daß man hier richtig und klar sieht. Denn der Himmel, so glaubt man, regiert die Erde. Keine Macht kann sich hienieden aufbauen – das sagen wenigstens die Priester, alle Priester –, wenn die himmlische Macht sie nicht schützt. Und man muß die Wahrheit kennen. Christi Natur ist seit sechs Jahrhunderten ein großes Geheimnis. Unmöglich, es nicht lösen zu wollen. Unmöglich, daß jeder Beliebige entscheiden dürfte über die innere Substanz des Herrn.

Man sollte sich übrigens auch klar sein darüber, daß die öffentliche Ausbreitung von Intelligenz ein unvergleichliches Schauspiel ist, das die Amateure sehr lieben. Man bewundert die Kenntnisse, aber auch die Finten, die Gegenangriffe, die großen Wogen der Redekunst. Wenn eine schöne Frage gestellt wird (hier diejenige über die «Mutter Gottes»), so beobachten alle mit angehaltenem Atem, wie sich die Champions aus der Affäre ziehen.

Und dazu kommen trotz der festlichen Ambiance die Geräusche des Hippodroms und die Gewißheit, daß die beiden Männer, die einander gegenüberstehen, um ihren Kopf spielen. Einer von beiden stirbt an diesem Turnier. Und das macht, was sie sagen, natürlich noch interessanter.

Die Entscheidung des Königs

Schwarz, in der Farbe ihres Teams gekleidet, bedeckt Schirin, um Sonnenbrand zu vermeiden, ihr Gesicht mit einem sehr feinen Schleier. Hinter ihr tun ihre Teamgenossinnen dasselbe. Nach dem Polospiel wollen sie jagen, und sie befestigen an ihrer Taille Köcher voller Pfeile. Sie prüfen die Spannung ihrer doppelt gewölbten Bogen. Man spürt ihre Ungeduld. Sie langweilen sich wohl.

Schirin spürt die hohe Gewandtheit des Nestorianers und befragt Georg über den Ursprung des Dyophysitismus:

«Gab es vor Nestorius einen Theologen, der unserem Herrn zwei Naturen zuschrieb?»

Georg betrachtet die Schönheit der Königin der Königinnen, und ihr Übertritt zum Monophysitismus tut ihm leid. Wenn sie doch nur Nestorianerin wäre! Ganz Persien wäre christlich. Schade, durch ihre Unterstützung der Monophysiten hat Schirin die Nestorianer geschädigt. Sie hat die Minderheit gewählt.

Georg antwortet: «Der unfehlbare Meister, derjenige, der die ideale Orthodoxie festgelegt hat, ist Theodor von Mopsuestia. Nestorios ist nur ein Schüler dieses sehr großen Theologen. Und Theodor hat niemals von zwei Personen in Christus gesprochen, sondern von einer Person in zwei Naturen.»

Überrascht von Georgs Zeugnis, schaut Schirin Gabriel an und sagt:

«Wir sagen genau das gleiche! Wozu all diese Konflikte, diese Rivalitäten? Wo sind wir denn verschieden?»

Gabriel will sprechen. Georg schneidet ihm das Wort ab und spricht weiter:

«Theodor schrieb in griechischer Sprache, aber er wurde von Syriern gelesen und übersetzt. Die beiden Systeme (monophysitisch und dyophysitisch) widersprechen sich nicht, sie verkünden dieselbe Wahrheit, von verschiedenen Menschen mit verschiedenen Worten ausgedrückt. Zwischen Syriern und Griechen gibt es einen Unterschied in Sprache und Wortschatz, aber auch im Denken und in philosophischen Begriffen. Nun, das Christentum, von semitischem Ursprung, hat, um sich auszudrücken, den griechischen Weg gewählt. Das ist die wahre Quelle der Streitigkeiten!»

Wütend, weil die Kontroverse versöhnlich zu werden droht, hält Gabriel dem Nestorianer entgegen:

«Die nestorianische Kirche lehnt die Dreifaltigkeit ab. Ihr glaubt an eine Vierfaltigkeit im göttlichen Wesen!»

Georg antwortet:

«Auch diese Auslegung ist ein Irrtum. Theodor schrieb unserem Herrn zwei ‹Hypostasen› zu. Das heißt zwei ‹Substanzen› und wurde im Syrischen unglücklicherweise mit ‹zwei Personen› übersetzt. Aber selbst Nestorios hat niemals von ‹zwei Personen› gesprochen! Im Gegenteil, er betonte die Einheit der ‹zwei Substanzen› (der menschlichen und der göttlichen) in der ‹alleinigen Person› Jesu!»

Er wendet sich an einen Diakon und verlangt die Akte über das nestorianische Konzil von Seleukeia-Ktesiphon, das 486 in der persischen Hauptstadt zusammentrat, und liest:

«Ich zitiere ein Dokument, das vor hundertdreißig Jahren von persischen Bischöfen aufgesetzt wurde:

‹Unser Glaube bekennt die ewige Dreifaltigkeit des Vaters, des Sohnes und des Heiligen Geistes. Um der perfekten Einheit zwischen Gottheit und Menschheit willen fassen wir die Verschiedenheiten der beiden Naturen zu *einem einzigen Wesen* zusammen. Wir leugnen entschlossen die Existenz einer Vierfaltigkeit in der Gottheit.›»[29]

Gabriel legt jetzt ein anderes nestorianisches Dokument vor, das von persischen Mönchen verfaßt wurde und in dem die Rede von Vierfaltigkeit ist. Georg lehnt es ab, dieses Buch näher anzusehen, und erklärt:

«Wieder ein Fehlurteil! Um richtig zu verstehen, muß Persien seinen Geist zuerst der syrischen Denkart anpassen und erst nachher wie ein Grieche argumentieren. Dazu muß es seine Muttersprache, das Pahlawi, verlassen und zum Syrischen und Griechischen übergehen. Das Erstaunliche ist, daß die Perser und die Syrer einander näher gekommen sind, selbst wenn eine vollkommene Harmonie des Ausdrucks und der Form, wie ich glaube, niemals möglich sein wird.»

Es ist schwierig, bei dieser Debatte Schiedsrichter zu sein, denn sie kommt mehr und mehr einer Versöhnung nahe. Die Frauen, die sehen, daß sie sich für die Jagd verspäten, verbergen ihre Unzufriedenheit nicht. Gabriel möchte so schnell als möglich zu einem Ende kommen und geht zur Frage des Besitzes des Klosters Sankt Sergius über.

Sergius war ein syrischer Märtyrer, den der König der Könige besonders schätzte. Er baute ihm mehrere *Martyria* in Persien und schenkte sogar der Kirche von Sergiopolis, in Syrien, ein goldenes Kreuz. Eines dieser Klöster, das auf Befehl Schirins, damals noch Nestorianerin, gebaut worden war und dem *Katholikos* Sabrischo geweiht war, wurde Gegenstand eines Kampfes zwischen Dyophysiten und Monophysiten. Anfänglich von Nestorianern benutzt, wurde ihnen das Kloster Sankt Sergius von Gabriel zugunsten der Monophysiten weggenommen. Georg, der diesen Transfer für illegal hielt, versuchte, das Kloster mit allen Mitteln wiederzuerlangen.

In diesem Zusammenhang stellt Gabriel an Georg die Frage:

«Wenn, wie du eben demonstriert hast, kein Unterschied zwischen unseren Glaubenstraditionen besteht, warum willst du dann um jeden Preis dieses Kloster zurückhaben?»

Georg antwortet:

«Weil ihr uns den Zugang verboten habt. Als die Nestorianer das Kloster führten, durften alle Christen, egal welcher Konfession, eintreten. Heute ist es ausschließlich den Monophysiten zugänglich.»

Jetzt will Gabriel Georg endgültig besiegen; er versucht ein letztes Mittel. Er nennt ihn bei seinem persischen Namen (Mehran-Goschnasp) und enthüllt seine zoroastrische und adelige Herkunft. Aber Georg ist weit davon entfernt, seine Zugehörigkeit zum persischen Adel zu leugnen, Georg ist auf seine Bekehrung stolz. Und dann fügt er ungeschickt hinzu, und das verursacht seine Niederlage:

«Am Hof war ein Wechsel der Religion noch nie strafbar.»

Er sagt zu Gabriel:

«In sieben Jahren hast du zweimal die Konfession gewechselt. Dir ist es sogar gelungen, die Königin der Königinnen, die ursprünglich nestorianisch war, zum Monophysitismus zu bekehren.»

Er ist zu weit gegangen. Georg sieht, wie das Gesicht des Königs sich verkrampft. Diese Erklärung hat offengelegt, wie sehr Gabriel die Königin beeinflußt. Aber niemals hatte bis jetzt irgend jemand etwas gegen diesen Arzt gesagt – so ernst nahm man die Achtung, die Schirin ihm entgegenbrachte.

Wütend reißt sich die Königin heftig den Schleier ab, wirft ihn zu Boden, steht auf und verläßt die königliche Estrade. Ein nestorianischer Bischof schließt die Augen, ein anderer birgt das Gesicht in seinen Händen. Georg ist erledigt. Alle wissen das. Der Unterschied zwischen «Hypostase» und «Person», die Feinheiten der Übersetzung, haben jetzt keine Bedeutung mehr. Die königliche Macht ist verletzt und wird nicht verzeihen. Reizbar und unvollkommen, siegt die menschliche Natur wieder einmal über jede subtile Analyse der Gottheit. Auf Gabriels Gesicht spiegelt ein leichtes Lächeln den (für ihn) glücklichen Ausgang des Streitgesprächs.

Auf Befehl des Königs der Könige wird Georg, mit wahrem Namen Mehran-Goschnasp, ein Abkömmling der ältesten persischen Aristokratie und nestorianischer Bischof von Nisibis, gekreuzigt.

Am 14. Januar 615 gaben ihm auf dem Heumarkt der Hauptstadt die Soldaten mit Pfeilen den Rest.

Die Armee von Byzanz entweiht das heilige Feuer

Kurz nach Georgs Martyrium starb sein Besieger Gabriel, nicht ohne einen letzten politischen Coup versucht zu haben: Er wollte den König (über Schirin) dazu bewegen, den Sohn der monophysitischen Königin als Erbprinzen zu wählen. Das wäre eine ungewöhnliche Ernennung gewesen, denn seit der Antike forderte das persische Ritual die Wahl des ältesten Sohnes. Mardan-Schah, Schirins Sohn, war aber das letzte Kind des Königs.

Aus seinem Exil in Byzanz hatte Chosrau Maria, die Tochter des Kaisers Maurikios, mitgebracht, die auch die Mutter seiner ersten Kinder war. Solange ihr Vater lebte, hatte sich die Königin der Königinnen (ehe dieser Titel auf Schirin überging) des Respekts des ganzen sassanidischen Hofs erfreut. Ein uralter irano-byzantinischer Traum hätte durch sie verwirklicht werden können: die Vereinigung der beiden Reiche. Maria hatte aber kein Glück; die Ermordung ihres Vaters durch den Usurpator Phokas im Jahr 602 schwächte ihre Stellung am sassanidischen Hof. Kurz nachher heiratete Chosrau legitim Schirin. Je stärker diese die Nächte und das Herz des Monarchen in Beschlag nahm, desto tiefer zog sich Maria in fast vollkommene Einsamkeit zurück. Im Innern ihres Palasts ließ sich diese Königin eine Kapelle bauen und wandte sich ausschließlich dem religiösen Leben zu. Ihre einzige Freude waren die wöchentlichen Besuche ihres Sohns, des voraussichtlichen Erbprinzen. Unterstützt durch die Magier und den sassanidischen Adel, der die Extravaganzen der Armenierin Schirin nie wirklich geschätzt hatte, erhielt der älteste Sohn des Herrschers und Marias die ganze Bildung und Erziehung, die normalerweise für eine Herrschaft benötigt wurde. Diesen christlichen Prinzen mit dem Namen Schirujeh, mit griechischer Muttersprache und byzantinischer Mutter, lehrten die Präzeptoren vor allem die Lektüre zoroastrischer Texte und die Kunst der Jagd, die jeder sassanidische Monarch beherrschen mußte. Maria war von ihrem Gemahl vergessen und auch vom Hof verlassen; die Leute des Hofs neigten, wenn sie von ihr sprachen, die keinen Titel hatte – der Titel «Königin der Königinnen» gehörte von jetzt an Schirin – einfach den Kopf nach Westen in die Richtung von Byzanz, Marias Vaterland. Aber niemals fühlte sie sich so gedemütigt wie damals, als man ihr berichtete, der König der Könige habe den Sohn Schirins zum Thronfolger ernannt.

Am Abend dieses Beschlusses begaben sich zahlreiche nestorianische Persönlichkeiten, darunter der Finanzminister des Königs, heimlich zu Marias Palast, um die gekränkte Königin ihrer Unterstützung zu versichern. Woher kam diese späte Sympathie? Aus einer präzisen Furcht: Ein monophysitischer Herrscher würde in einem einzigen Tag zwei Jahrhunderte der nestorianischen Verkündigung zunichte machen. Davor hatten sie Angst. Weit weg von den Hofkomplotten und dem Serail vertraute Maria ihren Sohn diesen neuen Beschützern an. Sie verließ ihren staubigen und trüben Palast – die königlichen Subventionen wurden mit ihrem zunehmenden Alter und Schirins Mitbestimmung im Reich immer magerer – und begab sich auf eine lange, barfüßige Pilgerreise.

Der Tod des Monophysiten Gabriel beendete teilweise die Sorgen der Nestorianer; um so mehr, als seine Vertraute, Schirin, die intrigenliebende Königin, sich nicht in der Lage sah, ohne ihn weiter gegen sie zu konspirieren.

Sie waren noch immer ohne *Katholikos* und stützten sich auf eine bei Hof einflußreiche Persönlichkeit, einen gewissen Yazdin. Er war Finanzminister des Reichs, Christ und Sohn eines Christen, Nachkomme des berühmten Märtyrers Pethion, und er gehörte zu einer Familie berühmter Grundbesitzer. Sein Umgang mit dem Familienvermögen – einem der größten des Reichs – regte den König an, ihm die Verwaltung der Steuereinnahmen zu übertragen. Es gab keine Verschiebung der Armee, ohne daß Yazdin, mit seiner Buchhaltung, dabei war. Er brachte System in die Ausgaben fürs Militär, schränkte die Plünderungen ein und setzte die Kriegsbeiträge fest. Offenbar von seinem Prunk geblendet, hielten ihn seine Zeitgenossen für noch reicher als den König der Könige. Im Privatleben gab Chosrau tatsächlich zu, daß der Hauptgrund, warum er Yazdin zum Finanzminister erwählt hatte, das persönliche Vermögen des Nestorianers sei; dieser komme unter diesen Voraussetzungen kaum in Versuchung, den Staat zu bestehlen. Jeden Morgen bereicherte er den Schatz des Königs aus eigener Tasche um tausend Goldstücke. Während der Periode der großen Eroberungen ließ er bei der Einnahme jeder feindlichen Stadt goldene, mit Edelsteinen besetzte Schlüssel machen, die er dem König überreichte. In Jerusalem, als sechsundzwanzigtausend Juden zu den sassanidischen Truppen stießen und sie dazu anstiften wollten, das Heilige Grab zu plündern und die Basilika der Auferstehung in Brand zu stecken, war Yazdins einzige Sorge, das Kreuz erst vor den Flammen und dann vor der Zerstörungswut der Zoroastrier und der Juden zu schützen. Er weinte über den Ruinen der christlichen Kirchen und konnte nicht anders, als die Konfiszierung der Güter der jüdischen Gemeinde anzuordnen, die diese Zerstörung verschuldet hatte.

Zwei Fingerbreit entfernt von einem totalen Sieg über Byzanz, verließ das Glück plötzlich die sassanidische Armee. Herakleios, der neue byzantinische Kaiser, überraschte die Iraner, als sie das persische Armenien angriffen. Am Rand des Abgrunds fand die Armee des Herakleios, angefeuert von den religiösen Ermahnungen ihres christlichen Kaisers, die Kraft zum Kampf. Es war ihre Aufgabe, die durch die Anbeter des Feuers entweihten heiligen Orte zu rächen. Es war sowohl ein Religionskrieg wie auch eine Verteidigungsstrategie; die Geschichte kennt noch andere solche Beispiele; manchmal waren die Ursachen so vermischt, daß man sie nicht mehr auseinanderhalten konnte, nicht einmal die Anführer.

Der Krieg spielte sich also im Namen Gottes ab. Jede Schwadron hatte eine Standarte mit dem wundertätigen Bild Christi wehen. Jeder Soldat, der auf dem Schlachtfeld fiel, bekam den Titel «Märtyrer». Seiner Familie wurde ein Vorzugsplatz im Paradies eingeräumt. Diese Technik war zuerst christlich, aber die Feinde lernten sie und behielten sie lange bei. Noch am Ende des 20. Jahrhunderts verfuhr der Iran auf dieselbe Art (Erscheinung der heiligen Imams, Schlüssel des Paradieses und Auferstehung der Märtyrer), um den irakischen Feind zu schlagen, der paradoxerweise derselben Religion anhing, aber nicht dieselben metaphysischen Taktiken anwendete.

Von 622 bis 628 gelang es Herakleios und seiner Armee, die Städte von Syrien, Mesopotamien und Armenien zurückzuerobern. In Aserbeidschan, einer nördlichen Provinz des Irans, löschte die byzantinische Armee aus Rache das heilige Feuer, zündete die Tempel der Magier an und stürzte alle Statuen des Königs der Könige um. Später kamen die Byzantiner weiter südlich nach Dastagird und nahmen ihren eigenen Schatz wieder mit, der zehn Jahre zuvor von den siegreichen Persern in den Iran gebracht worden war.

Neun Tage vor der Ankunft der Truppen des Herakleios überließen Chosrau, Schirin und ihr Gefolge den «Palast der zwölf Wunder» der Armee von Byzanz und reisten in großer Hast nach Ktesiphon, der Hauptstadt. Unterdessen starben die berühmtesten persischen Generäle auf dem Schlachtfeld; der Euphrat und der Tigris traten über die Ufer und überschwemmten Mesopotamiens Kulturland. Eine Verkettung von Unglück, die die Zoroastrier der Verleugnung des Gottes der Götter zuschrieben. Vom himmlischen Schutz verlassen, rutschte der Iran in den dunkelsten Abgrund.

Der Bund der Nestorianer mit Maria (zugunsten ihres Sohnes Schirujeh) war für den König ein weiterer Grund zur Beunruhigung. Standen da Agenten von Byzanz dahinter? Hofften sie, auf den iranischen Thron einen Prinzen von byzantinischem Geblüt zu setzen? Dieser Verdacht kostete Yazdin, den Finanzminister, das Leben. Der König der Könige beschloß eines Tages, er sei hinzurichten. Als Gipfel der Ungerechtigkeit ließ er seine Frau gefangennehmen und zwang sie mit Peitschenhieben zu gestehen, wo der sehr reiche Nestorianer seinen persönlichen Schatz vergraben hatte.

Diese Tat besiegelte das Los des letzten großen persischen Monarchen. Nach ihm gab es nur den Niedergang, die Zerstückelung, den Islam.

Der König der Könige als Opfer der Nestorianer

Im Palast von Ktesiphon. Sonnenaufgang. Die unerwartete Ankunft des Königs der Könige und seines Gefolges bringt die königliche Residenz durcheinander. Aus Furcht vor dem vorrückenden Feind haben die meisten Diener den Ort schon verlassen. In kopfloser Flucht hat der Stallmeister die Türen von mehreren Pferdeställen offengelassen. Die Pferde, auf der Suche nach Geisterreitern, sind die ganze Nacht im eingezäunten Park herumgaloppiert. Nur Schirins Pferdeknecht, der ihr ergeben ist und sich weigerte, mit den anderen zu fliehen, hat die beiden berühmten Reittiere, Golgun und Schabdiz, im Stall behalten können. Von den Wänden des königlichen Marstalls sind die Geschirre aus Gold und Silber weggerissen worden und schmücken bereits die Hütten der Stallknechte. Kein Geräusch dringt aus dem Palastinnern. Auch die Musiker sind schon fort. Da und dort liegen die verlassenen Instrumente. Wie die Diener, so hat auch der Schlaf das Herrscherpaar verlassen. Abends brachte die Klingel der Königin keine Antwort. Kein Service mehr. Schirin mußte im Mondlicht die Marmortreppen hinuntersteigen und tastend die Küche suchen, in die sie nie einen Fuß gesetzt hatte, um mit eigenen Händen einen Schlummertrunk zuzubereiten, der sie schließlich einschlafen ließ.

Ein Lichtstrahl streichelt jetzt das Gesicht des Königs. Er springt auf und rettet sich aus einem Alptraum, in dem seine Gegner, der Adel, die Nestorianer und die Byzantiner, vereint schreien, er solle gestürzt werden. Ehe er erwachte, hatte er nichts anderes als den Slogan der Aufständischen gehört, die von zwei Söhnen des gekreuzigten Finanzministers Yazdin angeführt werden. Sie rufen:

«Es lebe der König Schirujeh! Es lebe der König Schirujeh!»

Die drohenden Schreie kommen näher und wecken die Königin der Königinnen. Sie bietet ein Bild des Endes einer Herrschaft. Hastig zieht sie sich an. Einen Moment lang schauen der König und seine Gemahlin einander an, ohne ein Wort zu sagen. Während ein paar Sekunden teilen sie schweigend kunterbunte Bilder: die Siege über Byzanz, ihre erste Begegnung, ihre Streitigkeiten, ihre Eifersucht, der Todessprung von Schirins allfälligem Liebhaber, die Jagden im Schnee, die Beharrlichkeit der Königin, die ihm die Werke des Theologen Philoxenos vorlesen wollte, das Lachen des Königs, der von dieser monophysitischen Literatur nichts wissen wollte, und plötzlich das Verstummen, das Ende, das Verschwinden, der Fall. Draußen der Lärm der Rebellen und immer noch der Schrei «Es lebe König Schirujeh!».

Die Wächter verstehen und öffnen ihnen das Tor des Innenhofs. Von der Terrasse seines Zimmers aus beobachtet der König den wütenden Aufruhr. Er versucht nicht einmal zu fliehen. Persische Paläste haben übrigens keinen Geheimausgang. Man erwartet, daß ihre Bewohner, Gesandte des Gottes der Götter, als Helden auf dem Schlachtfeld oder bei der Jagd sterben. Wenn das Unglück es will, daß die Situation sich umkehrt, müssen sie in ihrer eigenen Residenz getötet werden, am besten im Thronsaal. Verflucht ist der, der durch einen unterirdischen Gang dem epischen Tod entgehen will.

Niedergeschlagen, quält sich Schirin wegen ihres Sohnes Mardan-Schah. Heimlich hofft sie, daß die Revolte ihn verschont. Zwar ist das wahre Ziel des Aufstands, seine Thronbesteigung zu verhindern, aber die Königin, noch nicht ganz wach, ist weit davon entfernt, das Warum des Geschehens zu verstehen. Die Gegner steigen die Treppen empor, das Geräusch ihrer Schritte vermischt sich mit ihren Wutschreien. Plötzlich öffnet sich die Tür der Privatwohnung des Königs. Schamta und New-Hormizd, die beiden Söhne des Finanzministers Yazdin, treten ein. Weil er sie von Kindsbeinen an kannte, lächelt ihnen der König mechanisch, gedankenlos zu. Sie scheren sich nicht um das Protokoll – eine Revolte beginnt nicht unbedingt mit Gewalt, sondern manchmal ganz einfach durch die Nichtbeachtung einer festen Regel –, sie schauen dem König in die Augen und verkünden ihm, ohne die Arme auf der Brust zu kreuzen, das Ende seiner Herrschaft. Der ganze Adel schließt sich ihnen an; Schirins Sohn liegt bereits im «Schloß des Vergessens»; den Herrscher erwartet ein revolutionärer Prozeß; er wird sich für seine Taten verantworten müssen.

Ein letzter Blick zu Schirin; der König schickt sich an, sie zu verlassen. Da sagt Schamta, der Anführer der Opposition, mit einer gewissen Verachtung, «die Monophysitin» sei auch zum Prozeß geladen. Hastig angekleidet, geht das königliche Paar, dessen Gewänder stets zu einer bestimmten Situation gehörten und eine Art Geheimsprache darstellten, aus dem Zimmer. Zum erstenmal steigt der König die Treppen seines Palasts hinunter, ohne daß Musik seine Schritte begleitet. Bei ihm kein einziger Diener. Überall dieselben harten Blicke.

Draußen haben sich die Wächter und die wenigen Diener, die geblieben sind, auf die Seite der Abtrünnigen geschlagen. Gleichgültig erhellt die Sonne den Fall des Königs, ihres «Bruders», ihres «Vertreters auf Erden». Frech beaugapfeln die Aufständischen König und Königin. In dieser Aufregung finden sogar manche, daß Schirin nicht aussieht wie die herrliche Verführerin, deren Reize die Erzähler, miteinander wetteifernd, beschrieben. Umrahmt von Schamta und New-Hormizd, überquert das Paar den Hof. Beim Parkeingang erblicken sie ihre Pferde, mit Schmutz und Mist bedeckt. Der König schwankt. Ruhig nimmt ihn die Königin bei der Hand und geht weiter, den spitzen Blicken einer übermäßig erregten Menge standhaltend. Mit jedem Schritt entfernt sie sich weiter von der Unverletzlichkeit der Monarchie; sie ist nur noch eine Frau, die der Wut von Leuten ausgesetzt ist, die sie nie gesehen hat; ihr Mann ist ein Angeklagter; ihr Sohn ein gewöhnlicher Gefangener.

Man wirft sie in einen Wagen, und so verlassen sie den Park des Palasts. Das Ziel kennen sie nicht. Im Wagen informiert sie Schamta, daß der «Palast der zwölf Wunder» von den byzantinischen Truppen in Brand gesteckt wurde. Eine der Folgen der verheerenden Herrschaft eines Unfähigen. Sprachlos denkt der König an die Dienste, die er Persien erwiesen hat, an die eroberten Territorien, an die angehäuften Schätze, an seine religiöse Toleranz. Woher kommt das Mißverständnis? Hat er das Land zu reich gemacht? Ein gut genährtes Volk will immer noch anderes, Subtileres, Abstrakteres, zum Beispiel die sogenannte Freiheit, während ein hungriges Volk beim Anblick eines simplen Stück Brots den Staatsdienern dankt und sie anfleht.

Der Wagen läßt die Menge der Protestierenden im Palastgelände zurück, fährt durch Nebenstraßen, überquert mit Mühe vom Tigris überschwemmte Felder und hält schließlich vor einem verlassenen, überwucherten Schuppen an. Erschöpft, glaubt der König, der den Ort nicht kennt und ein Gespann von zehn Pferden erblickt, an ein Relais der Post. Bei klarerem Verstand, fürchtet Schirin ein improvisiertes Gefängnis. Die wenigen Königstreuen, wenn es noch welche gibt, würden nie daran denken, in zerfallenen Scheunen zu suchen, um sie zu befreien. Von den Brüdern Schamta und New-Hormizd wird das Paar in die baufällige Ruine gestoßen. Hier erkennt Chosrau die meisten Chefs der großen Familien, zoroastrische Persönlichkeiten und nestorianische Bischöfe. Die Unordnung, in der sich das Mobiliar befindet, zeugt von der Hast der Verantwortlichen, ohne Verzug einen militärischen Prozeß einzuleiten. Einer Hast, die brutale Veränderungen bedeutet. Die Geschichte kennt eine ganze Liste solcher Vorgänge. Im Namen des Gottes der Götter intoniert ein Magier einen heiligen Hymnus:

«Ahura Mazda sagt zu Zarathustra: ‹Der Stern Tachtar[30] schützt, wenn er beschützt wird, und zerstört, wenn er zerstört wird. Wenn Wahrheit und Geradheit in den arischen Ländern regieren, hält Tachtar die Armee der Feinde fern, zertrümmert die Räder ihrer Wagen und zerbricht ihre Fahnenstangen. Das arische Volk muß Tachtar mit Opfern ehren. Das muß ein gegrilltes Schaf sein, schwarz, weiß oder sonst einfarbig. Nur Zoroastrier dürfen diese Ehrung vornehmen; einer Frau mit schlechten Sitten oder die nicht Zoroastrierin ist, ist es verwehrt. Wenn auch nur ein Teil dieses Opfers einer Frau mit schlechten Sitten oder einer, die nicht Zoroastrierin ist, abgegeben wird, so überschwemmt Tachtar das arische Land, Tachtar führt die Armee des Feindes auf die arische Erde, und Tachtar zersplittert die arische Erde.»

Gestern waren sie noch fremdenfeindlich, denkt der König, und jetzt stehen die Magier an der Seite der Nestorianer und dienen den Interessen des byzantinischen Feindes. Wer hätte sich eine solche Verbindung vorstellen können? Sogar die Weber von Träumen würden zögern. Ein Chef der Armee, mit schmutzbespritzter Tunika und Hosen – er galoppierte quer durch die Sümpfe, um das Rendezvous nicht zu verpassen –, wendet sich an den Herrscher:

«Warum hast du entgegen den Kriegsgesetzen die Boten des Herakleios eingesperrt, als sie zu dir kamen und um Frieden baten? Das Unglück deiner Soldaten hat dich nie wirklich beschäftigt. Wo warst du, als unsere Armeen in Syrien, Palästina, Ägypten, Kleinasien eindrangen? In Schirins Armen, ohne Zweifel! Von deinen Eroberungen kanntest du nur die Trophäen. Kein einziger Kratzer findet sich auf deinem Gesicht, das für die Küsse dieser Frau da war. Du hast nie an einem Kampf teilgenommen außer vor kurzem, und da ging alles verloren.»

Nach und nach wird Chosrau klar, daß es sich um einen Staatsstreich, eine Palastrevolution handelt. Ein Magier und ein Nestorianer auf derselben Seite! Ein General, der den Krieg kritisiert und den Frieden predigt! Der König versucht, ruhig zu bleiben. Vielleicht hofft er auf ein Dazwischentreten seiner Anhänger. Was würde es auch nützen, wenn er dieser Verräterbande Antwort gäbe? Während er auf seine Befreiung wartet, rührt seine unerschütterliche Ruhe vielleicht die falschen Richter. Um nicht den Augen der Anwesenden zu begegnen, die es deutlich genießen, ihn ohne seinen schützenden Schleier zu sehen, senkt Chosrau die Lider. Trotz der Umstände möchte er mit dem Protokoll auch den sakrosankten Mythos des Königs der Könige aufrechterhalten. Der General geht ein paar Schritte zurück und respektiert mechanisch die zehn Ellen Distanz, die nach der persischen Etikette den Herrscher von seiner Umgebung trennen. Beeindruckt durch Chosraus Haltung, scheinen die Teilnehmer jetzt einen Hauch von Respekt zu zeigen. Was ist wohl aus seinem Sohn, Mardan-Schah, geworden? Und was wird ihr eigenes Los sein?

Der König der Könige ergreift jetzt das Wort und antwortet dem «pazifistischen» General Punkt für Punkt. Der Krieg gegen Byzanz wurde geführt, um die Ermordung seines Wohltäters, des Kaisers Maurikios, zu rächen. Er hatte ihm seinerzeit eine ganze Armee gegeben, um den Thron von Persien wiederzuerobern. Warum schlug er sich nicht persönlich an der Spitze seiner siegreichen Truppen? Der Grund ist einfach, sagt der König: Auf dem Schlachtfeld vertritt jeder einzelne seiner Generäle den Herrscher. Durch dieses System wird verhindert, daß das Bataillon des Monarchen begünstigt wird; alle Schwadronen glauben sich begünstigt und stoßen gleichmäßig vor. Wieso er dennoch anderen Sinnes wurde und an der Schlacht teilnahm? Die Geschichte hätte dem König der Könige nicht erlaubt, diesen leider mörderischen und zum Mißlingen bestimmten Krieg von seinem Schloß aus zu leiten. Er spricht dann vom fürchterlichen Zustand, in dem sich Persien bei seiner Thronbesteigung befand. Hatten die Adligen die Revolte Bahrams, des «Trockenen

Holzes», schon vergessen? Ein auseinanderfallendes Reich, eine leere Schatzkammer, eine zerstörte Landwirtschaft, ein verzweifelter Handel – das war es, was er geerbt hatte.

Dann fügt er hinzu:

«Ich habe dem Iran seine alten Grenzen wiedergegeben. Mir ist zu verdanken, daß Persien die ganze Ausdehnung des achämenidischen Reiches wiedergefunden hat. Ich habe Länder von Indien bis Ägypten regiert. Fast hätte unsere Armee Konstantinopel eingenommen und dann...»

Er hält inne, die Augen sind immer noch geschlossen, als wollte er den wirklichen Grund der Katastrophe suchen, die so viele Siege krönte. Eine Verwünschung? Ein Verrat? Welcher böse Blick hatte sich plötzlich auf sein Königreich gesenkt? Er schaut die Nestorianer an, unter ihnen die zwei Söhne seines Finanzministers, und fährt weiter:

«Freunde werden zu Verrätern. Sie komplottieren gegen den Herrscher; Leute, die ich liebhatte, erleichterten den Sieg des Feindes.»

Das ist eine Anspielung auf Yazdin. Der König hatte ihn verdächtigt, mit Herakleios gemeinsame Sache zu machen, und ihn hinrichten lassen. Der einzige Beweis: seine Unterstützung des Prinzen Schirujeh, des ältesten Sohns des Königs und der Prinzessin von Byzanz, Maria.

Schamta, der Sohn Yazdins, fühlt sich betroffen und antwortet energisch:

«Nein! Du hast meinen Vater um seinen Reichtum beneidet, und du hast ihn nur verurteilt, weil du sein Vermögen haben wolltest. Das ist der wahre Grund deines Verbrechens. Wieso hätte er gegen dich agieren sollen, der dir jeden Morgen tausend Goldstücke zahlte?»

Ein Edelmann, der mit den Worten des jungen Waisen einverstanden ist, sagt zum König:

«Du sprichst von einem Komplott. Aber wir alle haben Schirujeh unterstützt, als du, unter dem Einfluß Schirins und Gabriels, Mardan-Schah zum Nachfolger ernanntest!»

Schirin wird immer unbehaglicher. Die Diskussion scheint sich auf die Wahl ihres eigenen Sohnes zum Erbprinzen zu konzentrieren, was ja zum Schaden Schirujehs, des Sohnes der Maria, geschehen war. Hier ist also eine ideale Gelegenheit für die Nestorianer, denen es seit ihrer Bekehrung zum Monophytismus schlechtging, Rache zu nehmen.

Unerschütterlich versichert der König:

«Die Wahl des Erbprinzen hängt stets von einer Logik der Umstände ab. Als ich Schirujeh wählte, war sein Großvater, der Kaiser Maurikios, noch am Leben. Alles wies darauf hin, daß unter der Herrschaft dieses Sohnes die beiden Reiche von Persien und Byzanz, die so lange verfeindet waren, sich endlich vereinigen würden, daß ein alter Traum Wirklichkeit würde.»

Noch immer besessen vom persisch-byzantinischen Krieg, antwortet der General:

«Wenn deine Absichten wirklich so ehrbar gewesen wären, hättest du den Krieg abgebrochen, als Herakleios Phokas tötete und so deinen Wohltäter Maurikios rächte! Mehr als einmal suchte er den Frieden. Aber du warst von deinem Ehrgeiz geblendet und lehntest seine Angebote systematisch ab. Und wir dürfen nun alle die Früchte deines Handelns tragen.»

Klaren Geistes erklärt hierauf der König der Könige:

«Herakleios wurde Kaiser, nachdem unsere Armeen die syrischen Städte Merdin, Dara, Amida, Edessa, Hierapolis, Chalkis, Aleppo, Antiochia und hierauf die Hauptstadt Kappadokiens, Caesarea, besiegt hatten. Der Kaiser von Byzanz hat tatsächlich mit allen Mitteln einen Frieden mit unserem Land gesucht. Aber welcher Soldat wäre ohne Gewissensbisse darauf eingegangen, nach allen diesen Siegen? Nie waren in der Geschichte des Irans die persischen Truppen in so kurzer Zeit zu solchem Ruhm gelangt. Aufgeben und einen Frieden schließen, für den als Gegenleistung ein jährlicher Tribut zu entrichten gewesen wäre, das wäre Feigheit gewesen. Ja, ich habe die Versöhnung abgelehnt, und ich bin stolz darauf. Unmittelbar nach meiner Absage eroberten unsere Armeen den Libanon, Phönizien, Palästina und Ägypten (von Memphis bis zu den Grenzen Äthiopiens) und vor allem die zweitwichtigste Stadt von Byzanz, Alexandria. In Kleinasien eroberten sie das Chalkedon von Ankyra bis zur Insel Rhodos. Denkt daran, daß unsere Soldaten zehn volle Jahre vor Konstantinopel lagen! Wenn unsere Flotte nur besser geschult gewesen wäre! Es gäbe heute das Kaiserreich Byzanz nicht mehr. Ach, stets unsere alte Schwäche auf See ... vor tausend Jahren litten wir schon daran, als wir den Griechen gegenüberstanden ...»

Einige Augenblicke lang, während Chosrau die militärischen Siege aufzählte, schien er wieder der König der Könige zu sein, der «König des Irans und jenseits des Irans», geschätzt und gemocht von allen. Schnell wendet Schamta die Dinge um:

«Wach auf! Unsere Armee liegt nicht mehr vor Konstantinopel! Die

Truppen des Herakleios belagern jetzt Ktesiphon! Wir haben alles verloren, alles wurde niedergebrannt, die naturwissenschaftliche und die medizinische Akademie, die Bibliotheken...»

Der Magier fällt ihm ins Wort und fügt hinzu:

«Die Byzantiner haben die Tempel angezündet und das heilige Feuer entweiht.»

Der König fragt nicht ungeschickt:

«Bin ich auch für die Byzantiner verantwortlich?»

Wütend entgegnet ihm der junge Schamta:

«Die Armee des Herakleios vernichtet uns. Sie spiegelt unsere eigene Barbarei wider. Auf den Brand Jerusalems antworteten sie mit der Zerstörung des Geburtsorts von Zarathustra. Du hast das heilige Kreuz gestohlen, sie haben das tausendjährige Feuer gelöscht. Ganz normal, nicht? Wenn du nur den Frieden akzeptiert hättest! Du gibst vor, du seiest auf den Versöhnungsvorschlag nicht eingetreten wegen des Ehrgeizes deiner Soldaten. Falsch. Alles, was du wolltest, war der Schatz von Byzanz, alles, was sie besaßen. Das ist der wahre Grund deines Eigensinns. Aus demselben Grund hast du meinen Vater zum Tod verurteilt. Dein wahres Gesicht: ein Mensch, der um des Geldes willen tötet.»

Der zweite Sohn des hingerichteten Nestorianers Yazdin, New-Hormizd, der sich bis anhin nicht geäußert hat, entrollt ein Pergament und liest im Namen des neuen Herrschers vor: «Wir, Schirujeh, ‹König der Könige des Irans und jenseits des Irans›, verurteilen Chosrau, den Gatten der Schirin, zum Tod.»

Und er fügt hinzu:

«Die Zeit drängt. Jeder der Teilnehmer kann die Echtheit dieses Prozesses bezeugen. Persien hat niemals zwei Könige haben wollen. Chosrau, bereite dich aufs Sterben vor. Von jetzt an wirst du in der ewigen Nacht wohnen.»

Schweigend verlassen die Teilnehmer, nicht ohne einen letzten Blick auf das Gesicht Chosraus zu werfen, den Schuppen. Es bleiben nur die beiden nestorianischen Brüder und das Königspaar. Leise psalmodiert Schirin einen christlichen Hymnus. Ein Schwert in der Faust, tritt Schamta vor und schwingt seine Waffe. Der König strengt sich an, bis zur letzten Minute das Protokoll einzuhalten, und schließt die Augen. Eingeschüchtert durch den Herrscher, weicht Schamta zurück. Sein Arm weigert sich, den entscheidenden Schlag zu tun. Entschlossen nimmt New-

Hormisd das Schwert an sich und zerreißt mit einem einzigen Hieb das Herz des Königs. Ein Blutstrom verbreitet sich auf dem Boden. Schirin bedeckt mit ihrer Hand die Wunde ihres Mannes. Mit versagender Stimme flüstert er ihr ein Wort ins Ohr. Sie fühlt die letzten Schläge seines Herzens, und dann steht plötzlich alles still. Der König ist tot.

Schirins Rache

Ein Verbrechen ruft stets nach weiteren Verbrechen. Das ist ein altes und bewährtes Gesetz. Auf Verlangen des neuen Königs Schirujeh begingen die beiden nestorianischen Brüder achtzehn Morde. Sämtliche männlichen Nachkommen Chosraus, achtzehn Söhne – darunter Mardan-Schah – wurden umgebracht. Schirujeh, der einzige Überlebende, hatte die sassanidische Dynastie aller ihrer Prinzen beraubt.

Zielstrebiger denn je bat Schirin, die erst den Tod ihres Gemahls und dann jenen des Sohns hatte ertragen müssen, Schirujeh um die Erlaubnis, Chosrau im Familiengrab zu bestatten. Paradoxerweise gab der blutrünstige Prinz der Bitte der Königin seine Zustimmung. Seit seiner Kindheit hatte Schirujeh seiner Stiefmutter gegenüber ziemlich ungesunde Gefühle genährt. Als Kind soll er sogar einem Lehrer gesagt haben, er wäre fähig, seinen Vater zu töten, um Schirin zu heiraten. Mit seiner natürlichen Bosheit, seinen Wutanfällen gegenüber seinen Schwestern und seiner stetigen Angriffslust quälte Schirujeh seine Eltern. Der König bedauerte die Gestörtheit dieses Prinzen und hatte zu Schirin gesagt, er müsse wohl eine Schlange sein, um dieses Monstrum gezeugt zu haben.

Die Ermächtigung, Chosrau nach dem antiken persischen Ritual zu bestatten, war allerdings von einem geheimeren und kühneren Brief Schirujehs begleitet: Er machte Schirin einen Heiratsantrag. Die Königin, die alles verloren hatte, fand plötzlich ihre Wohnung wieder mit Seidenstoffen und Silber- und Goldarbeiten gefüllt. Ihre verschwundene Garderobe war von neuem mit schönsten chinesischen Geweben und seltenen Pelzen aus dem Norden bestückt. Der junge König selbst schickte ihr eine Sammlung von monophysitischen Manuskripten, die zu Goldpreisen von den Byzantinern gekauft worden waren. Von neuem tauchte sie ihren Körper, der weißer war als je, in Milchbäder. Vom benachbarten Land holte Schirujeh Schafsherden, um über genug Milch zu verfügen.

Schirin schöpfte neuen Mut. Sie ließ den Prinzen wissen, daß sie ihm ihre Antwort erst nach der Bestattung Chosraus geben könne; sie könne nicht diese Zeremonie vorbereiten und gleichzeitig an ihre eigene Hochzeit denken. In Hochstimmung verkündigte Schirujeh, es werde ein großartiges Fest geben, das gleichzeitig seine Thronbesteigung und seine Hochzeit feiern würde. Da ihn der Sieg der Byzantiner störte, schloß er sehr schnell einen Friedensvertrag mit Herakleios. Persien würde sich endgültig aus dem byzantinischen Territorium zurückziehen und das wahre Kreuz Jerusalem zurückgeben.

Beunruhigt durch Schirujehs Leidenschaft für seine Stiefmutter, fürchteten die beiden nestorianischen Brüder, daß sie sich das zunutze machen würde, um sich an ihnen zu rächen. Obschon ihr Benehmen anzudeuten schien, daß sie sich nur noch für ihre Toilette interessierte, fürchteten sie die Nestorianer noch, da sie schon früher Opfer ihrer Machenschaften gewesen waren. Sie war keine Frau, die die Ermordung ihres Gatten vergaß. Die Unruhe war begründet, denn Schirin wußte geschickt den Geist des neuen Monarchen zu vergiften. Ihre alten Sklavinnen, die seit ihrer Jugend die schlauesten Techniken der Spionage kannten, erzählten ihr, daß die beiden Brüder regelmäßig die Hauptstadt verließen und eine verlassene Hütte aufsuchten, in der sie heimlich Boten der Byzantiner trafen. Was sagten sie zueinander? Das war schwierig zu verstehen; die Sprachen mischten sich. Sie studierten häufig Karten.

Als Bäuerin verkleidet, glaubte eine der Sklavinnen gehört zu haben, daß vom «Sturz der sassanidischen Dynastie» die Rede war. Sofort schmückte sich die Königin mit ihren schönsten Kleidern, salbte ihren Körper und ihr Haar mit Moschusöl, dem Lieblingsparfüm Schirujehs, und begab sich zum Palast des Königs. Die alten Diener, die einst die Liebe zwischen Chosrau und Schirin gesehen hatten, glaubten, sie komme jetzt, um den jungen Monarchen zu verführen, und wendeten die Augen von der «untreuen» Königin ab.

Schirin überschritt zum erstenmal seit dem unglücklichen Morgen ihres Sturzes die Schwelle der königlichen Tür. Keine Veränderung. Die Gegenstände, das Mobiliar und sogar die Diener waren die gleichen. Im Audienzsaal konnte sie nicht anders, als den Thron des Königs mit Verzweiflung, Heimweh und Liebe zu betrachten. Warum war die Welt nicht stillgestanden, als das Herz Chosraus unter der Hand seiner Frau zu schlagen aufgehört hatte?

Man kündigte den Herrscher an. Sie riß sich zusammen. Ihre Bitte verlangte, daß sie schön, lebendig und kühn war. Überrascht durch Schirins Gegenwart, konnte der furchterregende Prinz seine Verwirrung nicht verbergen. Nach dem Gebrauch des Hofes durfte ein Eingeladener erst sprechen, wenn durch einen Magier ein zoroastrisches Gebet gesungen worden war. Mit den Augen suchte die Königin den Priester des Feuers. Vergeblich. Es gab keinen Magier im Saal. Schirujeh, als Christ, verzichtete auf den Schutz Ahura Mazdas. Obschon sie selbst Christin war, eine Monophysitin, tat es ihr leid, daß der persische Hof sich so ohne weiteres dem Christentum zuneigte. Schirujeh war jetzt bereit, Schirins Bitte anzuhören, und forderte sie auf zu sprechen. Sie nannte als ihren einzigen Wunsch, der sassanidischen Dynastie zu helfen, die in echter Gefahr war. Die zwei Brüder, die Nestorianer, planten, mit Hilfe von Byzanz eine neue Königslinie zu gründen. Man mußte sie um jeden Preis verhaften und richten – sie war bereits freudig erregt beim Gedanken an das Vergnügen, das ihr dieser Prozeß machen würde – und so das Komplott vereiteln.

Der König ließ sofort die Geheimpolizei kommen. Es gab tatsächlich Rapporte, die den Verdacht der Königin bestätigten. Nach ein paar Stunden seufzten Schamta und New-Hormizd im Gefängnis von Ktesiphon. Bei Einbruch der Nacht öffnete Schirin, die sich geschworen hatte, ihre «Schwester», den Mond, nicht mehr anzuschauen, die Vorhänge ihres Schlafzimmers und betrachtete friedlich ihren «himmlischen Spiegel».

Die Seide versteckt unter ihren Falten einen Löwen

Im königlichen Leichenhaus wäscht Schirin Chosraus Körper mit Rosenwasser, in das Kampfer gemischt ist. Mit Essenzen von Moschus und Ambra parfümiert sie die Locken des Toten. Es sind nur ein paar Tage vergangen. Eine mit Kleidern angefüllte Truhe steht auf dem Boden. Sie öffnet sie und wählt den schönsten Schmuck des Herrschers. Sie streichelt ein letztes Mal die steifen Beine Chosraus und zieht ihm dann Hosen aus gelber Seide mit Goldfäden über. Dann nimmt sie ein Hemd. Es fühlt sich zu kalt an, und sie wärmt es an ihrer eigenen Brust. Dann hebt sie Chosraus Rücken hoch und zieht ihm dieses safrangelbe Hemd an. Sie nimmt das Kruzifix, das sie stets am Hals trägt, zögert lange, ob sie es am Hals des Königs anbringen will, und beschließt endlich, lediglich auf seine Stirn das Kreuz zu zeichnen. Chosrau sympathisierte mit dem Christentum, hatte sich aber niemals wirklich bekehrt. Schirin respektiert seine Wahl.

Mit einer bestickten Tunika bedeckt sie den Rumpf des Königs. Sie knüpft um seine Mitte einen Gürtel aus massivem Gold. Schließlich versucht sie, ihm Schuhe anzuziehen, aber die geschwollenen Füße passen nicht in die einstigen feinen Schuhe. Niemand kann ihr andere holen, denn Schirin hat verlangt, allein zu sein. Hastig verläßt sie das Leichenhaus und begibt sich in den Raum, der die persönlichen Dinge Chosraus enthält. Dort öffnet sie unermüdlich alle Truhen. Beim Fackellicht der Wächter – sie befindet sich in einem Kellerraum – schaut Schirin alle Kleider an. Manche streichelt sie, andere stößt sie fort – bestimmt die, die der König für seine untreuen Eskapaden trug. Sie findet ein Paar Stiefel, diejenigen, die Chosrau sich nach einem Sturz vom Pferd hatte machen lassen. Nun geht sie ins Leichenhaus zurück und läßt die Füße ihres Königs sanft in die Stiefel gleiten. Jemand klopft an die Tür; sie öffnet. Es ist Nakissa, ihr früherer Musiker. Er soll die Lieder spielen, die der Monarch am besten mochte, den «Akt der Liebe». Schirin zieht sich aus: sie legt ihren Schal, ihr Kleid, ihr Unterkleid, ihren Gürtel ab. Völlig nackt steht sie einen Augenblick lang still vor der sterblichen Hülle des Königs. Sie weiß, daß trotz des Klanges der Harfe Chosraus Hände ihren Jasminkörper nie wieder streicheln werden. Langsam geht sie zur Truhe und nimmt ihre eigenen Kleider, diejenigen, die sie für die Bestattung bereitgelegt hat; ein Kleid aus roter Seide und einen sonnenfarbenen Schal. Sie zieht sich an, ergreift einen Spiegel und schminkt ihre Augen. Aus einer Schmuckschatulle nimmt sie ein einfaches Perlenkollier, mit dem Chosrau sie jeweils verglichen hatte. Locken über die Ohren, Goldpuder auf das Haar, Henna auf die Hände; jetzt ist sie bereit, als schönste aller Frauen den Trauerzug ihres Gemahls zu begleiten.

Die Onkel des Verstorbenen heben Chosraus Leiche in einen Sarg aus Aloeholz, der mit goldgewebtem Tuch bedeckt und mit Perlen und Rubinen geschmückt ist. Draußen scheint die Sonne, ist das Volk, gibt es den sassanidischen Hof, der seiner Prinzen beraubt ist, und Schirujeh, den neuen König. Wie betäubt führt Schirin den Leichenzug bis zum Grab. Ihr Gang gleicht dem Tanz der Frühlingsblätter. Ja, man sieht sie tanzen. Sorglos, strömt sie gewaltige Freude aus. Schirujeh muß an seine eigene

Hochzeit denken, vielleicht morgen. Im Benehmen der Königin ist kein bißchen Melancholie zu entdecken.

Vor den Königsgräbern hält der Zug an. Der Sarg wird von den alten Sassaniden in die Totenkammer gebracht. Auf Schirins Bitte hin gehen die Träger hinaus. Kaum haben sie die Schwelle des Alkovens überschritten, schließt sie die Tür von innen und bleibt so ewig mit ihrem König eingeschlossen. Sie hat sich von der Welt, von Schirujehs Schreien, von den vergeblichen Anstrengungen der Wächter, die Türe zu öffnen, abgeschnitten. Sie zieht aus ihrer Bluse einen Dolch. In völliger Finsternis nimmt sie zart den Verband des Königs weg und küßt die offene Wunde. Sie öffnet ihr Hemd, dessen Farbe sich in der Finsternis nicht erraten läßt, und stößt sich den Dolch mit aller Macht in die Brust. Mit ihrem letzten Atemzug streckt sie sich über Chosraus Körper hin, Lippe gegen Lippe, Brust gegen Brust und Wunde gegen Wunde. Man hört draußen ihren letzten Schrei. Kein Zweifel. Persien hat eben seine wundervollste Königin verloren, und sie vielleicht ihr Seelenheil.

Hier löst die Legende die Geschichte ab und graviert sich für alle Zeiten ins tiefste Herz des Volkes ein. So muß man aus Liebe sterben, sagt Nezami. Er berichtet, die Natur habe diesen Tod der Wunder begleitet. Ein Wildbach wechselte seinen Berg. Ein Wind erhob sich in der Ebene und verdunkelte die Luft. Der Dichter sagt bravo! zum Schicksal und bravo! zur Erde.

Die Historiker haben Schirin ein wenig vergessen, aber sie ist heute noch überall gegenwärtig. Die Geschichte von ihrem Selbstmord aus Liebe durchquerte den Iran, Indien und China, wo die Erzähler die Königin mit Seide verglichen, in deren Falten sich ein Löwe versteckte.

Die beiden nestorianischen Brüder wurden von Schirujeh umgebracht, der in ihnen die Verantwortlichen für sein Unglück sah. Man warf sie in einen Graben, den man mit einem Stein verschloß. Darauf schrieb später ein anonymer Passant: «Oh Getöteter, wen hast du getötet, daß du so getötet wurdest? Und wie wird der getötet, der dich getötet hat?»

Ende einer Ära, Ende eines Reiches

Es gibt keinen Gott außer Allah

Vier Jahre nach dem Friedensvertrag zwischen Byzanz und Persien, im Jahr 632, starb Mohammed, das «Siegel der Propheten», im Alter von sechzig Jahren, in Medina (Arabien), in den Armen seiner jungen Gattin Aischa.

Als der Sendbote 572 geboren wurde, regierte Chosrau Anuschirwan, der Großvater von Chosrau II., den Iran und Justinian Byzanz. Wie es die Legende sagte, zeigte die Geburt des Propheten des Islam bereits den kommenden Sturz der sassanidischen Dynastie an. Nach den Hagiographen erschütterte ein Erdbeben den Palast von Ktesiphon, wo der iranische Herrscher schlief. Durch das schreckliche Getöse wach geworden, sprang Chosrau I. auf, begab sich hastig zur Galerie der Könige und erblickte eine gewaltige Spalte in der Mauer. Nachdenklich blieb er lange davor und meditierte über die geheime Bedeutung dieses plötzlichen Zerfalls. Als seine Frau Euphemia und sein Minister Burzoe, der Indienkenner, herbeikamen, erzählte er ihnen seinen letzten Traum: Mitten in der Nacht erhob sich die Sonne über Arabien und erleuchtete die ganze Welt außer dem Palast von Ktesiphon, der im Dunkeln blieb. Und nun der Lärm stürzender Mauern und die Spalte, die in der Wand der Galerie erschienen war.

Burzoe hatte in Indien gelebt und mit Traumdeutern verkehrt, und er legte dieses göttliche Zeichen wie folgt aus: Ein berühmter Mann, der in Arabien geboren wurde, wird das persische Reich und Zarathustras Lehre auslöschen.

Einige Stunden später wurde in einem kleinen Haus in Mekka Amina von einem Knaben entbunden, den sein Großvater Mohammed, «den Vielgepriesenen», nannte. Im gleichen Augenblick, erzählen die muslimischen Autoren, als das Feuer der Feuer in Persien erlosch, gingen von Sternen gebildete Blüten auf Mekka nieder.

Wie in allen mythologischen Szenarien der Geburt und der Kindheit auch anderer Retter (Zarathustra, Mahavira, Buddha, Jesus) gab es bei Aminas Niederkunft und den ersten Augenblicken von Mohammeds Leben Zeichen und Wunder. Ein Jude aus Medina erkannte in ihm den Parakleten. Ein christlicher Mönch entzifferte auf der Schulter des Jünglings die Botschaft seiner Berufung zum Propheten.

Mohammed war zuerst Schäfer und Händler und bereiste das christliche Syrien, wo er mit nestorianischen und monophysitischen Gemeinden in Kontakt kam, die ihm von ihrem Glauben erzählten (die Natur Jesu, das Aufsteigen der Märtyrer in den Himmel, der Marienkult), Themen, die der junge Reisende ohne Zögern verwertete. Zurück in Mekka, heiratete er eine begüterte Witwe, die sechzehn Jahre älter war als er, mit dem Namen Schadidscha, und führte sein Karawanen-Unternehmen nach Syrien auf eigene Rechnung weiter.

Durchpflügt von Mönchen, die nach Jerusalem oder zum Sinai pilgerten, war damals Arabien nicht viel mehr als eine polytheistische Insel, umgeben von den Nestorianern des Nadjran, aus Sana'a, dem Qatar, den Inseln von Bahrein, aus Hira und aus Syrien. Mitten in Mekka (*makka*, vom sabeischen *makuraba*, Heiligtum) befand sich der Tempel der Kaaba, wörtlich «Würfel». Sein Herr war Allah[31] (Gott). Allah mußte damals die Korn- und Viehopfer mit anderen Gottheiten teilen und spielte nur eine zweitklassige Rolle. Innerhalb der heiligen Stadt erschien noch nicht der gewaltige Schatten des Monotheismus. Nur ein paar Dichter wagten es, vom Nestorianismus beeinflußt, von einem einzigen Gott zu sprechen. Ihre Gedichte entzückten Mohammed, und er sagte sie innerlich vor sich hin. Aber außer diesen Visionären gab es einen nestorianischen Mönch namens Sergius «der Geprüfte» (Bahira), der eine seltsame Anziehung auf ihn ausübte.

Wer war Sergius? Seine Freundschaft mit dem künftigen Propheten umhüllte dessen Leben mit Geheimnissen und Fabeln. Ein arianischer Mönch, der aus Alexandria vertrieben worden war? Ein ketzerischer Nestorianer und Feind des Kreuzes? Arm und erleuchtet, kreuzte dieser herumwandernde Mönch, der wahrscheinlich von der katholischen Orthodoxie ausgestoßen worden war, eines Tages Mohammeds Weg, als dieser eine Karawane nach Syrien führte. Sergius hatte als Zuflucht den Sinai und als Vision den alleinigen Gott. Mohammed war, wie es nicht anders möglich war, fasziniert von diesem Einsamen. In einer Höhle des Sinai beobachtete der junge Karawanenführer in der Nacht mit Respekt die Meditationen des Ketzers, hörte seinen Geschichten aus dem Alten und dem Neuen Testament zu und bewunderte an seiner Seite das Emporsteigen der Morgendämmerung und den ersten Lichtstrahl.

Wieder in Mekka, wahrscheinlich begleitet von Sergius, auferlegte sich Mohammed ebenfalls lange Perioden der geistigen Zurückgezogenheit an einem Berghang bei der Stadt. Sein Leben bekam einen anderen Sinn. Es bereitete sich etwas vor.

Nach mehreren ekstatischen Erfahrungen, die als Vorspiel zur Erleuchtung gelten konnten, wurde er, als er eines Abends in der Höhle von Harra schlief, durch eine blendende Klarheit geweckt, die ihm sagte:

«Lies!»

Erschreckt stand er auf und verließ die Höhle. Es war kein einziges Lebewesen da. Friedlich schlief der Berg. Von neuem hörte er das große Licht:

«Lies!»

Und da Mohammed schwieg, sagte es ein drittes Mal:

«Lies!»

Zitternd antwortete er:

«Ich kann nicht lesen.»

Da sagte die Stimme, die die islamische Tradition dem Engel Gabriel zuschreibt:

«Lies! Im Namen Gottes des Schöpfers, der den Menschen aus einem Tropfen Blut erschuf! Lies! Durch die Gnade des allmächtigen Gottes, der mit dem Schilfrohr lehrte, der den Menschen lehrte, was er nicht gewußt hatte.»[32]

Die Stimme schwieg und überließ den Auserwählten der Stille der Nacht. Mohammed betrachtete den Anbruch des Tages, warf sich nieder und weinte. Diese Vision, ein klarer Ruf zur Mission, wurde jedoch nie im Koran beschrieben.

Diese nächtlichen Visionen beeindruckten ihn so sehr, daß er im Koran sehr häufig schwor bei den blendenden Sternen, beim Angriff des Morgens, beim Berg Sinai, bei der Morgenröte, bei der ruhigen Nacht, bei der verschlingenden Nacht, beim strahlenden Tag, bei der Sonne und ihrer Morgendämmerung, bei der vorbeigehenden Nacht, bei der streunenden Nacht, bei der verblassenden Morgenröte... Visionen, die Sergius vermutlich teilte, der den Propheten des Islam in die Einsamkeit und in die Meditation eingeführt hatte. In Augenblicken, da Mohammed von epileptischen Anfällen geschüttelt wurde und das Bewußtsein verlor, sagte Sergius Schadidscha, diese Krankheit kennzeichne ihn als Propheten. Augenblicklich beruhigte sich die Gattin des neuen von Gott Auserwählten.

Im Alter von vierzig Jahren, nachdem sich ihm eine neue Erscheinung gezeigt hatte, begann Mohammed sein Apostolat. Von Anfang an setzte er die zeitgebundene Natur jeden Daseins der Ewigkeit des Schöpfers gegenüber. «Alles, was sich auf Erden befindet, verschwindet. Es bleibt das Gesicht deines Herrn, voll Majestät und Pracht.»[33] Er predigte das unmittelbare Bevorstehen des Jüngsten Gerichts und der Auferstehung der Toten und verkündete zum Schluß: «Es gibt keinen Gott außer Allah.»

Angesichts dieses dringenden Aufrufs zum Monotheismus reagierten die einflußreichen Kreise Mekkas, die den polytheistischen Kult des Heiligtums erhalten wollten, scharf und entzogen Mohammed alle seine Rechte. Ein Bruch, der sich nicht hatte vermeiden lassen. 622, im Jahr der Hedschra, der «Auswanderung», brach der Prophet nach dem zukünftigen Medina auf, eine Stadt, in der viele Juden wohnten und die sich bereits vom Polytheismus gelöst hatte.

Mohammed gelang es, die Muslime, die aus Mekka mitgekommen waren, und die Bekehrten von Medina zusammenzubringen; er schuf so eine arabische Nation und faßte die einzelnen in einer neuen, religiösen Gemeinde zusammen, der *umma*. Als Staatsmann verwandelte er die internen Stammeskriege in Kämpfe außerhalb der Gemeinde; sie wurden im Namen Allahs gegen die Heiden geführt und sollten die Gemeinde der Gläubigen über die ethnischen und sozialen Grenzen hinaus erweitern. Mit dem Koran veredelte er die arabische Sprache, und er wurde zur Lithurgie und Theologie der muslimischen Nation.

Sein Wort war an alle Menschen gerichtet und propagierte weder ein karges Leben noch Askese: «Oh Sohn Adams, leg zu jedem Gebet deinen Schmuck an, iß und trink, aber nicht im Übermaß.»[34] Das Los der Armen machte ihm zu schaffen, und er proklamierte die Gleichheit der Gläubigen innerhalb der *umma*.

In Medina kam der Prophet mit Juden zusammen; er versuchte, sie zu bekehren, und wählte Jerusalem als Ziel der Gebete (*qibla*). Da es aber unter den Juden Gegner gab, die unaufhörlich die Stellen des Korans bemängelten, die vom Alten Testament abwichen, bestimmte Mohammed schließlich Mekka als die Zielrichtung der Gebete. Von Abraham und seinem Sohn Ismael erbaut, symbolisierte schließlich der Tempel der Kaaba, der älter war als derjenige Jerusalems, die arabische Einheit. Nach und nach löste sich Mohammed vom Judentum und vom Christentum und bezeichnete sich als «Siegel der Propheten», als denjenigen, der die Reihe der Propheten vollendete.

Er wurde krank und starb 632 im Haus seiner Lieblingsfrau Aischa. Von seiner ersten Frau, Schadidscha, hatte er eine Tochter, Fatima, die Ali, einen Vetter des Propheten, heiratete und ihm zwei Söhne schenkte, Hassan und Hossain. Dreißig Jahre nach dem Tod des Propheten zerriß ein Schisma die *umma*. Alis Anhänger, die Schiiten, die der Ansicht waren, die Nachfolge des Propheten könne sich nur innerhalb seiner Familie vollziehen, stellten sich gegen die Parteigänger der Kalifen, die Sunniten. So schloß seit Beginn der neuen Religion die *sunna* (die Tradition) den Schiismus aus und verbannte ihn als Ketzerei. Persien, das Land der Ketzer – hatte es doch seinerzeit die aus Byzanz vertriebenen Nestorianer aufgenommen –, wählte später genau den Schiismus als iranischen Islam.

Was hielt Chosrau II. von Mohammed und seiner Religion? Er wußte nichts darüber und nahm sie nicht ernst. Wie hätte der prunkvolle persische Hof ein Volk von Nomaden schätzen oder auch nur wahrnehmen sollen, das in der Wüste herumzog und sich von Heuschrecken und Reptilien nährte? Im Denken des Propheten war nichts besonders Originelles zu entdecken. Die Perser kannten den semitischen Monotheismus seit langem, von den Juden und den Christen.

Solange Byzanz sein Monopol als einziger und ewiger Gegner beibehielt, schloß Persien königlich seine Augen vor der arabischen Drohung. Die elegante iranische Armee bewachte nur die Grenzen zum traditionellen Feind. Vertraut mit der christlichen Kultur und der griechischen Sprache, und für die Beduinen der Wüste lediglich voller Verachtung, schlichen sich die iranischen Spione noch immer in die Straßen Konstantinopels ein, wo sich ihrer Ansicht nach die Zukunft der Welt entschied. Unwissen und Irrtum, die sich wiederholen. Im 20. Jahrhundert schenkte der Iran des Schahs, reich, blühend und funkelnd und nur den sowjetischen Kommunismus fürchtend, der Unzufriedenheit der muslimischen Mollas und des Kleinbürgertums keine Beachtung. Während der Iran sich als «Gendarm des Golfs» fühlte und hoffte, im Wettrennen der reichen Länder Japan zu überholen, und als er glorreich seine zweitausendfünfhundert Jahre der Monarchie feierte, erhob sich die Stimme des Protests, verborgen in den Suren des Korans, aus den Herzen der Dörfer, den Gassen des Bazars emporsteigend, und rief das Volk auf, das persische Königtum aufzugeben. Die Stimme wurde wenig gehört und schlecht verstanden, aber sie war mächtiger als tausend Fanfaren.

Im Jahr 604, als die sassanidischen Truppen majestätisch ihre Siege über Byzanz feierten, griff ein arabischer, noch götzenverehrender Stamm eine iranische Schwadron an, die an der Grenze kampierte, unweit von Ktesiphon. Der 602 erfolgte Sturz der arabischen Dynastie der Lachmiden, die Vasallen der Sassaniden gewesen und zum Nestorianismus bekehrt worden waren, beraubte Persien einer einheimischen, starken Barriere, die die persische Zivilisation von den «barbarischen» Sitten der Wüste trennte. Dieser erste Einbruch bewies es.

Der Vorfall wurde sofort vergessen. Die Generäle, die dem Herrscher eine zusätzliche Sorge ersparen wollten, teilten ihm diese Niederlage gar nicht mit. Ohnehin hätte Chosrau einem Versagen gegenüber einem Nomadenstamm, der nicht richtig bewaffnet und sehr schlecht gekleidet war, nicht die kleinste Wichtigkeit beigemessen.

Aber in der Sicht der Araber widerlegte die Flucht der Perser einen tausendjährigen Mythos, den der Unbesiegbarkeit des iranischen Reichs. Diese kleine Bresche erlaubte ihnen, von Unmöglichem zu träumen und später die Invasion in das riesige Territorium der Könige zu versuchen.

Im Augenblick, als die Sassaniden freudentaumelnd die Eroberung Syriens feierten, vereinte Mohammed die arabischen Stämme zu einer Gemeinschaft von Gläubigen, die bereit war, im Namen eines einzigen Gottes Ungläubige zu bekämpfen, im Namen des von seinen alten Gefährten losgelösten Gottes, des Gottes, der sich seinem Auserwählten in heftigen Erdbeben offenbarte und ihm erklärte: «Steh auf und rufe!»[35]

Bestürzung des Katholikos

Während der sehr kurzen Herrschaftszeit Schirujehs (acht Monate) erhielten die Nestorianer endlich das Recht, sich einen *Katholikos* zu wählen. Es war Ischojahb II. Im gleichen Jahr (628) legten die Monophysiten, die den Moment günstig fanden, um sich zu organisieren, den Sitz ihres Patriarchen in der Stadt Tagrit fest und ernannten als Metropoliten einen gewissen Maruta. Später gaben sie ihrem Chef den Titel *Maphrian,* der dem *Katholikos* der Nestorianer entsprach.

Schirujeh, an einer Krankheit gestorben (wahrscheinlich an der Pest, die Mesopotamien 628 überzog), vererbte den Thron seinem jungen Sohn Ardaschir. Die sassanidische Dynastie hatte, da Schirujeh alle seine Brüder ausgeschaltet hatte, keine Prinzen mehr und mußte sich mit einem kindlichen König begnügen: Das kommt ziemlich oft vor, weckt aber stets den Appetit der Feinde, zweifelhafter Freunde und gewisser machtgieriger Generäle.

Um Persiens Macht wiederherzustellen, marschierte der Befehlshaber der sassanidischen Truppen, Schahrvaraz, in die Hauptstadt, tötete den jungen König und bemächtigte sich des iranischen Throns. Die Jahrzehnte des Kriegs, der Siege und der Niederlagen, die unendlichen Verhandlungen mit Herakleios, all dies endete damit, daß der persische General dem Kaiser von Byzanz näherkam. Unter dem zustimmenden Blick des Okzidents erklärte sich Schahrvaraz zum König der Könige. Angelockt durch die Problemlosigkeit dieser Machtergreifung, eifersüchtig auf den Erfolg des Generals, fragten sich die sassanidischen Militärs, ob sie ihn nicht nachahmen könnten. Es war nicht mehr unumgänglich, daß der König direkt vom verstorbenen Herrscher abstammte. Warum konnte man nicht einen einfachen Soldaten, einen kleinen Gouverneur, einen entfernten Verwandten des vorhergehenden Monarchen auf den Thron setzen? Sehr schnell entstanden überall Komplotte; sie beendeten Schahrvaraz' Regierungszeit durch seine Ermordung nach vierzig Tagen.

Für die sassanidische Dynastie war es nach dem Tod Ardaschirs, des einzigen männlichen Nachkommens der königlichen Linie, unmöglich, die Nachfolge zu übernehmen. Der ganze Hof, vom Chaos überwältigt, schaute auf die Prinzessinnen, die Schwestern Schirujehs, die Töchter Chosraus II. und Marias. So bekam Persien inmitten eines totalen Durcheinanders seine erste Königin, Boran.

Kaum saß sie auf dem Thron, beschloß Boran, mit Herakleios und Byzanz endgültig Frieden zu schließen. Vom *Katholikos* Ischojahb II. geleitet, durchquerte ihre Botschaft Syrien, um zum Hof des Kaisers zu gelangen.

Während der ganzen Reise war der Chef der Nestorianer Zeuge des Zerfalls der beiden Reiche. Überall Trostlosigkeit: zerstörte Felder, verbrannte Erde, zertrümmerte Städte. Einziger Sieger nach zwölf Jahren Krieg war der Tod, ein Wirt, der junge Soldaten gerne aufnimmt. In den Karawansereien sprachen die arabischen Händler unaufhörlich vom Islam, diesem neuen Glauben, der die Hierarchie der Klassen abschaffte, jedermann ermutigte, lesen zu lernen; und die persischen Händler ließen sich langsam überzeugen. Einer davon erinnerte sich noch an ein hundert Jahre altes Dekret, das den oberen Klassen das Recht auf Bildung und Schulung reservierte. Damit sein Sohn eine elementare Schulung bekam, hatte der Händler ein sehr großes Risiko eingehen müssen.

Der *Katholikos* Ischojahb, ein Perser und Christ, befürchtete, diese neue Religion könnte von den Persern angenommen werden. Lange Zeit hatte sich seine Aufgabe darauf beschränkt, die vom Zoroastrismus Enttäuschten zum Christentum zu bringen. Dutzende von Prinzen, Notabeln und Bürokraten bekehrten sich, und der Iran war nur wenige Schritte davon entfernt, christlich zu werden. Die scharfe, kompromißlose Propaganda der muslimischen Händler beunruhigte ihn zutiefst. Er war sich klar darüber, daß sich das persische Christentum, indem es sich der herrschenden Klasse widmete, von der Masse abgeschnitten hatte. Die nestorianische Kirche, fast ebenso reich wie der sassanidische Staat, war die Zuflucht des aufsässigen Adels und zog keine Leute aus dem Volk mehr an, keine Bauern, die vor Jahrhunderten im Wort der christlichen Missionare ein Erwachen von der Erstarrung der Magier gespürt hatten, einen Ruf der Hoffnung, des Aufstiegs, der Kenntnisse.

Entschlossen, mit Byzanz Frieden zu schließen, fühlte Ischojahb die Notwendigkeit, den Einwohnern der beiden Reiche einen Augenblick der Ruhe zu gönnen. Das persische Christentum war gealtert und brauchte neuen Atem. Wo fand er die nötige Energie? Ischojahb sagte sich, er müsse wohl einfach der Ordnung nach vorgehen. Zuerst der Frieden, dann...

Ehe Herakleios den nestorianischen Botschafter empfing, verlangte er von ihm, daß er die Orthodoxie seines Glaubens beweise. Wieder eine Prüfung. Andere persische Botschafter, vor allem der *Katholikos* Akakios im Jahr 487, hatten dieselbe Befragung über sich ergehen lassen müssen.

Opferte Ischojahb bei dieser Gelegenheit seinen Glauben? Veränderte er ihn um Nuancen, brachte er Korrekturen an? Ließ er glauben, er würde es zulassen, daß Maria die «Mutter Gottes» genannt würde? Mehrere Jahrhunderte trennten ihn von der Epoche, da iranische Christen sich weigerten, ihren Glauben zu verleugnen, und stolz als Märtyrer starben. Abgenützt von den Sassaniden, hatte sich das persische Christentum die ersten Falten des Kompromisses zugezogen, und die Bischöfe fanden stets einen schlauen Weg, sich mit ihren Gegnern zu versöhnen. Warum den Tod suchen, wenn man mit ein paar Konzessionen, einigen geschickten grammatikalischen Anpassungen und einem dünnen Schleier von Doppelzüngigkeit oder Unachtsamkeit dem Gefängnis entgehen und – wie das bei Ischojahb der Fall war – seinem Land helfen konnte?

Klar, um in seiner Mission Erfolg zu haben, mußte der neue *Katholikos* ebenfalls Nestorios verleugnen, was er aus einem Mundwinkel tat. Übrigens verlangte die byzantinische Orthodoxie keine wirkliche Bekehrung. Sie wünschte einfach eine Dämpfung, einen Beweis des guten Willens, ein Zeugnis der Treue. Beruhigt empfing Herakleios schließlich den iranischen Botschafter und unterschrieb den Friedensvertrag, ein Schlußstrich nach zwanzig Jahren Krieg. Beide Reiche waren müde, beide hatten es nötig, wieder Kraft und Selbstvertrauen aufzubauen, um so mehr, als die Korruption, die Dekadenz und die Ungerechtigkeit ihre alten Gerüste zu zerbrechen drohten. Über ihre Traditionen gebeugt, sahen Persien und Byzanz nicht, daß die glühenden und jungen Werte in Arabien entstanden.

Als er wieder in Persien war, mußte der *Katholikos,* der auf seinen diplomatischen Erfolg recht stolz war, eine neue Glaubensprüfung bestehen. Die nestorianischen Bischöfe verdächtigten ihr Oberhaupt des Verrats und beriefen eine Synode, an der sie wissen wollten, wie er sich in Byzanz benommen hatte. Überall Verdacht. Wütend erklärte ein Prälat, wenn der *Katholikos* nicht den «drei Lichtern der Kirche» (Diodor von Tarsus, Theodor von Mopsuestia und Nestorios) abgeschworen hätte, wären die Byzantiner niemals bereit gewesen, mit ihm zu verhandeln.

Ischojahb verzichtete auf eine Verteidigung, und der Hof, *in extremis,* übernahm es, ihn für unschuldig zu erklären. Er hatte andere Sorgen. Regelmäßig plünderten arabische, noch heidnische Stämme die iranischen Grenzstädte und bemächtigten sich der Schätze des persischen Staates. Seit Ischojahb die ersten Muslime in den Karawansereien von Syrien kennengelernt hatte, fürchtete er die Gefahr, die vom Islam ausgehen würde, wenn es diesem gelang, die verschiedenen Kulturgemeinschaften Arabiens zu einen. Seit der ersten Niederlage der sassanidischen Truppen, im Jahr 604, gegen diese Nomaden ignorierten alle Nachfolger Chosraus die arabische Bedrohung. Im Lauf seiner vierzig Tage des Regimes hatte Schahrvaraz sogar beschlossen, ihnen eine Lehre zu erteilen, und ihnen statt Truppen Schweine- und Hühnerzüchter entgegengestellt. Durch diese Geste drückte er seine Verachtung für sie aus. Elegant und funkelnd, würde die sassanidische Armee nicht gegen eine barfüßige Horde antreten. Natürlich wurde die seltsame Armee der Züchter von den gedemütigten Nomaden aufgerieben.

Ischojahb ging die Berichte der nestorianischen Prälaten durch, die nahe an Arabien lebten, und konnte die Gefahr abschätzen, die von nun an die Christen dieser Gegenden bedrohte. Oft zwangen die muslimischen Truppen sie, die Religion zu wechseln. Angesichts der Festigkeit ihres Glaubens – die Mehrheit der Christen weigerte sich, dem Islam beizutreten – auferlegten ihnen die Eroberer eine Kopfsteuer, die nur von Nicht-Muslimen erhoben wurde. Zum Teil hatte es Allahs Armee diesen glühenden Nestorianern in Arabien zu verdanken, daß sie ihre zukünftigen Kriege finanzieren konnte, Kriege, die zur Eroberung Persiens und eines Großteils des christlichen Byzanz führten.

Der *Katholikos* war tief beunruhigt. Das Verhalten seiner Glaubensgenossen, die sich in so gefährlichen Augenblicken noch immer mit dem Titel Marias, Mutter Gottes oder Mutter Christi, beschäftigten, schien ihm unsinnig. Er versuchte, dem Hof die Lage klarzumachen, und ging zur Herrscherin Boran, aber vergeblich. Die Königin, von Sassaniden und byzantinischen Kaisern abstammend, fürchtete, der *Katholikos* habe den Verstand verloren – so unglaublich erschien seine Angst und so seltsam seine Warnung.

Enttäuscht, berief Ischojahb einen heimlichen Rat und beschloß, vor der arabischen Drohung zwar nicht den persischen Nestorianismus zu retten, aber wenigstens die in Arabien lebenden Nestorianer.

Der erste Träger des Lichts

Der Tag erlischt über der Hauptstadt. Im Haus eines christlichen Kaufmanns stellt Zacharias, der berühmte Hoflieferant von Seide, ein marmornes, mit Blei plattiertes Tablett voll Feigen und Melonen auf den

Holztisch. Er hat seine Diener weggeschickt. Er trägt eine mit Perlen bestickte Tunika und malvenfarbige Hosen. An der Wand hängt ein chinesischer Spiegel, der mit Gold und Silber dekoriert ist; das Motiv – Löwen und Traubenbüschel – ist persisch. Wahrscheinlich handelt es sich um ein Unikat, das der christliche Kaufmann in China hat herstellen lassen.

Die Türen gehen zum Innengarten auf und sind mit milchweißer Baumwollspitze bedeckt. Auf eines dieser Tücher ist das irdische Paradies gestickt. Man sieht Adam und Eva, aufrecht stehend, getrennt durch die Schlange, die sich um den Schicksalsbaum windet. Etwas weiter weg ist ein Pferd an einen anderen Baum gebunden: ein Symbol der Selbstbeherrschung. Der Teppich am Boden kommt von der berühmtesten Teppichknüpferei Ktesiphons. Er zeigt eine Jagdszene und da und dort Musikanten mit ihren Instrumenten. Er ist ein unerschöpfliches Wunder: Der Blick verliert sich in den Wegen; das Ohr glaubt die Melodie der Musikanten zu hören und wird von den Schreien der Tiere überrascht.

Zacharias wirft einen Blick nach draußen. Im Garten sind nur das letzte Sonnenlicht auf den Weidenzweigen und der Tanz des Windes auf dem Wasser eines mit blauen Fayenceplatten ausgelegten Beckens.

Geführt von der Hausherrin, die auf dem Kopf einen leichten Gazeschleier trägt, um sich vor Rauch und Nebel zu schützen, betreten Ischojahb und der Archivar der Kirche von Ktesiphon das Zimmer. Die nestorianischen Bischöfe Abraham und Gabriel werden gleich nachkommen. Mit leiser Stimme stellt ihr Oberhaupt Zacharias seinen berühmten Gästen vor. Sie setzen sich auf geschnitzte Holzstühle. Der *Katholikos* trinkt ein paar Schlucke ausgezeichneten Weins aus einer chinesischen Tasse, die einen Unterteller aus vergoldetem Silber hat und mit Fischen, Schildkröten und Muscheln verziert ist. Neugierig betrachtet er die Schale und befragt seinen Gastgeber über seine Chinareisen. Eine geheime Zusammenkunft, um über China zu reden? Die Gäste sind verwundert.

Der Kaufmann tut es Ischojahb nach und anwortet murmelnd. Unter der Herrschaft der ehrgeizigen und klugen Tang-Dynastie ist China wieder vereint. Vor fremden Kulturen fürchtet es sich überhaupt nicht, im Gegenteil, es assimiliert sie und bringt dadurch auch die seine zur Geltung. Seine Kaiser sind Dichter, Maler und Philosophen, sie kennen alle Künste. Auf Initiative des Kaisers Yang von der vorhergehenden Dynastie wurden Millionen von Arbeitern aufgeboten, um einen großen Kanal zu bauen, der den Norden mit dem Süden verbindet. Dieser Kaiser schützte den Handel und ließ internationale Märkte erbauen, die von Bäumen verschönt und mit Seide geschmückt sind; dort können Besucher und fremde Händler kostenlos essen und trinken. Baufreudig haben die Herrscher riesige Bauplätze angelegt: die Restaurierung der Großen Mauer, die Renovation der Hauptstadt Changan und die Errichtung von Felsenheiligtümern in Tun-huang. Ein fast vollkommener Herrscher, liebt es Taizong, der zweite Tang-Kaiser, sich mit einem Schiff zu vergleichen, das den Fluten des Volkes gehorcht. Glücklich trägt das Volk sein Schiff. Ist es wütend, läßt es das Schiff kentern. Er ist Sammler und Kalligraph, und er bringt diese Kunst langsam zur vollendeten Grazie, zu ihrer vollen Entfaltung. Seine Akademie der Literatur zieht die Elite der Schriftsteller an, die ihre Texte durch Drucken mit Holzblöcken vervielfältigen. Umgeben von tüchtigen und gelehrten Ratgebern, hat der Kaiser, «Himmelssohn» genannt, seit kurzem eine Landverteilung durchgeführt, die in Friedenszeiten die Soldaten in Bauern verwandelt und in schwierigen Zeiten die Bauern in Soldaten. Eine Reihe literarischer Prüfungen wird von jedem Mann verlangt, der in der zivilen Administration arbeiten möchte. Schließlich hat die Tang-Dynastie auf der Ost-West-Route militärische Garnisonen plaziert, so daß Waren und Ideen frei zirkulieren können.

Entzückt über diese Bilder eines goldenen Zeitalters, fügt Ischojahb hinzu, daß die Tang Buddhisten sind, aber auch den Taoismus und den Konfuzianismus ehren. Die nestorianischen Bischöfe müssen gestehen, daß sie den Unterschied zwischen den drei Religionen nicht kennen.

Der *Katholikos* schaut den Bischof Abraham an und sagt:

«Du wirst bald in der Lage sein, uns detaillierte Berichte über jede dieser drei Lehren zu schicken.»

Der Angesprochene ist überrascht, aber Ischojahb wartet nicht auf seinen Kommentar, sondern fährt fort:

«Ja, ich habe dich zum ersten Missionar unserer Kirche in China erwählt. Dir kommt die Ehre zu, dieses Reich zu evangelisieren. Ich weiß, daß du für fremde Sprachen begabt bist. Du wirst die Heilige Schrift auf chinesisch übersetzen und in diesem Land einen festen christlichen Kern aufbauen.»

Der unerwartete Vorschlag Ischojahbs überrascht Abraham, aber auch die anderen Gäste. Immer noch leise erläutert der *Katholikos*:

«Zwanzig Jahre Krieg haben Persien zugrunde gerichtet; es ist im Begriff zu zerfallen. Das Mißtrauen und die krankhafte Eifersucht des Königs Schirujeh haben die Dynastie aller Stammhalter beraubt. Trotz ihres Muts ist die Herrscherin Boran nicht fähig, die Lage zu retten. Hier geht alles zu Ende. Seit einigen Jahren greifen die arabischen Stämme ohne Unterlaß unsere Grenzen an. Im Augenblick wollen sie nur die staatlichen Lager plündern. Aber sie folgen einer neuen Religion, dem Islam, und ich spüre, daß sie im Begriff sind, eine richtige Nation zu bilden. Und diese Nation hat laut Mohammed die Aufgabe, alle Ungläubigen zu bekämpfen, nämlich Christen, Juden, Zoroastrier und Götzenanbeter.»

Gabriel, der Bischof von Mischan, nordöstlich von Arabien, spricht vom muslimischen Vorstoß, von den Siegen der jungen Armee Mohammeds über die jüdischen Stämme, von der Verpflichtung der Nestorianer, eine Kopfsteuer zu bezahlen, und dem Feuereifer der muslimischen Generäle, die an einen heiligen Krieg glauben und nur davon träumen, das zoroastrische Persien und das christliche Byzanz auf ihre Weise zu bekehren, nämlich mit der Waffe.

Araber, das weiß Zacharias, sind ausnehmend tüchtige Kaufleute. Ist ihr Prophet, Mohammed, nicht ein Transporteur? Er kann sich nicht gut vorstellen, wie sie an der Spitze eines Heers versuchen, ihre Wahrheit anderen Völkern aufzuzwingen. Es gibt immer eine Möglichkeit, mit Kaufleuten, die zu Soldaten geworden sind, zu verhandeln. Konnten die Nestorianer in Arabien nicht ihre Freiheit durch eine Zusatzsteuer kaufen?

Gabriel unterstützt Zacharias' Überlegungen und fügt hinzu:

«Das ist wahr. Für die Kopfsteuer erhielten die Nestorianer von Arabien eine Urkunde, die ihnen erlaubt, den christlichen Glauben auszuüben und sich der Teilnahme am islamischen Krieg zu enthalten. Aber dieser Dispens beweist weniger die Milde der Muslime, sondern zeigt ihre Kraft. Alle, die die Kopfsteuer nicht zahlen, werden gezwungen, dem Islam beizutreten. Wenn sie ihren eigenen Glauben behalten wollen – das ist der Fall der Juden –, werden sie sofort umgebracht. Allah duldet keinen Widerstand. ‹Islam› bedeutet übrigens ‹Ergebenheit›.»

Er hebt seine Sutane hoch und löst den Knoten, der einen Brief an seine Hosen heftete. Er erklärt, es handle sich um das schriftliche Zeugnis eines nestorianischen Geistlichen aus Arabien, eines gewissen Elias. Er liest vor:

«Gott schütze die Muslime! Von Anfang an haben sie unsere Religion respektiert und unsere Kirchen geehrt. Uns ist es wichtig, für sie zu beten, denn sie sind unsere Herren. Im Unterschied zu den Persern und den Byzantinern, die den Juden auf ihrem Boden den Bau von Synagogen gestatteten, bekämpfen die Araber die Juden, weil sie Christus gekreuzigt haben. Wir schulden ihnen echte und dauerhafte Treue.»

Ein paar Augenblicke Schweigen, dann sagt Ischojahb erstaunt:

«Wie lange können wir noch die Milde der Muslime kaufen? Die persische Kirche darf den Islam nicht unterschätzen, wie es die Sassaniden tun. Ich habe übrigens beschlossen, den Bischof Gabriel, der jetzt bei uns ist, zu Mohammed zu entsenden, mit Geld und Geschenken beladen, damit wir vom arabischen Chef zusätzliche Garantien bekommen.»

Er schaut Gabriel an und sagt:

«Deine Aufgabe wird weniger gefährlich sein als diejenige Abrahams. Er geht nach Osten, um zu entdecken und zu erforschen. Du wirst verhandeln. Gewisse Nestorianer haben das Terrain schon vorbereitet. Seitdem die Königin Schirin zum Monophytismus übergetreten ist und seit den gegen unsere Kirche getroffenen Maßnahmen (die Ermordung des Finanzministers Yazdin und das Verbot, einen *Katholikos* zu ernennen), habe ich versucht, mich den muslimischen Chefs ein wenig zu nähern. Sie sind noch nicht stark genug, um Persien anzugreifen, aber ich weiß durch meine Kundschafter, daß sie sich über ein Land, das von einer Frau regiert wird, mokieren. Sie träumen davon, uns einzunehmen. Und an diesem Tag, glaubt mir, werden sie uns nicht verschonen. Ich wage mir nicht die Umwälzung vorzustellen, wenn die Araber den Iran angreifen. Nichts wird je wieder sein wie früher. Persien, das nur gewohnt ist, mit Byzanz zu kämpfen, wird einem unbekannten Feind gegenüberstehen, einem glühend überzeugten, der die Massen mit seinen Ideen von Freiheit und Gleichheit gewinnen wird. Und wir werden in der riesigen Woge, die das zoroastrische Persien ertränken wird, mit diesem untergehen.

Ischojahb schaut sich um. Alle hören ihm aufmerksam zu. Dann fügt er noch, zweifellos mit echter Wehmut, hinzu:

«Das Christentum hatte alle Waffen, um Persien von der Tyrannei der Magier zu erretten. Aber als wir uns zunehmend dem Hof und seinen Sitten näherten, ließen wir uns diese einzigartige Gelegenheit entgehen. Je reicher unsere Kirche wurde, desto mehr entfernte sie sich von den kleinen Leuten und verstand ihr Elend nicht mehr. Wir haben sogar die

Methoden der sassanidischen Administration übernommen, und jetzt nagen an uns Dekadenz, Korruption und Verfall. Der Untergang der Sassaniden wird auch der unsere sein.»

Ischojahb schaut den Bischof Abraham an:

«Wir müssen in Richtung der aufgehenden Sonne blicken. Das Licht Jesu in den Osten tragen. Abraham, du wirst der erste Träger dieses Lichts sein.»

Die Sonne geht unter. Die Gäste trennen sich. Zacharias' Frau, die alles gehört hat, tritt ein; sie hält in der Hand einen Kandelaber aus vergoldeter Bronze. Sie fragt ihren Mann:

«Und wir, was wird aus uns?»

Zacharias zuckt die Schultern. Die Frage kennt keine Antwort. So wird bei dem reichen Christen dieses Treffen beendet, das über die Zukunft des persischen Christentums entscheidet.

Die beiden Bischöfe, ein Missionar und ein Botschafter, bereiten ihre Reise vor. Abraham muß Persien von Westen nach Osten durchqueren. Er muß durch Zentralasien reisen, um zum Reich der Mitte zu gelangen. Gabriel muß ganz Mesopotamien hinuntergehen, um nach Arabien zu kommen und in Medina Mohammed, «das Siegel der Propheten», zu besuchen. Der eine ist mit Büchern und heiligen Schriften beladen, der andere mit Koffern von Gold und Silber, das von den Muslimen Schutz erkaufen soll.

Der letzte König der Könige

Die Königin Boran, der Weigerung der Gouverneure, die Steuern der Provinzen zu zahlen, und dem Widerstand der östlichen Regionen nicht gewachsen, dankte ab und vertraute den persischen Thron ihrer Schwester Asarmidocht an. Sofort abgesetzt durch einen General mit dem Namen Rostam, wurde diese letzte Herrscherin schließlich durch Jesdegerd III., einen Enkel Chosraus und Schirins, ersetzt. Im Glauben, der Thron Persiens würde niemals an einen Mann gehen, der von einer Schwarzen abstammte – Schirins Schwiegertochter war tatsächlich eine Schwarze gewesen –, hatte König Schirujeh es versäumt, seinen Neffen töten zu lassen, der fern vom Hof in Istachr, der heiligen Stadt des Zoroastrismus, lebte.

Als die Vertreter der Magier in Begleitung der großen Familien der persischen Aristokratie den letzten Nachkommen des Königs Chosrau aufsuchten, glaubte sich Jesdegerd mit der dunklen Haut von allen vergessen.

Der Hof beschloß, seine Thronbesteigung im Tempel Anahitas in Istachr, unweit von Persepolis, abzuhalten. In demselben Tempel hatte sich im Jahr 226 Ardaschir zum König der Könige ausgerufen und gleichzeitig die königliche Dynastie der Sassaniden gegründet.

Im Innern des Anahita-Tempels, vor dem Sonnenlicht geschützt, beherrscht das tausendjährige Feuer den Hauptmann. Kerzenleuchter aus massivem Gold, Laternen und verschiedene Statuen, darunter die der Wassergöttin Anahita, schmücken den Saal. Gleichmäßig verteilt stehen der oberste Magier, der Hüter des heiligen Feuers, die Kommandanten der Armeen und die persönlichen Wächter des Königs, «seine Augen und seine Ohren». Mit ernster Stimme kündigt der Kämmerer den neuen König an. Alle Blicke senken sich. In einer weißen, perlengeschmückten Robe und drapierten Hosen von der Farbe des persischen Himmels tritt Jesdegerd III. ins Heiligtum ein. Ein weißer Stern glitzert auf seinen goldenen Ohrgehängen.

Draußen, in der Sonne, warten andere Persönlichkeiten in feierlicher Anordnung. Unter ihnen ist der *Katholikos* Ischojahb. Seit den glorreichen Zeiten der achämenidischen Dynastie gibt es hier ein System von Kanälen, die die Umgebung des der Wassergöttin geweihten Heiligtums bewässern. Über dem Tempel weht ausnahmsweise «Die Schürze des Kaveh», der berühmteste persische Gegenstand; sie versinnbildlicht den Sieg über das Böse. Bei jeder Eroberung haben die Könige sie mit einem neuen, einzigartigen und bedeutungsvollen Edelstein geschmückt. Vom Bauern bis zum König verehren alle Perser diese alte Schürze, die zu einer riesenhaften Standarte geworden ist (fünf Meter lang und drei Meter breit), ein Symbol des kaiserlichen Persien, Wahrzeichen des Lichts.

Im Tempel beginnt die Zeremonie. Minutiöse Vorbereitungen sind von den Priestern des Feuers getroffen worden. Alles soll an den Glanz der frühen Zeiten erinnern, als die zoroastrische Kirche, als Gattin des jungen sassanidischen Staats, das Leben der Perser noch bestimmte.

In einer langen Robe aus weißer Seide, um die Mitte einen Gürtel aus gehämmertem Gold und auf dem Kopf einen zylindrischen Filzhut, hebt der oberste Magier beide Arme, von denen jeder mit einem Reif aus weißer Jade und Gold geschmückt ist, und psalmodiert ein heiliges Gebet:

«Oh Ahura Mazda, mit Hilfe deines heiligen Feuers nähern wir uns dir, mit Hilfe deiner heiligen Weisheit nähern wir uns dir. Du segnest den, der dich gesegnet hat. Oh Ahura Mazda, du Allmächtiger, komm zu uns. Durch gute Reden, gute Gedanken und gute Taten möchten wir zu dir kommen. Oh ihr fruchtbaren Wasser, du Milch der säugenden Kühe, ihr unsere Mütter, kommt uns helfen, steht uns bei. Oh Mazda, du wunderbarstes aller Wesen, führe die Weisen zur Wahrheit, die Bauern zur Einheit und zum Mut. Mit deinem Licht gib uns Kraft und schütze uns.»

Auf einem Tablett trägt der Vertreter der ältesten Aristokratie Persiens die Tiara herbei; sie ist von schwarzer Seide bedeckt. Sehr langsam zieht Jesdegerd das Tuch von der Farbe der unteren Welt zurück. Dann nimmt er, eins nach dem andern, ein Tuch von grüner, ein Tuch von roter und ein Tuch von gelber Farbe weg (Farben der Zwischenwelt), um schließlich die Farbe des Himmels, ein weißes Seidentuch, zu entfernen. Im Halbdunkel des Tempels erscheint plötzlich Chosraus Krone, in der sich die Flammen des Feuers spiegeln. Für die Hüter des Feuers und die Magier bedeutet dieses Glitzern die Zusage Ahura Mazdas. Die *xvarnah*, der Glorienschein des zoroastrischen Lichts, behütet von neuem den König der Könige.

Jesdegerd ergreift die Krone, die einst seinem Großvater gehört hatte, die jahrelang den liebevollen Blick Schirins angezogen hatte, und setzt sie sich auf den Kopf. Einen Augenblick lang könnten alte Leute glauben, Chosrau, ihr verlorener großer König, sei auferstanden.

Mit einem Kopfnicken geben die Türhüter die Nachricht von der erfolgten Krönung nach draußen. Hunderte von Teilnehmern sind von allen Winkeln des Reichs gekommen und werfen sich nun zu Boden. Der Oberbefehlshaber der Armee, Rustam, steigt mit drei Soldaten auf eine Estrade, wo an zwei Pfeilern die Schürze, die Standarte von Kaveh, angemacht ist. Zu viert – die Fahne ist so schwer – schütteln sie sie. Geblendet von den in der Sonne gleißenden Juwelen rutscht Rustam aus und fällt von der Tribüne, wobei er einen Zipfel der Fahne aus ihrer Halterung reißt. Allgemeine Bestürzung und großes Entsetzen. Rustams Fall und das Losreißen der Staatsfahne sind schlechte Vorzeichen; sie scheinen die Niederlage der sassanidischen Armee und den Untergang der kaiserlichen Majestät anzukündigen. Ein Dutzend Wärter laufen herbei mit einer Leiter, Nägeln, Hämmern. Mit Juwelen geschmückt – sie tragen ihre Festtagsuniform –, steigen zwei Soldaten auf die Leiter und heften mit Mühe die Fahne wieder an. Die Teilnehmer wahren bestürztes Schweigen.

Ein Feuerpriester geht in den Tempel, nähert sich sachte dem obersten Magier und flüstert ihm ins Ohr, was sich draußen zugetragen hat. Ratlos verläßt der Chef der Zoroastrier sofort den Tempel und befiehlt dem Verantwortlichen der Geheimpolizei, alles zu unternehmen, um den Zwischenfall auszuradieren. Niemand soll einen Rest dieser unglücklichen Erinnerung behalten. Die geschwächte persische Monarchie und die zoroastrische Religion können diese Art von Propaganda keineswegs brauchen. Im innersten Herzen sagt eine Stimme dem Magier eine schwierige Zeit, eine obskure Epoche voraus. Aber als Jesdegerd III. aus dem Heiligtum kommt, wird er vom Beifall seiner Untertanen empfangen. Der sassanidische Hof klammert sich an die letzten Festungsmauern einer alten Pracht.

Ende der Zeremonie. Ein goldener Wagen bringt den König der Könige zu seiner Residenz. Die Gäste zerstreuen sich, ihre Zungen schweigen, als wollten sie demonstrieren, daß die Augen nichts gesehen haben. Begleitet von den Bischöfen der kirchlichen Provinzen, steigt der *Katholikos* Ischojahb in seinen eigenen Wagen. Er muß so rasch wie möglich nach Ktesiphon zurück, wo ein Bote auf ihn wartet, um ihm den Tod Mohammeds und das Zusammentreffen Gabriels mit dem ersten Kalifen des Islam, Abu Bekr, zu melden.

Die arabischen Nestorianer auf der Seite der Sassaniden

In regelmäßigen Abständen erhielt der *Katholikos* Ischojahb kodierte Botschaften von den nestorianischen Bischöfen der äußeren Provinzen. Weit davon entfernt, sich durch den heftigen Druck des Islam entmutigen zu lassen, gingen die nestorianischen Gemeinden in Arabien manchmal bis zum bewaffneten Widerstand.

In seinem Arbeitsraum, wo ihm der Archivar hilft, entziffert Ischojahb die Depeschen und versucht, mit Weitblick zu reagieren. Aus dem ersten Brief erfährt er, daß die muslimische Armee die Insel Bahrein eingenommen hat. Bahrein, eine an Handel und Landwirtschaft reiche Gegend und sassanidisches Protektorat, wurde seit dem 4. Jahrhundert durch die arabische Dynastie der Lachmiden regiert, in einer Art von halber Unabhängigkeit. Daß Chosraus Truppen diese königliche Linie gestürzt hatten, erleichterte nun den Angriff der Muslime.

Zusammengefaßt besagt der Brief: «In Arabien hat der Aufschwung des Islam, der eher politischen als religiösen Charakter hat, den ersten Nachfolger des Propheten zur Einnahme Bahreins ermutigt. Die iranische Regierung, die von den Muslimen geschlagen worden ist, muß zusehen, wie die Tempel des Feuers plötzlich in Moscheen umgewandelt und die Zoroastrier sofort zum Islam bekehrt werden.»

Der erste territoriale Verlust. Da es sich nur um ein altes Protektorat handelt, verharren der sassanidische Hof und die Armee in ihrer feierlichen Passivität. Aber hätten sie noch reagieren können?

Ein zweiter Brief an den *Katholikos* vereint die beiden Männer in der Bibliothek der Kirche von Ktesiphon. Michael, der Archivar, dekodiert die Botschaft und liest leise vor: «Beauftragt, die abtrünnigen Muslime zu unterdrücken, ist der Kommandant der muslimischen Truppen, Khalid ibn al-Walid, den Euphrat hinauf gezogen. Er ist Mosni begegnet, einem früheren, nun bekehrten Straßenräuber, der für seine Razzien berühmt war. Mosni hat den General ins Bild gesetzt, wie zerbrechlich die sassanidischen Grenzen sind. Khalid, der eigentlich gekommen war, um arabische Revolten niederzuschlagen, griff die Armee des persischen Gouverneurs an. In einer Schlacht, die sich zwischen Bahrein und Mischan[36] abwickelte, hat der Iraner, von Khalid getötet, seine Truppen der Verzweiflung überlassen. Ruhmestrunken tauften die Muslime diese Schlacht ‹die Schlacht der Ketten›. Sie behaupten, die iranischen Generale hätten, um eine Flucht ihrer Soldaten zu verhindern, ihr Lager mit riesigen Ketten gesichert.»

Kaum ist das Vorlesen beendet, weist der *Katholikos* darauf hin, daß der Brief mit dem Wort «Ketten» endet. In der Vorstellung der Muslime war das Persien des Königs der Könige ein großes Gefängnis, in dem das Volk, manipuliert durch die Magier, gezwungen werde, das Feuer anzubeten. Lange denkt Ischojahb über die Allegorie der «Kette» nach und glaubt, den Grund für den Erfolg der Muslime gegenüber den Persern gefunden zu haben: Die Araber bekämpfen nicht, sie befreien.

Dritte Botschaft: Vereinigung der arabischen Christen und der Sassaniden. Der *Katholikos* und Michael haben sich in eine Zelle zurückgezogen und versuchen gemeinsam, den Kode zu entwirren, der in einem anderen Brief angegeben wurde. Beim Licht einer Kerze braucht der Archivar eine ganze Nacht, um folgendes zu lesen: «Unterstützt von einem persischen Bataillon, haben die nestorianischen arabischen Stämme beschlossen, auf die Gewalt der muslimischen Truppen mit Krieg zu antworten. Aber ihre Eitelkeit führte zu einer Niederlage. Als Khalid, der muslimische General, auf dem Schlachtfeld ankam, war die persische Armee aus zoroastrischen Soldaten und arabischen Christen damit beschäftigt, eine Mahlzeit zu sich zu nehmen, und sie verließen ihre Zelte erst, als sie fertiggegessen hatten. Khalid empfand diese Geste als persönliche Beleidigung und schwor, die Gegner niederzumetzeln, bis Blutströme über den Boden flößen. Die Vereinigung der Zoroastrier und Christen kann der Kraft der Muslime nicht widerstehen. Sie ist vollkommen zerstört.»

Während einer ganzen Nacht, fügt der Brief hinzu, haben die Araber, um den Schwur ihres Generals zu erfüllen, den Besiegten den Kopf abgehauen. Am Morgen stellten sie dann die einfachen Infanteriesoldaten in eine Reihe und hieben auch ihnen den Kopf ab. Endlich, am Abend dieses Tages und nach einem vollen Tag der Schlächterei, als sie sahen, wie ein Fluß von Blut unter ihren Füßen rieselte, hatten sie genug und hörten mit dem Gemetzel auf. Die wenigen Überlebenden flüchteten sofort und überließen das sassanidische Lager der Plünderung. Die Araber drangen in die prächtigen persischen Zelte ein und erblickten auf gestickten Tischtüchern die Reste der Mahlzeit der Iraner. Das Brot sah aus wie weiße Papierblätter, und sie glaubten, die Perser äßen Papier. Sie kannten Zuckergebäck nicht und dachten, es müsse sich um Gift handeln. Lange Zeit studierten sie die Eßgwohnheiten ihrer ermordeten Gegner. Dann wagten sie es, davon zu kosten. Sie mochten sogar die Süßigkeit gewisser Kuchen. Andere Schätze erwarteten sie in den verlassenen Festungen. Sie zögerten nicht, sie sich zu holen. Schluß des dritten Briefs.

Ein anderes Mal bemerkte Ischojahb, als er die Sonntagsmesse zelebrierte, auf dem Altar ein Blatt mit kodierter Schrift. Er wartete das Ende des Gottesdienstes ab, um nachher seinen Assistenten und die Dekodierungsunterlagen zu suchen.

Das vierte Dokument, das von einem unbekannten Boten deponiert worden war, zeugt von der festen Haltung der Nestorianer gegenüber den Muslimen. Erstaunlich, wenn die historischen und religiösen Bande sich als stärker erweisen als gemeinsames Blut, Volk und sogar Sprache. Die nestorianischen Araber lehnen den Islam ab. Aber wie lange noch?

Im Dokument steht: «Kühn geworden, weil die Siege so leichtfielen, hat Khalid beschlossen, Hira einzunehmen. Der Sohn des Gouverneurs dieser Stadt wollte die iranischen Stellungen verteidigen, aber vergeblich. Auch er wurde durch das Schwert des arabischen Befehlshabers ums Leben gebracht. Getroffen durch den Tod seines Sohns, hat der Gouverneur die Stadt verlassen und sich geweigert zu kämpfen. Auf Befehl der nestorianisch-arabischen Behörden werden die Tore der Festungsmauer von Hira geschlossen. Von ihren Burgen aus leiten diese Christen den Widerstand. Aber die Belagerung der Stadt hungert ihre Bevölkerung aus. Die nestorianischen Führer müssen mit den Muslimen verhandeln.»

Ischojahb bedauert die Handlungsweise dieser Christen, denn er fürchtet den Tag, an dem die Muslime, endgültig in Persien niedergelassen, sich gegen die iranischen Nestorianer wenden könnten; andererseits zerbricht die Zähigkeit der nestorianischen Araber, dieser treuen Verteidiger der Sassaniden, seine Versuche, eine Versöhnung zu erreichen.

Diese letzte Botschaft erzählt auch, daß während der Belagerung ein alter arabischer Nestorianer zu Khalid gegangen sei, um über den Frieden zu verhandeln. Der verehrungswürdige Christ Abdol-Massih trug ein tödliches Gift auf sich, das er in ein Stück Stoff gewickelt hatte. Als der muslimische Chef ihn fragte, was das Sachet enthielte, zeigte ihm Abdol-Massih das giftige Pulver und sagte, er werde es schlucken, falls die Bestimmungen des Vertrags sein Volk nicht befriedigten. Sofort nahm Khalid das Pulver an sich, schluckte es im Namen Allahs und blieb am Leben. Verblüfft nahm der alte Nestorianer die Bedingungen des durch ein Wunder Verschonten an. Die Christen von Hira mußten den muslimischen Armeen hohen Tribut bezahlen.

Im Licht dieser «Nachrichten» wird dem *Katholikos* die ungemeine Zerbrechlichkeit seiner Glaubensgenossen bewußt. Unmerklich lassen sich sogar seine eigenen Agenten durch die muslimische Propaganda beeinflussen. Ischojahb würde gerne den wahren Grund des Nachgebens des alten arabischen Christen kennen. Von allen respektiert, weise und mystisch, war Abdol-Massih kein Mann, der sich korrumpieren ließ. Hat er ein Wunder gesehen, wie es der Spion des *Katholikos* beschreibt? Er hat Mühe, dies zu akzeptieren. Er weiß aus Erfahrung, was man von

Wundern halten muß. Vielleicht, sagt er, hat ihm angesichts des christlichen Aufwands ganz einfach die Kargheit des Muslims gefallen, weil er, Abdol-Massih, immer noch von der von Christus versprochenen Freiheit träumte: «Ihr werdet die Wahrheit kennen, und die Wahrheit wird euch frei machen.» Waren die Muslime vielleicht Träger dieser neuen Wahrheit? Wie jeder enttäuschte Christ spürte der alte Abdol-Massih bestimmt, daß das von der Kirche verkündigte und verteidigte Christentum sich immer weiter vom usprünglichen Ideal entfernte. Dafür kann man Mohammeds Worte noch hören, aus dem Mund von Leuten, die mit ihm zusammen waren. Dieses Wort ist jung. Diese Wahrheit ist noch nicht von Theokratie besudelt, sie verspricht, sie lockt, sie «heilt». Deshalb ist in diesem irrationalen Brief Khalid trotz des Giftes nicht tot. Der Islam ist ein universelles Gegengift.

Ein fünfter Brief bringt dem *Katholikos* die niederschmetternde Nachricht von der Einnahme Anbars, eines Heumarkts und des sassanidischen Waffenarsenals. Anbar (in Pahlawi Peroz-Schapur, «Sieg Schapurs») war jahrhundertelang von christlichen Gemeinden bewohnt, die mit Byzanz Handel trieben.

«Als die Muslime näherkamen, bekämpften arabische Christen und Zoroastrier den gemeinsamen Feind. Die persischen Soldaten, die mit Kettenausrüstungen und eisernen Helmen bekleidet sind, erstaunen die Araber, die solchen Schmuck noch nie gesehen haben. Nach einer strategischen Besprechung befiehlt der muslimische Oberbefehlshaber seinen Schützen, nur auf die Augen der Perser zu zielen. Die Muslime begnügen sich also damit, ihre Gegner zu blenden, und bringen den Iranern eine neue Niederlage bei. Dieser Krieg heißt bei den Arabern bereits ‹die Schlacht der Augen›.»

Weder der Archivar noch der *Katholikos* können verstehen, wie so unerfahrene Soldaten wie die Araber es fertiggebracht haben, die mächtige iranische Armee zu schlagen. Sicher fehlte auf persischer Seite die Überzeugung. War Allah vielleicht stärker als Ahura Mazda und Jesus zusammen?

Wenig später kommt der Archivar zu Ischojahb ans Becken vor seinem Haus und streckt ihm einen weiteren, schon dekodierten Brief entgegen, den sechsten.

Endlich eine gute Nachricht: «Auf Syrien zu marschierend, hat die Armee Khalid ibn al-Walids ihre Verheerungen und Eroberungen in den christlichen Ländern von Byzanz einschränken müssen, und im Iran, am Ufer des Euphrat, brachte die sassanidische Armee den Truppen eines anderen muslimischen Generals eine schwere Niederlage bei. Geschwächt, befinden sich die arabischen Bataillone gegenwärtig in Medina, der Residenz des Kalifen.»

Ischojahbs Informanten erzählen ihm auch, daß die muslimischen Soldaten, denen der Kalif die Schätze Persiens oder die Liebkosungen der Jungfrauen im Paradies versprochen hatte, ihr Schicksal beweinten. Regelmäßig hatte man ihnen gesagt, daß der Tod auf dem Schlachtfeld ihnen die Tore des Himmels öffnete, wo sie nie versiegende Flüsse, Gärten ohne Ende, ewig junge Frauen und unsterblichen Schatten fänden: alles, wovon ein Araber der Wüste, wo er Wasser, Schatten und Grünpflanzen entbehrte, träumen konnte.

Vierzehn Jahrhunderte später versprach die islamische Republik des Irans ihren jungen Soldaten dieselben himmlischen Lüste, und sie ließen sich mit einem Lächeln auf den Lippen von den Irakern töten. Man hängte ihnen sogar einen kleinen Schlüssel zur Ewigkeit um den Hals. Ihr Elend auf Erden hätte mit der ersten Kugel ein Ende. Sie würden für immer in die Gärten und Paläste des Himmels eintreten.

Die Soldaten Allahs

Ein Jahr nach dem vorübergehenden Sieg der Perser über die Araber erhält der *Katholikos*, den die arabische Drohung immer noch beschäftigt, einen neuen Brief, den siebten.

In der vertrauten Bibliothek liest der Archivar leise vor: «Der berühmte, zum Islam bekehrte Straßenräuber, Mosni, den die Niederlage demütigte, hat beschlossen, die Muslime zu rächen und die Perser am Ufer des Euphrat anzugreifen. Ein arabischer Stamm von Nestorianern konnte sich nur schützen, indem er sich den Truppen Mosnis anschloß, um die Iraner zu bekämpfen. Neuer arabischer Sieg. Die Muslime nennen das «die Schlacht der zehn» – ein Araber hat zehn Perser getötet. Dieser Sieg hat ihnen gestattet, die Religion regelrecht auszuplündern.»

Da war also das erste Bündnis zwischen christlichen Arabern und Muslimen. Eine solide Verbindung, denn das Dokument trägt eine doppelt kodierte und sehr wirre Nachricht: Der iranische Gouverneur sei von einem jungen Christen hingerichtet worden. Aus welchem Grund war das Zusammengehen von christlichen Arabern und Muslimen plötzlich möglich? Die wachsende Kraft des Islam? Die Kraftlosigkeit der Sassaniden? Die Bande von Blut und Tradition?

Sehr ärgerlich bittet der *Katholikos* seinen Archivar, diesen siebten Brief sofort zu verbrennen. Er sorgt sich zwar über das Los der sassanidischen Dynastie, aber die Nachricht hat einiges Gutes. Im geheimen hofft er sogar, daß sich zwischen den beiden arabischen Gruppen (muslimisch und christlich) ein Kompromiß ergeben könnte, den auszunützen er nicht zögern würde am Tag, an dem die Araber in Persien eindringen.

Achtzehn Monate später, im Jahr 637, erhält Ischojahb wieder eine Botschaft. Unter Saad ibn Abi Vaqqas haben die muslimischen Truppen eine iranische Stadt nach der andern geplündert und lagern jetzt in der Gegend von Qadisiyah. Die Gefahr kommt näher.

Zum erstenmal seit Jesdegerds III. Thronbesteigung beschließt der Hof endlich, zu reagieren. Der Oberbefehlshaber der sassanidischen Armeen, Rustam, ist zurückhaltend und will nicht gegen die «Barbaren» der Wüste kämpfen. Einen Krieg gegen diese «wilden Räuber» vorzubereiten, würde die stolzen Soldaten des Reichs entehren. Gezwungen, den königlichen Befehl auszuführen, ruft er ohne Überzeugung seine strahlende Truppe, die die Standarte von Kaveh mit sich führt, zusammen und bricht nach Qadisiyah auf. Dort angekommen, errichtet er ein luxuriöses Lager, das eines Königs würdig wäre.

Vom Dach einer Festung aus, die den Arabern als Unterkunft dient, sehen sie, wie sich unter ihren Augen ein Kasernengelände erhebt, das aus einem Märchen zu stammen scheint. Überall Zelte, die mit farbigen Brokaten bedeckt sind, leuchtende Waffen, mit schönster Seide geschmückte Kampfelefanten, Brigaden von Köchen, die sorgfältig unvorstellbare Mahlzeiten zubereiten, Bronzekisten, die auf Wagen aus Gold und Silber herumgefahren werden, und eine ungewohnte Standarte, die mit Edelsteinen besetzt ist.

Hochmütig weigert sich Rustam immer noch, mit den Arabern zu kämpfen; er betrachtet sie als Plünderer. Es wird bestimmt genügen, ihnen ein paar Brocken eines Schatzes hinzuwerfen, um sie voll zufriedenzustellen. Aber diese Araber träumen so glühend vom Reichtum Persiens wie von den Flüssen des Paradieses. Sie sind bereit, als Märtyrer zu sterben – das ist der direkteste Weg zum Himmel –, und ihr Heer besteht aus Soldaten Allahs.

Vier Monate lang werden Botschaften hin- und hergeschickt. Rustam will die Araber mit kleinen Konzessionen kaufen. Die Muslime fordern, wenn auch nicht die Bekehrung der Perser, so doch einen schweren Tribut. Und das Staunen der Araber mindert sich nicht. In Lumpen gekleidet, schauen sie sich im persischen Lager mit brennender Neugier die vergoldeten Schuhe an, die Halsbänder aus Perlen und Rubinen, die seidenen Tuniken, die Diamantschnallen, die versilberten Gürtel der sassanidischen Krieger. Ihrerseits verfehlen die Soldaten des Königs der Könige nicht, den Arabern ihre jämmerliche Bewaffnung vorzuhalten: Lanzen, die an Spindeln alter Frauen erinnern, verbrauchte, zerbeulte, müde Schwertscheiden.

Die Tage gehen vorbei, und Rustam will den Kampf immer noch nicht beginnen. Er empfindet eine tiefe Erniedrigung bei der Vorstellung, physisch mit Arabern in Kontakt zu kommen. Im Lauf einer Besprechung mit einem muslimischen Botschafter – der sich ungeschickt benimmt und unter anderem mit seiner Lanze in die sehr feine Knüpfarbeit des Generalszelts ein Loch macht – erzählt ihm Rustam eine Allegorie: «Ein Gärtner sieht eines Tages in seinem riesigen Garten einen kleinen Fuchs. Er findet, sein Besitz sei wegen dieses kleinen Eindringlings nicht in Gefahr, und läßt das Tier am Leben. Aber der Fuchs holt seine Artgenossen, und rasch verwandelt sich der Garten in ein Reservat schädlicher Tiere. Zornig nimmt der Gärtner seine Waffe und vernichtet sie alle.» Zum Schluß sagt Rustam, die Araber müßten die Strafe der Perser fürchten. Einzige Antwort des muslimischen Gesandten: «Bekehrung oder Tribut.» Am Tag darauf beginnt die Schlacht. Nach ein paar Tagen sind die Perser geschlagen.

Während die Muslime ihre Lanzen schwingen und «Allah! Allah!» rufen, antworten ihnen die iranischen Krieger verächtlich: «Spindel! Spindel!» Die wenigen Tage des Kampfs enden mit der Ermordung Rustams, des Oberbefehlshabers der königlichen Truppen des sassanidischen Persien, durch einen einfachen Wüstenbeduinen. Der Araber steigt auf eine Erhöhung und schwört beim Gott der Kaaba, er habe tatsächlich den großen Rustam töten können. Ohne ihren Chef ist die Armee des Königs der Könige verwaist und ihren Feinden ausgeliefert. Die Araber bemächtigen sich sogar der sagenumwobenen Standarte des Kaveh, des Symbols des Ruhms und des Lichts. Sie machen daraus erst zehn Stücke, dann hundert, dann tausend. Jeder arabische Soldat erhält einen Fetzen mit prächtigen Juwelen, die das antike Emblem der persischen Monarchie darstellten.

Die persische Truppe löst sich auf und kommt in der Hauptstadt an. Überall dieselben Fragen: Wie konnte denn die persische Armee geschlagen werden? Manche sprechen von einem Wind, der die Iraner geblendet habe; andere, die sich von den Sassaniden zu lösen beginnen, erklären, Allah habe den Feind geschützt. Der klardenkende *Katholikos* errät, daß ein neues Zeitalter beginnt und eine sehr lange Vergangenheit jetzt zu Ende geht.

Allah akbar!

Ohne jede Schwierigkeit rückten die Araber weiter auf iranisches Territorium vor. Die Sassaniden verteidigten sich, aber vergeblich. Wo verbarg sich nur die furchterregende Armee, die vor dreißig Jahren ruhmvoll von Indien bis nach Ägypten geritten war? Welch seltsame Macht lähmte plötzlich dieses Heer, das einst der Schrecken der Griechen, der Römer und der Byzantiner gewesen war?

Eine Art von Erschlaffung, von Aufgabe bemächtigte sich der Perser, die sich selber satt hatten. Die Niederlage gegenüber den Arabern, nach wie vor nicht geklärt, verursachte Bitterkeit und Enttäuschung. Im byzantinischen Syrien bot sich nach den arabischen Siegen das gleiche Bild. Wie der persische Mazdaismus hatte auch das byzantinische Christentum zugelassen, daß sich zwischen den Vertretern Gottes und dem Volk ein ungeheurer Abgrund aufgetan hatte. Mit seinem Versprechen der Gleichheit antwortete der Islam auf die allgemeine Müdigkeit, die im 7. Jahrhundert die beiden Supermächte plagte.

Als die Araber von fern die Stadtmauern von Ktesiphon erblickten, glaubten sie zuerst an eine Fata Morgana. Als Männer der Wüste kannten sie solche Visionen. Aber mit jedem Schritt zeichneten sich die Umrisse der Burgen, die Wipfel der Zypressen, der weiße Widerschein des legendären Palasts von Chosrau deutlicher ab. Nein, das war keine Fata Morgana, das war wirklich und wahrhaftig die sassanidische Hauptstadt.

Am Ufer des Tigris, gegenüber von Ktesiphon, richteten sie sich ein und belagerten die Stadt. Erste Reaktion waren die Schreie der Wachen: «Die Dämonen kommen, die Dämonen sind hier!» Im Herzen des persischen Reichs eilten die Männer in ihre Häuser, rafften die Frauen ihren Schmuck zusammen, beteten die Priester des Feuers zu Ahura Mazda und entflammten die Christen ganze Wälder von Kerzen. Derjenige, der auf seinen jungen Schultern das Schicksal der Sassaniden tragen sollte, der König der Könige, sechsundzwanzig Jahre alt, schloß sich ebenfalls ein und betete. Von fern drang ein Ruf an seine Ohren: *Allah akbar!* Er rief nach einem Minister und fragte ihn, was dieser Ruf bedeute. Nach sehr langen Recherchen kam der Minister zurück und sagte, die zwei Worte bedeuteten «Gott ist groß». Jesdegerd war mit diesem Satz einverstanden.

1342 Jahre später, 1979 in Teheran, drangen bis in den Palast des Schahs die gleichen Worte als Slogan der Rebellen und brachten von neuem die persische Monarchie zum Einsturz. Bis zu den letzten Stunden seiner Herrschaft war dem Schahinschah, einem schiitischen Muslim, die politische Kraft dieses Schreis, der mit seinem Reich völlig unvereinbar war, nicht bewußt.

Die Schreie *Allah akbar!* vervielfachten sich; Jesdegerd spürte, daß das Ende nahte, daß er fliehen mußte. Was der König nicht wußte, war, daß er, indem er die Hauptstadt den Muslimen überließ, die lange Legende des iranischen Reichs erlöschen ließ. Sicher würde er – so dachte er – anderswo, in Sicherheit, Gelegenheit finden, eine mächtige Armee aufzustellen, um die Angreifer zu vernichten. Die Worte *Allah akbar!* zerbrachen diese Pläne. Ja, «Gott ist groß», aber warum es so laut herausschreien?

Jesdegerd hatte noch nicht begriffen, daß dieser eben erst erfundene Gott mit Waffen gegen Ungläubige kämpfte. Das war nicht mehr Ahura Mazda, der Gott der Tempel und Paläste, von einem Propheten verkündet, dessen Geburtsort und -datum nicht einmal die sassanidischen Hagiographen angeben konnten. Es war auch nicht «Unser Vater», derjenige, der seinen Sohn am Kreuz verließ. Allah, Gott der Straße, der Märkte und der Plätze, hielt ein Schwert mit beiden Händen, ein Schwert, das sowohl das zoroastrische Persien als auch das christliche Byzanz überwältigen sollte.

Der König der Könige berief ein letztes Mal die illustren Persönlichkeiten des Reichs in seinen Palast in Ktesiphon.

Auch der *Katholikos* wird gerufen und geht in die königliche Residenz. In den zwei langen Flügeln, die den großen Mittelbau verlängern, glaubt er einen riesigen Vogel zu sehen, der zu Boden gestürzt, kraftlos, mutlos ist. Sorgfältig vermeidet er, den leeren Platz anzusehen, wo Kavehs Standarte gehangen hatte. Er geht über die große Galerie, die von hundertfünfzehn Fenstern erhellt ist, zum Hauptsaal. Wie lange werden diese mit goldenen und silbernen Plättchen bekleideten Mauern noch die persische Majestät aufrechterhalten? Im Thronsaal ist einer der kunstvoll gefertigten Teppiche ausgebreitet, «Chosraus Frühling», mit Juwelen besetzt und ganz aus Goldfäden gewebt. Die Bäume darauf haben Smaragdblätter, die Knospen bestehen aus Perlen, die Blüten aus Rubinen und die Flüsse aus Türkisen; Ischojahbs Blick schweift in einem Traum von Pracht umher. Hinter den Stadtmauern lagert ein Alpdruck.

Der König erscheint. Jung, schön, dunkelhäutig, herrlich gekleidet, denn Jahrhunderte von Eleganz und Kleiderprunk lassen sich nicht plötzlich durch die Ankunft von Barfüßern auslöschen. In der Hand trägt er eine goldene Kugel, die seine Macht auf Erden ausdrückt. Auf dem Thron seiner Vorfahren, umgeben von silbernen Säulen und auf vier Rubinen ruhend, nimmt Jesdegerd Platz. Über seinem Kopf hängt an einer goldenen Kette die Krone aus Gold, Diamanten, Smaragden, Rubinen und Perlen. Der Kämmerer zieht den Vorhang, der den Herrscher versteckt. Das Reich liegt im Todeskampf, aber das Protokoll wird beachtet. Die Anwesenden hören die Stimme ihres Königs, vermischt mit den fernen Rufen von *Allah akbar!*:

«Ich spreche nicht lange. Der Feind ist an den Toren der Stadt. Die Belagerung hat die Bevölkerung bereits ausgehungert. Ich höre, daß die Leute Hunde und Katzen essen. Mein Entschluß ist gefaßt, ich verlasse die Hauptstadt.»

Nach kurzem Schweigen fügt er hinzu:

«Ich vertraue euch den Staatsschatz an. Nehmt alles, absolut alles. Ich will nicht, daß diese erinnerungsschweren Kostbarkeiten in die Hände der Beduinen fallen. Wenn ich eines Tags nach Ktesiphon zurückkomme, gebt ihr dem Hof zurück, was ihm gehört.»

Er sagt zu Rustams Bruder:

«Khorahzad, ich beauftrage dich, die Seele unseres Reichs, Ktesiphon, zu verteidigen. Räche deinen Bruder, hole Kavehs Standarte zurück, richte Persien wieder auf!»

Khorahzad kniet nieder und schwört beim Himmel, bei der Erde und bei allen Gestirnen, daß er die Verteidigung bis zuletzt aufrechterhalten wird. Niemand, nicht einmal der König, glaubt wirklich an einen persischen Sieg. Es handelt sich nur darum, die Niederlage mit Glorie zu verkleiden.

Jetzt ruft der König den *Katholikos* an und sagt:

«Unter uns gibt es Männer, die seit langem mit den Arabern verhandeln. Ischojahb, ich weiß über deine Intrigen Bescheid. Sogar schon vor meiner Thronbesteigung hast du zu ihrem Propheten einen nestorianischen Bischof geschickt, um ein Bündnis vorzubereiten. Ich weiß es.»

Die Anwesenden schauen den *Katholikos* mit Verachtung an. Er ist der einzige, der weiß, daß er seinen Herrscher nicht verraten hat, daß er nur versuchte, seine Glaubensbrüder zu schützen.

Der oberste Magier psalmodiert einen zoroastrischen Hymnus. Die Wände, die Decke, der Boden und der ganze Palast werden versuchen, sie auf ewig zu bewahren:

«Die Brust der Erde ist von einem Talisman der Verwünschung getroffen worden. Auf der Stirn des Menschen ist ein Pergament der Verwünschung eingegraben. Der Ritter des Lichts liegt in Ketten, der Vater verzehrt die Leber seines Sohnes, die schwangere Frau verkauft sich auf der Straße. Ich habe gesehen, wie der Prinz der Finsternis das rote Pferd des Lichts bestieg. Ich habe gesehen, wie der Dämon des Daseins auf Fundamenten von Leiden und Schmerz sitzt. Ich habe gesehen, wie sich die Menschen von einem Käfig in den andern begaben.»

Der Magier schweigt, Jesdegerds Hof verläßt den Thronsaal, *Allah akbar!* übernimmt den Ort.

Gleiche Panik, gleiches Unverständnis, gleiche Trostlosigkeit. 1979 muß der Schah des Irans angesichts des Umfangs der Revolution und der Niederlage einer militärischen Regierung seinerseits sein Reich verlassen und den Wind namens *Allah akbar!* die Flammen des persischen Kaiserreichs löschen lassen.

Der große Aufbruch

Ehe er wegging, befahl Jesdegerd, das Wild im gewaltigen königlichen Park freizulassen. Auf sein Verlangen entließ der Falkner die königlichen

Adler. Durch einen geheimen Ausgang in der Vorstadt jagten die Wächter des zoologischen Gartens die Geparden, die Löwen und Eber hinaus.

Niemand wußte, durch welches Tor dem König die Flucht gelang. Seit seinem Weggang überließ sich die Stadt dem Schmerz und der Panik. In totaler Verwirrung verstauten die Adligen die unzähligen Schätze des Hofs von einer Burg in die andere und von einem Keller in den anderen. Die Frauen der Aristokratie warfen ihren Schmuck zusammen, es gab sogar solche, die ein paar Diamantenfragmente verschlangen. Sie befahlen den Dienern, die Pflanzen zu gießen und von Zeit zu Zeit die Möbel abzustauben, und suchten das Weite.

Versteinert betrat der oberste Magier den Tempel, ging zum Feuer, hielt eine Holzstange hinein und zündete sie an. Zum letztenmal schaute er das himmlische Element an und ging dann leise, auf Zehenspitzen, weg, als ob er ihm nicht zeigen wollte, daß er es dem Zorn des Feindes auslieferte. Indem er die Fackel hütete, die er eben entfacht hatte, hoffte er zweifellos, daß das königliche Feuer Persien weiter beschützen würde.

In sehr kurzer Zeit waren alle Angehörigen der oberen Klasse geflohen. Nach einer vergeblichen Schlacht zwischen Khorahzad und den muslimischen Soldaten drangen diese in die Hauptstadt ein. Zu ihrer Verblüffung entdeckten sie eine tote Stadt ohne Seele. Auf dem Pflaster der Straßen fanden sie versiegelte Koffer voller Platten aus Gold und Silber, perlenbesetzter Frauenkleider, Parfümflaschen, unwahrscheinlicher Juwelen. Abgelenkt durch solche Funde, ließen sie Khorahzads fliehende Bataillone entkommen. In einem anderen Quartier trafen sie eine Gruppe von reiterlosen Pferden, die vollbeladen waren mit Gepäck und in den verlassenen Gassen herumgaloppierten. Inhalt: Armbänder, Gürtel, goldene Schwerter.

In großem Gedränge ergossen sich die Araber in Chosraus Palast. Der einstige Treffpunkt von Prinzen, Gouverneuren, Vertretern des persischen, indischen, römischen und griechischen Adels, diese illustre königliche Residenz, wurde brutal überschwemmt durch Männer mit zusammengeflickten Kleidern, die die ungleich großen Stiefel ihrer besiegten Gegner trugen oder zerrissene Sandalen, oder gar barfuß gingen.

Verblüfft, verwirrt, geblendet, fassungslos glaubten diese Sieger, Männer der nackten Wüste und der staubigen Zelte, in einem Traum zu wandeln. Der arabische Kommandant betrat den berühmten «Frühling Chosraus», wandte sich gen Mekka und betete. Sofort nahmen die Soldaten die aufrechte Gebetshaltung ein, beugten sich dann und warfen sich zu Boden. Ihre ausgetrockneten und verrunzelten Stirnen berührten die Juwelen des berühmtesten Teppichs. Gleich nach dem Ende des Gebets erriet der arabische Kommandant, daß die Krieger sich anschickten, ihn zu zerstückeln. Ein einziger Diamanttropfen sicherte einem Muslim ein friedliches Lebensende. Um jegliche Streitereien zu vermeiden, beauftragte er sofort eine Elitetruppe, den «Frühling Chosraus» einzurollen und ihn zusammen mit der Krone der Sassaniden dem Kalifen zu bringen. Die Symbole der persischen Monarchie verließen ihren heiligen Ort.

Vom Palast begaben sich die Araber zum Tempel der Hauptstadt, der ebenfalls verlassen war. Mit gleichsam wildem Zorn warfen sie das Mobiliar in die Schale des Feuers. In seinem jahrtausendealten Leben war dieses himmlische Element nie so beleidigt, nie so herabgewürdigt worden. Und das Feuer, dem sich Magier und König nur maskiert näherten, starb unter den Kameldecken der Wüstenbeduinen.

In wenigen Tagen wurde die Hauptstadt des Zoroastrismus ein muslimischer Ameisenhaufen. Die Tempel wurden in Moscheen verwandelt, die zoroastrischen Hymnen durch Suren des Korans ersetzt. Jeden Morgen wurden die wenigen Einwohner in Ktesiphon, die überlebt hatten, durch den Klang des *azan*, des islamischen Rufs zum Gebet, geweckt.

Um über die Kopfsteuer zu verhandeln, die die Nestorianer zahlen sollten, begab sich eine arabische Delegation in die Kirche der Hauptstadt. Vom Archivar Michael empfangen (Ischojahb war aus Ktesiphon geflohen und hatte ein paar Kisten mit heiligen Juwelen mitgenommen), waren sie auch hier sehr erstaunt über den Prunk des kirchlichen Mobiliars. Für sein Gebet brauchte ein Muslim nur zu wissen, in welcher Richtung Mekka lag. Nichts Überflüssiges. Etwas betreten erklärte Michael, seine Kirche erhalte regelmäßig Gaben von den Gläubigen, und alles gehöre der Gemeinschaft.

Dann öffnete der Archivar ein Buch und zeigte den Muslimen die Geleitbriefe, die Mohammed den arabischen Christen gegeben hatte. Kurz vor dem Tod des Propheten war der Bischof Gabriel, vom *Katholikos* Ischojahb als Missionar eingesetzt, nach Arabien gereist, um die Kontakte zwischen Muslimen und Nestorianern zu verstärken. Manche Araber erinnerten sich an Gabriels Mission, an sein Treffen mit dem ersten Kalifen und vor allem an den sehr hohen Wert der Geschenke. Jetzt waren sie die neuen Herren des Irans und erläuterten dem Archivar, daß sie, wenn sie Christen bleiben wollten, mehr, viel mehr zahlen müßten. Wo fand er so viel Geld?

Angsterfüllt begann Michael, der den Koran kannte, die Mariensure zu rezitieren. Sagte der Koran nicht, daß Maria sich von den Ihren entfernte, sich mit einem Schleier bedeckte und den göttlichen Atem empfing?[37] Mohammed schätzte Jesus und verehrte ihn als Gesandten Allahs: «Ich bin ein Diener Gottes, sprach Christus. Er hat mir die Schrift übertragen. Er hat mich zum Propheten gemacht. Er hat mich gesegnet, wo immer ich ging. Er empfahl mir, mein Leben lang zu beten.»[38]

Die Muslime waren solche Vorhaltungen gewohnt – sie verhandelten schon lange mit den arabischen Nestorianern – und antworteten, Mohammed stelle das letzte Siegel der Prophetie dar und der Islam sei die endgültige Religion. Sie schlossen das Gespräch mit der furchterregenden Formel «Tribut oder Bekehrung» und verließen die Kirche.

Kaum waren sie gegangen, schickte Michael eine Botschaft an den *Katholikos* und bat um Anweisungen. Sie tauschten etwa zehn Briefe aus; dann ging der Archivar zum Hauptquartier der Sieger und akzeptierte demütig die Zahlung eines gewaltigen Tributs im Tausch gegen ihre Religionsfreiheit. Die Güter der Erde kauften ein unsicheres Stück Himmel.

Als der Kalif Omar in Medina den Teppich des Königs der Könige erhielt, zwang ihn die glühende Begierde seiner Soldaten, ihn in Tausende von Stücken zu schneiden, damit jeder Krieger eines bekommen konnte. Die Krone der Sassaniden hatte unter den Händen der Soldaten sehr gelitten; sie wurde als Kriegstrophäe bei der Kaaba in Mekka aufgehängt.

Wäre Persien zwei Jahrhunderte früher offiziell christlich geworden, belebt durch eine kräftige und noch expandierende Religion mit dem Ehrgeiz, die Welt zu erobern – nicht lokal zu bleiben, wie der Mazdaismus –, hätte es dann der arabischen Flamme besser widerstanden? Man kann diese Frage stellen. Beantworten kann man sie offensichtlich nicht.

Letzter Seufzer

Von 638 bis 642 nahmen die Araber Khusistan und Elam ein. Jesdegerd, der sich nach Medien im Zentrum des Irans geflüchtet hatte, wagte einen letzten Versuch, faßte alle bewaffneten Truppen Persiens zusammen und stellte diese demoralisierte Schar den entschlossenen Eroberern gegenüber. Die Schlacht von Nehawend im Jahr 642 wurde von den Muslimen gewonnen und beendete die Unabhängigkeit eines der ältesten Reiche der Welt. Nach diesem Sieg, der «der Krieg der Kriege» genannt wurde, überwältigten die Muslime die Städte der Persis, Isfahans, Aserbeidschans, Rajs, Khorasans und Sistans (Ostpersien). Und während sie Persien unterdrückten, beendigten andere muslimische Truppen die Eroberung von Byzanz.

Während all dieser Jahre reiste der König der Könige, verfolgt von den Siegern, von einer Stadt zur anderen, von einem Exil zum anderen. Überall versuchte er, die Iraner zu sich zu bringen, ihnen ihre Vergangenheit, ihren Ruhm vorzuhalten. Aber es war wohl etwas spät, um vom Volk zu verlangen, daß es sein Vertrauen einem Symbol schenkte, das man nicht hatte anschauen, berühren, anreden dürfen.

In Isfahan gab ihm die Tapferkeit einer lokalen Armee ein paar magere Hoffnungen. Aber er mußte dort sofort wieder weg, denn zu seiner großen Überraschung veranlaßte der Kommandant der persischen Truppen, nachdem diese die Araber vertrieben hatten, einen Anschlag auf sein Leben. Von Isfahan ging er nach Istachr, dem Schauplatz seiner Krönung. Als die Eroberer näher kamen, floh er nach Kirman, wo ihm der Gouverneur den Aufenthalt verbot. Er konnte die Kosten des Hofs nicht tragen und wollte nicht, indem er den König beherbergte, seine Stadt den Repressalien der Angreifer aussetzen.

Nach dem Sieg der islamischen Revolution 1979 kannte auch der Schah des Irans mehrere Stationen des Exils. Von seinen früheren Verbündeten verlassen, irrte er von einem Kontinent zum anderen, von einer Stadt zur anderen, um schließlich krank in Ägypten zu sterben, weit weg von seiner Heimat im Land der Pharaonen.

Enttäuscht, beschloß Jesdegerd, sich in den Osten seines zerfallenen und untreuen Reichs zu begeben, zu den westlichen Grenzen Chinas. Auf dem Weg dorthin wurde er vom Gouverneur von Merw zuerst freundlich empfangen. Aber als er ihn aufforderte, die fälligen Steuern zu bezahlen, entgegnete ihm der *Marzban*, der sassanidische Staat sei tot. Er zahle einem Gespenst keine Steuern. Der Gouverneur eines benachbarten Landstrichs, der mit demjenigen von Merw verbündet war, griff die letzten Soldaten, die den König der Könige begleiteten, an und zerstreute die verfluchte Truppe.

Bekleidet mit der königlichen, mit Goldfäden und Perlen bestickten

Tunika, an den Füßen edelsteinbesetzte Stiefel und auf dem Kopf eine von Diamanten glitzernde Tiara, floh der König ins Land hinaus. Allein, erschöpft, verkroch er sich in einer Mühle, wo er vor Müdigkeit zusammenbrach. Auf den prachtvollen Schmuck aufmerksam geworden, beschloß der Müller, der nicht wußte, wer dieser Eindringling war, ihn zu töten. Das tat er. Geschickt verbarg er die Krone, den Gürtel und die Ohrgehänge im Heu und warf die Leiche in einen Fluß. Bauern fischten sie heraus, und der nestorianische Bischof der Stadt und der Missionar Abraham erkannten sie. Letzterer, der die Route der Seidenhändler eingeschlagen hatte, um nach China zu gelangen – denn der *Katholikos* Ischojahb hatte ihn beauftragt, das Reich der Mitte zu evangelisieren –, war nach einer sehr langen Reise in Merw angekommen. Nächste Etappen: Pamir, Kashgar, Khotan, Tun-huang und schließlich die östliche Hauptstadt Chinas, Xianfu. Als ihn vor Jahren Ischojahb, im Haus eines christlichen Kaufmanns von Ktesiphon, beauftragt hatte, das Licht des Christentums in den Osten zu tragen, hätte er da vermutet, daß er auf dem Weg nach China die aufgedunsene sterbliche Hülle des letzten iranischen Königs der Könige finden, identifizieren und begraben würde?

Der mißhandelte Leichnam Jesdegerds ruht jetzt in der Kirche von Merw. Sanft zog Abraham ihm die zerrissenen Kleider aus. Mit einem von antiseptischer Flüssigkeit getränkten Tuch desinfiziert er die Wunden. Dann wäscht er die Glieder des Toten mit Weihwasser. Leise singt Elias, der Bischof von Merw, das Totengebet, ein christliches Gebet. Ein Diakon betritt das Totenzimmer. In der Hand trägt er einen Stapel Seidentücher und Flakons mit Essenzen, die von Kaufleuten geschenkt wurden, die aus China kamen. Weil Abraham früher am Hof verkehrte, kennt er gewisse rituelle Gesten: Er salbt Jesdegerds Leichnam mit Moschusöl, einem subtilen Duft, der seinerzeit in den Gängen des Palasts von Ktesiphon versprengt wurde. Respektvoll zieht er dem Herrscher eine blaue Hose an, da dies die Farbe war, die er bei seiner Thronbesteigung trug, und eine grünseidene Tunika, die mit Jade besetzt ist. Elias öffnet ein Schmuckkästchen und wählt ein Paar Ohrgehänge aus Perlen, ein Halsband aus Gold und Elfenbein, smaragdbestückte Armbänder. Er schmückt den Leichnam des Monarchen nach seinem Rang. Abraham hebt den Kopf des Toten, kämmt und parfümiert seine Locken. Man setzt eine Tiara aus Gold und Perlen auf seinen Kopf und legt in seine Hand eine Goldkugel.

Die drei Kirchenleute legen den Leichnam in einen Sarg aus geschnitztem Holz und schauen einen Augenblick die letzte Leiche einer toten Monarchie an. Ihr gekrönter Kopf ruht auf einem goldgewebten Kissen.

Zu dritt heben sie den Toten hoch und gehen die Treppen zur Gruft hinunter. Die fünfundzwanzig Mitglieder der Delegation Abrahams erweisen dem, der ihr König war, bei der Niederlegung in einer Nische die letzte Ehre. Abraham liest seinen Nachruf vor; er ist so kurz wie sein Leben. Der Diakon verschließt die Gitter zur Gruft – christliches Begräbnis für den letzten sassanidischen Herrscher. Alle wissen, daß sie mit dem König auch Persien begraben.

Auf der Liste der Toten notiert der Bischof von Merw das Datum und die Identität des Verstorbenen: das Jahr 652 der christlichen Zeitrechnung, der «König der Könige des Irans und jenseits des Irans», Jesdegerd III., Sohn der Schariar, Sohn des Königs Chosrau II. und der christlichen Königin Schirin, Sohn des Hormizd IV., Sohn des Königs Chosrau I., Sohn des Königs Kavad, Sohn des Königs Peroz, Sohn des Königs Jesdegerd II., Sohn des Königs Bahram V., Sohn des Königs Jesdegerd I., Sohn des Königs Schapur II., Sohn des Königs Hormizd II., Sohn des Königs Narseh, Sohn des Königs Schapur I., Sohn des Königs Ardaschir, des Begründers der sassanidischen Dynastie.

Tags darauf brechen, von Abraham angeführt, die fünfundzwanzig Kirchenleute aus Merw auf in Richtung Osten, zum Reich der Mitte. Sie werden die Träger des Lichts sein.

Anmerkungen

1 Der Iran hieß zuerst, zur Zeit der Achämeniden (700 – 330 v. Chr.) und der Parther (250 v. Chr. – 224 n. Chr.) das «Land der Arier». Zu einem politischen Begriff wurde er erst im 3. Jahrhundert n. Chr. unter den Sassaniden.
Perser hieß ein arischer Volksstamm, der die südliche Ebene des Irans bevölkerte, die Persis. Die achämenidischen Herrscher, die aus dieser Gegend stammten, errichteten dort ihre Hauptstadt, Persepolis.
Heute benützen wir die beiden Namen Persien und Iran unterschiedslos.
2 Im Irak, südlich des heutigen Bagdad.
3 Die Steppen Südrußlands. Die Völker, die von den Griechen Skythen genannt wurden, hießen bei den Persern und den Indern «Sakas».
4 Stadt im Nordwesten des parthischen Reiches, an der Grenze zwischen dem Iran und der heutigen Türkei.
5 Michel Tardieu: Le Manichéisme. Paris 1981. S. 35.
6 Die besten persischen Soldaten.
7 Eine weitere Kategorie der persischen Soldaten.
8 Der Kult Anahitas, der Göttin des Wassers, wurde zur Zeit von Artaxerxes II. (404–358 v. Chr.) im ganzen achämenidischen Reich verbreitet. Die Ähnlichkeiten zwischen dem Iran und Mesopotamien (Ahura Mazda und Baal, Anahita und Ishtar) beweisen, daß der achämenidische Zoroastrismus, der für einen religiösen Synkretismus offen war, von Mesopotamien beeinflußt wurde.
9 284–313.
10 Die Stadt Raj liegt in der Nähe des heutigen Teheran.
11 Im Nordwesten des Irans.
12 Die Christen von Gilan, die von Schapur zwangsdeportiert und in der Nähe des Kaspischen Meeres angesiedelt worden waren, sollen die schamlosen Sitten, für die die Frauen dieser Gegend berüchtigt waren, gedämpft haben, so berichten es die christlichen Hagiographen. – Noch heute ist im Volkswitz der gehörnte Ehemann sehr oft ein «Gilani».
13 Eine Bergkette, die entlang dem heutigen Kurdistan verläuft.
14 Es hieß, der König der Könige habe damals daran gedacht, sich zu bekehren und den Iran zu einem christlichen Staat zu erklären. Er wäre auf diese Weise der Konstantin der Perser geworden.
15 Als orthodoxe Christen bezeichnen wir in diesem Zusammenhang jene offiziellen Christen, die an den Konzilen die Mehrheit besaßen, und nicht – wie heute – die griechischen und russischen Christen.

16 Marzban: Wächter über die Grenzen.
17 Nezami (1141–1209) ist einer der größten persischen Dichter. Er hat fünf Werke hinterlassen, darunter ein Gedicht mit dem Titel *Die sieben Schönheiten,* dessen Hauptfiguren der sassanidische König Bahram und seine sieben Gattinnen, Königskinder aus sieben verschiedenen Ländern, sind; jede erzählt ihm eine wunderbare Geschichte.
18 Zoroastrische Gottheit, die Mithra zugesellt war. Immer wach, behütete Sraoscha fortwährend Mazdas Geschöpfe. Im *Avesta* erscheint Sraoscha als Kämpfer gegen den Dämon und gegen Lügen.
19 Erinnern wir uns daran, daß die monophysitische Lehre über die Inkarnation Christi sich in zwei Formeln niederschlug: «ein doppeltes Wesen» und «ein Wesen aus zweien bestehend» (mit Betonung auf dem Wort *ein*). Die Dyophysiten hingegen sprachen von *zwei* Wesen. Erst 451, auf dem Konzil von Chalkedon, fand man auf die Initiative des Papstes Leo hin eine befriedigende und dauerhafte Formulierung: Christus war *wahrhaft Mensch* und *wahrhaft Gott.* In *einer* Person waren *zwei* Naturen vereint «ohne Vermengung und ohne Veränderung, ohne Teilung und ohne Trennung». Das bezeichnet man als die *hypostatische Union.*
20 Die byzantinischen Geschichtsschreiber kannten sie unter dem Namen «Weiße Hunnen».
21 Der Dyophysitismus, dem Nestorios seinen Namen gegeben hat, war der iranischen Christenheit zu keiner Zeit total fremd. Seit der Gründung der Schule von Edessa, die von Iranern besucht wurde, entwickelte sich die syrische Christologie von Antiochia (im Gegensatz zur griechischen Form der Theologie, die von den Schulen in Alexandria und Konstantinopel vertreten wurde) zum Dyophysitismus hin. Der Nestorianismus war keine Neuheit; er verfolgte loyal die Lehre der syrischen und der antiochischen Schule, die von den Kirchenbehörden in Rom und Alexandria, die dem Hof nahestanden, geschlossen worden waren. Die Theologie der syrischen Schule war seit je in Mesopotamien, Ostsyrien und Persien heimisch; die griechische Christologie hingegen war der offizielle Glaube Westsyriens und Italiens.
22 Die Hunnen, die ihn als Geisel behalten hatten, setzten ihn an die Spitze der Truppen, um näher an die (schwankende) Machtposition heranzukommen.
23 Die Nestorianer haben sogar ein Alphabet ausgedacht, um Türkisch schreiben zu können; dieses Alphabet wurde später auch für die Sprachen der Mongolen und der Mandschu eingesetzt. Das Pahlawi-Alphabet, das die nestorianischen Schreiber ausbauten, wird noch heute im Koreanischen gebraucht.
24 Ende des 4. Jahrhunderts verbot in Ägypten ein Edikt des Kaisers Theodosios die Ausübung alter Kulte. Fünfzig Jahre später war ein dreitausendjähriger Kult tot, und niemand konnte mehr die Hieroglyphen entziffern.
25. Dieses Land befand sich im Nordwesten des heutigen Irans, südlich von Aserbeidschan.

26 Die monophysitische (jakobitische) Kirche widersetzte sich sehr lange der nestorianischen Kirche. Beide benutzten das Syrische als liturgische Sprache, aber jede sprach es anders aus.

Philoxenos (gest. 523), der bedeutendste monophysitische Theologe, predigte den Glauben an «eine Doppelnatur», «eine aus zweien zusammengesetzte Natur»: Aus der Vereinigung von Göttlichkeit und Menschlichkeit in Christus ergab sich eine einzige Natur, und zwar nicht eine einfache, sondern eine doppelte. Die Jungfrau, die «Mutter Gottes», gebar die «einzigartige Person des inkarnierten Gottes». Die Katholiken lehnten die Ansicht des Philoxenos über das «freiwillige Leiden Christi» ab. Er wurde angeklagt, die Idee des «unzerstörbaren Leibes des Heilands» zu verbreiten. Christus unterzog sich freiwillig dem Hunger, dem Durst und der Ermüdung – Empfindungen, die nicht unbedingt auf sein menschliches Wesen hinweisen mußten. Er war nicht wirklich, nicht vollständig Mensch, wie es das Dogma seit dem Konzil von Chalkedon verkündete.

Die Monophysiten waren von den byzantinischen Kaisern Zenon (474–491) und Anastasios (491–518) geschützt, dann aber von Justinos (518) und Justinianos (527) heftig verfolgt worden. Ihre einzige Schonzeit war die Ära Theodoras. Von ihr unterstützt, reiste der eigentliche Gründer der monophysitischen Kirche, der Bischof Jakob, als fahrender Händler verkleidet, durch Syrien, Armenien und Kleinasien. Als er starb, hinterließ er einen Klerus von zehntausend Priestern. Deshalb trägt die monophysitische Kirche auch seinen Namen. Diese Kirche verbreitete sich in einer bereits christianisierten Gesellschaft. Verfolgt durch den Staat Byzanz, ging sie vom 6. Jahrhundert an in den Untergrund und versuchte in Persien einzudringen.

27 Sie sahen in Jesus Christus eine Person, eine Hypostase und zwei Naturen. Sie hingen der orthodoxen Lehre des Konzils von Chalkedon (451) an, das sowohl den Nestorianern als den Monophysiten verhaßt war.

28 Mutter Gottes.

29 Wenn Christus aus zwei verschiedenen Naturen bestanden hätte, so hätte sich zusammen mit dem Vater und dem Heiligen Geist tatsächlich ein vierteiliger Gott ergeben.

30 Stern aus dem Sternbild des Hundes, bekannt unter dem Namen Sirius. Im ersten Satz dieses Hymnus findet man eine zentrale Vorstellung des Hinduismus, ausgedrückt z. B. auch im *Mahabharata* mit Bezug auf den *Dharma*, die kosmische Ordnung: «Der Dharma schützt, wenn er geschützt wird. Wird er zerstört, so zerstört er.»

31 Die arabischen Christen und Juden brauchten denselben Namen für ihren Gott.

32. Sure 91,1–5.

33 Sure 55,26–27.

34 Sure 7,31.

35 Sure 74,2.
36 Heute Bassora im Süden des Iraks.
37 Sure 19,16–17.
38 Sure 19,30–31.

Synchronische Tabelle

Die Liste der *Katholikos* in chronologischer Ordnung habe ich J. Labourt, *Le Christianisme dans l'Empire perse,* Paris 1904, entnommen. Die Daten der Herrschaft der Könige von Persien und der Kaiser von Rom und Byzanz stammen aus E. Porada, *Iran ancien,* Paris 1963.

Die Liste der *Katholikos,* der sassanidischen Könige und der Kaiser von Rom und Byzanz enthält nur die im Buch erwähnten Persönlichkeiten.

SASSANIDEN, ROM UND BYZANZ

Sassaniden	Rom
Ardaschir 224–241	222 Alexander Severus
	230 Die Perser von Nisibis
230–232 Kampagne des Alexander Severus gegen die Perser	248 Decius
	251 Gallus
Schapur I. 241–272	253 Valerian
	260 Schapur I. schlägt Valerians Armee
	Die Sassaniden erobern Syrien, Kappadokien und Kilikien
Hormizd I. 272–273	
Bahram I. 273–276	
Bahram II. 276–293	282 Carus
283 Eroberung von Seleukeia-Ktesiphon durch die Armee von Carus	
287 Sieg Diokletians in Mesopotamien und Armenien	Diokletian 284–304
Narseh 293–302	
Narseh durch Diokletian geschlagen Armenien und Mesopotamien werden den Römern überlassen	
Schapur II. 310–379	Konstantin I. 306–337
	325 Konzil von Nicäa
	330 Gründung Konstantinopels

	334 Sassanidischer Angriff auf Armenien
	Constantius 337–360
	359 Schapur II. nimmt Mesopotamien ein
363 Julian stirbt in einer Schlacht gegen Schapur II. Rom gibt den Persern Armenien und Mesopotamien zurück	Julian 360–363
	395 Teilung des Reichs in Orient und Okzident
Sassaniden	**Byzanz**
Jesdegerd I. 399–420	Arkadios 395–408
	Theodosios I. 408–450
Bahram V. der Wildesel 420–438	420–421 Konflikt mit Persien
Peroz 457/59–484	Leon I. 457–474
484 Peroz stirbt im Ostiran in einer Schlacht gegen die Hephthaliten	Zenon 474–491
Valachsch 483–488	
Kavad 488–497; 499–531	Anastasios I. 491–518
502–503 Kavad greift Byzanz an und erobert Amida	
505 Anastasios bittet Kavad um Frieden	
Chosrau I. Anuschirwan 531–579	Justinian I. 527–565
	540 Eroberung von Antiochia durch Chosrau I.
	562: 50 Jahre Frieden zwischen Chosrau I. und Justinian
Hormizd IV. 579–590	
Chosrau II. 590–628	Maurikios 582–602
	Phokas 602–610
	Herakleios 610–641
	611–626 Chosrau II. erobert Syrien, Palästina, Ägypten, Kleinasien
	614 Die Perser nehmen Jerusalem ein und erobern das wahre Kreuz
628 Herakleios dringt in Dastagird ein, erobert Syrien zurück, ebenso Mesopotamien und Armenien	
Jesdegerd III. 632–633, gest. 651	634 Die Araber greifen Byzanz an

637 Die Araber nehmen Ktesiphon in Besitz	636–639 Die Araber erobern Syrien, Jerusalem, Antiochia und Ägypten
642 Die Sassaniden haben gegen die Araber endgültig verloren	

KATHOLIKOS UND KÖNIGE

Katholikos	Sassanidische Könige
260 Demetrianus	Ardaschir 226–241
	Schapur I. 241–272
	Hormizd I. 272–273
	Bahram I. 273–276
	Bahram II. 276–293
	Narseh 293–302
Gest. 326/327 Papa bar Aggai	Schapur II. 310–379
Gest. 341 Simon bar Sabbae	
Gest. 342 Schahdust	
Gest. 346 Barbaschmin	
346–383: Vakanz	
Isaak 399–410	Jesdegerd I. 399–420
Dadischo 421–456	Bahram V. der Wildesel 420–438
424 Unabhängigkeit der persischen Kirche	
Baboe 457–484	Peroz 457/59–484
484 Die persische Kirche wird dyophysitisch	
Akakios 485–495/96	Valachsch 483–488
	Kavad 488–497; 499–531
Aba 450–522	Chosrau I. Anuschirwan 531–579
Joseph 552–567	
Ischojahb I. 582–595	Hormizd IV. 579–590
Sabrischo 596–604	Chosrau II. 590–628
Gregor 605/06–608/09	
608/9–628 Vakanz	
Ischojahb II. 628–643	Jesdegerd III. 632–633; gest. 651

Bibliographie

Nahal Tajadod verweist in der Originalausgabe des Buches vor allem auf französische und persische Werke, die im deutschen Sprachbereich kaum aufzutreiben sind. Als Ersatz einige neuere deutschsprachige Werke:

Antes, Peter (Hrg.): Große Religionsstifter. Zarathustra, Mose, Jesus, Mani, Muhammad, Nanaik, Buddha, Konfuzius, Lao Zi. München 1992.
Eliade, Mircea: Geschichte der religiösen Ideen. 3 Bde. Freiburg i. Br. 1978.
Eliade, Mircea: Geschichte der religiösen Ideen. Quellentexte. Freiburg i. Br. 1981.
Firdausi: Geschichten aus dem Schahnameh. München 1984.
Flügel, Gustav: Mani, seine Lehren und seine Schriften. Osnabrück 1969.
Frye, Richard: Persien. Zürich 1962.
Gese, Hartmut/Höfner, Maria/Rudolph, Kurt: Die Religionen Altsyriens, Altarabiens und der Mandäer. Stuttgart 1970 (Die Religionen der Menschheit 10/2).
Grillmeier, Alois: Das Konzil von Chalkedon. 3 Bde. Würzburg 1979.
Hage, Wolfgang: Die syrisch-jakobitische Kirche in frühislamischer Zeit. Wiesbaden 1966.
Hymnen und Gebete der Religion des Lichts. Iranische und türkische liturgische Texte der Manichäer Zentralasiens. Eingeleitet und übersetzt von Hans-Joachim Kleimkeit. Opladen 1989.
Kawerau, Peter: Das Christentum des Ostens. Stuttgart 1972 (Die Religionen der Menschheit 30).
Klimkeit, Hans-Joachim: Die Seidenstraße. Handelsweg und Kulturbrücke zwischen Morgen- und Abendland. Köln 1990.
Nizami: Chosrou und Schirin. Zürich 1980.
Schlerath, Bernfried (Hrg.): Zarathustra. Darmstadt 1970.
Schultz, Wolfgang: Dokumente der Gnosis. Mit Essays von Georges Bataille, Charles Puech, Wolfgang Schultz. München 1986.
Widengren, Geo: Die Religionen Irans. Stuttgart 1965 (Die Religionen der Menschheit 14).
Widengren, Geo: Iranische Geisteswelt. Baden-Baden 1961.
Widengren, Geo: Mani und der Manichäismus. Stuttgart 1961.